应用型本科规划教材（经管类）

审 计 概 论

编著　李德文

上海交通大学出版社

内 容 提 要

会计和财务管理工作者与审计工作者具有工作上的联系,审计课程是应用型本科院校会计学和财务管理专业学生的"专业联系性"课程。

本书旨在满足应用型本科高校会计和财务管理专业的"了解审计"学习需求。全书分 15 章:第 1~8 章,对审计理论结构的内容作了比较精炼的介绍,意在"溯源";第 9~14 章,介绍财务报表审计鉴证业务,按照循环审计的思路,依照中国注册会计师相关审计准则,对财务报表审计鉴证业务的内容作了归纳性的介绍;第 15 章对财务报表审计鉴证以外的其他鉴证业务作了扼要的介绍。

本书的读者对象,主要是应用型本科高等学校会计学和财务管理专业的在校学生和相关专业及内部审计部门的实际工作人员。

图书在版编目(CIP)数据

审计概论/李德文编著.—上海:上海交通大学出版社,2012 (2016 重印)

ISBN 978-7-313-07967-1

Ⅰ. 审… Ⅱ. 李… Ⅲ. 审计—基本知识 Ⅳ. F239

中国版本图书馆 CIP 数据核字(2011)第 249991 号

审 计 概 论

李德文 编著

上海交通大学出版社出版发行

(上海市番禺路 951 号 邮政编码 200030)

电话:64071208 出版人:韩建民

常熟市文化印刷有限公司 印刷 全国新华书店经销

开本:787mm×1092mm 1/16 印张:24 字数:453 千字

2012 年 2 月第 1 版 2016 年 1 月第 2 次印刷

ISBN 978-7-313-07967-1/F 定价:49.00 元

前　　言

以前，我国的本科院校，多追求成为综合性、学术性、研究型的大学。自 20 世纪 80 年代以来，我国高等教育改革开放的成果之一，是诞生了适应社会发展的应用型本科高校。应用型本科教育重在"应用"两字，要求以体现时代精神和社会发展要求的人才观、质量观和教育观为先导，构建满足和适应经济与社会发展需要的学科方向、专业结构、课程体系，全面提高教学水平，培养具有较强社会适应能力和竞争能力的高素质应用型人才。应用型本科高校虽然也可以培养非应用型人才，但是主要的、大量的任务应该是培养应用型人才。

应用型本科高校中的管理学科，从教学和科研的关系来看，应该以教学为主，所开展的研究主要是应用性的、开发性的研究。从教学内容来看，在专业主干课程上应力求"理论坚实、实务翔实"，强调实务培训；在专业联系课程[1]上应力求"理论坚实，实务简略"。

在应用型本科高校中的会计学和财务管理专业，会计类课程和财务管理类课程无疑是其专业的主干课程，是"当家"课程。从会计和财务管理实际工作观察，很多时候，会计工作的结果是审计工作的对象，会计和财务管理与审计发生工作联系。所以，会计和财务管理工作者需要"了解审计"，而不是"精通审计"。应用型本科高校会计学和财务管理专业的审计课程，则具有"专业联系课程"的属性，应定位于"了解审计"，力求"审计理论坚实，审计实务简略"。为此，在学习其他审计同仁专著的基础上，产生了撰写以"了解审计"为导向的本书的冲动。

关于审计理论，我认为，莫茨和夏拉夫合著的《审计理论结构》与尚德尔的《审计理论》是审计理论的"圣经"。本书意欲"摘精、传道"，在"原生态"审计理论的"传播"上作了些许尝试。我在 20 世纪 80 年代初即开始学习国外现代审计理论，加之长期从事审计教学，曾担任过会计师事务所的主任会计师，有一定的注册会计师审计实践经验，对于"了解审计"和"精通审计"需求的"异同"，有些"个别"的看法。

本书以经典审计理论为依据，以中国注册会计师现行审计实践为参考，在学

---

[1] 专业联系课程，从管理学科来看，是指课程内容与某一专业的工作有关，但并非属于该专业的业务领域的课程。

习了国内外优秀审计著作的上,考虑应用型本科高校会计和财务管理专业对审计课程的"了解"性需求,对审计理论和实践进行概括性地归纳介绍。全书共 15章:第 1～8 章,比较精炼地介绍了审计理论;第 9～14 章,归纳性地介绍了财务报表审计鉴证业务的基本内容;第 15 章对其他审计鉴证业务作了扼要介绍。其中,第 9～15 章的内容基本上是对中国注册会计师相关审计准则的诠释。

对本书的形成影响最多、且引用其思想的,是下列审计大师的作品:

[美]罗伯特·K·莫茨,[埃及]侯赛因·A·夏拉夫:审计理论结构;

[美]C·W·尚德尔:审计理论;

娄尔行:审计学概论;

[美]阿尔文·阿伦斯,詹姆斯·K·洛布贝克:审计学——整合方法研究。

在此,向上述审计大师表示深深的谢意!另外,在财务报表审计实务方面,还引用了中国注册会计师协会制定的有关审计准则。

我是 20 世纪 80 年代中国恢复审计教育的第一批学生之一,是第一批通过全国公开考试考取注册会计师的在职教师,曾聆听了很多中国审计大师、甚至称得上是泰斗权威的教诲。写作本书是我的一个愿望,想通过这样一个形式,在心灵深处,向曾经给我审计教育的前辈致敬!按时间先后顺序排列,他们是:江汉大学的连志远先生,原北京财贸学院(首都经贸大学)的关孝元先生、王佩侣先生、陈能润先生(后终教于南京审计学院),原湖北财经学院(现中南财经政法大学)的杨时展先生、李存章先生,澳大利亚昆士兰州审计局的怀特先生和迪克先生,武汉大学的廖洪先生。

值此全书草成之际,感谢给我鼓励和帮助的上海交通大学出版社的范荷英女士!感谢湖北省审计厅副巡视员汤昌平先生、武汉市审计局经贸审计处处长(武汉市内部审计师协会副会长兼秘书长)李德胜先生、武汉市内部审计师协会副秘书长李春华(处长)先生等多年来给我提供审计实务调研的帮助!感谢江汉大学教学委员会给我提供的帮助!感谢江汉大学梁冬教授、于敏教授、王文清教授、黄其新副教授和苏长权副教授提供的帮助!还要特别感谢帮助过我的亲朋好友!

由于水平有限,书中错误之处,欢迎广大读者和同行批评指正。

江汉大学　李德文

2011 年 10 月 16 日

目　　录

1 绪　　论

1.1　经济活动中的经济关系

经济活动是指包括产品的生产、分配、交换或消费等活动。市场经济条件下，经济活动往往以交易的方式进行，并且遵循价值规律。交易中，商品或服务的价格总是围绕其价值上下波动。经济活动的主体在开展经济活动时，主要目的是通过经济活动的开展，使得其经济利益达到最大化，具体表现为对盈利的追求或支出的节约。

1.1.1　企业经济活动中的经济关系

无论是企业单位还是非企业单位，其经济活动的开展，客观上形成了与各相关利益主体的经济利益关系，在经济活动正常进行的基础上，双方或多方对公平盈利或支出节约的实现关系，也就是通常所说的财务关系。

工业企业与相关利益主体的财务关系主要表现为：

(1) 投资人与企业之间的关系。主要是指投资人向企业投入资金，开展指定的经济活动，企业还要向其投资人支付投资报酬所形成的经济关系。表现为投资与受资、控制、参与分配、承担责任的关系。

(2) 企业与债权人之间的财务关系。主要是指企业向债权人借入资金，并按借款合同的规定使用资金、按时支付利息和归还本金所形成的经济关系。表现为债务与债权的关系。

(3) 企业与受资者之间的财务关系。主要是指企业以购买股票或直接投资的形式向其他企业投资所形成的经济关系。表现为所有权性质的投资与被投资(受资)的关系。

(4) 企业与债务人之间的财务关系。主要是指企业以各种形式将资金借给其他单位使用所形成的经济关系。表现为债权与债务的关系。

(5) 企业与政府之间的财务关系。主要是指国家根据税法，以税收等形式，无偿参与企业利润的分配。表现为财政收支分配关系。

（6）企业内部之间的财务关系。主要是指企业内部各单位之间在生产经营各环节中相互提供产品或劳务所形成的经济关系。表现为相互提供产品或劳务所形成的利益关系。

（7）企业与职工之间的财务关系。主要是指各类单位向职工支付劳动报酬过程中所形成的经济关系。表现为劳动成果上的分配关系。

（8）企业与社区之间的财务关系。主要是指企业按照相关法规承担的社会责任关系。

1.1.2　经济活动中的本体和替代物

1.1.2.1　本体和代替物的含义

替代物是用来表达其他事情和现象的事情或现象。本体是由替代物所表述的事情或现象。

【例1.1】　一张天安门的照片和一张列车时刻表。

这里，天安门实景是本体，而天安门照片是替代物。同理，列车时刻表是替代物，而火车实际到达和出发的时间是本体。

1.1.2.2　本体和替代物的区分

所给出的现象是本体还是替代物，完全取决于我们关注的是现象的本身还是由现象所反映的问题。

同样的现象对某一个人来说可能是本体，而对另一个人来说则是替代物；或者，对某一个使用者来说在一个时点是本体，在另一时点时则是替代物；或者，对同样的人在同一时点上就某一方面的用途而言是本体，对另一方面的用途则可能是替代物。

1.1.2.3　推论：不仅存在本体和替代物，还存在替代物的替代物

【例1.2】　某人陈述"我看到今天报上有一张ABC工厂遭水淹的照片"。

被水淹的ABC工厂是本体，照片是替代物，而某人的陈述是替代物的替代物。照片对于被水淹的ABC工厂而言是替代物，但它对于某人的陈述而言又是本体。

启示一：本体、替代物和替代物的替代物之间是一个信息传递的过程。在信息传递过程中，存在着信息衰减，也可能存在着信息变异。从真实性的角度，本体无疑是最真实的，离本体越远的替代物，其真实性就可能越差。民间"眼见为

实，耳听为虚"的说法，讲的就是这个理。

启示二：审计中对同一审计对象有不同的审计证据，呈现的是本体、替代物和替代物的替代物的区别，因而审计证据的效力存在着差别。

1.1.2.4　运用本体和替代物的原因

人们之所以需要运用本体和替代物，是因为需要：

(1) 鉴别本体。在企业生产经营活动过程中，本体会随着经济活动的开展和时间的推移而消失，本体所包含的信息会以各类替代物的形式保存下来。人们可以通过对替代物的审查，间接地对本体实施鉴别。经济活动中本体和替代物的关系，参见图1.1。

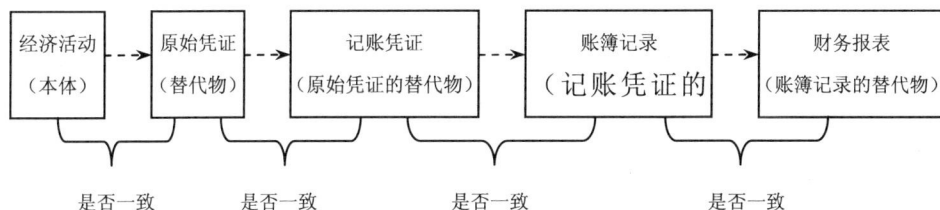

图 1.1　经济活动中本体和替代物的关系

经济活动在开展的同时，如果以适当的原始凭证对经济活动进行适当的记录，则经济活动就是本体，而原始凭证就是替代物。经济活动完成后，其形态一般就消失了，而其原始凭证则可能保留下来。人们通过对原始凭证的审查，可以间接地还原经济活动的原有状态，并对经济活动的相关属性(如合法性、效果性、效率性)进行判断。

(2) 将鉴别本体的结果传递给其他人(人际交流)，或在事后传达给自己(通过记录自我交流)。当经济活动的利益主体呈多元状态时，各利益主体由于参与程度存在差别等原因，可能需要通过对原始凭证(替代物)的审查，间接地对经济活动(本体)进行鉴别，并将鉴别结果的信息传递给相关利益主体。

1.1.3　财务会计信息金字塔

经济活动中产生的各种数据，经过信息系统的处理后变为各类经济信息。从时间和信息取舍的角度，各类信息构成了类似金字塔的形状。

信息金字塔的结构既反映信息不断概括的过程，又反映信息本体和信息替代物的关系。信息金字塔的下层是上一层的本体，上一层是下层的替代物。

企业财务会计是一个反映资本运动的信息系统，其核算的基本程序是：经济活动发生后，取得或填制原始凭证；根据原始凭证填制记账凭证并登记明细分类账；根据记账凭证填制科目汇总表并登记总分类账；经过试算平衡后，根据账簿记录，编制财务报表。在财务会计核算程序中，经济活动是本体，原始凭证既是经济活动的替代物，又是记账凭证的本体；记账凭证既是原始凭证的替代物，又是科目汇总表的本体……。企业财务会计核算中，信息本体和替代物的转化，构成了财务会计信息金字塔，可参见图 1.2。

图 1.2　财务会计信息金字塔

1.2　审计需求

1.2.1　企业经济活动中的制度特征

现代企业在开展经济活动时，具有下列基本制度特征：

1. 资本所有权和管理权的分离　资本所有权和管理权的分离有初级分离和高级分离两种形式。在有限责任公司里，有的股东既是投资人，又参与公司经营，即集所有者与经营管理者于一身；而有的股东则纯粹作为投资人(仅担当所有者角色)，不参与公司经营管理。有限责任公司中，这两类投资人之间的关系，可以称为资本所有权和管理权的初级分离。在股份公司里，由于管理的复杂性和专业化等原因，更是由单纯的管理者，即职业经理人担当管理者的角色，而所有者(股东)不参与经营管理，这是资本所有权和管理权的高级分离。

2. 资本所有权和管理权的分离产生经济责任关系　经济责任关系又称财务责任关系，是指在财产(资本)的所有权和经营管理权相对分离的条件下，财产(资本)的所有者(委责者，即股东)将财产(资本)的经营管理权委托给财产(资本)的管理者(责任者，即经理)所形成的一种具有经济利益的责任关系。

(1) 经济责任关系的内容。经济责任关系表现为所有者和管理者的权力、责任和利益关系，即：① 所有者(委责者)既有审查和监督所委托的财产(资本)收支情况和结果的权利，当管理者(责任者)依约履行了相关责任后，所有者又有解除管理者责任的义务。② 管理者既有要求对其收支行为和结果进行审计以解除(或确定)其责任的权利，又有接受委托审计的义务。

(2) 经济责任的表现形式。经济责任关系的本质就是经济利益，主要表现为：资本的保值和增值；奖励和惩罚。资本所有者要求资本管理者，在一定时期内，对资本的完整性(保值)和扩大情况(增值)，根据社会经济发展的总体状态、行业状况及企业的实际情况，提出具体定量要求。同时，对于资本保值和增值任务的实现与否，确定奖励和惩罚的规定。

(3) 经济责任关系的建立。经济责任关系通过各式各样的手段建立起来的，诸如法律、规章、合同、组织原则、习惯或者非正式的道德义务等。

3. 经济责任的履行——委托代理理论

(1) 委托代理理论的基础。委托代理理论是建立在非对称信息博弈论的基础上的。非对称信息指的是某些参与人拥有但另一些参与人不拥有的信息。信息的非对称性，可从以下两个角度进行划分：① 从非对称信息发生的时间看。非对称信息可能发生在当事人签约之前，也可能发生在签约之后，分别称为事前非对称信息和事后非对称信息。研究事前非对称信息博弈的模型称为逆向选择模型，研究事后非对称信息的模型称为道德风险模型。② 从非对称信息的内容看。非对称信息可能是指某些参与人的行为，研究此类问题的，我们称为隐藏行为模型；也可能是指某些参与人隐藏的知识,研究此类问题的模型我们称之为隐藏知识模型。

(2) 委托代理关系中的代理人问题。公司所有者(委托人)与经营管理者(代理人)之间的利益，由于信息不对称，可能会出现不一致的情况。信息经济学指出，信息的不对称性会衍生出两类代理人问题：逆向选择和道德风险。逆向选择是指交易双方签约时，代理人利用签约之前的信息不对称而选择不利于委托人的利己行为。道德风险是指签约后，代理人可能会采取不利于委托人的利己行为。

(3) 委托代理关系的履行产生代理成本。代理成本，就是所有者自己经营企业所能达到的收益和所有者雇佣经理层经营自己的企业所能达到的收益之间的差额。代理成本的内容包括：委托人的监督成本、代理人的约束成本(保证成本)、剩余损失(指委托人福利的部分丧失)等。降低代理成本的途径之一是建立审计制度。

4. 经济责任关系履行中的信息沟通及障碍

(1) 财务信息沟通是经济责任关系存续的必要条件。两权分离后，为保证经济责任关系的公平履行，企业管理当局必须定时向资本所有者及相关利益主体报告财务信息，这既是《公司法》等相关法律的规定，也是公司章程的必要性规定。

(2) 财务信息传递过程中的障碍。在管理当局传递财务信息的过程中，由于主观和客观的原因，可能会存在以下障碍：信息可能不被感觉到或不被及时感觉到、信息可能被错误地接受和解释、对信息不正确的解释可能导致不正确的推断、信息处理过程中的控制缺陷。

(3) 财务信息沟通中的缺陷。企业财务信息的编制和发出，主要是由管理当局担当的，所有者(股东)和其他相关利益主体则为财务信息的接受者。由于管理者存在希望自己利益最大化的主观考虑(即道德风险)和信息不对称的客观条件，可能会编制、传递虚假财务信息，导致财务报表信息失真。

5. 股东和公司财务数据的其他用户不能及时、准确获得财务信息的原因及后果　股东和公司财务数据的其他用户，要从公司管理当局编报的财务报告中，得到真实、准确的财务信息，绝非易事，其中包括以下几方面的困难：

(1) 时间上的分离。在股份公司，特别是上市公司，大多数股东通常只有在出席股东大会时，才有可能对公司管理当局的管理发表意见，行使有限、间断的权力，而在大部分时间上是难以行使权力的，即资本的所有权和管理权在时间上出现分离。

(2) 空间上的分离。在市场经济高度发达的状态下，股东和公司财务信息的用户与公司所在地往往不在同一地区，有时空间距离还非常遥远，这使得股东和公司财务信息的用户很难接近会计资料，即使法律允许股东和财务信息的用户能直接查阅公司财务数据(通常是不可能的)，因为空间上的距离、所需费用太高而难以实现。

(3) 法律上的分离。股东可能会购买多个相同类型公司的股票，为公平利益和保护公司单纯股东的利益，很多国家的法律法规禁止股东查阅管理当局的详细会计核算资料，禁止股东担任部分管理职位，例如担任董事长的股东不得出任总经理职务，即资本的所有权和管理权在法律层面上出现分离。

(4) 利害冲突。公司管理当局与股东和公司财务数据的其他用户之间常常存在利害冲突，公司管理当局出于自身利益的考虑，在进行财务报告时喜欢夸大自己的管理成果，而尽量回避过失。同时，管理当局一方面主观上经常夸大公司收入(向股东和贷款人)，但在报税时，又常常低估应税收益。所以，股东和公司财务数据的用户对管理当局编制的财务报告的准确性，经常持怀疑态度。

(5) 能力限制。随着经济全球化、社会化大分工和信息技术的迅猛发展，金融产品的不断创新，商品交易速度的不断加快，企业规模愈来愈大，内部结构日趋复杂，同时，会计技术越来越专业化、电子化，所以，即使股东和公司财务信息的其他用户有条件接近公司的具体会计资料，由于受专业能力的限制，也可能无法理解公司的财务状况和经营成果。

(6) 后果。倘若股东、债权人和公司财务信息的其他用户，盲目相信管理当局报告的财务信息，而这些财务相信的质量又不高的话，会导致决策错误，继而导致利益受损。

1.2.2 审计需求

审计需求是指由于审计需要而产生的对审计的要求。随着资产所有权和管理权的分离，必然导致两者之间形成经济责任关系(财务关系)。同时，在企业的生产经营中，也产生其他各种财务关系(利益关系)。经济责任关系的正确履行(解除和确定)和其他财务关系的履行，客观上产生由独立第三者对经济责任关系履行情况进行鉴证的需要，即产生对审计的需求。

1.2.2.1 产生审计需求的原因

1. 经济责任关系的客观要求

(1) 各类单位的所有权和管理权的分离或者管理层内部分权产生经济责任关系，经济责任关系履行中产生下列检查监督需求：① 股东需要了解管理者的受托责任的履行情况，以利奖惩；② 股东需要了解企业的财务状况和经营成果，以维护自身的权益；③ 潜在的投资者，为获得期望投资报酬，需要了解企业的财务状况和经营成果；④ 债权人为保证债权的安全性，需要了解企业的偿债能力和获利程度。上述需要是审计需求赖以产生的社会条件。

(2) 在经济责任关系中，所有者对于管理者承担履行责任情况，由于时间上、空间上和法律上的分离，尤其是检查技术上的原因，而无法行使亲自检查监督，是审计需求产生的直接原因。

2. 信息假说的主观要求　在所有权和管理权分离的条件下，财务信息由于信息不对称引起的道德风险，可能失真。要保证财务信息的正确性，所有者必须亲自介入或聘请专业人士对管理者传递的财务信息进行审查鉴定。在市场经济日益发达社会分工越来越细的今天，由于时间、空间、竞争和法律上的诸多限制，对管理者提供的财务信息进行审查鉴定的工作多由独立的审计人员来担当。

经过审计人员的专业审查鉴定，能够提高财务信息的质量。这就是所谓的信息假说，即之所以需要审计人员，是因为审计的结果使财务信息更加可靠，信息越可靠，则对依赖财务信息的决策者就越有用。在存在信息假说的情况下，再看会计人员与审计人员的区别。会计人员处理会计账簿的技巧和审计人员所需的知识基本类似，两者的主要区别在于，审计人员在接触会计账簿时的态度是不偏不倚的，而会计人员由于直接参与了会计信息的编制，因此难以保证这种公正的态度，当然在实际工作中作出这种区别有时是很困难的。

3. 成本较低的经济性要求　对管理者的经济责任关系履行情况，除了法律上、技术上、时间上和空间上的分离导致很难有效实施外，而聘请外部职业人员对管理者实施检查监督的成本较低，即更经济，则是产生审计的经济性要求。

4. 保险假说的利益要求　企业性单位的很多业务,对方常常会提出对其财务状况和经营情况进行审计,作为业务能否进行的必要条件。如企业向银行的贷款业务、上市公司的财务报表公开等。

经过审计后的财务信息,为那些依赖须经过审计后的财务信息的使用者提供了一定程度的保险。这就是国外知名的保险假说,因为那些依赖审计意见进行决策的人受到的损失可能从审计人员那里得到赔偿。前提是这种损失是由于审计人员的疏忽造成的。当这些审计需求同时存在的时候,作为一种职业,审计便应运而生。

1.2.2.2　审计需求的种类

1. 法律性需求　例如公司法、证券法、证券交易法等法律,规定股份公司对外公布财务信息前,必须接受审计;银行法等相关法律法规,规定企业向银行申请贷款等业务,必须先行进行审计;企业破产法等法律,规定对破产企业的破产程序中,必须进行破产审计。法律性审计需求对于审计机构和从业人员来说,具有常规性的特点,审计业务管理指导部门也能够对法律性审计需求提出比较具体的审计规范。

2. 任意性需求　企业的部分或全体所有者(股东)、管理当局或其他利益相关主体基于自身利益的考虑,经过约定,可能不定期、非常规地对企业财务会计信息(全部或部分内容)、盈利预测、内部控制系统、经营效果和效率等诸多方面提出审计需求。这些审计需求由于不是法律法规所严格规定的,可以称为任意性审计需求。随着经济的多元化、国际化和需求日益复杂,任意性审计需求的内容越来越广泛,审计需求的差异越来越大,对审计人员的业务能力要求越来越高。任意性审计需求对于审计机构和从业人员来说,常具有偶然性的特点,审计业务管理指导部门难以对任意性审计需求提出具体的审计规范。

1.2.2.3　审计需求的主体

随着经济的发展,与企业存在利益关系的主体在增加。产生审计需求的主体主要有:① 所有者当局,如政府、股东大会、董事会、监事会等;② 管理者当局;③ 潜在投资人;④ 债权人;⑤ 供货商;⑥ 销售客户;⑦ 社区;⑧ 税收、环境保护、产业管理等政府部门;⑨ 人民法院等司法机关;⑩ 社会公众。

1.2.2.4　审计需求的客体

审计需求的客体,即审计的对象。在市场经济条件下,审计需求的客体可能有:

(1) 财务报表等会计信息系统的结果。通常,财务报表是法律性、常规性审计需求的客体。

(2) 会计信息系统的运行机制。会计信息系统的运行机制通常是任意性审计需求的客体。例如，管理当局为了提高管理效率，所有者(股东)为了保证财务会计信息的正确性，可能会提出对企业会计信息系统的运行机制进行审计的需求。

(3) 经营业务。企业发生的经营业务是经济活动的本体。已完成的经济活动通常在会计记录里得以反映，不是审计的直接对象，而正在进行的经营业务则可能成为审计的直接对象。

(4) 管理绩效。企业各层次管理部门的业绩如何，对于各级经济责任关系的履行具有重要影响。各级管理部门的管理效果和效率有可能成为审计的对象。

(5) 风险。企业在经营过程中可能存在经营、财务等各类风险，各类风险虽然发生的概率大小不一，但其发生与否，对于企业持续经营能力和经济责任关系的履行将会产生重要影响。为此，企业相关利益主体可能要求审计部门，对于企业经营过程中的风险进行审计分析并提出报告。

1.2.3 审计关系

审计活动必须由三个方面的关系人，即审计授权者、被审计者和审计者的行为所构成，缺一不可。图 1.3 列示了审计关系人之间的相互关系。

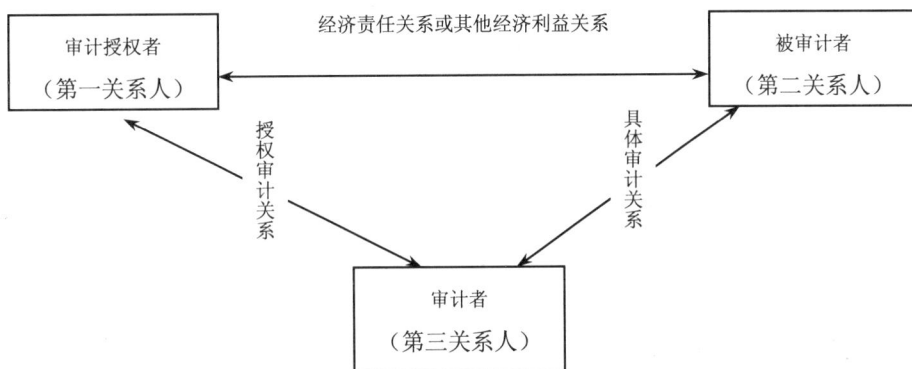

图 1.3 审计关系

审计关系中，有三个层面。审计授权者(第一关系人)与被审计者(第二关系人)之间存在经济责任关系或其他经济利益关系，它是审计存在的前提条件；审计授权者(第一关系人)与审计者(第三关系人)之间构成授权审计关系，没有授权，审计活动不得进行；审计者(第三关系人)与被审计者(第二关系人)之间构成具体审计关系。

在审计关系中，审计授权者基于自身利益、合同约定或法律法规的规定，授权或委托审计者(第三关系人)，对被审计者的经济责任关系或其他经济利益关系的履行情况，进行审计鉴证和评价，被审计者(第二关系人)应当提供相应资料和工作条件，主动配合并支持审计。

1.3　审计的本质

关于审计，至少可从三个层面加以解释：其一，是指审计工作(行为)；其二，是指审计工作者，即从事审计工作的人员；其三，是指审计程序或方法。什么是审计？审计的工作内容是什么？审计职业和其他职业有什么区别？回答这些关于审计本质属性的问题，对于正确认识审计至关重要。

1.3.1　审计的定义

1.3.1.1　审计的基础性定义

审计的定义很多，针对各种审计需求客体，能够满足各个审计需求主体要求的基础性定义，应推 C·W·尚德尔在其《审计理论》中给出的下述定义[1]：审计是人类为了建立对某种标准的遵循性而进行的评价过程，其结果是得出一种意见(或结论)。对尚德尔审计定义的图解，参见图 1.4。

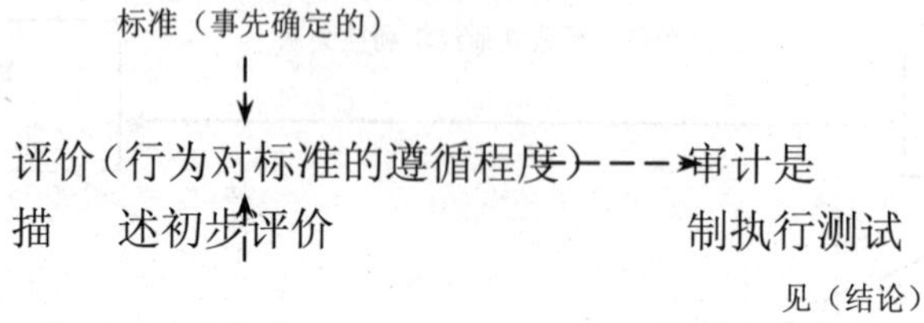

标准（事先确定的）

评价（行为对标准的遵循程度）---→审计是

描　　述初步评价　　　　　　　　制执行测试

见（结论）

图 1.4　尚德尔审计定义的图解

从图 1.4 可以看出，审计过程是一个审计判断或评价的过程，即判断或评价某种行为(经济活动)与既定标准的一致程度。审计判断或评价的内容主要有：

(1) 合规性。指判断或评价被审经济活动是否符合有关规章制度的要求。

(2) 合法性。指判断或评价被审经济活动是否符合有关法律法规的要求。

(3) 真实性和公允性　指判断或评价被审财务信息(替代物)是否如实地、恰当地说明和反映了它旨在表现的经济活动(本体)。

(4) 经济性。指判断或评价被审经济活动(项目)，与预算相比，是否经济节约。

(5) 效果性。指判断或评价被审经济活动(项目)是否达到了预期的结果。效果是以最终结果及其社会经济影响是否达到了预期目标来衡量的。

---

1 C·W·尚德尔. 审计理论[M]. 北京：中国财政经济出版社，1992：4.

(6) 效率性。指判断或评价被审经济活动(项目)的产出与投入的直接比较,即效率,既有原因,也有结果。

尚德尔的审计定义虽然下得太宽,但它将审计的定义扩展到包括了一些我们迄今为止并不认为,但以后可能会认为是审计的活动。一个可以例证的事实是:20世纪中期以前,人们并未将内部控制制度作为审计客体,而今天,对内部控制制度进行审计是审计工作的一个重要方面了。

从审计程序的角度,可将尚德尔有关审计的定义,理解为图1.5所示。

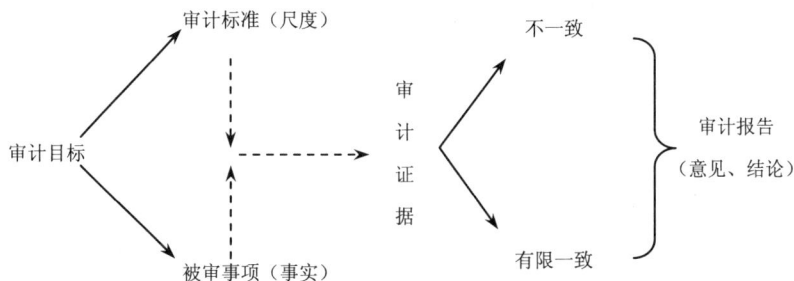

图1.5 尚德尔审计定义的图解

1.3.1.2 审计的定义演变过程

按照蔡春教授的总结,审计定义的演变过程是:从"查账论"到"方法过程论",再到"经济监督"论[1]。可表示为:查账论→方法过程论→经济监督。

1982年12月全国人民代表大会第五次会议通过的《中华人民共和国宪法》第91条规定:国务院设立审计机构,对国务院各部门和地方各级政府的财政收支,对国家的财政金融机构和企业事业组织的财务收支,进行审计监督。审计机关在国务院总理领导下,依照法律规定独立行使审计监督权,不受其他行政机关、社会团体和个人的干涉。

有关审计定义的说法较多,比较权威的当推娄尔行教授的阐述。娄尔行教授在1987年出版的《审计学概论》中指出:审计是专职机构和受委托的专业人员,以被审单位的全部或一部分经济活动为对象,进行审核检查,收集和整理证据,确定其实际情况,对照法规和一定标准,以判断经济活动的合规性、合法性、合理性和有效性,以及有关经济资料的真实性和公允性的经济监督、评价和鉴证活动。

---

1 蔡春. 审计理论机构研究[M]. 大连:东北财经大学出版社,2001:23.

1.3.2　审计的基本功能

　　审计的功能是指审计行为所发挥的有利作用。审计功能受社会经济发展水平、审计关系和审计内容等诸多因素的影响，不同审计主体实施的审计，所具有的功能也不完全相同。概括起来，审计具有以下基本功能：

　　(1) 经济监督。监督指监察和督促。经济监督就是监察和督促被审单位的全部经济活动或其某一特定方面确在规定的标准范围以内，在正常的轨道上进行。在历史财务信息审计鉴证业务中，审计人员采用必要的程序和方法，可以弄清楚审计对象的真实情况，衡以相应的法律法规，就能够划清是非的界限，把合法和不合法、合规和不合规的经济活动区分开来，从而确定哪些应予肯定，哪些应予禁止。审计要发挥经济监督的功能必须具备两个前提条件：① 审计主体应得到法律的授权，即审计掌握在权力机关手里。《中华人民共和国宪法》第 91 条规定："国务院设立审计机关，对国务院各部门和地方各级政府的财政收支，对国家的财政金融机构和企业事业组织的财务收支，进行审计监督。审计机关在国务院总理领导下，依照法律规定独立行使审计监督权，不受其他行政机关、社会团体和个人的干涉"。通过上述授权，我国的国家审计机关开展的审计工作具有经济监督的功能。注册会计师审计和内部审计，由于未得到相应的法律授权，不具备经济监督的功能。② 要有严格的客观标准(定性和定量)，是非界限明确。不具备这个条件，提不出令人信服的判断，无从进行经济监督。按照审计权力主体的属性，经济监督主要分为立法性经济监督、司法性经济监督和行政性经济监督三类。目前，我国国家审计机关具有的经济监督功能，属于行政性经济监督功能。

　　(2) 经济评价。经济评价就是通过适当的审计程序和方法，评定被审单位的经济决策、计划和方案是否先进可行，经济活动是否按照既定的决策和目标进行，经济效益的高低优劣，以及有关经济活动的内部控制制度是否健全、完备、有效等。

　　(3) 经济鉴证。鉴证指鉴定和证明。审计的经济鉴证功能，就是通过必要的审计程序和方法，确定被审单位的经济活动(财务信息)的实际状况，确定其与既定标准(如会计准则)的符合程度，以审计报告的形式作出书面证明，并告知约定的利益群体。审计鉴证功能的发挥，依赖审计主体的独立性和权威性两个条件。国家审计和注册会计师审计都具有独立性。国家审计的权威性主要由法律赋予；注册会计师审计，则更多的是通过长期坚持认真、公正的工作，在社会上树立的信誉而获得权威性。国家审计和注册会计师审计具备发挥审计鉴证功能的条件。

1.3.3 审计与会计的区别

早期，人们将审计看成是会计检查。很多没有接触过审计的人，包括会计专业的学生，可能会认为审计是会计专业的一门课程。虽然审计和会计之间存在密切的联系，但两者之间是有区别的，是两个有联系但有很大区别的不同的专业。会计所涉及的是收集、汇总、报告和理解财务信息，而审计则是利用证据原理(很大程度上类似与律师职业)来鉴证财务信息整体的公允性等。正如图 1.6 所示，会计准则是会计和审计之间的纽带。在形成财务信息的过程中，会计人员按照适当的会计准则确认、计量、分类、披露和报告财务信息。审计人员则以会计准则作为标准，按照审计准则的要求来鉴证、评价财务信息表达的公允性。为此，审计人员必须是会计事项的专家，但审计的核心是收集和评价证据。

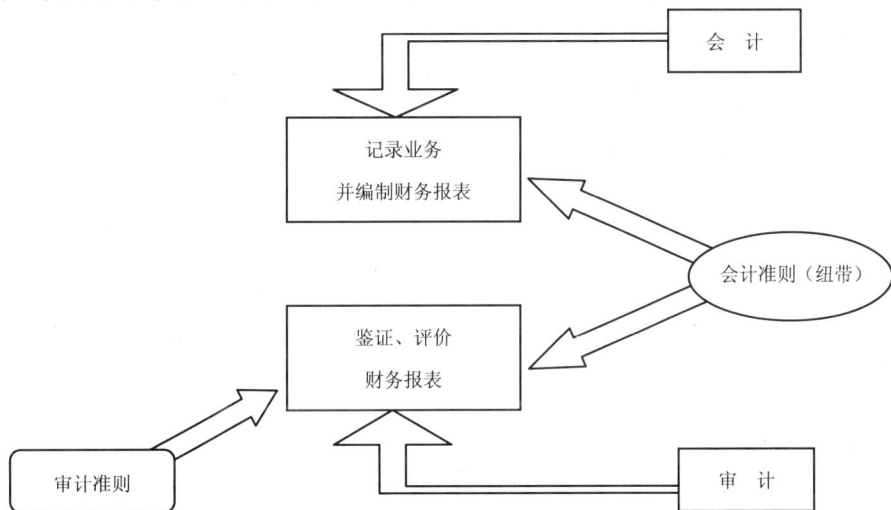

图 1.6 会计与审计的比较

1.3.4 审计的独立性

审计的独立性是指审计机构和审计人员在审计过程中自始至终不受外来或内在因素的影响和干扰。审计的独立性是审计人员客观、公正地进行审查和做出审计结论的保证。

1.3.4.1 审计独立性的内容

审计独立性包括：

(1) 组织独立。是指审计机构应独立于被审单位之外，与被审单位在组织上没有行政隶属关系。审计机构和人员不得参与被审单位的经济活动。

(2) 经济独立。是指审计机构经济上应有法定来源，不受被审单位牵制。审计机构和人员与被审单位在经济上没有利害关系。

(3) 工作独立。是指审计人员秉公、秉原则进行审计，独立编制审计计划，独立取证，独立做出审计结论。审计机构和人员与被审单位的主要负责人在伦理上没有亲密关系。

1.3.4.2 审计人员与客户的权力、矛盾以及对独立性的影响

1. 审计关系中客户的权力　在审计三方关系中，客户的权力因审计机构的属性而有所不同。一般情况下，国家审计开展的法定审计业务和内部审计机构开展的授权审计业务时，是不收费的，国家审计机关和内部审计机构与被审单位不是商业关系，被审单位也不能自由选择国家审计机关和内部审计机构。在民间审计关系中，审计是要收费的，民间审计机构与委托人之间是一种商业关系，委托人有权自由选择民间审计机构。

2. 影响审计独立性的矛盾关系　由于国家审计和内部审计关系中，被审单位基本上处于强制被审的状态，审计独立性的保证系数较高。而民间审计关系中，则因客户对审计具有选择权，加之审计信息的需求较为宽泛，存在较多的影响审计独立性的矛盾关系。

(1) 存在于审计人员和客户组织(管理人员和股东)之间的利益矛盾。因为(真实的)审计报告可能被认为或者是代表管理人员的立场，或者是代表股东的立场，或者是同时代表两者的立场。

(2) 存在于审计人员职业责任和个人利益之间的矛盾。一种典型的情况是审计人员为了保住客户，通过违背审计职业要求来满足企业管理人员的要求。

(3) 管理人员与股东的矛盾。管理人员可能会为了他自己的利益而误导股东。

(4) 存在于客户组织与第三方之间的矛盾。例如，该组织可能为了提高未来进一步融资的可能性，希望误导外界的资金提供者(比如贷款人)，这种矛盾甚至可能完全违背第三者的利益。

3. 影响审计独立性的因素及方向

(1) 审计人员管理咨询服务的规定。如果允许审计机构对同一客户提供财务信息的鉴证业务和管理咨询服务，由于管理咨询服务可能采用或有收费[1]，且收费较高，因此可能导致审计机构增加对管理咨询收入的依赖性和与客户经济利益的

---

1 或有收费：是指收费与否或收费多少以鉴证工作结果或实现特定目的为条件。一般情况下，鉴证业务是不允许采用或有收费方式的，而管理咨询服务常常采用或有收费。

一致性，此时若对同一客户实施鉴证业务，则可能发表有利于客户的审计报告，进而从负面的角度影响审计的独立性。

(2) 审计职业界内的竞争。审计职业界的竞争可能从两方面对审计独立性产生影响。一方面，当审计服务的资源大于审计需求时，对审计客户的竞争增加了审计对客户的依赖性，因为竞争程度的增加可能使负责任的审计人员容易被那些与客户的管理人员保持一致的审计人员所取代，从负面影响审计的独立性。另一方面，竞争也可能使审计人员对客户业务的任期缩短，可能从正面影响审计的独立性，即提供高审计的独立性。

(3) 审计人员的任期。审计人员的任期也可能从两方面对审计独立性产生影响。一方面，如果审计机构和审计人员与被审单位有长时间的紧密关系，将可能导致审计人员认同客户管理人员的意见，以至于对审计独立性造成负面影响。基于此，针对某个客户，审计机构和审计人员应该轮换，这样的结果是：① 可以对前任审计人员的工作进行检查；② 鼓励审计创新；③ 防止审计裹足不前。另一方面，长时间的任期也可能对独立性产生正面影响，原因是由于负责的审计人员在长时间的审计过程中，非常了解客户的情况，从而使审计服务的成本更低、效率更高，给客户带来更大的利益。

(4) 审计机构的规模。由于大型审计机构从单一客户收取的费用占其总收入的比例较低，其对个别客户的依赖性较低，加之大型审计机构对鉴证业务和管理咨询等非鉴证业务的划分更加容易，所以大型审计机构可能会增加审计独立性的正面影响。

(5) 会计准则的弹性。会计准则的弹性可能会增加对独立性的负面影响。会计准则的弹性使审计人员更加依赖客户，因为弹性增加了那些认真的审计人员被替换的可能性。一个对会计政策有自己观点的独立的审计人员会发现，客户可以找到其他的愿意接受客户偏好的会计政策的审计人员，因为会计准则允许对某项业务有大量不同的处理方法。例如，在存货计价上，会计准则不允许在同一会计年度内变更计价方法，但允许在不同的年度内采用不同的计价方法。不同年度采用不同的存货计价方法可以看成是会计准则的弹性。当某一客户，在相邻的两个会计年度任意采用了不同的存货计价方法，若甲审计人员及其审计机构在发表正常审计意见的同时，指出客户因存货计价方法的改变，导致财务会计信息的处理方法缺乏一致性，而乙审计人员及其审计机构则不对存货计价方法的改变发表意见。客户可能会选择乙审计人员及其审计机构。会计准则的弹性使审计人员很容易将那些偏离会计准则的处理判断为正确的。审计人员可能不会坚持自己的意见，而会偏向接受那些受到客户管理层青睐的、会计准则中允许选择的其他处理方式。

(6) 职业资格批准和申请的严格程度。审计职业资格批准和申请的严格程度，会增加对实质上的独立性的正面影响。当审计人员的职业资格取得(考试与否)、申请和批准的制度越严格，对审计行为的管制程度越高，违反审计职业规范受到的惩罚越重时，审计的独立性就越强。

(7) 审计人员对第三方法律责任的限度。审计人员对第三方法律责任的限度的扩大，即审计人员的工作需要对更广泛的第三方承担法律责任时，会增加审计的独立性的。

(8) 审计人员对失去客户和名誉受损的恐惧。审计人员对失去客户的恐惧可能会对独立性产生负面影响，对名誉受损的恐惧则会增加对独立性的正面影响。失去客户就可能意味着失去收入，如果因为怕失去客户而迎合客户的不当需求，则可能导致审计失败。而审计失败又会使审计机构和人员在公众当中的声誉受损。很多情况下，审计失败是由于独立性的缺乏造成的。当审计声誉受损时，又会导致客户的流失，影响审计机构的收入。从长期的观点来看，企业需要声誉良好的审计机构提供的审计服务，会促使审计机构提高独立性。

1.3.4.3　消除影响审计独立性因素的防范措施

审计独立性是审计的灵魂，离开了独立性，审计职业很难存在。最大限度消除影响独立性的因素，对于审计职业的生存、发展和权威性至关重要。消除影响审计独立性因素的防范措施可以分为以下三类：

1. **由审计职业、法律或规章产生的防范措施**　从审计职业、法律或规章等方面制定防范影响审计独立性的措施，旨在通过提高审计的从业门槛和违法成本，减少影响审计独立性的事项。这些措施概括起来有：

(1) 进入审计职业的教育、培训和经验要求。

(2) 审计人员继续教育的要求。

(3) 审计执业准则和监督、惩戒程序。

(4) 审计机构质量控制制度的外部复核。

(5) 有关审计机构独立性要求的法律法规。

2. **由鉴证业务的客户内部产生的防范措施**　审计机构在开展鉴证业务时，客户在独立性方面的配合也是非常重要的。为保证审计独立性，鉴证业务的客户在其内部应该采取下列防范措施：

(1) 在鉴证客户的管理层委托审计机构时，由管理层以外的人员批准或同意这一委托，或由治理层和管理层协商且以治理层的意见为主导。

(2) 鉴证客户内有能够胜任管理决策的员工。

(3) 强调客户对财务报告真实性、合法性和公允性的承诺的政策和程序。

(4) 建立禁止与鉴证业务有冲突，从而影响审计独立性的非鉴证业务的内部决策程序。

(5) 建立能够确保不影响审计独立性的非鉴证业务进行委托时做出客观选择的内部程序。

(6) 为审计机构的服务提供适当监督与沟通的公司治理结构，如审计委员会。

3. 审计机构的防范措施　防止影响审计独立性的情况出现应是审计机构的自身要求。审计机构可从总体和具体两个层面建立防范措施。

(1) 审计机构的总体防范措施：① 审计机构的高级管理人员要重视独立性，并要求鉴证小组成员保持独立性；② 制定有关独立性的内部政策和程序，包括识别威胁独立性的因素、评价威胁的严重程度以及采取相应的维护措施；③ 建立必要的监督及惩戒机制以促使有关政策和程序得到遵循；④ 及时向所有审计人员传达有关政策和程序的变化；⑤ 制定能使员工向更高级别人员反映独立性问题的政策和程序。

(2) 承办具体鉴证业务时，应采取的防范措施：① 安排鉴证小组以外的审计人员进行复核；② 定期轮换项目负责人及签字审计师；③ 与鉴证客户的审计委员会或监事会讨论独立性问题，并告知服务性质及收费范围；④ 制定确保鉴证小组成员不代替鉴证客户行使管理决策或承担相应责任的政策和程序；⑤ 将独立性受到威胁的鉴证小组成员调离鉴证小组；⑥ 当以上维护措施不足以消除威胁独立性因素的影响或将其降至可接受水平时，审计机构应当拒绝承接业务或解除业务约定。

1.3.5　审计的效益

企业的所有者(股东)很难对管理者实施动态控制，企业高层管理者对下属部门也很难控制得面面俱到。经过审计(外部审计和内部审计)则可产生下列直接效益或间接效益。

1.3.5.1　直接效益

1. 促进企业之健全发展　在经济全球化、信息技术高度发展的背景下，企业生产经营必须以可靠的财务信息为基础，并据此确立将来的经营策略，以及改善既往的缺陷。如果财务信息存有错弊，通过审计为之查证，就能增加其可靠性，并可给予管理方面改善的建议，从而促进企业的健全发展。

2. 巩固企业财务之基础　一般经营状况不佳的企业，为维持其形象或其他目的，常会高估资产、少提折旧，或少提各项资产减值准备，以虚增其利润。此时，如果实施公正有效的外部审计，则影响例如不实的现象可得纠正，企业财务的基础也因之得到巩固。

3. 增强企业的信用，使之易于筹措（调度）资金　企业如欲发行新股或债券，或向银行及其他单位借入长期借款，必须将其财务状况、经营成果和偿债能力的确实资料，向社会公布或提供给银行等。此类财务资料如果经由审计机构审定，则可增强该企业的信用，易于达到筹措资金的目的。

4. 保护利害关系人的利益　现代企业常有各种利害关系人，特以上市公司为甚。一般利害关系人虽然能通过企业公开的财务报表，了解较为肤浅的财务状况和经营情况。而大多数利害关系人均缺乏直接判断能力，或没有充裕的时间作深入的研究，其权益很容易受到损失。如果企业公开的财务信息，由审计人员作严格的审核，则有助于利害关系人减少无谓的损失。

5. 揭露舞弊与差错　会计人员可能会因疏忽或舞弊，影响财务信息的真实性。对此，若无审计，则舞弊与差错可能更多，造成的损失更大。所以必须进行审计，揭露错弊，使得财务信息得以公允表达。

6. 降低和分散风险　在历史财务信息审计业务中，审计人员对于经过审计的历史财务信息的正确性，能够提供合理保证。一方面，可以降低相关利益主体依赖财务信息进行决策的信息失真风险；另一方面，倘若审计报告错误，据此决策的当事人，可以通过适当的途径(如司法途径)，寻求赔偿以分散风险。

1.3.5.2　间接效益

1. 对相关会计人员的教育意义　审计中常可发现会计原理上的错误，审计人员可作善意的提醒与沟通，无形间对会计人员施予了正确的教育。

2. 警示作用　实施常态审计，能提高会计人员的工作责任心，不敢懈怠，从而减少徇私舞弊现象的发生。

3. 经济效益　由于审计工作可以发现企事业单位在日常管理中的漏洞，进而可帮助被审单位增收节支，优化管理。最低限度可能产生下列效益：

(1) 使企业易于合并或出让。当企业因各种原因需与其他企业合并或出让时，该企业财务状况及收益能力是决定合并或出让价值的重要资料。而当事双方必将各自为己做有利的打算，极易导致产生僵局，如由独立的审计人员为之评估，则可收到事半功倍的效果。

(2) 容易处理财务纠纷。企业对于股东的报酬及发放的形式和时间，对于各层管理人员的业绩考核和奖惩额度等等，很难正确计算，常有争端发生。如果企业的会计资料经常由审计人员审查，对于财务信息是否公允有独立的判断，则其计算比较容易，争端也随之减少。

(3) 改善企业的会计制度。企业在遵守会计法规和准则的前提下，常根据其实际情况制定相应具体的会计制度,旨在满足管理的需要。审计人员由于其工作经验的丰富,于审计工作之余,可帮助企业完善相应会计制度,提高管理水平。

(4) 容易获得保险金的给付。企业由于自然灾害造成的损失,如被保险人财务会计信息系经独立审计人员的审查,则较易获得保险公司的适当赔偿。

(5) 财务报表易为政府部门所接受。企业向政府有关部门(特别是税务机关)所报送的财务报表,如经独立审计人员的鉴证负责,较易为相应政府部门采信。

1.4 审计理论框架

1.4.1 审计理论的功能

审计理论,是一套用以解释、指导(或预测)审计行为活动(即审计实践)的系统化和理性化的命题[1]。审计理论的基本功能:一是解释功能,即令人信服地解释审计实践,包括审计行为活动的产生、发展与现实状态;二是指导(或预测)功能,即能对正在进行的审计实践,予以正确适当的指导,并能科学地预示审计的未来及其发展方向。

1.4.2 审计理论的框架

审计理论是由一套(一系列)既互斥又联系的命题(要素)组成,从而构成了审计理论系统。在审计理论系统中,各组成要素之间排列与组合形式的不同,即相互联系、相互作用的方式或秩序的不同,就构成了不同的审计理论框架。审计理论框架首先需要确定审计理论的组成要素,然后研究各要素之间的内在秩序或作用方式即内在逻辑联系,再按照这种联系将它们排列组合起来。审计理论框架是审计理论发挥其功能作用的内在根据。

审计理论框架是由相互关联的命题(要素)所组成的逻辑一致的体系,这些目标和基本概念可用来引导首尾一贯的原则,并对审计和审计报告的性质、作用和局限性做出规定。

目前,审计的内容有广义和狭义之分,广义审计内容中的非鉴证业务具有边缘性,与其他学科的联系较紧密,例如审计机构开展的会计服务业务,与会计学理论联系紧密。因此,很难建立广义的审计理论框架。狭义的审计理论框架,或说是针对审计机构开展的鉴证业务的审计理论框架,由六部分要素组成(各要素之

---

1 蔡春. 审计理论结构研究[M]. 大连:东北财经大学出版社,2001:2.

间的关系见图 1.7)。

基于民间审计是一种商业行为，图 1.7 以平衡框架的形式，揭示了审计理论框架的组成要素及逻辑联系。本框架强调审计的需求与供应之间的满足(平衡)关系，左边(第 1 项)要素是审计需求，右边(第 2~6 项)要素实际上是审计供应；中间的线条隐含审计需求与供应之间，应保持平衡关系。

1. 审计需求	6. 审计报告
	5. 审计证据、标准和准则
	4. 审计假设
	3. 审计责任、目标和态度
	2. 审计本质、主体和环境

图 1.7　审计理论框架

在审计理论框架中，审计需求是起基础作用的要素。审计需求要素的发展(变化)，推动着其他审计要素的发展(变化)，从而促进审计理论和实践的不断发展。

上述审计理论框架中的相关要素除了本章已作介绍的外，其他要素将在以后的章节中予以详细介绍。

本章小结

在市场经济条件下，企业的运行可能存在资本所有权和管理权的分离。当"两权"分离时，由此派生的经济责任关系的确定与解除需要借助审计予以保障。

审计的本源对象是经济活动，实际对象是作为经济活动替代物的相关财务会计信息资料。

审计的基本功能是经济监督、经济评价和经济鉴证，基本价值在于能够提高财务会计信息的可信性。

审计独立性是审计存续发展的必要条件。

从供需平衡的角度，审计理论框架分为审计需求和审计需求的满足两个方面。审计需求的满足，包括：审计本质、主体和环境；审计责任、目标和态度；审计假设；审计证据、标准和准则；审计报告。

2 审计主体和客体

2.1 审计主体

审计主体，亦称审计机构，泛指有权利或有资格行使审计职能，开展审计工作的审计组织。市场经济条件下的审计主体一般分为三类，即国家审计机构、民间审计机构(注册会计师和会计师事务所)和内部审计机构。按照审计主体命名，审计可分为国家审计、注册会计师审计和内部审计。

2.1.1 国家审计

国家审计组织，亦称国家审计机关，是根据《宪法》和《审计法》的授权，代表国家在其授权范围内行使审计监督权的审计主体，它具有法律赋予的权威性。由国家审计机关实施的审计，是历史最悠久的审计。

2.1.1.1 名称

世界各国国家审计机关的名称表述不一。美国曾称之为总审计局(General Accounting Office，GAO)，英国现称之为国家审计局，日本称之为会计检察院，法国和西班牙称为审计法院或法庭。我国国家审计机关的名称为审计署。

2.1.1.2 国家审计机关的模式

由于各个国家的政治架构和赋予国家审计机关的职能的不同，导致各国根据审计机关的领导关系存有较大区别。表现为不同的国家审计模式。下列国家审计模式，有的是历史上曾使用的，有的则是现在仍采用的。

1. 立法模式国家审计机关 很多国家的立法权由议会掌管。立法模式的国家审计机关最初来自英国和美国，故小称英美模式。立法模式的国家审计机关，具有立法性质的审计监督的特点，具体表现为：

(1) 在议会的直接领导下，根据国家法律所赋予的权力，对各级政府部门的财政收支活动和国有企事业单位的财务收支活动等独立行使审计监督权。

(2) 主要审计官员任期较长，由议会任免，有的国家主要审计官员甚至具有实质性的终身任职。

(3) 审计经费由议会根据相关法律单独决定，社会经济发展水平对其经费拨付影响很小或不受影响。

(4) 直接对议会负责并报告工作，不受行政当局的控制和干涉。

当今世界上大多数国家的国家审计机关都采用这一模式。例如，英国于 1866 年根据当时的财政和审计法，成立了审计署；美国于 1921 年，根据当时的预算和会计法成立了审计总署。

2. 司法模式国家审计机关　司法模式的国家审计机关最初来自于法国和德国，故亦称大陆模式。司法模式的国家审计机关，除具有立法模式国家审计机关的部分特点外，最大的特点是具有司法权，是具有司法性质的审计监督，强化了国家审计的职能；审计人员一般都享有司法地位，采用者多为西欧大陆和南美一些国家。例如，1807 年 11 月 5 日，法国根据当时的宪法成立了审计法院，这是一个司法模式的具有权威性的国家审计机构。各级机构的公共会计官员均须向该院汇报账目，逐项反映一年的收支情况，违者罚款。同时，还应向审计法院提供证据，证明自己诚实地履行了自己的经济责任。审计法院经过审查，如果证明他们在收支和遵守法律方面尽职尽责，就发给一张移交清楚的证明书，否则，就通过欠款判决，勒令他们向国库偿还拖欠款项。

3. 行政模式国家审计机关　行政模式的国家审计机关最初来自于前苏联。行政模式的国家审计机关，最大的特点是具有行政性质的审计监督。行政模式的国家审计机关是政府的组成部门之一，是在政府的直接领导下，根据国家和政府所赋予的权限，对政府所属各部门和拥有国有资产的企事业单位的财政、财务收支活动进行审计监督，直接对政府负责。目前，采用这一模式的国家比较少。

由于国家利益和政府利益具有一定的差异，所以，行政模式的国家审计准确地说，应属于政府审计，即具有内部审计属性的政府内部审计。

4. 综合模式的国家审计机关　综合模式国家审计机关，以西班牙为代表。西班牙审计法院成立于 1935 年，系国家财政经济活动的最高审计监督机关，它独立于政府之外，隶属于议会，由议会授权对行政部门经济责任的履行情况进行全面的审计。审计法院有拥有独立的司法裁决权，对违法乱纪行为有权依照审计法进行司法审判，或处以罚款，或建议有关部门给予必要的行政处分；需要追究刑事责任的可向一般法院起诉，专职审计人员都是法官，受到法律的保护。

5. 超国家模式的国家审计机关　超国家模式的国家审计机关的主要特征是：国家审计机关既不隶属与行政部门和司法部门，也不隶属于立法部门，具有超然独立性，但对立法部门报告工作。日本国家审计[1]几经反复，最终走上了这条独特的发展之路。

2.1.1.3 我国的国家审计

1. **法律根据** 我国国家审计机关的名称为审计署，根据《宪法》第 91、第 109 条和《审计法》第 2 条成立。《审计法》第 2 条规定"国家实行审计监督制度。国务院和县级以上人民政府设立审计机关"。

2. **模式** 我国的国家审计机关，属于行政模式。《审计法》第 7 条规定"国务院设立审计署，在国务院总理领导下，主管全国的审计工作。审计长是审计署的行政首长"。我国现行国家审计模式，由下列具体要素构成：

(1) 领导体制。国家审计机关领导体制，是指国家审计机关的隶属关系和审计机关内部上下级之间的领导与被领导关系。我国审计机关的领导体制有别于其他行政机关的领导体制，它具有三个显著的特征：一是审计机关直接受本级政府行政首长领导；二是地方审计机关实行双重领导体制，同时受本级政府行政首长和上一级审计机关领导；三是地方审计机关的审计业务以上级审计机关领导为主。

(2) 机构设置。我国国家审计机关有两种，即中央审计机关和地方审计机关。中央审计机关是在国务院总理直接领导下的审计机关，即审计署。审计署是国务院的组成部门，是我国的最高审计机关，它具有双重法律地位：一方面，它作为中央政府的组成部门，要接受国务院的领导，执行法律、行政法规和国务院的决定、命令，以独立的行政主体从事活动，直接审计管辖范围内的审计事项；另一方面，审计署作为我国的最高审计机关，在国务院总理的领导下，主管全国的审计工作。地方审计机关，是指省、自治区、直辖市、设区的市、自治州、县、自治县、不设区的市、市辖区人民政府设立的审计机关。

(3) 审计机关的派出机构。《审计法》第 10 条规定："审计机关根据工作需要，可以在其审计管辖范围内派出审计特派员。审计特派员根据审计机关的授权，依法进行审计工作。"按照该条规定，我国审计机关设立的派出机构有两类，即审计机关驻地方派出机构和驻部门派出机构。目前，审计署在部分城市设立了驻地方派出机构，称审计署驻×××特派员办事处。一些地方审计机关为便于工作也在其审计管辖范围内设立了派出机构。驻部门派出机构，是审计机关派驻本级政府其他部门的审计机关。

审计机关派出机构是审计机关派出的工作机构，其审计职权依靠派出的审计机关授予。因此，它不是一级审计机关，而是审计机关的内部机构，只能在审计

---

1 项俊波，等. 审计史[M]. 北京：中国审计出版社，1990：384.

机关授权范围内以自己的名义开展活动，作出具体行政行为。

(4) 审计机关负责人的任免和人员配置。为保证审计机关及其审计人员依法独立行使审计监督权，我国遵循国际惯例和本国实际情况，对审计机关负责人的任免程序、撤换以及审计人员的任职条件等，都作了严格规定。审计署审计长的任免程序是：由国务院总理提名，全国人民代表大会决定人选，全国代表大会闭会期间由全国人民代表大会常务委员会决定任免；审计署副审计长由国务院任免。全国人民代表大会有权罢免审计长。地方审计机关负责人的任免程序是：正职领导人由本级政府行政首长提名，本级人民代表大会常务委员会决定任免，报上一级人民政府备案；副职领导人由本级人民政府任免。另外，地方各级审计机关正职和副职领导人的任免，应当事先征求上一级审计机关的意见。

在任期内撤换审计机关负责人，必须符合下列条件之一：一是审计机关负责人因犯罪被追究刑事责任；二是因严重违法失职受到行政处分；三是因身体健康原因不宜继续担任审计机关负责人的；四是有不符合国家规定的其他任职条件的。否则，不得随意撤换审计机关负责人。

(5) 业务范围和工作要求。国家审计机关的工作范围，《审计法》第 2 条规定为："国务院各部门和地方各级人民政府及其各部门的财政收支，国有的金融机构和企业事业组织的财务收支，以及其他依照本法规定应当接受审计的财政收支、财务收支，依照本法规定接受审计监督"。该条款还规定了国家审计机关的工作要求是："对前款所列财政收支或者财务收支的真实、合法和效益，依法进行审计监督"。

(6) 经费来源。审计机关履行职责所必需的经费保证，是审计机关依法独立行使审计监督权的条件。在我国立法中，行政机关的经费问题一般不在法律、行政法规中作出规定。但考虑到审计机关的主要职责是对政府的财政收支进行审计监督，与政府财政部门存在着直接的监督与被监督关系，这与其他行政机关是不同的。因此，审计法规定，审计机关履行职责所必需的经费列入财政预算，由本级人民政府予以保证。

3. 国家审计机关的主要权限   可参见《审计法》第 31～第 37 条。

2.1.2 注册会计师审计

注册会计师审计是由注册会计师承办的审计，亦称独立审计、民间审计。注册会计师审计产生于英国，背景是开始于 18 世纪 60 年代，基本完成于 19 世纪 30 年代末 40 年代初的工业革命，直接原因则是股份公司的兴起。

注册会计师，是指取得注册会计师证书并在会计师事务所执业的人员，有时也指其所在的会计师事务所。世界各国对注册会计师的称谓不尽相同，在美国，注册会计师(Certified Public Accountant，CPA)也称为独立审计师；在英国和英联邦国家又称为特许会计师；在德国称为经济审计师；在日本称为公认会计师；在我国香港地区称为核数师。注册会计师实行严格的资格准入限制制度。通过注册会计师考试，并在会计师事务所工作了规定的时间，在注册会计师协会注册后，方可成为注册会计师。

2.1.2.1　注册会计师的资格考试和注册制度

各国对于注册会计师的管理，通过考试、注册和后续教育等具体制度，实行严格的限制准入。

1. 中国注册会计师的考试与注册登记

(1) 报考条件。根据《注册会计师法》及《注册会计师全国统一考试办法》的规定，具有下列条件之一的中国公民，可报名参加考试：① 高等专科以上学历；② 会计或者相关专业(指审计、统计、经济)中级以上专业技术职称。

根据《港澳台地区和外国籍公民参加中华人民共和国注册会计师统一考试办法》的规定，中国香港、澳门、台湾地区居民及按对等原则确认的外国籍公民具有以下条件之一者，可申请参加考试：① 具有财政部注册会计师考试委员会认可的境内外高等专科以上学校毕业的学历；② 已取得境外法律认可的注册会计师资格(或其他相应资格)；③ 已取得中国注册会计师统一考试的单科成绩合格凭证。这里所指的对等原则，是指外国籍公民所在国允许中国公民参加该国注册会计师(或其他相应资格)考试，中国政府亦允许该国公民参加中国注册会计师统一考试。

(2) 考试阶段。2009 年以后，注册会计师考试划分为两个阶段。第一阶段即专业阶段，主要测试考生是否具备注册会计师执业所需的专业知识，是否掌握基本技能和职业道德要求。第二阶段即综合阶段，主要测试考生是否具备在注册会计师执业环境中运用专业知识，保持职业价值观、职业态度与职业道德，有效解决实务问题的能力。考生在通过第一阶段的全部考试科目后，才能参加第二阶段的考试。两个阶段的考试，每年各举行 1 次。由于第二阶段的考试侧重于考查考生的胜任能力，所以考生在参加第二阶段考试前必须积累必要的实务经验。

(3) 考试科目、方式、计分和考试成绩的用途。考试科目：2009 年以后，由于采用两阶段考试制度，在第一阶段，设会计、审计、财务成本管理、公司战略与风险管理、经济法、税法等 6 个科目；在第二阶段，设综合 1 个考试科目。考试方式：为闭卷考试。客观性试题采用填涂答题卡方式解答；主观性试题采用书写文字方式解答。计分：每科考试均实行百分制，60 分为成绩合格分数线。考试成绩的用途：① 单科合格。单科考试合格者,可领取"单科成绩合格证书或成绩通知单"，其合格成绩在取得单科成绩合格凭证后的连续规定时间内的考试中有效。取得全部应考科目有效合格成绩后，可持成绩合格凭证向当地考试委员会办公室申请换发"全科合格证"。② 全科合格。全部科目考试合格后，可领取全国考试委员会颁发的"全科合格证"，并可据以申请加入中国注册会计师协会成为会员。

(4) 注册登记。根据《注册会计师法》的规定，参加注册会计师全国统一考试成绩合格，取得"全科合格证"后，从事审计业务工作两年以上的，可以向省、自治区、直辖市注册会计师协会申请注册，申请成为"执业注册会计师"。省级注册会计师协会负责注册会计师的审批，受理的注册会计师协会应当批准符合法律规定条件的申请人的注册，并报财政部备案。

我国的注册会计师在注册登记成功后，若执行业务，应当加入会计师事务所。

2. 注册会计师的职业团体 中国注册会计师的职业团体，是 1988 年 11 月 15 日成立的中国注册会计师协会 (The Chinese Institute of Certified Public Accountants，CICPA)。根据《注册会计师法》，中国注册会计师协会是注册会计师行业的全国组织，接受财政部、民政部的监督、指导。省、自治区、直辖市注册会计师协会是注册会计师行业的地方组织。

中国注册会计师协会的宗旨是服务、监督、管理、协调，即以诚信建设为主线，服务本会会员，监督会员执业质量、职业道德，依法实施注册会计师行业管理，协调行业内、外部关系，维护社会公众利益和会员合法权益，促进行业健康发展。中国注册会计师协会的职责由全国会员代表大会和协会章程规定。

(1) 会员种类。分为个人会员和团体会员两类。① 凡参加注册会计师全国统一考试全科合格并经申请、批准取得会员资格者，为本会个人会员；② 依法批准设立的会计师事务所，为本会的团体会员。

(2) 协会的权力机构。协会的常设机构有：① 会员代表大会，全国会员代表大会每五年举行一次；② 全国会员代表大会选举理事若干人组成理事会，理事会下又设若干专门委员会和专业委员会；③ 经理事会选举若干人组成常务理事会，在理事会闭会期间行使理事会职权。

(3) 协会的常设执行机构。中国注册会计师协会设秘书处，负责具体落实会员代表大会、理事会、常务理事会的各项决议、决定，承担协会的日常工作。

(4) 地方注册会计师协会。各省、自治区、直辖市注册会计师协会是中国注册会计师协会的地方组织，其章程由当地会员代表大会依法制定，并报中国注册会计师协会和当地政府主管行政机关备案。

美国注册会计师的职业团体是美国注册会计师协会(American Institute of Certified Public Accountants，AICPA)。AICPA 拥有四项主要职能：① 建立准则和规则；② 科研与出版；③ 注册会计师考试的命题与评分；④ 后续教育。

2.1.2.2 会计师事务所

注册会计师从事审计业务必须通过会计师事务所这一执业载体。会计师事务所，是注册会计师依法承办业务的机构，是指根据《注册会计师法》，由注册会计师组成，经有关部门批准，并办理注册登记而独立办理承办公证会计师业务的单位(或称为机构)。

1. 会计事事务所的组织形式　主要的组织形式是：

(1) 独资会计师事务所。又称个人会计师事务所，是由具有注册会计师执业资格的个人独立开业，对外承担无限责任。

(2) 普通合伙制会计师事务所。是由两名或两名以上注册会计师共同出资设立，共同经营，共担风险。合伙人以各自的财产对事务所的债务承担无限连带责任。

(3) 有限责任公司制会计师事务所。是由若干名注册会计师通过认购股份组成的具有法人资格的事务所。各股东以其所认购股份对会计师事务所承担有限责任，会计师事务所以其全部资产对其债务承担有限责任。

(4) 有限责任合伙会计师事务所。又称特殊的普通合伙会计师事务所，其特点是：① 事务所以其全部资产对其债务承担有限责任；而各个合伙人对其个人执业行为承担无限责任；② 合伙人承担的责任有两类：一类是无过失的合伙人，他们对于其他合伙人的过失或不当执业行为，仅以自己在事务所的财产为限承担有限责任，除非该合伙人参与了过失或不当执业行为；另一类是有过失的合伙人，他们要对其个人执业行为承担无限责任。

会计师事务所的上述组织形式中，有限责任合伙会计师事务所已成为注册会计师职业界组织形式发展的主流趋势。目前，我国会计师事务所的组织形式主要有两类：

(1) 合伙会计师事务所。由合伙注册会计师按照出资比例或协议的约定，以各自的财产承担责任，合伙人对会计师事务所的债务承担连带责任。

(2) 有限责任会计事务所。由发起注册会计师(5 人以上)以其出资额(30 万以上)对会计师事务所承担责任，会计师事务所以其全部财产对其债务承担责任。

2. 会计师事务所的规模　按照美国同行的划分，会计师事务所的规模可分为四类：

(1) 国际性会计师事务所(公司)。国际会计师事务所(公司)的标志主要有：从业人员数量、收入、向国际市场提供各类服务的能力等。能够称得上国际会计师事务所(公司)的，目前仅有四家，即：普华永道、安永、德勤、毕马威，他们是全球最大的会计师事务所(公司)，简称"四大"，总部都设在美国，在全球主要国家都设有办事机构，每一家的雇员都在万人以上，其中安永会计师事务所(公司)，

1996 年仅在美国的净收入都有 29.7 亿美元[1]。"四大"几乎包揽了美国和世界范围内的所有最大型公司，以及许多中小型公司的审计业务，他们中的每一家都具备为所有主要的国际性市场提供服务的能力。

(2) 全国性会计师事务所(公司)。全国性会计师事务所(公司)的规模比国际性会计师事务所(公司)要小，其主要向全国市场(包括上市公司)提供服务，在国内主要城市设有业务部，因而被称为全国性会计师事务所(公司)。

(3) 大型地区性会计师事务所(公司)。大型地区性会计师事务所(公司),的收入和规模比全国性会计师事务所(公司)要小。在我国，主要为向省内除上市公司以外的客户提供相应服务，并且在总部以外的省内其他地区设有常设业务部门的会计师事务所。

(4) 小型地方性会计师事务所(公司)。这类会计师事务所(公司)的数量多，收入、规模均较小，只能向所在城市小型企业、非股份公司的中型企业和非盈利单位，提供范围较窄的服务(主要是审计服务)

2.1.3　内部审计

内部审计是相对于外部审计而言的。国家审计和注册会计师属于外部审计。单位或组织内部开展的审计则称为内部审计。

2.1.3.1　内部审计的动因分析

1. 经济责任关系和管理分权制是内部审计的基本前提　前面已述及，由企业所有权和管理权的分离而产生的经济责任关系，是产生(外部)审计需求的直接原因。为了履行经济责任关系，管理者当局可能需要在企业内部划分为若干必要的管理层次和职能部门，实施分权管理，也就是实行内部管理分权制。企业内部上级管理者和下级管理者之间就产生了利益关系，即内部经济责任关系。管理分权制实施的效果，关系到企业所有权和管理权之间经济责任关系的正确履行。为此，企业管理当局产生了建立内部审计制度来保证管理分权制得以贯彻的需要。类似地，事业单位的管理层次较多时，也会产生内部审计的需求。

2. 外部压力对于内部审计的发展起到了推动作用　在经济全球化的背景下，企业遭受到了越来越多的压力。为了在激烈的竞争中领先，内部审计"旁观者清"的作用日益突出，管理职能中的内部监督需求越来越迫切，从而推动了内部审计的发展。

---

1 (美)阿尔文·A·阿伦斯，詹姆斯·K·洛布贝克. 审计学——整合方法研究(上)[M].北京：中国审计出版社，2001：19.

2.1.3.2 内部审计的定义

1. 中国内部审计协会的定义 内部审计,是指组织内部的一种独立客观的监督和评价活动,它通过审查和评价经营活动及内部控制的适当性、合法性和有效性来促进组织目标的实现。

2. 国际内部审计人员协会的定义 内部审计是一种独立、客观的保证和咨询活动,其目的在于为组织增加价值并提高组织的运作效率。它采取系统化和规范化的方法,来对风险管理、控制和治理程序进行评估和改善,从而帮助组织实现他的目标。

2.1.3.3 内部审计机构

1. 内部审计机构设置的依据 内部审计的边界,视内部的范围而有所不同:有对所有者负责的内部审计,也有对管理者负责的内部审计。这两种内部审计的设置依据是不同的。

(1) 对所有者负责的内部审计。以企业为例,对所有者负责的内部审计机构,其设置的依据主要是法律法规的要求,具有刚性,所以必须设置内部审计机构。例如:《公司法》第 52 条(第 114 条)规定"有限责任公司(股份有限公司)设监事会,其成员不得少于三人"。监事会对股东大会和董事会负责并报告工作。

(2) 对管理当局负责的内部审计。对管理当局负责的内部审计机构,现行法律法规没有明确规定,各企事业单位可以根据章程的规定和管理需要设立内部审计机构。

2. 内部审计的模式 内部审计机构的设置存在多种模式。以企业为例,现实中的内部审计机构主要有五种模式:① 设在董事会或董事会下设审计委员会的内部审计机构;② 设在监事会的内部审计机构;③ 隶属于总经理的内部审计机构,这是主要的一种形式;④ 与纪检、监察合署的内部审计机构;⑤ 隶属于财务会计部门的内部审计机构。上述模式都有其存在的合理性,各有利弊。前三种模式在世界各国都存在,第一种模式内部审计的独立性更高一些,因而效果更好。第四种模式具有中国特色;第五种模式则是把审计者与被审计者(财务会计)合并一起,成了财务会计的内部监督,几乎没有审计独立性,因而效果也较差。

3. 内部审计的工作方式

(1) 内设式。在企业内部,对所有者负责和有必要设立对管理者负责(一般为大型企业)的内部审计机构,会采取专门设置机构的方式,开展内部审计工作。

(2) 外包式。有些企业虽然有设置对管理者负责的内部审计的需求,鉴于企业规模较小、业务简单和成本等方面的考虑,其内部审计工作可能采取外包给会计师事务所等中介机构的方式实施。

2.1.3.4　内部审计人员

1. 拥有"国际注册内部审计师"职业资格的内部审计人员　国际内部审计师协会(Institute of Internal Auditor，IIA)在全世界举行统一时间、统一科目、统一命题、统一评卷的国际注册内部审计师(International Certified Internal Auditor，CIA)考试。凡通过考试者，即获得"国际注册内部审计师"职业资格。

国际内部审计师的考试科目共四门，即：内部审计程序、内部审计技术、管理控制和信息技术、内部审计环境。前3个科目由国际内部审计师协会命题。对于第4个科目，考虑到各国的法律、财务会计、税务管理和文化背景的不同，国际内部审计师协会允许各考试举办国根据本国的实际情况进行命题，试题经由国际内部审计师协会考试委员会审查批准。

2. 中国内部审计人员

(1) 基本条件。2003年中国内部审计协会发布的《中国内部审计基本准则》，要求内部审计人员具备以下四项基本条件：① 具备必要的学识及业务能力，熟悉本组织的经营活动和内部控制，并不断通过后续教育来保持和提高专业胜任能力；② 内部审计人员应当遵循职业道德规范，并以应有的职业谨慎态度执行内部审计业务；③ 内部审计机构和人员应保持独立性和客观性，不得负责被审计单位经营活动和内部控制的决策与执行；④ 内部审计人员应具有较强的人际交往技能，能恰当地与他人进行有效的沟通。

(2) 内部审计人员岗位资格条件。内部审计人员实行岗位资格证书制度。根据中国内部审计协会《内部审计人员岗位资格证书实施办法》的规定，凡具备下列条件之一者，须报省级内部审计师协会审批并报中国内部审计协会备案后，方可发给资格证书：① 具有审计、会计、经济及相关专业中级及中级以上专业技术职称的人员；② 具有国际注册内部审计师资格证书的人员；③ 具有注册会计师、造价工程师、资产评估师等相关执业证书的人员；④ 审计、会计及相关专业本科以上学历工作满两年以上，以及大专学历工作满4年的人员；⑤ 在内部审计岗位工作满10年(男50岁以上，女45岁以上)、达不到学历要求的人员。不具备上述条件之一者，须参加中国内部审计协会统一组织的资格考试(每年9月)，考试合格者发给资格证书。考试的内容：内部审计原理与技术、有关法律法规与内部审计准则、计算机基础知识与应用。

2.1.3.5　内部审计的行业管理组织

1. 中国内部审计师协会　2001年，为适应市场经济和内部审计的发展需要，经过审计署同意、民政部批准，在原中国内部审计学会的基础上成立了中国内部审计协会，现为中国内部审计师协会。中国内部审计师协会是企事业单位内部审计机构和内部审计人员的行业自律组织，接受国家审计署、民政部的业务指导和监督管理。中国内部审计师协会的宗旨是在遵守宪法、法律、法规和国家政策，遵守社会道德和风尚，对内部审计实行自律性行业管理，为内部审计机构和内部审计人员提供业务指导和开展各种专业服务活动，通过宣传、交流，扩大内部审计的影响，维护内部审机构的独立性、权威性和内部审计人员的合法权益，促进内部审计队伍素质的提高。

中国内部审计师协会的最高权力机构是会员代表大会，理事会是会员代表大会的执行机构。理事会下设常务理事会，在理事会闭会期间对理事会负责，负责协会的日常工作。

中国内部审计师协会还设立了 4 个专业委员会：学术委员会、培训委员会、准则委员会、考试委员会。分别负责内部审计学术研究、内部审计人员培训和后续教育、内部审计准则的研究和制定，国际注册内部审计师(CIA)和内部审计人员岗位资格考试等活动。

2. 国际内部审计师协会　是国际范围的内部审计师民间组织，于 1941 年在美国纽约发起成立，由国家分会、各国和地区分会及个人会员构成。中国内部审计协会于 1987 年以中国内部审计学会名义作为国家分会加入国际内部审计师协会。目前，国际内部审计师协会在 120 多个国家和地区设有分会，有超过 77 000 名的会员，他们来自工商企业、公用事业、金融保险业、教育等各行业和政府部门单位的内部审计机构。国际内部审计师协会的宗旨是为促进全世界内部审计事业的发展做贡献，其座右铭是"经验分享、共同进步"。根据该协会章程规定，提供的服务包括：

(1) 在国际范围内开展全面的专业开发活动，制定内部审计实务标准和办理内部审计师证书。

(2) 为会员和全世界公众提供研究、传播和发展内部审计，包括内部控制以及有关课题的知识和信息；

(3) 加强各国内部审计师之间的联系，交流内部审计的信息和各国内部审计经验，促进内部审计教育事业的发展。

2.1.4　审计主体和审计的重点领域

不同的审计主体所承担的审计任务是不同的,因而具有不同的审计重点领域。图 2.1 列示了各审计主体的审计重点领域。

	注册会计师审计	内部审计	国家(政府)审计
经济效益(绩效)审计——合规性、经济性、效果性、效率性	很少	主要	主要
财务审计——公允性	主要	次要	很少

图 2.1   审计主体和审计的重点领域

2.2   审计客体

审计客体也称审计的内容或审计的对象。

一般学术名称及术语，其研究对象或内容，最初多能按照字面解释，以后因时代的演变或环境要求的变化逐渐脱离本意。审计的内容也是如此。

审计的客体，视审计主体和授权者的要求有所不同，在经济和审计发展的不同历史时期也有所不同。按照对尚德尔审计定义的理解，审计的客体应是被审单位的经济活动。而经济活动从时间的角度，分为正在进行的经济活动(现在进行时)、已经完成的经济活动(现在完成时)和将要发生的经济活动(一般将来时)。被审单位的经济活动在完成后，其形态会消失或改变，有关经济活动的属性和数量常以凭证、账簿和报表等替代物的形式存在，因而审计的直接对象是有关载有经济活动信息的替代物。审计的客体有广义和狭义之分，从广义的角度，委托人要求审计机构提供的，审计机构在法律法规允许的前提下又能提供的服务，都构成审计的客体，归纳起来分为鉴证业务和非鉴证业务两类。从狭义的角度，审计的客体仅是指审计机构提供的历史财务信息审计鉴证服务，即传统审计的客体。如果没有特别说明，以后所指审计的客体，仅取狭义。图 2.2 列示了审计客体的主要内容。

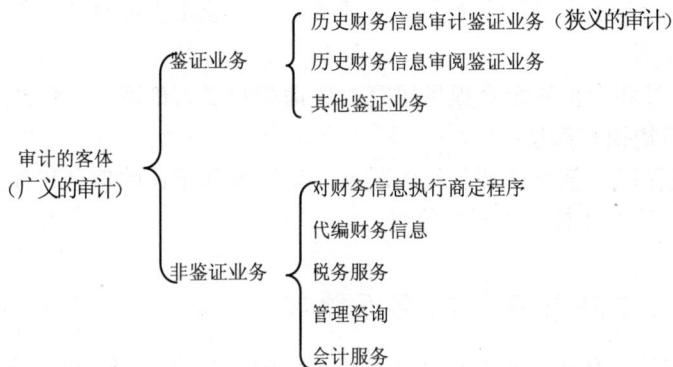

图 2.2   审计的客体

2.2.1 鉴证业务

鉴证业务,是审计人员以书面形式,对另一方责任人所作书面申明(鉴证对象)的可靠性做出结论的各种服务,其目的在于增强除责任方之外的预期使用者对该书面申明(鉴证对象)所载信息的信任程度。

2.2.1.1 鉴证业务的内容

1. 历史财务信息审计鉴证业务 简称审计业务,是审计人员提供的最主要的鉴证服务。在历史财务报表审计中,另一方当事人是客户,他们以财务报表等方式做出各种申明。审计报告要对这些报表是否符合会计准则发表意见。历史财务信息的外部使用者出于决策的目的,将审计报告视为历史财务信息可靠性的标志。历史财务信息审计服务具体又分为:① 审查企业财务报表,出具审计报告;② 验证企业资本,出具验资报告;③ 办理企业合并、分立、清算事宜中的审计业务,出具有关报告;④ 办理法律、行政法规规定的其他审计业务,出具相应的审计报告。

历史财务信息审计鉴证业务,对所审计的内容,能够向委托人提供合理的鉴证保证,即合理保证所审计的历史财务信息,在所有重大方面是否是公允的。合理保证是一个与积累必要的证据相关的概念,它要求审计人员通过不断修正的、系统的执业过程,获取充分适当的证据,对鉴证对象信息整体提出结论,提供一种高水平但非百分之百的保证。

2. 历史财务信息审阅鉴证业务 也称复核业务,是提供有限保证的鉴证业务,即所审阅信息没有发现重大错报。许多企业(主要是非上市公司)既希望向报表使用者提交财务报表,但又不愿承担与之相应的审计报告成本。在这种情况下,审阅服务就是一种很有用的鉴证服务。在历史财务信息审计业务中,注册会计师要进行大量的检查工作,以便收集充分的证据,为客户财务报表提供高水平的保证(合理保证)。而在历史财务信息的审阅业务中,只需要收集能够提供中等水平保证(有限保证)的证据。这通常既能满足使用者的需要,又能以比全面审计低得多的费用支出,聘请会计师事务所提供此类服务。

有限保证要求审计人员对审阅后的历史财务信息提供低于高水平的保证(有限保证),在审阅报告中对历史财务信息采用消极方式提出结论。

审计鉴证业务和审阅业务在鉴证的保证程度、目标、程序、方法和结论类型等方面存在着不同,见表2.1。

3. 其他鉴证业务 审计人员提供的不属前面两类(审计服务和审阅服务)的鉴证服务即属其他鉴证服务。其他鉴证服务的类型很多,例如:内部控制审核、预测性财务信息审核、投资绩效统计的鉴证、网域认证和计算机软件性能的鉴证等。

表 2.1　审计鉴证业务和审计审阅业务的区别

	审计鉴证业务	审阅鉴证业务
保证程度	合理保证。将鉴证业务风险降至该业务环境下可接受的低水平	有限保证。将鉴证业务风险降至该业务环境下可接受的水平
审计目标	财务报表是否按照适用的会计准则和相关会计制度的规定编制;财务报表是否在所有重大方面公允反映被审计单位的财务状况、经营成果和现金流量	在实施审阅程序的基础上,说明是否注意到某些事项,使其相信财务报表没有按照适用的会计准则和相关会计制度的规定编制,未能在所有重大方面公允反映被审阅单位的财务状况、经营成果和现金流量
审计程序	控制测试和实质性测试程序	采用了解、询问、分析和阅读等审阅程序
审计准则	审计类准则	审阅准则
审计结论类型	以积极方式提出结论。在审计报告中清楚地表达对财务报表的意见,并对出具的审计报告负责	以消极方式提出结论。审阅报告应当清楚地表达有限保证的结论

2.2.1.2　鉴证业务的对象

鉴证业务分为基于责任方认定的业务和直接报告业务。

在基于责任方认定的业务中,责任方对鉴证对象进行评价或计量,鉴证对象信息以责任方认定的形式为预期使用者获取。如在财务报表审计中,被审计单位管理层(责任方)对财务状况、经营成果和现金流量(鉴证对象)进行确认、计量和列报(评价或计量)而形成的财务报表(鉴证对象信息)即为责任方的认定,该财务报表可为预期报表使用者获取,审计人员针对财务报表出具审计报告。这种业务属于基于责任方认定的业务。

在直接报告业务中,审计人员直接对鉴证对象进行评价或计量,或者从责任方获取对鉴证对象评价或计量的认定,而该认定无法为预期使用者获取,预期使用者只能通过阅读鉴证报告获取鉴证对象信息。如在内部控制鉴证业务中,审计人员可能无法从管理层(责任方)获取其对内部控制有效性的评价报告(责任方认定),或虽然审计人员能够获取该报告,但预期使用者无法获取该报告,审计人员直接对内部控制的有效性(鉴证对象)进行评价并出具鉴证报告,预期使用者只能通过阅读该鉴证报告获得内部控制有效性的信息(鉴证对象信息)。这种业务属于直接报告业务。

2.2.1.3　鉴证业务的功能

审计的功能随着审计的发展而发展。鉴证业务的功能可分为基本功能、特别功能和派生功能。

1. **鉴证业务的基本功能**　可以表述为:对鉴证业务对象(主要是财务信息)的

真实性、合法性和公允性的审定。

真实性是指鉴证对象是否客观地反映了它所应反映的客观经济活动，即替代物和本体的一致性；合法性是指鉴证对象在真实性的基础上是否符合国家法律法规的要求；公允性是指鉴证对象在真实、合法的基础上是否恰当地(符合相关标准，例如会计准则)反映了客观的经济活动。真实性、合法性和公允性是对鉴证对象的递进要求，真实性是最低要求，合法性是一般要求，公允性是高级要求。

各种企事业单位按照财务、会计和相关法律法规(如《公司法》、《证券法》、《证券交易法》)的规定，必须定期就其财务状况和经营成果编报财务信息，以取信于政府、投资人、债权人及其他利害关系人。各企事业财务报表列示的财务信息是否根据会计准则、按照事实，结合经验与习惯而编制，对于该信息的真实性、合法性和公允性将会产生重要影响，继而对各利害关系人决策的正确性和随之的经济利益产生决定性影响。为提高财务报表的可信程度，保护国家、投资人、债权人和社会公众的经济利益，财务报表揭示的财务信息的真实性、合法性和公允性，必须经由审计人员审定并予以负责。

鉴证业务中，实现真实性、合法性和公允性判断的审计，被称为财务报表审计或财务审计。

2. 鉴证业务的特别功能　可以表述为：对鉴证业务对象(主要是财务信息)反映的本体(交易和事项)的经济性、效率性和效果性的审定。

经济性的原意是指经济节约，关键是省钱，而对于结果、效果等并不是非常关心，在财务信息的鉴证业务中，是指交易和事项是否事先制定的数量标准一致，是否达到了节约的愿望；效率性是指交易和事项中产出与投入的比较，产出应大于投入；效果性也称有效性，强调交易和事项的实际效果，而对投入则不是很关心，是以交易和事项的最终结果及其社会经济影响是否达到了预期目标来衡量的。

鉴证业务中的经济性、效率性和效果性方面的审定，也称"3E"审计，是为了确定财务信息所反映的一个组织、一项活动或交易、一个计划或项目的工作绩效，是对审计鉴证业务的特别要求。

在鉴证业务中，实现经济性、效率性和效果性判断的审计，被称为经济效益审计或绩效审计。

3. 鉴证业务的派生功能　是由基本功能和特别功能实现后派生出的功能，可以表述为：错误或舞弊的发现与防止。

会计上的错误与舞弊，不论其重要性的大小及揭发的难易，对财务报表的影响在程度上虽有差异，但都会歪曲财务信息的真实性。财务会计工作人员或有作弊，以达其个人之欲望，若无审计工作的进行，则其作弊机会更多，给企事业单位带来的损失更大。所以，常态性的审计工作，除可震慑相关人员的有意舞弊外，也可减少无意的差错。

2.2.2 非鉴证业务

注册会计师除了能够向客户提供鉴证服务以外，还能根据其所持的专长，向客户提供不具鉴证性质的服务。非鉴证业务主要有：

(1) 对财务信息执行商定程序。是审计人员对特定财务数据、单一财务报表或整套财务报表等财务信息，执行与特定主体(指委托人和业务约定书中指明的报告致送对象)商定的具有审计性质的程序，并就执行的商定程序及其结果出具报告。审计人员执行商定程序业务，仅仅报告执行的商定程序及其结果，并不提出鉴证结论。报告使用者自行对审计人员执行的商定程序及其结果作出评价，并根据审计人员的工作得出自己的结论。商定程序业务报告仅限于参与协商确定程序的特定主体使用，以避免不了解商定程序的人对报告产生误解。

(2) 代编财务信息。是审计人员运用会计而非审计的专业知识和技能，代客户编制一套完整或非完整的财务报表，或代为收集、分类和汇总其他财务信息。审计人员执行代编财务信息业务使用的程序并不存在、也不能对财务信息提出任何鉴证结论。审计人员执行代编财务信息业务，应当遵守相关财务会计的职业道德规范，恪守客观、公正的原则，保持专业胜任能力和应有的关注，并对执业过程中获知的信息保密。

(3) 税务服务。包括税务代理和税务筹划。税务代理是注册会计师接受企业或个人委托，为其填制纳税申报表，办理纳税事项，在发生纳税纠纷时代理客户应诉等。纳税筹划是由于纳税义务方式的范围和时间不同，审计人员从客户利益出发，代替纳税义务人设计可替代或不同结果的纳税方案。

(4) 管理咨询。大多数审计机构都向客户提供帮助其提高经营效率的管理咨询服务。这类服务的范围很广，从改进客户会计制度的简单建议直至营销战略、人力资源管理、预算管理、企业诊断、计算机安装和保险精算方面的咨询等。许多大型审计机构(会计师事务所)设有专职部门提供管理咨询服务，其提供的收入占到全部收入的 1/3 甚至更多。

(5) 会计服务。是指审计人员向委托人提供的有关会计的服务，例如为客户代理记账、代为统计，还包括对会计政策的选择和运用提供建议、担任常年会计顾问等。

不同规模的审计机构(会计师事务所)业务侧重点各不相同。从收入的角度，虽然审计业务仍是审计机构(会计师事务所)的主要业务，但大型审计机构(特别是跨国的国际会计公司)非鉴证业务提供的收入占有的比重较大。

2.2.3 审计机构提供服务的限制性规定

审计机构可以为客户提供范围广泛的服务，但对于同一时间、同一客户的服务内容，基于审计独立性的要求，常由政府、审计行业管理机构等提出一些限制性规定。在美国，由于安然、世界通信等一系列大公司会计作假、审计失败事件的冲击下，美国国会于 2002 年 7 月颁布了《公众公司会计改革和投资者保护法》，其中明确规定：执行任何发行证券公司的任何审计业务的会计师事务所，在执行审计业务的同时，提供以下非审计服务将是非法行为：① 会计记录和财务报表的编制；② 设计和实施财务信息系统；③ 评估或估价、公证或出具实物捐赠报告书；④ 精算业务；⑤ 内部审计外包业务；⑥ 代为行使管理或人力资源职能；⑦ 充当客户的经纪人、或经销商、投资顾问或提供投资银行服务；⑧ 提供与审计无关的法律服务或专家服务等。

2.3 民间审计的发展历程

审计起源于政府审计(也有称官方审计)。随着私有制的产生和发展，民间审计得以产生并得到迅速的发展。其后，由于企业规模的扩大和内部管理的需要，内部审计也应运诞生。政府审计、民间审计和内部审计构成了现代审计的完整体系。在市场经济体制下，民间审计无论在审计业务量、审计人员的数量和质量、审计准则的完善等诸多方面，无疑已成为了审计的主导。民间审计机构提供的财务信息鉴证业务的工作重点、技术和方法的演变，可见图 2.3。

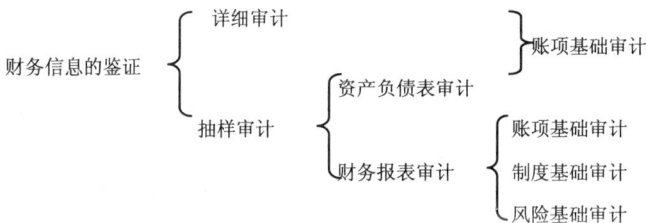

图 2.3 财务信息鉴证业务的演变过程

2.3.1 详细审计

详细审计是从英国开端的审计技术和方法，直至 20 世纪初，仍是主流的审计技术和方法。详细审计要求对所有的交易事项、会计凭证和财务报表都进行审核，以发现记账差错和舞弊行为。详细审计技术和方法的开发，是英国会计师建立的功勋，亦称"英国式审计"。详细审计是对全部会计工作进行了"地毯式审查"，其优点是能够发现绝大多数甚至全部差错和舞弊，所以也有人称之为"地毯式审计"；但其缺点也是明显的，就是审计工作量大(相应的，审计成本也很高)，审计工作时间拖得很长，当作出审计结论时，利害关系人常有"时过境迁"之感，不能满足审计当事人对审计的"及时性"要求。特别地，当审计供给小于审计需求时，详细审计欠缺及时性的弱点更是突出。

2.3.2　抽样审计

20世纪早期的美国，经济情况发生了很大的变化。当时，随着工业的发展，特别是股份公司的规模不断发展和扩大，导致审计需求的激增，而需要繁琐手续和高额费用的详细审计表现出无法满足审计需求的弱点，传统的详细审计方法受到了挑战。抽样审计思想应运而生，它从全部审计对象(会计资料)中，抽取部分项目(样本项目)进行审查，然后根据样本样本项目审查结果对审计对象总体进行判断，推断出审计结论。

从审计重点的角度，抽样审计经历了资产负债表审计和财务报表审计；从对影响审计抽样的角度，财务报表审计又经历了账项基础审计、制度基础审计和风险基础审计；从抽样方法运用的角度，抽样审计经历了任意抽样、判断抽样和统计抽样。抽样审计缓解了审计资源与审计需求之间的矛盾，满足了审计需求对及时性的要求，降低了审计成本。但是，由于审计结论是根据样本审查结果推断出来的，因而在推断过程中，仍然存在一定的误差。

2.3.3　财务报表审计基础的发展演变

所谓审计基础，是指审计的重心，是对审计目标的实现产生重要影响的方面。民间审计中，财务信息鉴证业务的重心，随详细审计和抽样审计的变化，先后表现为三种技术模式：账项基础审计、制度基础审计和风险基础审计。

2.3.3.1　账项基础审计

账项基础审计是审计技术发展的第一阶段。账项基础审计以会计账项为重心，顺着或逆着会计报表的生成过程，通过对会计账簿和凭证进行审阅，对会计报表之间的勾稽关系进行逐一核实，以审查会计资料有无错弊为目标，以数据的可信性为着眼点的审计模式。在详细审计阶段、抽样审计中的 资产负债表审计和早期的财务报表审计，都以会计账项为重心，即合称为账项基础审计。

2.3.3.2　系统基础审计

系统基础审计，又称制度基础审计，是审计技术发展的第二阶段。系统基础审计建立在健全的内部控制系统可以提高会计信息质量的基础上。系统基础审计将重点放在对内部控制制度各个环节的审查上，目的在于发现内部控制制度的薄弱之处，找出问题发生的根源，然后针对这些环节扩大检查范围。

系统基础审计，首先进行内部控制系统的测试和评价，当评价结果表明被审单位的内部控制系统健全且运行有效、值得信赖时，可以在随后对报表项目的实质性测试工作中仅抽取小部分样本进行审查；相反，则需要扩大实质性测试的范围。即根据内部控制系统运行的质量状况来决定审计实质性测试的范围和所运用的审计方法。

2.3.3.3　风险基础审计

风险基础审计，是审计的最新发展阶段。风险基础审计立足于对审计风险进行系统的分析和评价，并以此作为出发点，制定审计战略，制定与企业状况相适应的多样化审计计划，使审计工作适应社会发展的需求。

风险基础审计大量运用分析的方法，审计人员一般从对被审单位委托审计的动机、经营环境、财务状况等方面进行全面的风险评估出发，利用审计风险模型，规划审计工作，积极运用分析性复核，力争将审计风险控制在可以接受的水平上。

本章小结

市场经济条件下，审计可分为国家审计、注册会计师审计(也可称民间审计)和内部审计。其中，历史最悠久的是国家审计，而当今资源最丰富、效果最好、效率最高和最为规范的当属注册会计师审计。

现代审计的工作领域，主要涉及鉴证业务和非鉴证业务。在鉴证业务领域，最成熟的审计业务是对历史财务信息实施的审计鉴证业务；在非鉴证业务领域，审计贡献较大的是向社会各界提供税务和管理咨询服务。

民间审计(注册会计师)机构从事的财务信息的鉴证业务，已从账项基础审计、制度基础审计，发展到风险基础审计。

3   审计规范

3.1   审计规范概论

3.1.1   社会对财务审计工作质量的心理要求

社会各界有不同的审计信息获得方式,对财务审计工作的质量有不同的看法。图 3.1 列示了审计信息的形成和发布的一般路径。从图 3.1 中可以看出:

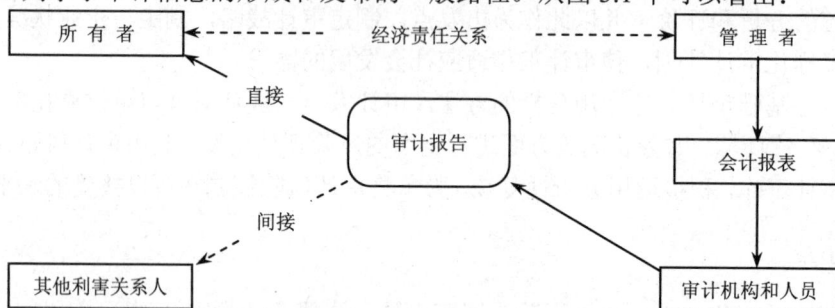

图 3.1   审计信息的形成和发布路径

(1) 审计(特别是注册会计师审计)作为一种社会性很高的职业,其职责主要是对被审单位(管理者)的财务报表进行审计鉴证,然后以审计报告的形式发表对财务报表的审计意见,并将审计报告以直接或间接的方式,提供给各财务信息的使用者(包括现实或潜在的)。

(2) 财务信息的使用者,通常根据经过审计后的财务信息作出有关经济决策,即社会各界对审计报告具有依赖性。

(3) 如果财务信息的使用者依据审计报告进行的经济决策发生了损失,财务信息的使用者出于本能的反映,会提起诉讼(可能会向产生财务信息的主体,也可能会向出具审计报告的审计机构),希冀获得民事赔偿。

(4) 由于"深口袋"(即任何看上去拥有经济财富的人都可能受到起诉,而不论其应当受到惩罚的程度如何)责任观念的影响,审计机构和审计人员更可能成为诉讼对象。当被投资企业(或债务人)出现财务危机,导致投资人(或债权人)投资失败(或无法收回债权)后,投资者(债权人)更关注的是获得补偿,而不太关心是从被投资人(债务人)那里,还是从出具审计报告的审计机构和审计人员那里获得补偿。此时,因为审计机构和审计人员的财务实力较强,更可能成为投资人的诉讼对象。

为了减少诉讼及可能带来的各类损失,保护审计人员的正当权益,避免受到不当侵害,审计机构和审计人员在开展审计工作时,必须严格遵守审计规范。

3.1.2 审计规范的含义

审计既是一种技术性的工作,也是一种社会行为,因而它必须遵循特定的职业技术规范与社会规范,这两类规范统称为审计规范。"规范"一词从字面上分析,具有"规矩"与"典范"的含义,将"规范"引申到审计职业,即为"审计规范"。

审计规范从广义的角度,具有两层含义:① 审计规范是指从事审计工作应该做的事,即"分内"应做的事,也称狭义的审计规范,既是判别审计行为的标准,又是对审计工作进行评价的依据;② 审计规范是指在具体审计工作中,未完成应予担当的职业要求,而应受到的惩罚,是引导审计工作往特定方向发展的一种约束力和吸引力,又称为"行为约束机制"。图3.2列示了审计规范的基本框架。

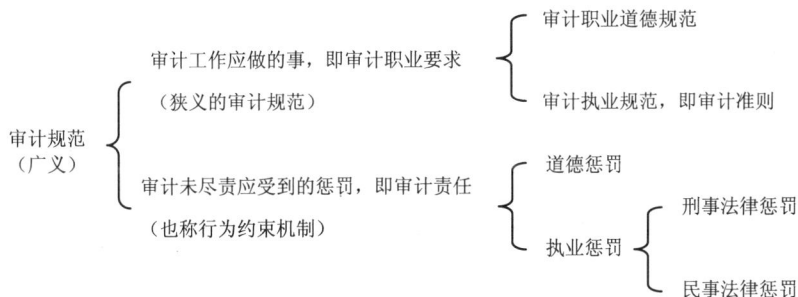

图 3.2 审计规范的框架

在图3.2中,审计的执业规范(审计准则),具有技术属性,称之为审计的技术性规范;审计的职业道德规范具有社会属性,称之为审计的社会性规范。

3.1.3 审计规范的特点

审计规范的特点是:

(1) 公认性。审计规范应得到大多数人的承认和履行,不管这种承认和履行是自发的,还是强制的,也不管这种规范是成文的,还是惯例性的,离开了"公认"的基础,也就无所谓规范。

(2) 最低程度的统一性。虽然可能由于不同时期或不同地区使审计规范的统一性的程度有所差别，但对审计规范的认识和履行，一定要有最低程度的统一性。

(3) 客观性。审计规范应当是客观的，是一种适应审计需求、不依赖某个人的意识而独立存在的。

(4) 广泛适用性和反复适用性。审计规范，应能在开展相应审计业务的不同审计机构和人员中得到采用，并且具有重复使用的价值。

3.1.4 审计规范的分类

3.1.4.1 按审计规范形成的方式分类

按审计规范形成的方式，可将审计规范分为两大类：一类是在审计实践中自发形成的，另一类是人们通过一定形式制定的。

自发形成的审计规范，是指长期审计实践中逐步形成的各种审计惯例、规则，它是非强制性的，一般与具体的审计技术方法有关。例如审计实践中，顺着(逆着)经济活动(会计核算程序)进行审查，就构成了顺查法(逆查法)。审计活动中的各种审计方法之所以能成为惯例、规则，是因为包含有合理的内核，并经过实践检验。审计是一种具体的、技术性较强的职业行为，只有通过长期的实践才能形成有效的规范，并且具有强盛的生命力。

人们通过一定形式制定的审计规范，主要有四个来源：① 由审计学者、专家归纳制定；② 由审计专业团体制定；③ 由审计机构制定并实施；④ 由国家立法机构、执行机构及授权机构制定。

审计惯例是制定审计规范的基础，人们在惯例基础上制定的审计规范，其条理性、清晰度、权威性等方面要高于自发形成的惯例，所以具有更强的可操作性，审计准则、审计法规都属于人们通过各种形式制定的审计计规范。

一般而言，在自发形成的审计惯例起主要作用的领域，标志着该领域尚处于低级发展阶段，只有人们自觉制定各种规范制约审计活动，才能表明该领域已经处于成熟阶段。但是，实践中有一些人为制定的规则也属于惯例之列，例如，企业内部审计制度是人为制定的规范，但如果大多数企业都采用类似做法，又可以叫做惯例。惯例可以认为是在缺乏统一规定条件下，绝大多数的有关方面自觉地采纳或接受的规则。

3.1.4.2 按审计规范的内容分类

按审计规范的内容，审计规范按内容可以划分为以下四类：

(1) 对审计人员的素质要求。审计人员的素质主要包括业务水平与道德品质两个方面。对审计人员素质的衡量，只能通过专业考试、业绩评价、工作考核及履历审查等多种手段来进行。注册会计师考试制度、注册会计师职业道德规范等都属于此类规范。

(2) 对审计组织机构的规定。审计组织机构可以分为审计职业机构和职业团体管理机构两大部分。对审计组织机构的规定包括：机构设置、业务范围、行业管理等方面的规定。

(3) 关于审计执业的要求。审计执业的要求体现为各类审计准则，是审计规范的主体，细致而严谨。例如，审计机构开展鉴证类业务和非鉴证类业务所依据的准则是不同的。审计准则是审计机构和人员开展审计活动所必须遵守的行为规范，是审计职业取信于社会，也是判断审计是否尽责的标准。这类规范通常表现为两种形式，一种是硬性规定，另一种是有多项方法可供选择，规范则给出一个具体的选择标准。

(4) 为审计监督和控制提供标准的规范 。这类规范如国家的各种税法、财政、审计法规，与审计工作有关的经济法规等。这类法规具有双重性，即为当事人的行为准则、审计人员的标准。从审计工作的角度看，它们也属于审计规范的范畴，并且是十分重要的审计规范。

3.1.4.3　按审计规范的制约方式分类

由于规范实施的约束来自理性思维、伦理道德、外界强制力三种力量，按审计规范的制约方式，规范可以分为三种类型：

(1) 强制性规范。强制性规范是借助于外来力强制推行的，又称为他律性规范。在我国这类审计规范有两种：一种是借助于国家机器来强制推行的审计法律、法规及其他有关规定；另一种是借助审计职业团体行政力量来强制贯彻推行的有关审计的管理制度，如审计质量控制准则、审计机构交叉质量检查等。这类规范的特点是：有高度清晰明确的标准以界定审计行为合法与不合法的界限；有有效的监督或评价体系检查或考核审计工作；有严格的惩罚制度，以制止那些不合法的审计行为。例如，《注册会计师法》中关于注册会计师资格考试制度的规定，就是一种强制性规范。

(2) 内化性规范。内化性规范即指由外在的要求转化为审计人员的内在意识目标，通过审计人员的自律来起作用的规范。又称为自律性规范。审计惯例就属于内化性规范。这类规范的特点是：具有内在逻辑的合理性，审计人员能理解为什么要如此做。

(3) 他律与自律结合的规范。这类规范既有他律因素在起作用，又受到某种自律因素的影响。如审计人员职业道德规范就属于此类。由于这类规范标准的宽容度较大，因此，规范化程度要低于前两类。

3.1.4.4　综合分类法

综合分类法是指综合地考虑各种规范的外在形式、内在评价标准、形成来源以及相应的制约方式等多方面因素而作的分类。据此审计准则、审计法规、审计人员职业道德被认为是审计规范体系中三个平行的概念，并且都自成体系，具有相对独立的评价标准。例如，对同一审计行为，三种规范可以给出方向一致的回答，也可能作出相互矛盾的结论。而且从作用方式看，三种规范的作用方式各不相同，在有些问题上法规起主导制约作用，而在有些问题上准则或道德标准则发挥规范或约束作用。从整体而言，任何一种规范都没有至上性，其作用不可能被其他规范所取代，只有在三者保持基本协调一致的条件下，才能形成有效的规范体系。

3.1.5　有关审计规范的几个概念

1. 审计准则　"准则"一词的中文解释是"规定的准绳或法式、标准。"；英文的解释是"基准、标准和范例"。审计准则就是对审计工作或审计实务处理的明确规范或规定，属于对审计实际问题处理方法程序的具体指导。审计准则的产生来源于人门对审计信息统一性与可比性的需求。审计准则可以由政府主管审计工作的机关制定，也可由民间的权威审计组织制定(如在美国由"财务审计准则委员会" FASB 制定)，但应得到法律授权制定审计法规机构(如在美国为"证券交易委员会" SEC)的支持。审计准则一般分为注册会计师审计准则、内部审计准则和政府审计准则等几类。

2. 审计惯例　"惯例"就是"习惯做法"。审计惯例，是指审计实务当中的一些习惯做法。审计惯例有一个汰旧立新过程，它是从自发的分散的渐进演变过程，进入人为的有组织的选优废劣的过程，审计准则就是经过人为筛选的审计惯例，或者说，是人为制定的标准审计惯例。审计惯例的标准化，一般是从使用的审计术语开始的，例如审计工作底稿中的审计符号。通常，审计惯例是制定审计原则、审计准则的基础。

3. 审计法规　审计法规是指由国家制定或认可并由国家强制力促使实施的有关审计工作的法律、条例、规则、制度的总称。在我国，就内容而言，审计法规可分为两部分，一部分是国家为管理审计工作而专门制定的法律、法规的总称，如《审计法》、《注册会计师法》等；另一部分不是直接对审计工作，而是国家针对企事业单位的经济活动、财务会计、接受审计等制定的有关法规，散见于《公司法》、《证券交易法》、《企业破产法》等法律法规中，如《公司法》第 165 条规定："公司应当在每一会计年度终了时编制财务会计报告，并依法经会计师事务所审计。"

　　4. 审计假设　　是指审计人员对那些未经确切认识或无法正面论证的经济事物和审计现象，根据客观的正常情况或趋势所做出的合乎规律的判断。

　　5. 审计职业道德规范　　道德是指社会为了调整人们之间的关系所提倡的行为原则、行为规范的总和。职业道德，是指在一定的职业活动中人们自身所具有的能够体现职业特征的，调整一定职业关系的职业行为准则和规范。审计职业道德是指从事审计职业的工作人员在职业活动中应当遵守的行为规范的总和。包括职业认识、职业感情、职业意志、职业理想、职业行为和习惯等等。

3.2　审计职业道德规范

3.2.1　职业道德规范的构成

　　道德规范由两部分组成：一是对理想行为的一般说明，表现为基本原则；二是规定不当行为的具体规则，即具体要求。一般说明的优点在于，它强调了促进高水平执业的正面行为，缺点是很难把一般性的理想付诸实施，因为没有规定最低限度的行为标准。详细规定的具体规则的优点是，它提供了行为的最低标准，因此具有可操作性；缺点是某些执业人员倾向于把具体规则作为行为的最高标准而不是最低标准。

　　国家审计、注册会计师审计和内部审计的职业道德规范的基本思想是相同的，但注册会计师审计由于社会关注度等原因。又有其独特的内容。

3.2.2　中国注册会计师的职业道德规范

　　中国注册会计师目前遵守的职业道德规范，主要有两个：一是中国注册会计师协会 1997 年 1 月 1 日颁布实施的《中国注册会计师职业道德基本准则》，二是中国注册会计师协会 2002 年 6 月 25 日发布的《中国注册会计师职业道德规范指导意见》。中国注册会计师应遵守的职业道德规范，分为两个层次，一是基本原则；二是具体要求。

　　中国注册会计师在执业中应遵守的职业道德规范主要有：

1. **独立性** 是指实质上的独立和形式上独立。实质上的独立,是指注册会计师在发表意见时其职业判断不受影响,公正执业,保持客观和职业怀疑;形式上的独立,是指会计师事务所或鉴证小组避免出现这样重大的情形,使得拥有充分相关信息的理性第三方推断其公正性、客观性或职业怀疑态度受到损害。注册会计师执行鉴证业务时应当保持实质上和形式上的独立,不得因任何利害关系影响其客观、公正的立场。

2. **专业胜任能力** 由于社会各界对审计职业的期待,注册会计师应当具有专业知识、技能或经验,能够胜任所承接的工作,即具备专业胜任能力。

3. **保密** 注册会计师在与客户签订业务约定书时,应当书面承诺对在执行业务过程中获知的客户信息保密,不能在没有取得客户同意的情况下泄露任何信息。这里所说的客户信息,通常是指商业秘密。一旦商业秘密被泄露或被利用,往往给客户造成损失。

4. **收费与佣金**

(1) 收费应当考虑的因素:在确定收费时,会计师事务所应当考虑以下因素,以客观反映为客户提供专业服务的价值:① 专业服务所需的知识和技能;② 所需专业人员的水平和经验;③ 每一专业人员提供服务所需的时间;④ 提供专业服务所需承担的责任。

(2) 收费的计算要求:① 在专业服务得到良好的计划、监督及管理的前提下,收费通常以每一专业人员适当的小时费用率或日费用率为基础计算。② 专业服务的收费依据、收费标准及收费结算方式与时间应在业务约定书中予以明确。③ 如果收费报价明显低于前任注册会计师或其他会计师事务所的相应报价,会计师事务所应当确保:在提供专业服务时,工作质量不会受到损害,并保持应有的职业谨慎,遵守执业准则 和质量控制程序;客户了解专业服务的范围和收费基础。④ 除法规允许外,会计师事务所不得以或有收费方式提供鉴证服务,收费与否或多少不得以鉴证工作结果或实现特定目的为条件。或有收费,是指收费与否或收费多少以鉴证工作结果或实现特定目的为条件。例如,审计客户要求注册会计师出具标准的审计报告,否则就不付费,这属于收费与否型或有收费;审计客户按照审计后的净利润水平高低付费,这属于收费水平型的或有收费。

(3) 佣金:① 会计师事务所和注册会计师不得为招揽客户而向推荐方支付佣金,也不得因向第三方推荐客户而收取佣金;② 会计师事务所和注册会计师不得因宣传他人的产品或服务而收取佣金。

5. **与执行鉴证业务不相容的工作**

(1) 注册会计师不得从事有损于或可能有损于其独立性、客观性、公正性或职业声誉的业务、职业或活动。例如,注册会计师正在(或将要)向客户提供审计

鉴证服务时，若同时又向客户提供评估、编制财务报表、管理咨询等服务，就会产生自我评价威胁，可能影响其独立性，

(2) 注册会计师应当就其向鉴证客户提供的非鉴证服务与鉴证服务是否相容做出评价。

(3) 会计师事务所不得为上市公司同时提供编制会计报表和审计服务。

(4) 会计师事务所的高级管理人员或员工不得担任鉴证客户的董事(包括独立董事)、经理或其他关键管理职务。

6. 接任前任注册会计师的审计业务 会计师事务所的变更，涉及前后任注册会计师。前任注册会计师，是指代表会计师事务所对最近期间财务报表出具了审计报告或接受委托但未完成审计工作，已经或可能与委托人解除业务约定的注册会计师。后任注册会计师，是指代表会计师事务所正在考虑接受委托，接替前任注册会计师执行财务报表审计业务的注册会计师。

由于审计鉴证提供的保证承担较高，而且是一项连续业务，所以，前后任注册会计师的关系，仅限于审计鉴证业务，不包括其他鉴证业务。

(1) 后任注册会计师在接任前任注册会计师的审计业务时不得蓄意侵害前任注册会计师的合法权益。

(2) 在接受审计业务委托前，后任注册会计师应当向前任注册会计师询问审计客户变更会计师事务所的原因，并关注前任注册会计师与审计客户之间在重大会计、审计等问题上可能存在的意见分歧。客户更换会计师事务的原因很多，但有两种原因可能不利于注册会计师审计行业的发展和市场的正常秩序。一种原因是会计师事务所之间为争揽业务而进行的恶性竞争；另一种原因则是注册会计师可能与客户在重大会计、审计问题上存在分歧，客户不认可注册会计师的立场。在一些情况下，如果注册会计师拒绝出具客户希望得到的意见，客户就可能通过更换会计师事务所实现其目的，这种情况构成了购买审计意见。

(3) 后任注册会计师应当提请审计客户授权前任注册会计师对其询问作出充分的答复。如果审计客户拒绝授权，或限制前任注册会计师作出答复的范围，后任注册会计师应当向审计客户询问原因，并考虑是否接受业务委托。

(4) 前任注册会计师应当根据所了解的情况对后任注册会计师的询问作出及时、充分的答复。如果受到审计客户的限制或存在法律诉讼的顾虑，决定不向后任注册会计师作出充分答复，前任注册会计师应当向后任注册会计师表明其答复是有限的。

(5) 如果审计客户委托注册会计师对已审计会计报表进行重新审计，接受委托的注册会计师应视为后任注册会计师，而之前已发表审计意见的注册会计师则视为前任注册会计师。

(6) 如果后任注册会计师发现前任注册会计师所审计的会计报表存在重大错报，应当提请审计客户告知前任注册会计师，并要求审计客户安排三方会谈，以便采取措施进行妥善处理。

7. 广告、业务招揽和宣传　这里所说的广告，是指为招揽业务，会计师事务所将其服务和技能等方面的信息向社会公众进行传播。业务招揽，是指会计师事务所和注册会计师采用各种各样的手段来争取新客户，而不是接受自愿前来的新客户；例如，请潜在客户去吃饭并向他介绍会计师事务所和注册会计师的服务。宣传，是指会计师事务所和注册会计师向社会公众告知有关事实，其目的不是抬高自己。

8. 对客户的责任　会计师事务所和注册会计师在执业过程中，对客户承担下列责任：

(1) 应当在维护社会公众利益的前提下，竭诚为客户服务。

(2) 应当按照业务约定履行对客户的责任。

(3) 应当对执行业务过程中知悉的商业秘密保密，并不得利用其为自己或他人谋取利益。

(4) 除有关法规允许的情形外，会计师事务所不得以或有收费形式为客户提供鉴证服务。

9. 对同行的责任　会计师事务所和注册会计师在执业过程中，对同行承担下列责任：

(1) 应当与同行保持良好的工作关系，配合同行工作。

(2) 不得诋毁同行，不得损害同行利益。

(3) 会计师事务所不得雇用正在其他会计师事务所执业的注册会计师。注册会计师不得以个人名义同时在两家或两家以上的会计师事务所执业。

(4) 会计师事务所不得以不正当手段与同行争揽业务。

3.3　审计准则

3.3.1　审计准则的作用

审计准则也称审计执业准则，一般是指对审计人员执业资格及其执业工作质量提出的原则要求，是据以指导审计人员执业的技术规范。它是由职业界在总结、提炼长期审计实践过程中形成的公认妥当的惯例基础上制订并正式颁布的。

审计准则的作用是：

(1) 通过颁布审计准则，可以获得公众对审计意见和结论的信任。

(2) 审计准则作为审计人员的工作规范，对审计工作是一种有力的约束。

(3) 它有利于维护审计组织和审计人员的正当权益，使得他们免受不公正的指责和控告。

审计职业界和理论界明确反对两个极端：一方面，"菜谱"式的细则现在不会、将来也不会包括各种复杂情况，从而使审计人员推脱职业判断的责任；另一方面，在审计实务的所有重大方面，只通过一个固定格式来指导职业进行判断。

3.3.2 中国审计准则

3.3.2.1 中国注册会计师执业准则体系

中国注册会计师执业中应遵守的具体准则，由中国注册会计师协会拟定，报财政部批准后施行。分为两大部分：

1. 注册会计师执业准则体系 目前，注册会计师的执业准则共有 48 个，目录见本书附录，具体内容在相关章节展开时予以介绍。中国注册会计师执业准则大体上可分为：鉴证业务基本准则、相关服务准则和质量控制准则

2. 中国注册会计师执业准则体系的编号 执业准则体系的编号由 4 位数组成：

(1) 千位数：代表不同的类别的准则："1"代表审计准则；"2"代表审阅准则"；"3"代表其他鉴证业务准则；"4"代表相关服务准则；"5"代表质量控制准则。

(2) 百位数：代表某一类别准则中的大类，以审计准则为例："1"代表一般原则与责任；"2"代表风险评估与应对；"3"代表审计证据；"4"代表利用其他主体的工作；"5"代表审计结论与报告；"6"代表特殊领域审计。

(3) 十位数：代表大类中的小类。

(4) 个位数：代表小类中的顺序号。

例如，中国注册会计师审计准则"第 1421 号——利用专家的工作"中：

千位数"1"：表示审计准则；

百位数"4"：表示利用其他主体的工作大类；

十位数"2"：表示利用其他主体的工作的小类；

个位数"1"：表示该小类审计程序的序号。

3.3.2.2 中国国家审计执行的准则

中国国家审计执业中应遵循的准则，由审计署根据《审计法》和《审计法实施条例》制定。国家审计准则体系由三部分组成，即：国家审计基本准则；通用

审计准则；专业审计准则和审计指南。

3.3.2.3　内部审计执行的准则

中国内部审计协会建立了北京完整的内部审计准则体系，包括三部分：：内部审计人员职业道德规范；内部审计基本准则；内部审计具体准则。

3.4　审计责任

审计责任因审计主体不同而有所不同。注册会计师的审计责任，是指会计师事务所和注册会计师由于未能正确、完整履行职业要求而应承担的后果，即注册会计师由于违约、过失和欺诈行为等原因，未能发现和揭示被审计财务报表中的重大错报事项，从而给委托客户和信赖审计后的财务报表的第三者造成了经济损失，而应承担相应的行政责任(惩罚)、民事责任(惩罚)和刑事责任(惩罚)。

3.4.1　财务审计中的职业要求

作为具有社会性职业的注册会计师，在开展财务审计时，除了应遵守前述职业道德规范的要求以外，还应遵守下列工作要求：

(1) 财务报表审计中发现错误与舞弊的责任。《中国注册会计师审计准则第1141号——财务报表审计中对舞弊的考虑》第16条指出："注册会计师有责任按照中国注册会计师审计准则(以下简称审计准则)的规定实施审计工作，获取财务报表在整体上不存在重大错报的合理保证，无论该错报是由于舞弊还是错误导致。"换言之，注册会计师如果未能将导致财务报表中严重失实的错误与舞弊揭露出来，应负审计责任。

(2) 财务报表审计中关注违反法规行为的责任。违反法规行为是指被审计单位有意或无意地违反会计准则和相关会计制度之外的法律法规的行为。《中国注册会计师审计准则第1142号——财务报表审计中对法律法规的考虑》第4条指出："在设计和实施审计程序以及评价和报告审计结果时，注册会计师应当充分关注被审计单位违反法规行为可能对财务报表产生重大影响。"注册会计师在计划和实施审计工作时，应当保持职业怀疑态度，充分关注审计可能揭露导致其对被审计单位遵守法律法规产生怀疑的情况或事项。如果法律法规要求注册会计师报告被审计单位对某些法定条款的遵守情况，注册会计师应当制订计划，以测试被审计单位对这些条款的遵守情况。

(3) 财务报表审计中关注持续经营情况的责任。《中国注册会计师审计准则第

1324号——持续经营》第4条指出:"在计划和实施审计程序以及评价其结果时,注册会计师应当考虑管理层在编制财务报表时运用持续经营假设的适当性。"注册会计师的责任是考虑管理层在编制财务报表时运用持续经营假设的适当性,并考虑是否存在需要在财务报表中披露的有关持续经营能力的重大不确定性。注册会计师应当根据获取的审计证据,确定可能导致对持续经营能力产生重大疑虑的事项或情况是否存在重大不确定性。

(4) 充分披露的责任。《中国注册会计师审计准则第 1501 号——审计报告》第4条指出:"注册会计师应当在审计报告中清楚地表达对财务报表的意见,并对出具的审计报告负责。"注册会计师对审计报告承担责任的内容,包括对审计报告的真实性负责。对于真实性,可以解释为审计报告如实反映,具有可证实性和不偏不倚。其中不偏不倚是指审计意见的表达应不受任何偏见或成见的影响,对影响财务信息公允表达的所有重要信息均予揭露。

3.4.2　审计责任的成因

当注册会计师未尽责时,合约、习惯法(已有法律判决案例的累积)以及成文法律,都要求注册会计师承担相应的审计责任。进一步说,审计责任是与违反合约条款、民事侵权(由于违背法律责任而侵害他人合法权益的民事过失)或犯罪联系在一起的。审计责任的极端表现是审计人员被控告,其原因是可能是多方面的。

3.4.2.1　审计人员方面的原因

1. 审计失败　是指审计人员由于没有遵守审计准则的要求,形成或提出了错误的审计意见。例如,注册会计师可能指派了不合格的助理人员去执行审计业务,未能发现应当发现的财务报表中存在的重大错报。是否遵守审计准则是判定审计失败的形式标准,而实质标准则应是其他合格审计人员在同等情况下做到的职业谨慎。由于审计准则只是对审计工作的原则性规范,要判定审计人员是否应有的职业谨慎,还须具体分析审计人员选择的审计测试程序、确定样本规模和对象、执行审计程序的时间安排等是否适当。这样,审计人员实际执行的审计程序与应执行的审计程序的偏离就成为判定审计失败的具体标准。

2. 违约　是指审计人员没有遵守与客户签订的契约的条款,或没有达到契约的要求。审计人员违约的行为主要有:没有按时完成审计业务和出具审计报告;未能查出客户职员的重大侵吞资产行为;未能遵守客户事先声明的保密要求等。当审计人员违约给他人造成损失时,应承担相应的责任。

3. 过失　是指在一定条件下,审计人员在执业时因缺少其应当具有的合理的职业谨慎而导致审计失败。评价审计人员的过失，是以其他合格审计人员在相同条件下可做到的谨慎为标准的。过失的基本特征是非故意性。当过失给他人造成损害时，审计人员应负过失责任。审计人员承担责任的性质和承担责任的客体，在某种程度上是由其过失的程度决定的。过失按其程度不同可分为三种情况：

(1) 普通过失。也称一般过失，是指没有保持职业上应有的合理的谨慎。对审计人员则是指没有完全遵循专业准则的要求。例如，未按规定审计项目取得必要和充分的审计证据的情况，可视为普通过失。

(2) 重大过失。是指连起码的职业谨慎都不保持，对重要的业务或事务不加考虑，满不在乎。对于审计人员而言，则是指根本没有遵循专业准则的要求执行审计。

(3) 共同过失。即对他人过失，受害方自己未能保持合理的谨慎因而蒙受损失。例如，客户未能向审计人员提供编制纳税申报表所必要的信息，后来又控告审计人员未能妥当地编制纳税申报表，这种情况可能使法院判定客户有共同过失。

"重要性"和"内部控制"有助于区分注册会计师的普通过失和重大过失。例如，财务报表中存在重大错报事项，审计人员运用常规审计程序通常应予发现，但因疏忽未予发现则可能会被解释为重大过失。如果财务报表中有多处错报事项，每一处都不算重大，但综合起来，对财务报表的影响却较大，一般被认为选择普通过失。从内部控制来看，如果内部控制制度不健全，审计人员应调整实质性测试程序的性质、时间和范围，一般能合理确信发现由此产生的财务报表的重要错报和漏报；否则，就具有重大过失的性质。相反，如果内部控制制度本身非常健全，却由于内部职工串通舞弊，导致良好内部控制的失效，一般会认为审计人员没有过失或只存在普通过失。

4. 欺诈 又称舞弊，是以欺骗或坑害他人为目的的一种故意的错误行为。作案人员具有不良动机是欺诈的重要特征，也是欺诈与普通过失和重大过失的主要区别。对于审计人员而言，欺诈就是为了达到欺骗他人的目的，明知委托单位的财务报表有重大错报，却加以虚伪的陈述，出具无保留意见的审计报告。

与欺诈相关的另一个概念是"推定欺诈"，又称"涉嫌欺诈"，是指虽无故意欺诈或坑害他人的动机，但却存在极端或异常的过失。推定欺诈和重大过失这两个概念的界限往往很难区别，在美国许多法院曾经将注册会计师的重大过失解释为推定欺诈，特别是近年来有些法院放宽了"欺诈"一词的范围，使得推定欺诈和欺诈在法律上成为等效的概念。这样，具有重大过失的注册会计师的法律责任就进一步加大了。

5. 没有过失、普通过失、重大过失和欺诈的界定 审计人员的过失程度的大小并没有特别严格的界限，普通过失、重大过失和欺诈在实际审计业务中也往往很难界定。具体到每一个案例，则有法院根据具体情况给予解释，而在实行习惯法的英美等国，这种司法解释的弹性更大。通过图 3.3，可以帮助审计人员根据不同情况来加以判定。

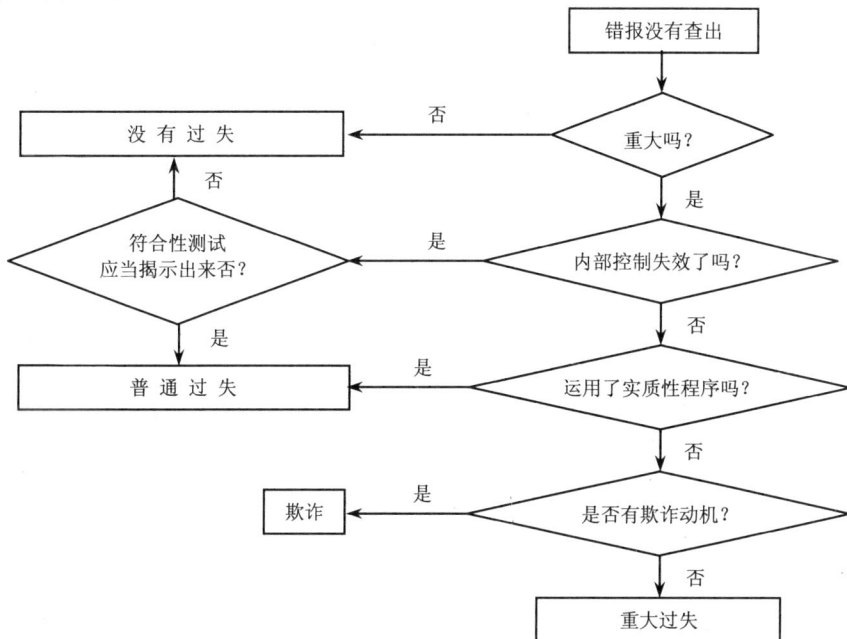

图 3.3　没有过失、普通过失、重大过失和欺诈的界定

3.4.2.2　审计风险

审计风险是指在财务报表事实上存在重要错报时，审计人员却认为财务报表的反映是公允的，并提出无保留意见的可能性。

由于审计多采用抽样检查，即使审计人员遵守审计准则进行审计，无法发现某项重要错报的风险仍然存在，不能期望通过审计绝对发现财务报表中的所有错报。特别是，如果被审单位管理层精心策划和掩盖舞弊行为，审计人员尽管完全按照审计准则执业，有时还是不能发现某项重大舞弊行为。

3.4.2.3　客户方面的原因

客户方面的原因这是指由于客户本身的错误、舞弊和违法行为经营失败的原因，给他人造成了损失(而审计人员又未查出)，导致审计人员可能遭到客户及第三者的控告，继而可能承担法律责任。

1. 经营失败　指企业由于经济或经营上的原因，如经济衰退、管理部门决策不当、出现意料之外的行业竞争等，而无法归还贷款、或无法满足投资者的期望。经营失败的极端情况是申请破产。

2. 错误　指客户财务报表无意错报或遗漏，它可能涉及下列行为：

(1) 编制财务报表所用的会计数据收集或处理出错。

(2) 由于疏忽或误解事实，造成会计估计不正确。

(3) 有关金额、分类、表达方式或揭露的会计原则应用错误。

3. 舞弊　指客户财务报表故意错报或遗漏。

(1) 舞弊的种类。舞弊的种类有：① 编报欺诈性财务报告，以提供容易产生误导的财务报表，这种舞弊有时称为"管理当局欺诈(舞弊)"；② 资产的侵占，它有时称为"盗用"、或"贪污"、或"职员欺诈"。

(2) 舞弊的方式。舞弊的方式主要有：① 篡改、伪造或变造编制财务报表所依据的会计记录；② 有意伪造或遗漏事项、交易或其他主要信息；③ 有意用错会计原则来处理金额、分类、表达方式或揭露等。

4. 违法行为　指贿赂、不合法政治捐助和违反特定法律及政府规定等行为。

5. 经营失败、审计失败和审计风险的区别

(1) 当发生经营失败且与审计失败之间有关联时，审计人员应承担相应的法律责任。

(2) 当发生经营失败而不是审计失败时，审计人员不应承担法律责任。

(3) 因审计风险产生的审计责任则应进行具体分析。

3.4.3 审计责任的确定

3.4.3.1 确定审计人员法律责任的要件

1. 具有主体违法行为　是指审计主体的行为不合法律要求。审计主体的行为是否违法的判断标准主要是《民法通则》、《注册会计师法》、《公司法》、《证券法》和审计准则。

当判断审计主体的行为是否违法，所适用的法律法规若存在矛盾，依照下列原则予以判断：① 层次高的法律优于层次低的法律；② 同一层次的法律中，特别法优于普通法；③ 国际法优于国内法；④ 实体法从旧，程序法从新。

2. 具有客体损害事实　损害事实是指对于当事人不利的后果。损害事实的客观存在是确定审计责任首要的必要条件。注册会计师对委托人的民事责任是违约责任，违反合同约定产生的损害事实应为财产损害，它可以表现为委托人现有财产的减少和损失，也可以表现为未来收益的丧失。注册会计师对于有利益关系的

第三者(如报表使用人)，也会对其财产产生不利影响，如证券购买者因为作为重要参考信息的经注册会计师审计的会计报告不实带来的价格下跌的危害；贷款商由于以不实审计报告为依据，失误地贷出款项带来的坏账损失等等。

确定损害事实的存在，还关系到赔偿额的确定问题。赔偿金额应该根据受害一方的财产损失确定。

3. 主体违法行为和客体损害事实之间具有内在因果关系等　这里的因果关系是指损害后果与行为之间的相互关联。也就是说，若某一损害结果是由某人的行为引起的，则两者之间就有因果关系。强调这一要件，是要强调只有在审计人员的违法行为与委托人及利害关系人之间的财产损失之间存在因果关系时，审计人员才应承担责任。若该项损失不是由审计人员的行为引起的，审计人员也就无需对此项损失负赔偿责任。

确认因果关系，也就是确认审计责任的范围。审计人员对于委托人的法律责任在法律条文中都有明文规定。困难的是审计人员对于第三者的责任关系。但对于第三者的定义，我国法律条文中并没有明确指出，通常是以"审计报告使用者"一言概之。在这一领域中，美国相关法律对于第三者范围的确定，从合同关系原则到直接收益原则，再到必然预见人原则，一直呈现着扩大趋势。

3.4.3.2　确定独立审计人员法律责任的适用法律体系

1. 习惯法　也称为普通法，它不是通过立法或政府部门，而是通过法院判例形成的各项法律。例如，在美国注册会计师未能发现银行据以发放贷款的财务报表中的重要错报，应承担相关的疏忽责任。

2. 成文法　是指经立法或政府部门通过的各项法律。《证券法》和《证券交易法》是影响注册会计师的重要成文法。

3.4.3.3　审计责任的负担

审计责任的负担方法主要有两种。

(1) 连带责任。在其他各方不分担过错的情况下，由会计师事务所赔偿原告遭受的全部损失。例如，假设管理部门蓄意错报财务报表，如果公司因此破产而管理部门又无力赔偿，则审计人员可能要赔偿股东的全部损失。

(2) 分担责任和比例责任。赔偿由于被告之一(审计人员)的疏忽而给原告造成的那部分损失。例如，如果法庭判定由于审计人员在审计过程中的疏忽所造成的损失在全部被告所造成的全部损失中占30%，那么会计师事务所只负责赔偿损失总数中的30%。

以上两种赔偿方法的差异非常大。一般来说，除非能证明被告(审计人员)确实了解欺诈行为或参与了欺诈行为，在这种情况下应负连带责任。否则，应付分担责任和比例责任。

3.4.4　中国注册会计师应负民事责任的法律规定

在中国，是依据成文法来确定审计责任的，其中注册会计师应负民事责任的法律规定主要有：

(1) 《注册会计师法》第 42 条的规定："会计师事务所违反本法规定，给委托人、其他利害关系人造成损失的，应当依法承担赔偿责任。"

(2) 《证券法》第 173 条的规定："证券服务机构为证券的发行、上市、交易等证券业务活动制作、出具审计报告、资产评估报告、财务顾问报告、资信评级报告或者法律意见书等文件，应当勤勉尽责，对所制、出具的文件内容的真实性、准确性、完整性进行检查和验证。其制作、出具的文件有虚假记载、误导性陈述或者重大遗漏，给他人造成损失的，应当与发行人、上市公司承担连带赔偿责任，但是能够证明自己没有过错的除外。"

(3) 《公司法》第 208 条的规定："承担资产评估、验资或者验证的机构因出具的评估结果、验资证明不实，给公司债权人造成损失的，除能够证明自己没有过错外，在其评估或者证明不实的金额范围内承担赔偿责任"。

此外，最高人民法院于 2003 年 1 月颁布了《关于审理证券市场因虚假陈述引发的民事赔偿案件的若干规定》，2007 年 6 月 11 日发布了《关于审理涉及会计师事务所在审计活动中民事侵权赔偿案件的若干规定》等一系列具有司法解释性的文件，对于确定我国注册会计师的民事责任给予了具有操作性的规定。

3.4.5　中国注册会计师的行政责任和刑事责任

中国注册会计师应负行政责任和刑事责任的法律规定主要有：

(1) 《公司法》第 208 条规定："承担资产评估、验资或者验证的机构提供虚假材料的，由公司登记机关没收违法所得，处以违法所得 1 倍以上 5 倍以下的罚款，并可以由有关主管部门依法责令该机构停业、吊销直接责任人员的资格证书，吊销营业执照。承担资产评估、验资或者验证的机构因过失提供有重大遗漏的报告的，由公司登记机关责令改正，情节较重的，处以所得收入 1 倍以上 5 倍以下的罚款，并可以由有关主管部门依法责令该机构停业、吊销直接责任人员的资格证书，吊销营业执照。"第 216 条的规定："违反本法规定，构成犯罪的，依法追究刑事责任。"

(2) 《证券法》第 202 条规定："为证券的发行、上市或者证券交易活动出具审计报告、资产评估报告或者法律意见书等文件的专业机构，就其所应负责的内容弄虚作假的，没收违法所得，并处以违法所得 1 倍以上 5 倍以下的罚款，并由有关主管部门责令该机构停业，吊销直接责任人员的资格证书。造成损失的，承担连带赔偿责任。构成犯罪的，依法追究刑事责任。"

(3)《注册会计师法》第 39 条规定："会计师事务所违反本法第 20 条、第 21 条规定的，由省级以上人民政府财政部门给予警告，没收违法所得，可以并处违法所得 1 倍以上 5 倍以下的罚款；情节严重的，并可以由省级以上人民政府财政部门暂停其经营业务或者予以撤销。注册会计师违反本法第 20 条、第 21 条规定的，由省级以上人民政府财政部门给予警告；情节严重的，可以由省级以上人民政府财政部门暂停其执行业务或者吊销注册会计师证书。会计师事务所、注册会计师违反本法第 20 条、第 21 条规定，故意出具虚假的审计报告、验资报告，构成犯罪的，依法追究刑事责任。"

(4)《刑法》第 229 条规定："承担资产评估、验资、验证、会计、审计、法律服务等职责的中介组织的人员故意提供虚假证明文件，情节严重的，处 5 年以下有期徒刑或者拘役，并处罚金。"

3.4.6 避免审计诉讼发生的对策

3.4.6.1 注册会计师职业界的避诉措施

为减少执业人员被指控的可能性，AICPA 和职业界采取了多种措施，主要有：

(1) 开展审计研究。坚持审计研究非常必要，有助于探索更好的方法，用以揭露无意的重要错报或舞弊行为；用以向财务信息使用者传达审计结果；用以保证注册会计师的独立性。

(2) 制定准则和规则。必须不断地制定和修订准则，以适应社会对审计需要的变化。随着社会需要的变化，随着理论研究和实践经验中新技术的产生，审计职业团体必须经常发布新的审计准则，修订职业道德规范。

(3) 制定保护注册会计师的要求。AICPA 按照优秀执业人员采用的方法制定了一些要求，用来保护其会员。当然，这些要求不能与满足使用者的需要相冲突。例如，第 19 号《审计准则说明书》(AU333)就是由审计师制定的准则，要求所有审计业务都需要取得"管理部门说明书。"

(4) 制定同业检查要求。对事务所的实务和程序进行定期检查，是教育执业人员和发现不遵守职业准则的事务所的一种有效方法。

(5) 反击诉讼。会计师事务所持续地反击那些莫须有的诉讼是非常必要的，虽然从短期看，胜诉成本要高于庭外和解成本。AICPA 编集了一本名为《法庭之友》的集子,它被称为"法官顾问"，用来帮助执业人员与那些毫无根据地扩大注册会计师责任的行为作斗争。

(6) 教育使用者。向投资者和其他财务报表使用者说明审计意见的含义以及注册会计师工作范围和性质是非常重要的。必须让财务信息使用者懂得，注册会计师并不对所有的记录进行 100%的测试，也不保证财务记录的正确性和公司未来的发展。还有必要让使用者懂得，审计无法做到十全十美和绝对精确。

(7) 对行为不当的会员进行制裁。职业界的特征之一，就是有责任对其成员进行约束。在处理注册会计师行为不当方面，有必要对所谓的工作失误进行更为严格的检查。

3.4.6.2　会计师事务所自身采取的避诉措施

会计师事务所自身采取的避诉措施有:

(1) 只与正直的客户交往。如果客户对顾客、雇员、政府部门或其他方面表现出缺少正直的品格，则出现法律问题的可能性就较高。因此，会计师事务所需要执行必要的手续，评价客户的正直性，并且不与缺乏正直性的客户交往。

(2) 招聘合格的雇员，并对其进行恰当培训和督导。对大多数审计业务来说，有相当一部分工作是由缺乏经验的年轻雇员完成的。由于会计师事务所从事审计工作要承担相当大的风险，因此，必须要求这些年轻雇员具备相应的资格，并要对他们进行适当的培训。由合格的、经验丰富的职业人员对其工作进行督导也是非常关键的。

(3) 遵守审计准则。会计师事务所必须采取必要的措施，确保所有人员都能理解和遵守审计准则。

(4) 保持独立性。独立性不单单指财务方面。独立性实质上是要求采取一种脱离客户利益的负责态度。许多诉讼案都是由于注册会计师过于听信客户的陈述或是迫于客户的压力而引起的。注册会计师必须保持合理的怀疑态度。

(5) 了解客户的业务。在某些案件中，注册会计师之所以未能发现错报，一个重要原因就是对客户的行业特点和客户经营缺乏了解。因此，对审计小组进行这方面的教育是非常重要的。

(6) 实施合格的审计。合格的审计要求注册会计师收集恰当的证据，并对其进行恰当的判断。如注册会计师评价客户内部控制并修正取证计划以反映评价结果是非常关键的。提高审计质量可以减少错报和法律诉讼的可能性。

(7) 恰当地记录审计工作。编制良好的工作底稿，可以帮助注册会计师组织和实施合格的审计。如果注册会计师必须在法庭上为审计工作辩护，则合格的工作底稿就非常关键。

(8) 取得业务约定书和管理部门说明书。这是确定客户与注册会计师相应责任的两个重要文件。它们不仅对客户与注册会计师之间的诉讼案有用，在涉及第三者的诉讼案中也有用。

(9) 保守机密信息。册会计师的道德责任和某些时候的法律责任要求他们不能向外界披露客户的有关事项。

(10) 进行充分的保险。对诉讼案进行充分的保险保护，是会计师事务所的一项极为重要的措施。尽管过去几年，由于诉讼案的增加，保险费率有大幅度的提高，但是，所有注册会计师仍可以投保职业责任险。

(11) 寻求法律顾问。在审计过程中遇到严重问题，注册会计师的明智之举是向有经验的法律顾问进行咨询。一旦发生或可能发生诉讼案，注册会计师应立即寻求一名经验丰富的律师。

本章小结

审计规范具有二元结构，一方面表现为对审计职业的要求，另一方面则规定对审计中未尽责行为的惩罚，即审计责任。对审计职业的要求分为职业道德规范和执业规范(即审计准则)；审计责任则分为道德惩罚和执业惩罚。

审计准则是审计人员执业行为的最低标准，具有强制性；审计职业道德原则，是审计人员的理想行为，不具强制性。中国注册会计师的执业准则大体上可分为：鉴证业务基本准则、相关服务准则和质量控制准则。

中国注册会计师执业中应遵守的职业道德规范，主要是在：独立性、专业胜任能力、保密、收费与佣金、与执行鉴证业务不相容的工作、接任前任注册会计师的审计业务、广告(业务招揽)与宣传、对客户和同行的责任等方面的规定。

审计责任的形成主要基于：审计人员方面的原因、审计风险和客户方面的原因。审计责任的具体内容可分为行政责任、民事责任和刑事责任。严格遵守审计执业规范和职业道德规范可以在一定程度上避免审计责任。

4 财务审计假设

财务审计和经济效益审计具有不同的审计假设。本章仅介绍财务审计假设。

4.1 假设的性质

4.1.1 假设的需求

在自然界或人类社会生活中，经常存在大量不确定的现象和因素，现有理论难以给出恰当的解释，又无法或有待通过科学试验来揭示其必然的结果。因此，人们往往根据正常现象、一般情况或客观事实作出种种合理的假设或推断，为进行科学研究、开展实际工作指出不以人们意志为转移的，并已获得大量实践证实或不证自明的若干前提条件，从而使科学研究和实际工作得以正常进行。

4.1.2 假设的含义

关于假设，有很多解释。下列说法，从不同的角度对假设的含义进行了诠释。

假设是用来说明某种现象但未经实践证实的论题。

假设是指科学研究上对客观事物的假定性的说明，假设要根据事实提出，经过实践证明是正确的，就成为理论。假设是指毋须证明或论证，被接受或认为是真实的陈述；一种未经证明的前提或信念。所有的人类思想和经验都基于假设。我们的思考必须源于我们认为在特定语境中是真实的东西。我们的推理都是基于存在与我们头脑中的可意识到或没有意识到假设。

假设在逻辑学上即假说。根据一定的事实材料和理论知识，对于研究对象的未知性质及其原因或规律的某种推测性的说明。是一种将认识由已知推向未知，进而变未知为已知的一种思维方法。

4.1.3 假设的一般特征

假设的一般特征有：

(1) 假设对任何学科的发展是不可缺少的。亚里士多德曾经说过，"任何一门论证性科学都是以一些不能直接论证的原则为基础的；否则，论证的步骤将是漫无目的、永无止境的"。没有出发点，人们就无法进行推理或思维，也不可能向那些不接受讨论基础的人"证明"任何事物。不管我们是要使自己满意，还是为了使别人满意，均是如此。假设在任何学科的理论研究中，都占据着基石的位置。假设也许不是明确的真理，但是，不管假设是不是真理，我们必须承认它。因为没有假设，我们就不能有进一步的作为。

(2) 假设是不能直接自我验证的。直接验证假设是困难的。这首先是因为假设是作为基础而存在的。假设是理论体系的基础，所以，在它们的下一层没有东西可资依托，并用来对它们进行论证。其次是因为如果假设可以被直接验证，那么，就可以将它们作为假说使用，就可以出示证据来支持或否认它们。然而，就我们现在的知识来看，应把假设当做"天经地义的"，而这样做完全能满足需要。

(3) 假设是推论的基础。假设最初是作为暂时的、未经证明的命题而接受下来的，它们能否成功地满足学科领域的需要，是对它们有用性的最好检验。假设有两大特点：一是，假设为正确地作出有用的推论提供了基础，从而满足了特定学科的需要。一旦我们假设了假设，就可以从中推导出命题。二是，假设为考虑问题和解决问题提供了基础。于是乎，我们现在就有了一个出发点。

(4) 假设是建立任何理论结构的基础。假如我们能够根据假设，进行演绎推理，那么，我们就能从所有的结论追踪到得出它们的假设，并且至少能部分地按照结论与基本假设的吻合程度，来检验这些结论。这样，假设就为发展和检验理论提供了框架。如果假设是一致的和充分的，且整个推导过程符合逻辑和推理法则，那么，推论的结果无疑会是一致的和令人满意的。无法追溯到基本假设的结论或建立不相协调的结论，均是站不住脚的。

(5) 假设面临知识更新的挑战。曾被认为有效和有用的假设，有可能在日后受到挑战，甚至被证明是不正确的。由于假设是不能直接地加以验证的，假设不能被证明为不真实，也不能被证明为毫无用处。这就意味着，当假设被证明为不真实时，它就失去了作为假设的价值，因而也就失去了存在的意义。科学家和逻辑学家一致强调，应不断地检查假设，根据新的证据，检查它们是否已失效。

4.1.4 假设的条件

假设的条件有：

(1) 同一性。是指假设应从属于某体系，它应能完全用该体系的语言来表述，该体系中的命题都应与概念结构中的其他命题相一致。

(2) 贡献性。是指假如假设没有任何含义，那么，它除了它所表述的明显事实之外别无贡献。当然这是完全允许的，但包含此类假设的体系全然不具备演绎性。为了与"定理"相区别，不想用于推理时，就不把这些命题划为"假设"。"假设"一词通常解释为演绎的前提。因此，贡献性是判别良好假设的重要标准。事实上，假若有两个命题。且只能两者仅择其一，那么，贡献性大小就是选择它们的决定性因素。

(3) 排中性。两个相矛盾的命题，不可能都是真实的，故永远不能纳入同一体系。同一事物在相同条件下亦此亦彼，从逻辑上讲，这是不可能的，是违反排中律的。但是，我们通常忽视这一问题，并且能在许多不相关的概念下追寻相同的联系。无贡献性，或言之无物，是一大不足。它虽然损害了体系的演绎特征，但并不破坏体系的有效性。但是，不协调却是致命的。如果这一缺陷被容忍，那就无逻辑可言。

(4) 独立性。假如命题是从某一既定假设中推演出来的，那它就是一个定理，是一项必然的事实，而不是一个新的假设。我们为自己"假设"而非"证明"的事实只是一种纯粹的心理状态，它与命题的逻辑状态是毫不相干的。假如它可能被证明，那它就是定理，把它当做假设则完全是一种错误。幸而这种错误并不严重。因为根据定理得出的推论与从假设得到的推论是完全相同的。假如我们把定理当假设，认为已拥有比实际更武断的假设，那仅能说明我们不知道自己的体系是多么的美好。

4.2　财务审计假设

审计机构开展的财务审计工作，主要是审计鉴证业务。审计鉴证业务是一个由未知探索已知的过程，各个被审单位的具体情况又可能不同，加之抽样审计方法的运用，对审计结果的正确性，只能作出一个合理保证(并非绝对保证)。工作中，审计人员既需要保持职业怀疑态度，也要根据过往经验，提出种种合理的假设来指导审计工作的进行，尽可能减少审计风险，以便实现审计总目标和提高审计效率。

4.2.1　审计假设的含义

审计假设，也可称作审计假定或审计公设，指对有关审计事物产生、发展与存在的一些尚未确知或无法正面论证的前提条件，根据客观的正常情况或趋势所作的合乎事理、合乎逻辑的推断或认定。也就是说，审计假设所要揭示的是审计事物之前提条件，是对审计事物之前提条件所作的合乎事理、合乎逻辑的主观推断或认定。这种推断或认定构成审计推理论证的原始命题。

不同类型的审计，有不同的审计假设。审计鉴证业务和非鉴证业务所依据的假设是不同的。同样，审计鉴证业务中的账项基础审计、系统基础审计和风险基础审计所依据的审计假设可能也有些许差别。本书所指审计假设是针对审计鉴证业务而言，也称财务审计假设。

4.2.2 审计假设的特征

审计假设的特征如下：

(1) 审计假设具有主观见之于客观的特性。一方面，审计假设的提出必须以一定的经验、事实材料为基础，以一定的科学知识为依据，因此，它所揭示的审计事物之前提条件本身具有客观性；另一方面，对审计事物前提条件的认定又是人们主观推断的结果，因而，审计假设又具有很大的主观性。人们提出的审计假设应尽可能反映客观实际，合乎事物的本来面目。

(2) 审计假设应具明显性。假设往往是天经地义或不证自明的命题或道理。会计上的"会计主体假设"显而易见是正确划分企业经济活动与所有者(股东)和管理者(经理)的经济行为，进而正确计量与报告企业经营成果的需要。同意明显的是如果放弃这一假设，也就无法正确报告企业经营成果。因此，可以说，确立"会计主体假设"是天经地义的、是不证自明的。审计假设也应具有这种特性。

(3) 审计假设应具有逻辑性和抽象性。假设本身不能是经验、事实材料的简单堆砌，而是由概念、判断和推理构成的逻辑关系。假设的抽象性是指它应是在一系列经验、事实材料基础上的提炼与概括。假设的抽象性决定了它的普遍性；它的抽象程度越高，概念范围越广，其普遍意义也就越大。同样，提出的审计假设也应具有高度的逻辑性和抽象性。

(4) 作为一个完整的体系，审计假设还应具备连贯性、有效性一致性和独立性。连贯性是指在整体审计理论结构中，各项假设必须首尾贯通、浑然一体，构成一个完整的体系；有效性是指每项假设必须能推导出若干有效的论断；一致性是指各项假设之间必须相互协调，不得相互抵触矛盾；独立性是指各项假设应相互独立，不得为其他假设所包含或相互包含。

4.2.3 财务审计假设体系

关于财务审计假设的内容(体系)，有很多说法。莫茨和夏拉夫在其著的《审计理论结构》中，提出了 8 项审计假设，构筑了较为完全的财务审计假设体系[1]。具体内容为：

(1) 财务资料可验证性假设。是指同一被查财务资料和数据分别由两个同等资格的审计人员进行检查和稽核，其结果基本一致，并且不论是有意隐瞒或无意造成的错误，任何被查财务资料和数据的真相总是能够查清的。

财务资料可验证性假设的重要性是显而易见的。除非财务资料是可验证的，否则，审计就没有存在的理由。如果舍弃这一假设，我们也就脱离了审计的主题。财务资料可验证性假设的重要性在于发现和指明了：① 审计工作的可能性；② 审计人员的责任界限；③ 证据理论；④ 验证程序；⑤ 概率理论在审计中的应用。

财务资料可验证性假设常常受到时间、经费的限制，被审单位或个人有意阻碍审计工作，以及肮脏的串通舞弊等因素的影响。

(2) 审计人员和被审单位管理者之间没有必然的利害冲突假设。也可以理解为审计人员可信性假设，是指审计人员和被审单位管理者之间没有伤害审计独立性的、必然性的利害冲突，审计人员能够胜任审计工作，他们是可以信赖的。

本假设仅仅假设审计人员和被审单位管理者之间没有必然的利害冲突，而不是将不可能发生冲突作为假设。如果双方存在冲突，将会影响审计的独立性。审计人员的工作不会因少数审计人员未能查出事实真相或徇私舞弊而得不到社会的一致公认，以致否定审计工作的全部意义。

本假设的一般合理性似乎是明显的。管理者关心的是所领导的企业的发展和繁荣，而审计人员则通过对某种重大决策所必需的财务资料的可靠性提供某种程度的保证，为被审单位的各方利益人服务。实际上，管理者也是受益的利益关系人之一，他们可以利用验证过的企业财务信息。所以，审计人员和管理者之间，在利益方面，从实质上看存在着一致性，假设他们之间不存在利害冲突当然是合理的。

审计人员和被审单位管理者之间没有必然的利害冲突假设的客观依据是：① 审计人员与被审单位之间没有利害关系，即使有某种利害关系，审计人员的观念和行为也会受到来自法律、经济、道德的种种限制，从而保证其可信性；② 审计人员具有受法律保护的独立性；③ 审计人员具备较高的业务素质，丰富的实践经验，能够胜任各项审计工作，符合法律和社会对审计人员的要求；④ 审计人员对其工作和所作审计意见结论的质量具有不得推诿的法律责任。

审计人员和被审单位管理者之间没有必然的利害冲突假设也存在限制。虽然可以假设被审单位与审计人员之间不存在利益冲突，但在个别情况下，管理者的直接利益与审计主体是有矛盾的。必须承认这一事实，否则，我们将没有必然冲

1 罗伯特·K·莫茨,侯赛因·A·夏拉夫.民主审计理论结构[M]. 北京:中国商业出版社,1990: 47.

突作为假设。这样，我们就能够合理地发展审计理论。

(3) 财务报表和其他信息中不包括串通作弊或其他舞弊行为假设。若舍去这一假设，即假设被检查的财务资料中包括大量的串通舞弊和其他异常的舞弊行为，那么，我们就必须制定一个比现在认为必要的计划要详细得多的计划。事实上，能否实施可以合理地保证揭露所有舞弊行为的检查是值得怀疑的。

本假设不会自动地解脱审计人员发现串通作弊和非正常舞弊行为的责任。例如，在共谋作弊的违法行为很明显，审计人员通过使用用于揭发非串通作弊的违法行为的常见审计测试方法，就可以容易揭发它们的情况下，如果他的检查做得不充分而未发现这些串通作弊，那么，就不能解脱审计人员的责任。在这一问题及类似问题得到解决之前，应对审计人员应有的职业关注程度作进一步的探讨。于是，这一假设又直接把我们引向了对审计上的应有职业关注概念的探讨。可以不过分地说，审计人员发现舞弊事项的责任，尽管在某种程度上也被其他假设修正，但修正主要依赖这一假设。

(4) 完善的内部控制系统可以减少错弊发生的可能性。这里，假设完善的内部控制系统能够减少错弊发生的可能性，而不是消除错弊行为本身。一方面，在良好的内部控制下，错弊行为的存在仍然有一定的可能性，但可能性很低。另一方面，如果内部控制不健全，错弊行为发生的可能性就很高，甚至就几乎可以认为是必然的。

完善的内部控制系统可以减少错弊发生可能假设的意义在于：① 指出财务信息的质量与内部控制之间存在因果关系；② 有助于强调内部控制对审计人员的重要性，内部控制系统的质量高低，即内部控制系统的强弱程度，直接影响到审计工作的时间和范围。若内部控制系统较强，在其控制下形成的财务信息，产生错弊的可能性就小，审计的范围即可缩小；反之，其结果就相反，审计的范围必然要扩大。在实施抽样审计的条件下，内部控制是审计人员履行其职能的基础。

(5) 公认会计原则的一贯运用可以使财务状况和经营成果得到公允表达。为判断财务报表表达的公允性，审计人员应有一定的标准。公认会计原则提供了这种标准。假设被审单位一贯运用公认会计原则，则其提供的财务信息能够公允地表达财务状况和经营成果。如果舍弃这一假设，审计就失去了判断财务报表是否公允地反映了财务状况和经营成果的标准。没有公认的会计原则，审计人员的意见就失去了通用的公共"语言"，因而对任何人都无价值可言。

公认会计原则的一贯运用可以使财务状况和经营成果得到公允表达假设的意义在于：① 它已经客观存在；② 随着对公认会计原则的深入研究，预期它将更为有力；③ 如果舍弃这一假设，将剥夺审计人员所有判断公允性的标准。

(6) 如果没有明确的相反证据，被审单位过去被认为是真实的情况将仍然是真实的。如果没有明确的相反证据,被审单位过去被认为是真实的情况将仍然是真实的假设,又可称无反证假设,是指在被审单位中过去认为真实的事项,若无确凿的相反证据,未来仍然被认为是真实的。

如果没有明确的相反证据,被审单位过去被认为是真实的情况将仍然是真实的假设,有助于提高审计效率。审计结论通常是以充分可靠的证据为基础的,但有时却又难以甚至不可能对某个问题的结论找出全部证据。此时,如果就已掌握的证据而言,对于所要判定的问题没有任何反对或相反的证据,就可用"提不出'反对'证据"为证据进行判断,作出结论。比如,"某个会计人员无舞弊行为",这是一个全称判断的命题。非将所有的账目、凭证和其他有关情况无一遗漏地加以审核,这一判断即不成立。而要进行这种全面审核显然是困难的,甚至是不可能的。因此,有了这一假设,我们即可以"所掌握的证据中没有相反的证据"为证据,对这一命题作肯定的回答,这显然比正面论证要省时省力。

(7) 审计人员会尽职尽责地检查财务资料以发布独立的审计意见。本假设是指会计师事务所和审计人员在承接了审计业务以后,不会同时向客户提供与审计业务存在利益冲突的其他服务。

审计人员尽管可能以各种方式为其委托人服务。但是,一旦承接审计业务,他就应发挥审计人员的作用。这一点颇似可以为委托人提供各种服务的律师。律师一旦接受律师费并代表某委托人,他就承担了某些责任,这些责任限制了他的回答自由。例如,律师不能同时代表利益冲突的两位委托人,他有义务尽可能有效地、热忱为他的委托人工作,并阻止来自利益对方的干涉。

审计人员承担着与律师类似的责任。

(8) 审计人员的职业地位赋予其相称的职业责任。本假设也可称作:审计人员承担的职业责任与其职业地位相称。目前,审计人员承担的职业义务越来越多,职业地位越来越高,经济收入越来越多,表现为"高收入、高风险"。与此同时,社会也赋予审计人员很高的职业责任。例如,美国在 1933 年和 1934 年通过的《证券法》和《证券交易法》,对审计人员的责任追究,提出了"举证倒置"方式,体现了权利和义务的均衡。

本章小结

审计是一个由未知探索已知的过程,为了减少审计风险,实现审计总目标和提高审计效率,需要建立审计假设来指导审计工作的进行。

经济效益审计和财务审计有不同的审计假设。

莫茨和夏拉夫在《审计理论结构》中,率先提出了八项审计假设。

5 审计目标、证据、底稿和标准

审计工作的过程，可概括为围绕审计目标，有计划地收集、鉴定和综合审计证据，然后对照相应的审计标准，最后形成审计意见。

5.1 财务审计的目标

5.1.1 审计目标的概念

5.1.1.1 审计目标的含义

审计目标是在一定历史条件下，人们通过审计实践活动所期望达到的境地(状态)和标准。审计目标分为"目的"和实现目的的"标准"两个层面，前者即审计的总目标，后者即审计的具体目标。审计具体目标又分为一般审计目标和项目审计目标两个层面。财务报表审计的总目标控制(指导)具体目标，而具体目标，则是实现总目标的"标准"或途径。图5.1列示了审计目标的基本结构。

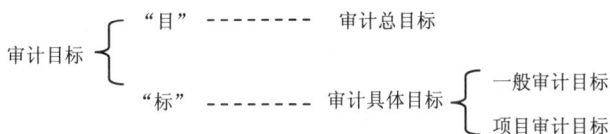

图 5.1　审计目标的结构

5.1.1.2 审计目标的意义

不同审计主体开展的审计，具有不同的审计目标；不同类型的审计，例如财务报表审计和经济效益审计，其审计目标也不同。一般来说，审计目标对审计工作具有下列作用：

(1) 审计目标是审计实践的出发点和归宿点。审计不是万能的。一定的审计活动都是从其特定的目标出发，并围绕其特定目标，运用适当的程序和方法来开展，最终实现之，即落脚于期望的目标。

(2) 审计目标对审计人员开展的审计工作具有导向作用。审计目标界定了审计人员的责任范围,直接影响审计人员编制的审计计划和拟实施审计程序的性质、时间和范围, 决定了审计人员如何发表审计意见。

(3) 审计目标是进行审计控制,充分发挥审计功能的重要条件。审计实践中,由于各个审计客体具有较大的差异,例如审计客体所在的行业、规模、相关人员的素质等的不同, 审计人员需要采用不同的审计程序和方法。有了统一的审计目标,就可能实施必要的审计质量控制,以保证审计功能的发挥,满足社会对审计的需求。

5.1.2 财务报表审计的总目标

5.1.2.1 中国注册会计师财务报表审计的总目标

《中国注册会计师审计准则第 1101 号——财务报表审计的目标和一般原则》第 4 条规定:财务报表审计的目标是注册会计师通过执行审计工作,对财务报表的下列方面发表审计意见:

(1) 财务报表是否按照适用的会计准则和相关会计制度的规定编制。

(2) 财务报表是否在所有重大方面公允反映被审计单位的财务状况、经营成果和现金流量, 即公允性。

上述规定, 可以理解为:中国注册会计师财务报表审计的总目标,是对财务报表的合法性、合规性和公允性发表意见。

5.1.2.2 注册会计师检查会计错误和舞弊的职责

1. 审计准则的规定 错误,是指导致财务报表错报的非故意行为;舞弊,是指被审单位的管理层、治理层、员工或第三方使用欺骗手段获取不当或非法利益的故意行为。对待错误和舞弊,《中国注册会计师审计准则第 1141 号——财务报表审计中对舞弊的考虑》作出了下述规定:

(1) 注册会计师有责任按照审计准则的规定实施审计工作,获取财务报表在整体上不存在重大错报的合理保证, 无论该错报是由于舞弊还是错误导致;

(2) 注册会计师应当在整个审计过程中保持职业怀疑态度,考虑管理层凌驾于控制之上的可能性,并应当意识到, 可以有效发现错误的审计程序未必适用于发现舞弊导致的重大错报。这里, 职业怀疑态度是指注册会计师以质疑的思维方式评价所获取审计证据的有效性,并对相互矛盾的审计证据,以及引起对文件记录或管理层和治理层提供的信息的可靠性产生怀疑的审计证据保持警觉。

2. 对注册会计师检查会计错误和舞弊职责的解释

(1) 注册会计师如果未能将会计报表中严重失实的错误与舞弊揭露出来，应负审计责任。

(2) 注册会计师对揭露错误与舞弊只能做到合理保证的程度。合理保证是要求注册会计师通过不断修正的、系统的执业过程，获取充分、适当的审计证据，对财务报表整体发表审计意见，它提供的是一种高水平但非100%的保证。

(3) 注册会计师在审计过程中发现可能存在错误或舞弊的迹象时，应对其重要性进行评估，并确定是否修改或追加审计程序，必要时应采取适当的审计措施。

5.1.3　财务报表审计的具体目标

5.1.3.1　影响财务报表审计具体目标的因素

审计具体目标，则是实现审计总目标的"标准"或途径。影响财务报表审计具体目标的因素主要有两个：一是审计总目标；二是被审单位管理当局对财务报表的认定。

5.1.3.2　被审计单位管理当局对财务报表的认定

1. 认定的含义　所谓认定，是指被审计单位管理当局对其财务报表组成要素的确认、计量、列报做出的明确或隐含的表达，也是对遵循相关财务会计标准的承诺。认定有些是明示性的，有些则是暗示性的。被审单位管理层对财务报表的认定实际上是审计的具体对象，可以说，审计就是针对被审单位管理层的认定的真实性、公允性进行的审查。图5.2列示了认定的基本内容。

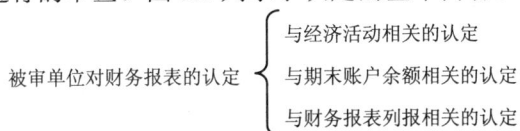

被审单位对财务报表的认定　$\begin{cases} \text{与经济活动相关的认定} \\ \text{与期末账户余额相关的认定} \\ \text{与财务报表列报相关的认定} \end{cases}$

图 5.2　认定的内容

例如，A公司资产负债表上，存货项目列报的期末金额为100万元。此时，意味着管理当局作出了以下认定：

明示性认定　$\begin{cases} \text{存货是存在的} \\ \text{存货的正确余额是100万元} \end{cases}$　　暗示性认定　$\begin{cases} \text{所有应报告的存货均已包括在内} \\ \text{所有被报告的存货都归A公司所有} \\ \text{存货的使用不受任何限制} \end{cases}$

2. 与经济活动相关的认定　与被审单位发生的经济活动(交易和事项)相关的认定有以下具体类别：

(1) 发生认定：指记录的经济活动已发生，且与被审单位有关。

(2) 完整性认定：指所有应当记录的经济活动均已记录。

(3) 准确性认定：指与经济活动有关的金额及其他数据已恰当记录。

(4) 截止认定：指经济活动已记录于正确的会计期间。

(5) 分类认定：指经济活动已记录于恰当的会计账户。

3. 与期末账户余额相关的认定　与被审单位期末会计账户余额相关的认定有以下具体类别：

(1) 存在认定：指期末账户余额记录的会计要素是存在的。

(2) 权利和义务认定：指期末资产账户余额记录的资产由被审单位拥有和控制，期末负债账户余额记录的负债是被审单位应当履行的偿还义务。

(3) 完整性认定：指所有应当记录的会计要素均已包含在期末账户余额中。

(4) 计价和分摊认定：指各会计要素以恰当的金额包括在期末账户余额和财务报表中，与之相关的计价或分摊调整均已恰当记录。

4. 与财务报表列报相关的认定　与被审单位财务报表列报相关的认定有以下具体类别：

(1) 发生以及权利和义务认定：指已披露的经济活动和其他情况已发生，且与被审单位有关。

(2) 完整性认定：指所有应当包括在财务报表中的信息披露均已包括。

(3) 分类和可理解性认定：指财务信息已被恰当地列报和描述，且披露内容表述清楚。

(4) 准确性和计价认定：指财务信息和其他信息已公允披露，且金额恰当。

5. 认定的归纳　被审单位管理层的认定共八项，即：发生、存在、权利和义务、完整性、准确性、分类、计价和分摊、可理解性等。

5.1.3.3　具体审计目标

被审单位管理层对财务报表的认定，实际上是审计的具体对象。可以说，审计就是针对被审单位管理层的认定的真实性、公允性进行独立审查并发表意见。具体审计目标与被审单位管理层的认定具有对应关系。

1. 与经济活动相关的审计目标　与被审单位发生的经济活动相关的审计目标有以下具体类别：

(1) 发生审计目标：由发生认定推导的审计目标，是确认已记录的经济活动是真实的。

(2) 完整性审计目标：由完整性认定推导的审计目标，是确认已发生的经济活动确实已经记录。

(3) 准确性审计目标：由准确性认定推导的审计目标，是确认已记录的经济活动是按正确金额反映的。

(4) 截止审计目标：由截止认定推导的审计目标，是确认接近于资产负债表日的经济活动记录于恰当的期间。

(5) 分类审计目标：由分类认定推导的审计目标，是确认被审单位记录的经济活动经过适当的分类。

2. 与期末账户余额相关的审计目标　与被审单位期末会计账户余额相关的审计目标有以下具体类别：

(1) 存在审计目标：由存在认定推导的审计目标是确认记录的金额确实存在。

(2) 权利和义务审计目标：由权利和义务认定推导的审计目标是确认资产归属于被审单位，负债属于被审单位的义务。

(3) 完整性审计目标：由完整性认定推导的审计目标是确认存在的金额均已记录。

(4) 计价和分摊审计目标：计价和分摊审计目标，是指资产、负债和所有者权益以恰当的金额包括在财务报表中，与之相关的计价或分摊调整已恰当记录。

3. 与财务报表列报相关的审计目标　与被审单位财务报表列报相关的审计目标有以下具体类别：

(1) 发生以及权利和义务审计目标：指将没有发生的经济活动，或与被审单位无关的经济活动，包括在财务报表中，则违反该目标。

(2) 完整性审计目标：指若干应当披露的事项没有包括在财务报表中，则违反该目标。

(3) 分类和可理解性审计目标：指财务信息已被恰当地列报和描述，且披露清楚。

(4) 准确性和计价审计目标：指财务信息和其他信息已公允披露，且金额恰当。

被审单位管理层认定与具体审计目标的关系，可参见表5.1。

5.2 审计证据

5.2.1 审计证据的概念

5.2.1.1 审计证据的含义

审计证据是指审计人员为了得出审计结论、形成审计意见而使用的所有信息，

表 5.1　被审单位管理层认定与具体审计目标的关系

项　　目	被审单位管理层的认定	财务报表审计具体目标
与经济活动相关	(1) 发生认定	(1) 发生审计目标
	(2) 完整性认定	(2) 完整性审计目标
	(3) 准确性认定	(3) 准确性审计目标
	(4) 截止认定	(4) 截止审计目标
	(5) 分类认定	(5) 分类审计目标
与期末账户余额相关	(1) 存在认定	(1) 存在审计目标
	(2) 权利和义务认定	(2) 权利和义务审计目标
	(3) 完整性认定	(3) 完整性审计目标
	(4) 计价和分摊认定	(4) 计价和分摊审计目标
与财务报表列报相关	(1) 发生以及权利和义务认定	(1) 发生以及权利和义务审计目标
	(2) 完整性认定	(2) 完整性审计目标
	(3) 分类和可理解性认定	(3) 分类和可理解性审计目标
	(4) 准确性和计价认定	(4) 准确性和计价审计目标

包括财务报表依据的会计记录中含有的信息和其他信息。

可用作审计证据的其他信息包括审计人员从被审计单位内部或外部获取的会计记录以外的信息；通过询问、观察和检查等审计程序获取的信息；以及自身编制或获取的可以通过合理推断得出结论的信息。

5.2.1.2　审计证据的证明力

审计证据的证明力是指审计证据证明被审事项的能力，即支持审计意见或结论的能力。《中国注册会计师审计准则第 1301 号——审计证据》第 6 条规定：注册会计师应当获取充分、适当的审计证据，以得出合理的审计结论，作为形成审计意见的基础。

从审计证据的角度，审计过程可分为收集证据、鉴定证据和综合证据三个阶段。处于不同阶段的审计证据，其证明被审事项、支持审计意见的能力是有差别的。审计过程与审计证据证明力的形成，可参见图 5.3。图中与审计过程相对应，审计证据证明力的形成具有层次性，分为三类，即：潜在证明力、现实证明力、充分证明力。

处于收集证据阶段的审计证据，审计证据开始进入审计人员的视野时(收集证据)，它只具有潜在证明力。此时审计证据之能够证明被审事项只是一种可能，因为证据本身是否真实、是否可靠、是否有用，都未经鉴定，其证明力尚不能确定。审计人员取得审计证据后，必须对证据的证明力进行鉴定，以确定其是否有用。

审计结论或意见

综合证据　　　　　　充分证明力

鉴定证据　　　　现实证明力

收集证据　　　　潜在证明力

审计过程　　　　　　　　审计证据的证明力

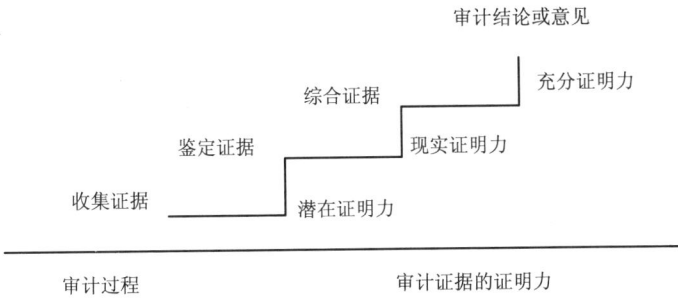

图 5.3　审计过程与审计证据证明力的形成

　　处于鉴定证据阶段的审计证据，经过了审计人员的鉴定和判断，就具有现实证明力，能够对一定的事物给予证明。审计证据在从潜在证明力向现实证明力的转化总已经前进了一步，但对于复杂的被审事项，全面地、完整地加以证明，可能证明力还不充分。

　　要使取得的证据具有充分的证明力，审计人员必须进行归纳、分析(例如对被审事项的重要性和风险的分析)和整理，把具有现实证明力的审计证据有机地联系起来。这是审计证据证明力形成的最后阶段。审计证据从现实证明力向充分证明力转化的过程，也就是审计人员将分散的、个别的证据加以集中、综合的过程。对审计证据进行综合时,要考虑证据之间的相互印证关系及证据的来源(它影响可靠性)。综合证据是极其重要的。因为个别证据的现实证明力在一般情况下，只能对被审事项的局部加以证明，而不能说明被审事项的全部。因此，仅仅根据个别证据的证明力，往往会引出带有片面性的甚至可能完全错误的结论。例如，一笔错账凭证，构成账务处理错误的证据，但它只具有现实证明力，它不足以证明被审单位账务处理工作的整个状况。然而，当审计人员对被审单位账务系统进行了抽查，把所有抽取到的错账凭证加以归纳，计算出差错总额和所占已查凭证总体的百分比，并加以分析确定，只有这时，现实证明力才转化为充分证明力。具有充分证明力的证据，可为被审单位的财务信息是否存在重要错报提供有力的证明。将潜在证明力转化为现实证明力，再转化为充分证明力的过程，是审计人员对被审事项由感性到理性、由现象到本质的认识过程。完成这一认识的过程，要求审计人员在取证过程中，不能仅仅满足于获得片断的证据，更重要的是要善于对所取得的证据进行鉴定、判断、综合，加以归纳分析，从而对事物的本质作出中肯的评价。

5.2.2　影响审计证据证明力的因素

　　影响审计证据证明力的因素，可参见图 5.4 。

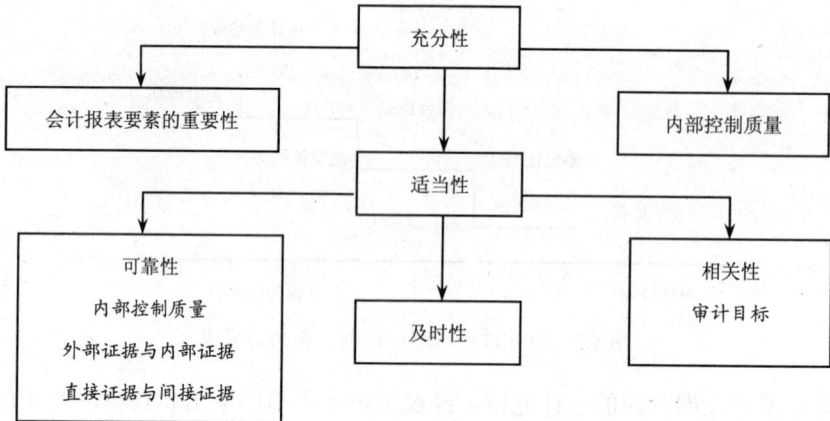

图 5.4 影响审计证据证明力的因素

5.2.2.1 审计证据的充分性

审计证据的充分性是对审计证据数量的衡量，指足以使得审计人员形成审计意见的审计证据的数量。审计证据的充分性主要与审计人员确定的样本量有关。影响审计证据充分性的主要因素有：

(1) 被审项目的重要性。被审项目越重要，支持审计结论所需的证据应越多。

(2) 错报风险(固有风险和控制风险)的影响。错报风险越大，需要的审计证据可能越多。审计人员需要获取的审计证据的数量也受审计证据质量的影响。

(3) 审计证据质量的影响。审计证据质量越高，需要的审计证据可能越少。

(4) 审计人员的工作经验。

(5) 审计资源等。

5.2.2.2 审计证据的适当性

审计证据的适当性是对审计证据质量的衡量，即审计证据在支持各类交易、账户余额、列报的相关认定，或发现其中存在错报方面具有相关性和可靠性。它也是指审计证据的可信程度或值得信任的程度，即审计证据能如实地反映客观事实。

1. 审计证据的相关性　是指审计证据必须与审计人员测试的审计目标相关，即审计证据能够切合审计的具体目标，必须与审计人员想要证明的被审单位管理层的某项具体认定是相联系的。

审计人员在确定审计证据的相关性时，应当考虑：① 特定的审计程序可能只为某些认定提供相关的审计证据，而与其他认定无关；② 针对同一项认定可以从不同来源获取审计证据或获取不同性质的审计证据；③ 只与特定认定相关的审计证据并不能替代与其他认定相关的审计证据。

2. **审计证据的可靠性**　是指审计证据的可信程度或值得信任的程度，即审计证据能如实地反映客观事实。影响审计证据可靠性的因素有：

(1) 提供证据者的独立程度。从外部独立来源获取的审计证据比从其他来源获取的审计证据更可靠。

(2) 客户内部控制的有效性。内部控制有效时内部生成的审计证据，比内部控制薄弱时内部生成的审计证据更可靠。

(3) 审计人员的直接认识。审计人员直接获取的审计证据比间接获取或推论得出的审计证据更可靠。

(4) 提供证据者的资格。具有一定专业教育背景的人士提供的审计证据比没有接受相关专业教育的人士提供的审计证据更可靠。

(5) 证据的载体。以文件、记录形式(无论是纸质、电子或其他介质)存在的审计证据比口头形式的审计证据更可靠。

(6) 证据的获取方式。从原件获取的审计证据比从传真件或复印件获取的审计证据更可靠。

3. **审计证据充分性和适当性的关系**

(1) 两者缺一不可。

(2) 两者呈反方向变化，当审计证据的质量较高(低)时，所需要的审计证据数量可能较少(多)。

(3) 审计证据的适当性主导充分性。

4. **评价审计证据充分性和适当性的特殊考虑**

(1) 对文件记录可靠性的考虑。审计工作通常不涉及鉴定文件记录的真伪，审计人员也不是鉴定文件记录真伪的专家，但应当考虑用作审计证据的信息的可靠性，并考虑与这些信息生成与维护相关的控制的有效性。如果在审计过程中识别出的情况使其认为文件记录可能是伪造的或文件记录中的某些条款已发生变动，审计人员应当作出进一步调查，包括直接向第三方询证，或考虑利用专家的工作以评价文件记录的真伪。

(2) 使用被审单位生成信息时的考虑。如果在实施审计程序时使用被审计单位生成的信息，审计人员应当就这些信息的准确性和完整性获取审计证据。

(3) 证据相矛盾时的考虑。如果针对某项认定从不同来源获取的审计证据或获取的不同性质的审计证据能够相互印证，与该项认定相关的审计证据则具有更强的说服力。如果从不同来源获取的审计证据或获取的不同性质的审计证据不一致，可能表明某项审计证据不可靠，审计人员应当追加必要的审计程序。

(4) 获取审计证据时对成本的考虑。审计人员可以考虑获取审计证据的成本与所获取信息的有用性之间的关系，但不应以获取审计证据的困难和成本为由减少不可替代的审计程序。

5.2.2.3　审计证据的及时性

审计证据的及时性，既指收集证据的时间，也指审计所覆盖的期间。审计人员必须在提交审计报告前，能够收集到充分、适当的审计证据。审计证据及时性要求，既影响审计工作的质量，也对审计工作本身的经济性产生影响。

5.2.3　审计证据的类型

审计证据可从多个角度进行分类。

5.2.3.1　按来源分类

审计证据按审计人员获得的来源，可分为：

(1) 内部证据。是指由被审单位内部制作、处理和保存，不对外使用的审计证据。例如，工资单、工时记录等。

(2) 内-外证据。是由被审单位制作，但需要通过外部单位的活动加以处理，才能发挥作用的证据。例如，被审单位签发的转账支票，需要银行进行一定手续的处理，相关数额的货币资金才能得以划转。

(3) 外-内证据。是由与被审单位有关的外部单位制作，但需要通过被审单位进行处理并保存，才能发挥作用的证据。例如，外购货物取得的发票等。

(4) 外部证据。是指审计人员不经过被审单位的参与，直接从与被审单位有关的外部单位获得的证据。

5.2.3.2　按表现形式分类

审计证据按表现形式，可分为：

(1) 实物证据。是指审计人员通过实地观察或清查盘点所取得的用以确定某些实物资产的存在和状态的证据，包括所有可以计算、检查、观察或查验的事项。例如，对被审单位的存货进行监督性盘点，检验被审单位的实盘数量，并与存货记录进行比较以便得到记录中的存货存在和状态的证据。观察被审单位内部控制系统的功能，也能够获得实物证据。

(2) 书面证据。是指审计人员从被审单位外部和内部获得的各种以书面文件形式表现的审计证据。书面证据是数量最多的一种证据形式，是审计证据的主要组成部分。

(3) 口头证据。也称言词证据，是指审计人员从被审单位或其他相关人员处得到的口头答复而形成的一类证据。口头证据实际上是在审计过程中，审计人员向相关人员进行的各式各样的询问。"空口无凭"，口头证据本身是不能作为证据使用的，但是口头证据往往能够提供线索、启发思路、节约时间与精力。若及时将口头证据做成记录，并注明是何人、何时、何地、在何种情况下提供的，必要时还应取得陈述人的签名确认，则可提高其可靠性。

(4) 环境证据。是指对被审单位产生影响的各种环境事实，因而也可称为状况证据。环境证据是带有一定综合性的证据，它既可以帮助审计人员对被审单位作出整体性的评价，有助于审计人员将各种孤立的被审事项联系起来，也可以提供进一步寻找审计证据的线索。环境证据主要有：① 被审单位内部控制情况。被审单位的内部控制的健全程度，既与其所产生的财务信息的可靠性之间，具有较高的相关性，又与审计所需的审计证据的种类和数量有关。财务报表审计中，常常先对被审单位内部控制的设计和执行情况进行测试，然后根据测试结果，确定对财务信息审查的范围、方法等。② 被审单位管理条件和管理水平。通常情况下，如果被审单位的管理条件良好、管理水平较高，那么其所提供的审计证据的可靠性也较高。③ 被审单位管理人员和财务人员的素质和生活态度。被审单位管理人员的素质越高，则其所提供的证据发生差错的可能性就越小，可靠性也就越高。当相关管理人员具有追求超过其收入和支付能力的生活方式的倾向时，其出现错弊的可能性就会增加。

5.2.3.3 按证据和被审事项的关系分类

审计证据按其与被审事项的关系，可分为：

(1) 直接证据。就是其内容可以直接证明被审事项的证据，实物证据就是直接证据。

(2) 间接证据。是指本身不能直接证明被审事项，而需要同其他证据结合起来才能证明被审事项的证据。单独一个间接证据不能直接证明被审事项，它只有同其他证据结合起来才能查明被审事项。间接证据具有依赖性、关联性，间接证据对被审计事项的证明方法是推断。对间接证据的审查判断，应从三方面进行：一查证据的来源是否合法；二查证据提供人的品质，看是否出于不良动机或受其他影响，使提供的证据失实；三查证据的鉴定是否可靠，证据的鉴定人是否具有一定的专业知识和资格，看鉴定结论是否准确可信。

5.2.3.4 按证据之间的相互关系分类

按审计证据之间的相互关系，审计证据可分为：

(1) 基本证据。是指对被审事项具有直接证明力的证据。例如，在以审查账户内容是否正确为目标的审计中，作为记账依据的记账凭证为基本证据。

(2) 佐证证据。又可称旁证，是指能够支持基本证据证明力的证据。例如，附在记账凭证后面的各种原始凭证，是编制记账凭证的依据，它们支持记账凭证去证实账户内容是正确的。

(3) 矛盾证据。是指证明的方向与基本证据相反，或证明的内容与基本证据不一致的证据。遇有矛盾证据，审计人员必须另外收集附加证据，进一步鉴定和综合，以确定被审事项的真实情况。

5.2.3.5   按证明能力分类

审计证据按其证明被审事项力度，可分为：

(1) 充分证明力证据。假如某一类证据无需其他佐证证明就足以支持审计结论，那么就可以说该证据具有充分证明力。例如，审计人员对实物资产进行监盘或抽点所获得的实物证据，对证明实物资产的存在性就具有充分证明力。具有充分证明力的证据，在品质上具有相关性和可靠性，在数量上应是足够的。

(2) 部分证明力证据   具有部分证明力的证据需要附以其他佐证证明，才足以支持审计结论。大多数证据都只具有部分证明力。例如，内部证据、内-外证据和外-内证据都还需要审计人员对证据的产生、处理和保存等一系列过程是否存在适当的控制加以证实。

(3) 无证明力证据。有些证据尽管有助于引导审计人员获取更可靠的信息，但其本身并没有证明力。例如，通过对被审单位相关人员的询问获得的证据几乎没有证明力，必须由审计人员再采用其他方法加以证实。但没有证明力并不代表此类证据没有价值，很多无证明力的证据常常为审计人员指出明确的审计方向。

5.2.4   审计证据决策

审计人员所面临的主要决策之一就是，为确定被审单位财务报表各组成部分以及财务报表整体的公允性，所应收集的适当类型与数量的证据。这一判断很重要，因为对所有可能的证据都进行检查和评价，其成本是难以承受的。例如，在大多数企业的财务报表审计中，审计人员不可能检查所有的会计凭证和账簿记录。

审计人员收集证据决策的内容主要有：

(1) 审计手续。也称审计程序，是指在审计过程中收集某类审计证据的详细指令。例如，存货实物盘点证据、已核销支票与银行存款支出相核对的证据等，都是利用审计手续收集的。在设计审计手续时，通常要使用充分具体的术语，以使它们能够作为审计指令。例如,以下就是一个验证银行存款支出的审计手续(程序):取得银行填制的存款对账单和企业的银行存款明细账,并将已核销转账支票上的收款人名称、金额和日期,分别与银行对账单和银行存款明细账相核对。

(2) 样本规模。在选定了审计手续之后,实施该手续的样本规模的选择,可以在总体中的一个项目到全部项目之间变动。在上述审计手续中,假设银行存款日记账支出的记录中共记录了 6 000 张转账支票。审计师可能选取其中的 200 张转账支票作为样本与银行存款日记账中的支出记录进行核对。对于每一个审计手续,审计人员都必须确定应测试多少个项目。同一手续在不同的审计业务中,所测试的样本规模是不同的。

(3) 选取样本项目。在确定了某一审计手续的样本规模之后,还有必要确定应测试总体中的哪些项目。例如,假设审计人员决定从总体 6 000 张已核销转账支票中,选取 200 张作为样本与银行存款日记账进行核对,他可以采用几种不同的方法来选取应检查的具体转账支票。他可以:① 选择一周的转账支票,并检查前 200 张;② 选择金额最大的 200 张转账支票;③ 随机选取转账支票;④ 选择审计人员认为最有可能发生错误的转账支票。也可以将上述方法结合起来使用。

(4) 时间安排。财务报表审计通常要覆盖一定的期间,比如一年,而审计通常要在期末之后的几个星期乃至几个月才能完成。客户通常希望能在年度结束后的一至三个月内完成。审计师要综合考虑各种因素,合理确定完成审计工作所需要的时间。

(5) 审计工作大纲。某一单元审计或整个审计所要收集的全部证据的详细指令,称为"审计工作大纲"。审计工作大纲总是包括一系列的审计手续。它一般还要包括样本规模、选取样本项目和时间安排。通常,每一个审计单元都有一份审计工作大纲。

5.3 审计工作底稿

5.3.1 审计工作底稿的涵义

审计工作底稿,是审计师保存的,有关审计业务过程中运用的手续,实施的测试,获取的信息,以及形成的有关结论的记录。它应当包括审计人员认为恰当实施审计和为审计报告提供依据所必需的全部信息。审计工作底稿是审计证据的载体,既形成与于审计过程,也反映整个审计过程。

5.3.2　审计工作底稿的目的

审计工作底稿的总体目的是帮助审计人员合理地保证已按公认审计准则实施了恰当的审计。审计工作底稿的具体作用表现在以下方面：

(1) 为审计计划提供基础。如果审计人员要恰当地计划本年度的审计工作，则工作底稿中必须包括必要的参考资料。工作底稿中包括各种与计划有关的信息，如内部控制描述、各审计项目的时间安排、审计工作大纲和以前年度审计结果等。

(2) 为收集的证据和测试的结果提供了记录。工作底稿是证明审计人员已按审计准则实施了恰当审计的主要手段。在必要时，审计人员必须能够向审计行业主管机构和法院证明，审计是经过妥善计划和恰当监督的，所收集的证据是具有充分证明力的，审计报告考虑了审计结果，因而是恰当的。

(3) 为确定审计报告的恰当类型提供了数据。工作底稿为帮助审计人员在特定情况下确定适当的审计报告类型提供了重要信息来源。工作底稿中的数据可用来评价审计范围的充分性和财务报表的公允性。除此之外，工作底稿还包括了编制财务报表所必需的资料。

(4) 为督导和合伙人的复核提供了基础。监督人员在评价审报告所依据的证据是否具有充分证明力时，工作底稿是基本的参考资料。

5.3.3　审计工作底稿的内容

审计工作底稿可以以纸质、电子或其他介质形式存在。

审计工作底稿通常包括总体审计策略、具体审计计划、分析表、问题备忘录、重大事项概要、询证函回函、管理层声明书、核对表、有关重大事项的往来信件(包括电子邮件)，以及对被审计单位文件记录的摘要或复印件等。此外，审计工作底稿通常还包括审计业务约定书、管理建议书、审计项目组内部或项目组与被审单位举行的会议记录、与其他相关人员的沟通文件及错报汇总表等。

审计工作底稿通常不包括已被取代的审计工作底稿的草稿或财务报表的草稿、对不全面或初步思考的记录、存在印刷错误或其他错误而作废的文本，以及重复的文件记录等。

对每项具体审计业务，审计人员应当将审计工作底稿归整为审计档案。

5.3.4　审计工作底稿的种类

审计工作底稿可以由审计人员编制形成，也可以由被审单位或其他第三方提供，经审计人员审核后形成。前者称为编制，后者称为取得。

审计人员通过编制方式形成的审计工作底稿，从审计过程的角度，包括审计计划阶段、实施阶段和报告阶段编制形成的工作底稿。

审计人员通过取得方式形成的审计工作底稿，一般首先应向审计资料的提供者说明该审计资料的基本要求；其次是对所取得的审计资料实施必要的审计程序，并注明所取得资料的来源；最后作出相应的审计记录并签名，从而形成审计工作底稿。

无论是编制或者是取得的审计工作底稿，都可按下列特征进行分类。

5.3.4.1 按用途分类

按在审计工作中的用途，审计工作底稿可分为：

(1) 综合类工作底稿。是指在审计计划阶段和审计报告阶段为规划、控制和总结整个审计工作，并为最终发表审计意见所形成的审计工作底稿。主要包括：初步业务活动程序表、审计业务约定书、审计总结、管理建议书、审计报告底稿、管理层声明书等及审计人员对整个审计工作进行组织管理的所有记录和资料。一般说来，综合类审计工作底稿比较多的是在审计机构办公地完成。

(2) 业务类工作底稿。是指审计人员在审计实施阶段为执行具体审计程序所形成的工作底稿。主要包括审计人员对各审计项目进行的各种测试所作的记录和资料，如各业务循环内部控制测试工作底稿，对各资产、负债、权益、损益类项目实质性测试工作底稿等。一般说来，业务类审计工作底稿是在审计外勤工作时完成。

(3) 备查类工作底稿。是指审计人员在审计过程中编制或取得的对审计工作仅具有备查作用的审计工作底稿。主要包括被审单位的设立批准证书、营业执照、重要合同、协议、章程、组织机构及管理人员结构图、董事会会议纪要等资料的复印件或摘录。

审计人员将上述资料归档为备查类工作底稿的同时，还应根据需要，将其中与具体审计项目有关的内容复印、摘录或综合后归入业务类工作底稿的具体审计项目之后。

备查类工作底稿随被审单位有关情况的变化而不断更新，因此，审计人员应将上述资料列明目录清单，并将更新的文件、资料随时补充。

5.3.4.2 按审计工作阶段分类

审计工作底稿按审计工作进程，分类如下：

(1) 初步业务活动工作底稿。是指审计人员在具体实施审计程序之前，初步了解被审单位的基本情况，对审计业务是否承接或保持进行评价，并签订审计业务约定书，所形成的工作底稿。

(2) 风险评估工作底稿。是指在审计业务承接后，了解被审单位的相关环境和内部控制，进行风险评估，确定总体审计策略所形成的审计工作底稿。

(3) 进一步审计程序工作底稿。是指按业务循环进行控制测试，按财务报表项目进行实质性测试所形成的工作底稿。

(4) 其他项目工作底稿。是指针对被审单位的舞弊风险评估与应对、前后任审计人员的沟通、关联方及关联方交易、首次接受委托时对期初余额的审计等形成的工作底稿。

(5) 业务完成阶段工作底稿。是指审计人员在实施必要审计程序后，根据取得的审计证据进行调整、汇总、分析、评价、形成审计意见所编制的工作底稿。主要包括账项调整分录汇总表、重分类调整分录汇总表、列报调整汇总表、未更正错报汇总表、资产负债表试算平衡表、利润试算平衡表、审计工作完成情况核定表、审计报告底稿等。

5.3.4.3　按保管要求分类

审计人员完成审计工作后，应妥善保管审计工作底稿。按照保管期限要求，审计工作底稿可分为：

(1) 永久性档案。是指那些记录内容相对稳定，具有长期使用价值，并对以后审计工作具有重要影响和直接作用的审计档案。包括审计业务约定书、营业执照、被审单位章程、股权结构等。永久性档案也要不断更新、补充，如公司章程变动、营业执照变更、股权结构变动等，要以新的章程、执照、股权结构图等来更换旧的。

(2) 当期档案。是指那些记录内容经常变化，主要供当期和下期审计使用的审计档案。

哪些审计工作底稿应作为永久性档案，哪些应归入当期档案，审计行业主管部门通常会提出清单。

5.3.4.4　按与财务报表之间的关系分类

审计工作底稿中有很大一部分是为证实财务报表中的各项目的具体数额而编制的。按其与财务报表之间的关系，审计工作底稿又可分为：

(1) 试算平衡表。由于总账是编制财务报表的主要基础，因此总账记录的金额是审计的重点。审计人员应在资产负债表之后，按财务状况和经营情况，尽早取得相关账户余额和发生额资料，编制资产负债表试算平衡表和利润表试算平衡表。试算平衡表可用以控制财务报表所有单个项目的审计工作底稿和汇总审计结果。

(2) 审定表。是指针对财务报表试算平衡表的每一个项目进行审查，所形成的对该项目审查结论的工作底稿。审定表列明某一财务报表项目单个或若干个总账的资料，其合计数即为资产负债表试算平衡表或利润表试算平衡表中相应项目的数字。存货项目的审定表内的存货类别，包括原材料、材料采购、在途材料、周转材料、低值易耗品、包装物、库存商品、在产品、委托加工物资和发出商品等。审定表中的每一个数字均可由明细表来证实。

(3) 明细表。是指针对审定表中的每一个明细项目进行审查，所形成的对该明细项目审查结论的工作底稿。明细表列明某一总账下的明细资料，其合计数即为审定表中相应项目的数字。

(4) 证明表。证明表中说明审计人员所完成的审计测试程序、搜集的审计证据和得出的审计结论。以存货为例，包括存货入库截止测试(ZI4-1)、存货出库截止测试(ZI4-2)、存货监盘结果汇总表(ZI5-2)、存货明细账与盘点结果核对表(ZI5-3)、存货抽盘核对表(ZI5-4)、存货计价测试表(ZI7)、存货跌价准备测试表(ZI8)、委托加工物资检查表(ZI9)、生产成本检查表(ZI10)、直接材料成本情况检查表(ZI10-1)、直接人工成本情况检查表(ZI10-2)、制造费用情况检查表(ZI10-4)等。

(5) 账项调整分录汇总表和重分类调整分录汇总表。审计中，审计人员发现会计记录中存在重要错报，需要调整更正时，应编制调整分录或重分类分录。审计人员建议的调整分录和重分类分录，列在审定表中。为了确定需调整和重分类金额的影响程度，审计人员需要将分散在审定表中的调整分录和重分类分录予以汇总，并将汇总结果列入账项调整分录汇总表和重分类调整分录汇总表。

5.3.5 审计工作底稿的勾稽关系

1. 各财务报表项目审计工作底稿之间的勾稽关系 由于被审计单位的经济业务与财务状况是一个有机整体，对某一财务报表项目进行审计必然会涉及另一些财务报表项目，因此，每一个审计工作底稿反映的内容，必然与其他审计工作底稿之间存在密切关系。审计人员必须通过交叉索引及备注说明等形式反映相关审计工作底稿之间的关系。

交叉索引是指审计人员在某一审计工作底稿中引用其他审计工作底稿上的资料或数据时，在两张工作底稿上同时说明对方工作底稿索引号的一种方法。即在引用其他工作底稿数据前，注明被引用工作底稿的索引号(表示数据来源)；被引用工作底稿上被引用数据后，注明引用工作底稿的索引号(表示去向)。交叉索引可以帮助审计人员清晰地反映某些审计资料或数据的来源和去向，以方便对审计工作底稿的检查和复核，并且有利于简化审计工作底稿和节省审计工时，增强审计工作底稿的严谨性和可理解性。

2. 各财务报表项目审计工作底稿与试算平衡表之间的关系 当审计人员按照审计计划完成审计业务约定书中约定的全部审计事项后,应将具体财务报表项目审计工作底稿中的相关数据和内容进行归类汇总,编制试算平衡表。试算平衡表控制具体财务报表项目审计工作底稿,并可通过交叉索引得以明确反映。

3. 审计工作底稿与被审单位未审财务数据之间的勾稽关系 审计工作底稿与被审单位未审财务数据之间的勾稽关系,反映为两个层面:

(1) 试算平衡表上的未审数据与被审单位未审财务报表的数据直接对应。

(2) 具体财务报表项目审计工作底稿所记载的内容和数据(未审数),应与被审单位未审账簿、凭证等直接对应。

审计工作底稿与被审单位未审财务数据之间的勾稽关系,可以通过交叉索引或备注说明予以反映。图 5.5 列示了审计工作底稿与被审单位未审财务数据之间的勾稽关系。

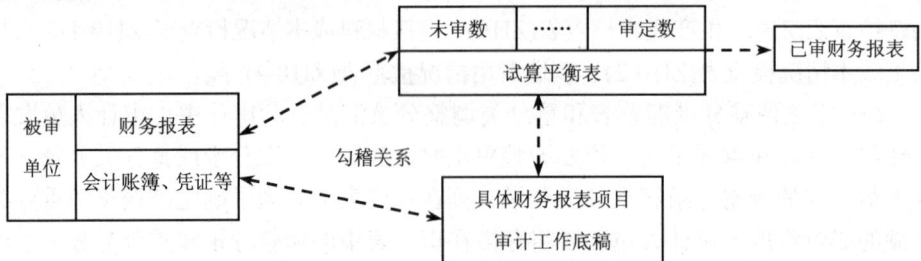

图 5.5 审计工作底稿与未审财务数据的勾稽关系

5.3.6 审计工作底稿的格式和要素

在确定、选择、调整审计工作底稿的格式、内容和范围时,审计人员应当综合的因素有:① 实施审计程序的性质;② 已识别的重大错报风险;③ 在执行审计工作和评价审计结果时需要作出判断的范围;④ 已获取审计证据的重要程度;⑤ 已识别的例外事项的性质和范围;⑥ 当从已执行审计工作或获取审计证据的记录中不易确定结论或结论的基础时,记录结论或结论基础的必要性;⑦ 使用的审计方法和工具。

各种工作底稿常包括下列全部或部分要素:

1. 被审单位的名称 被审单位的名称应与审计业务约定书上委托的名称一致。

2. 审计项目的名称 审计项目的名称应与审计业务约定书上委托审计范围相关。

3. 审计项目的发生时点或所属期间 审计工作底稿应记录被审项目所属的时间,应与审计业务约定书上的委托时间一致。此外,还应记录审计人员审查和复核的时间。

4. 审计过程的记录　在记录审计过程时，应当注意以下几个方面：

(1) 特定项目或事项的识别特征。在记录审计过程时，应当记录测试的特定项目或事项的识别特征，它有助于直接审计人员对例外事项或不符事项进行检查，以及高层级审计人员对测试项目或事项进行复核。识别特征是指被测试项目或事项表现出的征象或标志。识别特征因审计程序的性质和所测试的项目或事项不同而不同。对某一个具体项目或事项而言，其识别特征具有唯一性，这种特性可以使其他人员根据识别特征在总体中识别该项目或事项并重新执行该测试。例如，在对被审单位(工业企业)内部的领料单进行细节测试时，审计人员可能以领料单的日期或按领料部门产生的编号作为测试领料单的识别特征。若需要抽样审查某一段时期的材料领用情况，可以领料单的日期作为识别特征，进行抽样审查；若需要抽样审查某一领料部门的材料领料用情况，则可以按领料部门测试的编号作为识别特征进行抽样审查。

(2) 重大事项。审计人员应当根据具体情况判断某一事项是否属于重大事项。重大事项通常包括：① 引起特别风险的事项；② 实施审计程序的结果，该结果表明财务信息可能存在重大错报，或需要修正以前对重大错报风险的评估和针对这些风险拟采取的应对措施；③ 导致审计人员难以实施必要审计程序的情形；④ 导致出具非标准审计报告的事项。对于审计中发现的重大事项，审计人员应当及时记录与管理层、治理层和其他人员的讨论，包括讨论的内容、时间、地点和参加人员。审计中发现的重大事项，低层级的审计人员要按审计项目分散记录在审计工作底稿的不同部分，高层级的审计人员则要在此基础上，将分散在审计工作底稿不同部分的有关重大事项的记录汇总在重大事项概要中。重大事项的分散记录，保证了审计工作底稿的系统性；汇总记录则可以帮助高层级审计人员集中考虑重大事项对审计工作的影响，还便于审计工作的督导(复核)人员全面、快速地了解重大事项，从而提高督导(复核)效率。重大事项概要记录包括审计过程中识别的重大事项及其如何得到解决，或对其他支持性审计工作底稿的交叉索引。

(3) 针对重大事项如何处理矛盾或不一致的情况。如果识别出的信息与针对某重大事项得出的最终结论相矛盾或不一致，审计人员应当记录形成最终结论是如何处理该矛盾或不一致的情况。

上述情况包括但不限于审计人员针对该项识别出的信息执行的审计程序、审计项目组的成员对某事项的职业判断不同而向专业技术部门咨询的情况，以及审计项目组成员和被咨询人员不同意见(如项目组与专业技术部门的不同意见)的解决情况。记录如何处理识别出的信息与针对重大事项得出的结论向矛盾或不一致的情况是非常必要的，它有助于审计人员关注这些矛盾或不一致，并对此执行必要的审计程序以恰当地解决这些矛盾或不一致。

5. 审计结论　　审计人员需要根据所实施的审计程序及获取的审计证据得出结论，并以此作为对财务报表发表审计意见的基础。在记录审计结论时需注意，在审计工作底稿中记录的审计程序和审计证据是否足以支持所得出的审计结论。

6. 审计标识及其说明　　审计工作底稿中可以使用各种审计标识，但应说明其含义，并保持前后一致。常用审计标识，可参见表5.2。

表5.2　常用审计标识

审计标识	含　义	审计标识	含　义
∧	纵加核对	S	与明细账核对一致
<	横加核对	T/B	与试算平衡表核对一致
B	与上年结转数核对一致	C	已发询证函
T	与原始凭证核对一致	C\	已收回询证函
G	与总账核对一致		

7. 索引号及编号　　一项审计工作常常分解为若干个项目，各个项目之间既有区别，又有联系。记录不同项目的审计工作底稿，需要注明索引号及顺序编号，以便反映各审计项目之间的区别和联系，使得相关审计工作底稿之间保持清晰的勾稽关系。在实际工作中，审计人员可按行业指导部门推荐的审计工作底稿的内容层次进行编号。

例如，注册会计师审计中，固定资产项目的审计工作底稿的索引号为 ZO，其下属的固定资产审定表为ZO1，固定资产、累计折旧及减值准备明细表为ZO2，固定资产盘点检查情况表为ZO3，固定资产增加检查表为ZO4，固定资产减少检查表为ZO5，(固定资产)租赁询证函为ZO6，折旧计算检查表为ZO7。

8. 编制者、复核者姓名及编制、复核日期　　在记录实施审计程序的性质、时间和范围时，审计人员应当记录：

(1) 审计工作的执行人员及完成该项审计工作的日期。

(2) 审计工作的复核人员及复核的日期和范围。

在需要项目质量控制复核的情况下，还需要注明项目质量控制复核人员及复核的日期。

9. 其他应说明事项　　除了上述内容以外，审计人员若还有需要记录的事项，可在各审计工作底稿的备注栏内予以记录说明。

审计工作底稿格式举例见表5.3。

表 5.3 货币资金审定表

被审计单位： 索引号： ZA
项目：货币资金审定表 财务报表截止日/期间：
编制： 复核：
日期： 日期：

项目名称	期末未审数	账项调整		重分类调整		期末审定数	上期末审定数	索引号
		借方	贷方	借方	贷方			
库存现金								
银行存款								
其他货币资金								
合　计								

5.3.7 审计工作底稿的要求

5.3.7.1 控制要求

审计单位要妥善管理审计工作底稿，要满足以下控制要求：

(1) 安全保管审计工作底稿并对审计工作底稿保密。

(2) 保证审计工作底稿的完整性。

(3) 便于对审计工作底稿的使用和检索。

(4) 按照规定的期限保存审计工作底稿。

5.3.7.2 编制要求

审计人员编制的审计工作底稿，应当使得未曾接触该项审计工作的有经验的专业人士清楚了解：

(1) 按照审计准则的规定实施的审计程序的性质、时间和范围。

(2) 实施审计程序的结果和获取的审计证据。

(3) 就重大事项得出的结论。

这里，有经验的专业人士，是指对下列方面有合理了解的人上：① 审计过程；② 相关法律法规和审计准则的规定；③ 被审计单位所处的经营环境；④ 与被审计单位所处行业相关的会计和审计问题。

此外，在编制审计工作底稿时，还应做到：① 资料具体；② 详略得当；③ 结论明确；④ 格式规范；⑤ 标识一致；⑥ 记录清晰。

5.3.7.3 审计工作底稿的三级复核制度

审计工作底稿编撰完成后，应进行适当的复核。有条件的审计机构，应建立审计工作底稿的三级复核制度：

一级复核：由审计项目小组负责人在审计现场进行。

二级复核：由审计部门负责人在审计机构所在地进行。

三级复核：审计报告在发出前，应由审计单位负责人在审计机构所在地进行最后总复核。

5.3.8　审计工作底稿的归档、变动及管理

5.3.8.1 归档期限

在审计报告日后将审计工作底稿归整为最终审计档案是一项事务性的工作，不涉及实施新的审计程序或得出新的结论。审计人员应当按照审计机构的质量控制政策和程序的规定，及时将审计工作底稿归整为最终审计档案。

注册会计师审计中，审计工作底稿的归档期限为审计报告日后 60 天内。如果审计人员未能完成审计业务，审计工作底稿的归档期限为审计业务终止后的 60 天内。

5.3.8.2 归档期间对审计工作底稿的变动

如果在归档期间对审计工作底稿作出的变动属于事务性的，审计人员可以作出变动，主要包括：

(1) 删除或废弃被取代的审计工作底稿。

(2) 对审计工作底稿进行分类、整理和交叉索引。

(3) 对审计档案归整工作的完成核对表签字认可。

(4) 记录在审计报告日前获取的、与审计项目组相关成员进行讨论并取得一致意见的审计证据。

5.3.8.3 审计工作底稿归档后的变动

1. 需要变动审计工作底稿的情形　一般情况下，在审计归档后，不需要对审计工作底稿进行修改或增加。审计人员发现有必要修改现有审计工作底稿或增加新的审计工作底稿的情形主要有以下两种：

(1) 审计人员已实施了必要的审计程序，取得了充分、适当的审计证据并得出了恰当的审计结论，但审计工作底稿不够充分。

(2) 审计报告日后，发现例外情况要求审计人员实施新的或追加审计程序，或导致审计人员得出新的结论。

在注册会计师审计中，例外情况主要是指审计报告日后发现与已审计财务信息相关，且在审计报告日已存在的事实，该事实如果被审计人员在审计报告日前获知，可能影响审计报告。例如，审计人员在审计报告日后才获知法院在审计报告日前已对被审计单位的诉讼、索赔事项作出最终判决结果。例外情况可能在审计报告日前发现，也可能在财务报表报出日后发现，注册会计师应当按照《中国注册会计师审计准则第 1332 号——期后事项》第四章"财务报表报出后发现的事实"，的相关规定，对例外事项实施新的或追加的审计程序。

2. 变动审计工作底稿时的记录要求　在完成最终审计档案的归整工作后，如果发现有必要修改现有审计工作底稿或增加新的审计工作底稿，无论修改或增加的性质如何，审计人员均应当记录下列事项：

(1) 修改或增加审计工作底稿的时间和人员，以及复核的时间和人员。

(2) 修改或增加审计工作底稿的具体理由。

(3) 修改或增加审计工作底稿对审计结论产生的影响。

5.3.8.4　审计工作底稿管理

1. 所有权　审计工作底稿的所有权，属于接受委托进行审计的审计单位。

2. 保管年限　当期档案，自审计报告签发之日起至少保管 10 年；永久性档案，应长期保存。如果审计人员未能完成审计业务，审计单位应当自审计业务终止日起，对审计工作底稿至少保存 10 年。在完成最终审计档案的归整工作后，审计人员不得在规定的保存期届满前删除或废弃审计工作底稿。

3. 保密和借阅　只有在下述情况下，审计工作底稿才能被借阅：

(1) 法院、检察院及其他部门因工作需要，在按规定办理了手续后，可依法查阅审计工作底稿。

(2) 审计主管机构对审计人员执业情况进行检查时，可查阅审计工作底稿。

(3) 因为更换审计单位或审计人员，后任审计人员调阅前任审计人员的工作底稿。

(4) 实行联合审计时，允许参与审计的单位共同查阅和使用审计工作底稿。

5.4　审计标准

审计鉴证业务通常是对被审事项与被审事项所须遵从的标准的一致程度，进行审计判断并发表审计意见。

5.4.1 审计标准的概念

5.4.1.1 审计标准的特点

审计标准是指判断是非、高低、优劣的准绳，是提出审计意见、作出审计结论的客观根据。

审计标准具有双重属性，既是被审事项所须遵从的标准，也是审计判断的标准(依据)。例如企业会计准则，既是被审单位组织财务会计核算、编制财务报表所应遵从的标准，也是审计人员判断被审单位财务信息公允性的标准(依据)。审计标准可以是正式的规定，例如编制财务报表所依据的会计法、会计准则和相关会计制度；审计标准也可以是某些非正式的规定，例如单位内部制定的行为准则或确定的绩效考核制度。

适当的审计标准应当具备下列所有特征：

(1) 相关性。审计标准应有助于得出结论，便于预期使用者作出决策；

(2) 完整性。审计标准不应忽略业务环境中可能影响得出结论的相关因素，当涉及列报时，还包括列报的基准；

(3) 可靠性。审计标准能够使能力相近的审计人员在相似的业务环境中，对鉴证对象作出合理一致的评价或计量；

(4) 中立性。审计标准应有助于得出无偏向的结论；

(5) 可理解性。审计标准应有助于得出清晰、易于理解、不会产生重大歧义的结论。

(6) 时空局限。通常审计标准并不是一直有效的，其效力往往受时间的限制。同时，有些审计标准也因地域和行业的不同而有所不同。

审计人员基于自身的预期、判断和个人经验对鉴证对象进行的评价和计量，不构成适当的标准。

5.4.1.2 审计人员对审计标准的适当性的判断

审计人员应当考虑运用于某一具体业务的标准是否具备前述特征，以评价该标准对此项业务的适用性。在具体鉴证业务中，审计人员评价标准各项特征的相对重要程度，需要运用职业判断。

审计标准可能是由法律法规规定的，或由政府主管部门或国家认可的专业团体依照公开、适当的程序发布的，也可能是专门制定的。采用标准的类型不同，审计为评价该审计标准对于具体鉴证业务的适用性所需执行的工作也不同。

5.4.1.3　预期使用者获取审计标准的方式

审计标准应当能够为预期使用者获取，以使预期使用者了解鉴证对象的评价或计量过程。审计标准可以通过下列方式供预期使用者获取：① 公开发布；② 在陈述鉴证对象信息时以明确的方式表述；③ 在鉴证报告中以明确的方式表述；④ 常识理解，如计量时间的标准是小时或分钟。

5.4.2　审计准则、审计证据和审计标准的关系

审计准则、审计证据和审计标准是既有联系，又有区别的三个概念。它们的关系是：怎样进行审计，要遵从审计准则的规定；审计查实了、确定了什么情况、什么事实，要有审计证据；为什么作出这样的审计判断，提出这样的审计意见和结论，要根据审计标准。审计准则、审计证据和审计标准的区别可表述如下：

(1) 审计准则是针对注册会计师的任职资格和工作质量所作的规范，是针对审计过程的规范。审计准则回答由谁进行审计、怎样进行审计等问题？审计准则只能由政府主管审计的部门、审计的职业团体颁布。

(2) 审计证据是证实被审单位的会计认定、确定事实真相、实现审计目标的证明。审计证据回答查实了什么情况、确定了什么事实？审计证据由审计人员收集，通过审计工作底稿得以确定。

(3) 审计标准则是进行审计判断的准绳或是依据。审计标准回答根据什么提这样的意见(判断)，作这样的结论？

5.4.3　审计标准的种类

审计标准的分类标志很多。通常可从来源、性质和内容的不同进行分类。

5.4.3.1　按审计标准的来源划分

1. 被审单位自己制定的审计标准　例如被审单位制订的计划、各种定额、指标、作出的决议等。它们常常是进行内部审计、经济效益审计判断的主要依据。

2. 外部各单位制定的审计标准　例如国家制定的会计法规和相关法规，会计主管部门制定的会计准则，被审单位上级主管部门制定的规章制度和下达的命令和指示等。它们是进行各类审计判断的依据。

5.4.3.2　按审计标准的性质、内容划分

1. **法律、法规和政策**　在法律层面，用作审计标准的除宪法外，主要有审计法、注册会计师法、会计法、刑法、民法、合同法、企业所得税法、个人所得税法、统计法等。在法规层面，用作审计标准的主要有会计准则、会计制度，以及与被审事项有关的法规。在政策层面，用作审计标准的，主要是针对具体审计内容，政策制定者颁布的相关政策。例如，经济效益审计中，所依据的审计标准之一，就是政府部门制定的国家产业政策。

2. **规章制度**　有两种：一种是主管部门或上级制定的规章制度；一种是被审单位自己制定的规章制度。

3. **预算、计划、合同**　如国家机关、事业单位编制的预算，企业制定的计划，被审单位与其他单位签订的合同等。

4. **业务规范、技术经济标准**　如人员配备定额、原材料消耗定额、能源消耗定额、工时定额、生产设备利用定额、产品质量标准等。这些标准根据其适用性和制订的单位，还可分为国际标准、国家标准、企业标准和客户要求等。

5. **会计准则和会计制度**　会计准则和会计制度是组织财务会计核算，编制财务报表的标准，也审计鉴证的判断标准。

不同审计目标的审计需要不同的审计标准，不同审计主体实施的审计标准也有所不同。例如。财务信息鉴证业务的审计标准，主要是注册会计师法和会计准则；国家审计机关的审计标准，主要是宪法、审计法和具体审计种类的标准。

审计标准的正确运用影响审计的成败。选用的审计标准不合适，可能使审计工作劳而无功，甚或前功尽弃。因此，审计人员在进行审计判断时，必须选择恰当的审计标准；必须查对审计标准的原文件，必须以审计标准的书面文件为准。

本章小结

审计目标是人们通过审计实践活动所期望达到的境地(状态)和标准。不同的审计主体有不同的审计目标，不同类型的审计工作也有不同的审计目标。

审计证据有不同的类型和来源，其效力，受审计证据的充分性、适当性和及时性的影响。

审计工作底稿是审计证据的载体，既形成于审计过程，也反映整个审计过程。

审计标准是审计工作中判断是非、高低、优劣的准绳，是提出审计意见、作出审计结论的客观根据。

审计证据、审计准则和审计标准，既有联系，又有区别。

6 内部控制制度和审计风险

6.1 内部控制制度概述

6.1.1 审计假设体系和经验数据的启示

20 世纪 60 年代，莫茨和夏拉夫提出的财务审计假设体系中，第四条假设是"完善的内部控制系统可以减少错弊发生的可能性"。这一假设的意义在于，指出了内部控制系统的完善程度与舞弊发生的可能性之间存在因果关系。按照这一假设：当被审单位拥有完善的内部控制系统时，一方面会减少舞弊发生的可能性，另一方面会增加财务信息的可靠性。反之，当被单位的内部控制系统不健全时，则舞弊发生的可能性就会增加。

1995 年皮德·马威克对美国 3 000 家大中型公司进行了"怎样发现舞弊事实"的调查。图 6.1 列示了该项抽样调查的结论[1]。

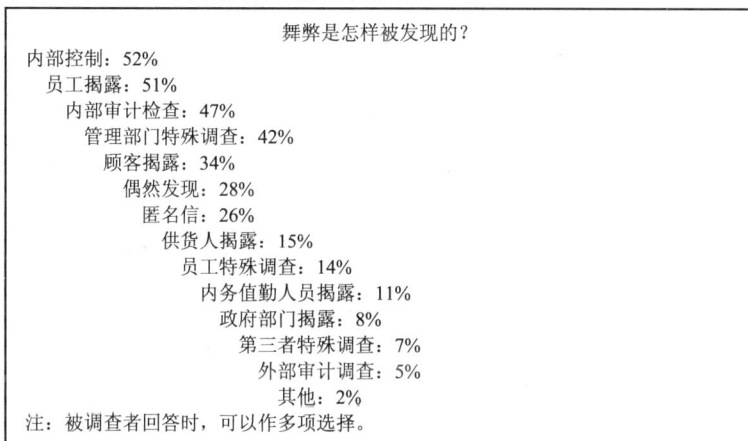

```
┌─────────────────────────────────────────────────────┐
│                舞弊是怎样被发现的？                    │
│  内部控制：52%                                        │
│    员工揭露：51%                                      │
│      内部审计检查：47%                                │
│        管理部门特殊调查：42%                          │
│          顾客揭露：34%                                │
│            偶然发现：28%                              │
│              匿名信：26%                              │
│                供货人揭露：15%                        │
│                  员工特殊调查：14%                    │
│                    内务值勤人员揭露：11%              │
│                      政府部门揭露：8%                 │
│                        第三者特殊调查：7%             │
│                          外部审计调查：5%             │
│                            其他：2%                   │
│  注：被调查者回答时，可以作多项选择。                  │
└─────────────────────────────────────────────────────┘
```

图 6.1　舞弊是怎样被发现的调查结果

---

1 (美)阿尔文·A·阿伦斯, 詹姆斯·K·洛布吕克. 审计学——整合方法研究[M]. 北京：中国审计出版社，2001：318.

皮德·马威克的调查结论在各个国家，同一国家的不同时期，也许不一定绝对精确，但却是对莫茨和夏拉夫假设的有力实证。此外，审计实践中，当被审单位的内部控制完善时，有助于节省审计时间、降低审计成本。基于此，现代财务报表审计多从对被审单位的内部控制系统进行控制测试入手。

6.1.2　内部控制的概念

6.1.2..1　控制的含义

控制，是把计划与决策连接起来，对工作进行测量，并把工作的信息资料反馈给决策者，这样有利于进行实际与计划比较，并决定怎么办。

控制的目的主要有两个方面：一是保持系统的原有状态，如果发生了偏离，就要使其复原；二是引导系统的状态转变到一种新的预期的状态。

6.1.2..2　内部控制的含义

内部控制是被审计单位为了合理保证财务报告的可靠性、经营的效率和效果以及对法律法规的遵守，由治理层、管理层和其他人员设计和执行的政策和程序。

内部控制可能既包括人工成分又包括自动化成分，其根本目的，就是要控制被审计单位既定目标的实现，而目标在实际执行中由于各种因素的影响总会出现偏差，要消除偏差，就必须进行调节。

6.1.2..3　内部控制的目标

内部控制的基本目标是合理保证企业经营管理合法合规、资产安全、财务报告及相关信息真实完整，提高经营效率和效果，促进企业实现发展战略。内部控制的具体目标分为应达到的财务目标和非财务目标两类。

(1) 内部控制应达到的财务目标。主要是：① 保证业务活动按照适当的授权进行；② 保证所有交易和事项以正确的金额，在恰当的会计期间及时记录于适当的账户，使会计表的编制符合会计准则的相关要求；③ 保证对资产和记录的接触、处理均经过适当的授权；④ 保证账面资产与实存资产定期核对相符。

(2) 内部控制应达到的非财务目标。主要是：① 提高经营效率；② 确保管理当局制定的政策得以遵守；③ 遵守有关法律、法规的规定。

6.1.2..4　内部控制的类型

内部控制，按控制的范围和控制的手段，可划分为两大类：一类称为内部会计控制，另一类称为内部管理控制。

内部会计控制主要运用会计手段及其他与会计有关的方法对财务会计系统所进行的控制。例如，为了保证企业的会计系统能够及时、正确地提供财务会计信息而制定的记账程序和账账核对制度；为了保护企业的财产安全而制定的永续盘存制度和定期财产清查制度等。

内部管理控制是指采用会计以外的方法对管理系统进行的控制。例如，为了保证经营目标的实现而制定的质量控制制度、业务操作规程等。

对于被审单位的全部内部控制，审计人员所关注的主要是与防止或发现财务报表中的重要错报有关的控制，即主要关注内部会计控制。

此外，按照采取的控制措施和控制的程序，内部控制可分为五类：

(1) 预防性控制。是指为了防止错误和舞弊的发生而预先采取的控制。它是一种"事前控制"，也是一种操作性控制。

(2) 检查性控制。是指将已发生或存在的错误检查出来的控制。它是一种"事后控制"，通常情况下，检查控制的成本要低于预防性控制的成本。

(3) 纠正性控制。是指针对那些由检查性控制查出来的问题的控制。一般而言，纠正性控制是与检查性控制紧密联系在一起的。

(4) 指导性控制。是指为了实现有利的结果而采取的控制，即它不是为了预防、检查和纠正不利的结果。

(5) 补偿性控制。是针对某些环节的不足或缺陷而采取的控制措施。一项补偿性控制可包含多个控制措施，即把多重控制手段作为一项控制程序来看待。

6.1.3 内部控制的结构

审计人员和《中国注册会计师审计准则第 1211 号——了解被审计单位及其环境并评估重大错报风险》认为，完善的内部控制结构应包括五个要素：控制环境、风险评价、控制活动、信息和传递、监督。图 6.2 列示了内部控制的组成要素及相互关系。

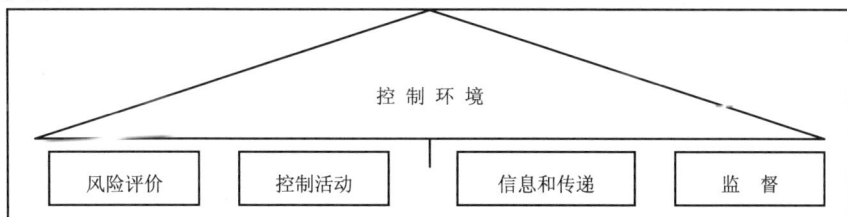

图 6.2　内部控制的五要素

图 6.2 表明，控制环境是其他四个要素的保护伞。如果没有一个有效的控制

环境，其他四个要素无论其质量如何，都不可能形成有效的内部控制。

6.1.3.1 控制环境

有效控制的关键是管理部门对控制的态度。最高管理部门如果认为控制重要，则单位内的其他人员就会感觉到这一点，从而能够自觉地遵守各项既定的控制。另一方面，如果单位内的成员都很知道控制并不是最高管理部门所关心的问题，他们只是口头上说说而已，并没有给予有效支持，那么几乎可以肯定，管理部门的控制目标是不会实现的。

控制环境，是指对企业控制的建立和实施有重大影响的一组因素的统称。控制环境由控制行为、控制政策和控制措施组成，它反映了最高管理部门，董事和企业所有者对控制企业重要性的态度。审计人员应当考虑控制环境中以下最重要的要素：

(1) 正直性和道德价值。正直性和道德价值是企业道德和行为标准及其如何在实际中得以传递和加强的结果。它们包括管理部门用以消除和减少那些可能促使工作人员从事不诚实、不合法或不道德行为的动机和欲望的措施。它们还包括通过岗位责任制、道德规范和事例等形式传递给员工的有关道德价值和行为标准的信息。

(2) 对能力的培养。能力是完成某个员工工作范围内的任务所需要的知识和技能。对能力的培养包括管理部门对具体工作所需能力水平的确定，以及为达到这种能力水平而对员工进行相应知识和技能的培训。

(3) 董事会或审计委员会的参与。现代公司治理结构中，有效的董事会应独立于管理部门，并且其成员要参与和检查管理部门的活动。国外的上市公司都必须建立由外部董事组成的审计委员会。还有许多非上市公司也建立了审计委员会。审计委员会通常负责监督企业的财务报告过程，并且必须与外部审计人员和内部审计人员保持经常联系。这使得审计人员和董事可以就管理部门正直性和管理部门行为有关的事项展开讨论。

(4) 管理部门的哲学和经营风格。管理部门通过其行为向员工传递了关于控制重要性的明确信号。例如，管理部门是勇于承担风险，还是回避风险？利润计划和预算数据是"最佳的"，还是"最有可能"的？管理部门是由一个或几个大权独揽的"大腹便便的官僚"、"刻薄小气的家伙"掌握，还是"正直、正义的人"掌握？了解这些内容以及管理部门的哲学和经营风格的其他方面，可以使审计人员体会到管理部门对待控制的态度。

(5) 组织结构。单位的组织结构确定了现有的责任和权力的等级。通过了解客户的组织结构，审计人员可以了解企业管理部门和职能部门，并可以看出控制的执行情况。

(6) 权力和责任的委派。除上面已经提到的非正式沟通外，关于权责和类似与控制有关事项的正式沟通方法也同样重要。这可能包括：最高管理部门有关控制和与控制有关事项重要性的备忘录、正式的组织和经营计划、岗位职责说明书和有关政策等。

(7) 人力资源政策和实务。内部控制的最重要因素是人。只要员工有胜任能力并且诚实可信，即使缺少其他控制，也能编制可靠的财务报表。诚实、精干的员工即使在缺乏其他控制配合的条件下，也能够高水平地工作。反之，即使有大量的控制，员工缺乏能力或不诚实也会使制度变得一团糟。然而，即使员工可能是胜任的和诚实的，但人总有一些天生缺陷。例如，他们可能会变得烦躁或不满，也可能因为个人问题而影响其业绩，他们的目标也有改变可能等等。

由于胜任、诚实的员工在提供有效控制方面的重要性，员工的招聘、评价、培训、晋升和奖励办法是内部控制结构的重要组成部分。

6.1.3.2 风险评价

风险评估，是指与提供符合会计准则的财务报告有关的风险的识别、评估和控制。财务报表中的风险评价就是管理部门识别和分析与按会计准则编制财务报表有关的风险。例如，如果某公司由于技术更新迅速而经常以低于存货成本的价格出售其产品，则该公司设置充分的控制以避免高估存货的风险就很关键。

引起风险的环境因素包括：① 经营环境的改变；② 新职员的加入；③ 信息系统的更新或修补；④ 公司的快速成长；⑤ 新技术的引进；⑥ 新的生产线；⑦ 公司重组；⑧ 跨国经营；⑨ 会计政策的改变。

管理部门的风险评价与审计人员的风险评价既有区别，又有密切联系。管理部门的风险评价是设计和执行内部控制以减少错误和舞弊活动的一部分。而审计人员评价风险则是为了确定审计过程中所要收集的证据。如果管理部门能够有效地评价和应对风险，则审计人员所要收集的证据就能比管理部门无法识别和应对重大风险时要少。

6.1.3.3 控制活动

控制活动，是指有助于确保管理层的指令得以执行的政策和程序，包括与授权、业绩评价、信息处理、实物控制和职责分离等相关的活动。控制活动主要包括以下五个方面：

1. **充分的职责分工** 职责分工控制是指对于企业内部不相容的职责必须进行分工负责，不能由一人(或一个部门)同时兼任。这一控制使经济业务处理时有关人员能够相互制约，相互牵制。所谓不相容职责是指企业里某些相互关联的职责，如果集中于一人(或一个部门)承担，就会增加发生差错或舞弊的可能性，或者增加了发生差错或舞弊以后进行掩饰的可能性。通常对于以下一些不相容的职责必须进行分工：

(1) 某项经济业务授权批准的职责与执行该项经济业务的职责必须进行分离。

(2) 执行某项经济业务的职责与审核该项经济业务的职责必须进行分离。

(3) 执行某项经济业务的职责与记录该项经济业务的职责必须进行分离。

(4) 保管某项资产的职责与记录该项资产的职责必须进行分离。

(5) 保管某项资产的职责与清查该项资产的职责必须进行分离。

(6) 记录总账的职责与记录明细账、日记账的职责必须进行分离。

此外，在计算机信息系统(CIS)部门内，及 CIS 部门与使用部门之间应进行适当的职责分工，例如系统分析、程序设计、计算机操作和数据控制的职责必须进行分离。通过对各项职责进行合理有效的划分，就会使每一个人的工作能自动地相互检查另一个人或更多人的工作，从而预防和及时发现执行所分配职责时所产生的错误或舞弊行为。

2. 业务与活动的适当授权控制　每笔业务都必须经过恰当的授权，这样的控制才符合要求。授权控制是指在单位的内部，各层次的管理人员和员工必须进行适当的授权，才能对有关的业务与活动进行处理。未经授权，员工不允许接触和处理相关的业务与活动。授权控制要求对各级管理人员的职责范围和业务处理权限作出明确界定，这既有利于提高业务处理的工作效率，同时又可以通过尽可能减少不合规、不合理、不经济行为的发生来保证既定工作计划的正确执行。授权有一般授权和特殊授权之分。一般授权是指管理层制定的要求组织内部遵守的普遍适用于某类交易或活动的政策。特别授权是指管理层针对特定类别的交易或活动逐一设置的授权。

在进行授权控制的时候，应当恰当地确定一般授权和特殊授权的范围，既避免因授权范围过大而削弱内部控制的效果，也要防止因授权范围过小而降低单位的运行效率和员工的积极性。

授权与批准之间也有区别。授权是对某一大类业务或某项具体业务的政策决策，而批准则是对管理部门一般性授权决策的执行。例如，假设管理部门制定了这样一项授权政策：当存货的储备量低于三周的供应量时就可以订货。这是一项一般性授权。当某部门订货时，就由负责存货永续记录的职员进行批准，以表明此次订货符合授权政策。

3. 充分的凭证和记录控制　凭证和记录是用来登记和汇总业务的载体，包括销售发票、采购订单、明细账、销售日记账和员工工时卡等各种不同项目。在电算化会计制度中,这些凭证和记录大多是以计算机文件的形式保存的,直到有特定需要时才打印出来。无论是原始凭证,还是业务记录,都非常重要,如果凭证不充分,往往会引发较大的控制问题。

凭证的功能是在客户单位内部和不同单位之间传递信息。凭证必须足以合理地保证所有的资产都得到恰当的控制,所有的业务都得到正确的记录。例如,如果验收部门在收到原材料时填写验收报告,则应付账款部门就可以通过将购货发票与验收报告进行核对,来验证购货发票上的数量和规格等内容是否正确。

恰当地设计、使用凭证和记录要遵从下述原则:

(1) 预先连续编号,以便于控制凭证,避免丢失,也便于在日后需要时进行查找(对业务审计目标的完整性目标有重要影响)。

(2) 在业务发生时立即编制或发生后尽快编制。如果拖延过久,记录的可靠性就会降低,错报的可能性也会增加(对业务审计目标的时间正确性目标有重要影响)。

(3) 简单明了,保证易于理解。

(4) 尽可能设计成一式多联的形式,以减少凭证的种类。例如,如果发货单的设计和使用得当,就可以作为仓库向发货部门交货,通知向顾客开出反映一定数量商品的账单,通知正确的开票日期,更新永续存货记录等项工作的依据。

(5) 格式的设计要有利于正确编制。这可以通过在表格或记录中设置一定程度的内部牵制来实现。例如,凭证中可以列示有关正确传递的说明,留出授权和批准的位置,为数字设置栏目等。

4. 对资产和记录的实物控制 设置健全的内部控制以保护资产和记录是非常关键的。如果资产得不到保护,就可能失窃。如果记录得不到适当保护,也可能失窃、毁损或遗失。如果发生上述情况,会计处理过程以及正常的经营过程都会受到严重破坏。如果公司实行高度的电算化管理,则保护其计算机设备、程序和数据文件就特别重要。设备和程序非常昂贵,也是企业经营管理不可缺少的。数据文件是公司的记录,一旦被损坏,重新建立的成本会非常高,甚至无法重新建立。

保护资产和记录的最重要的安全措施就是采用实物防护措施。例如,将存货存入仓库以避免失窃。如果该仓库由胜任的员工管理,还能进一步保证减少存货的残损。用来保护货币和有价证券的防火装置和保险库等也是重要的实物防护措施。

与保护电子数据处理系统的设备、程序和数据文件有关的控制主要有三类。一是与其他各类资产一样,计算机设备也采用实物控制来保护。例如,给计算机房和终端设备配置门锁,为软件和数据文件准备充裕的存放空间以避免其丢失,以及设置恰当的防火系统等。二是采用接触控制,接触控制是要保证只有得到授权的人才可以使用设备,接触软件和数据文件。例如,设置访问口令就是接触控制的例子。三是建立健全备份和恢复手续,备份和恢复手续是单位在设备、程序或数据丢失时所要采取的措施。例如，程序的备份版本，将关键文件数据存放于安全远距的地方，就是常用的备份控制措施。

5. 对执行情况的独立检查　最后一类控制措施是对其他四项控制活动进行细致的和持续的检查，通常称为独立检查或内部验证。独立检查之所以必要，是因为如果没有一个经常性的检查机制，内部控制很可能随着时间的推移而发生变化。如果没有人监督和评价其业绩，员工就可能忘记或者蓄意不遵守控制措施，也可能会变得粗心大意。除此之外，无论控制的质量如何，都可能会出现舞弊行为和蓄意错报。

内部验证执行人的基本特征，是他们必须独立于原先负责提供数据的人。内部验证最经济的手段之一，就是按照前面所述的方式实行职责分工。例如，调节银行账如果由不负责会计记录和现金出纳的人进行，则无须增加多少成本，就可以有一个验证的机会。

电算化会计制度的设计能够使许多内部验证手续作为制度的一部分来自动地进行。

6.1.3.4　信息和沟通

单位的会计信息和沟通制度的目的在于识别、归集、分析、记录和报告企业的业务，保持对相关资产的说明。会计信息制度和沟通制度包含几项子要素，它们一般由各类业务构成，如销售、销售退回、收款、采购等。对于每一类业务，会计制度都必须实现审计目标。例如，销售会计制度保证公司发出的所有货物，都能够正确地作为销售予以记录(完整性和记账金额正确性目标)，并反映在恰当期间的财务报表之中(时间正确性目标)。会计制度还必须避免重复记录销售或记录并未发生的销售(真实性目标)。

对于业主积极参与业务活动的小型公司来说，只要一名诚实胜任的会计师和一个简单的电算化会计系统，就可以构成一个健全的会计信息制度。而大型公司则需要建立复杂得多的制度，其中包括各种详细规定的职责和书面程序。

有效的会计信息系统应包含的方法和内容有：① 确认和记录所有有效的交易；② 按照财务报告中的会计要素类别，及时、详细、充分地记录交易过程；③ 以货币计量方法记录交易价值；④ 在正确的会计期间记录交易事项；⑤ 在财务报表中恰当地表达和披露交易活动。

信息沟通的形式，包括编制各种政策指南、财务报告手册以及备忘录等。

6.1.3.5　内部监督

内部监督活动，是管理部门对内部控制质量进行持续的或定期的评价，以确定各项控制是否按照意图运行，是否针对情况的变化进行了修正。评价和修正所依据的信息来自于多种渠道，包括对现有内部控制的调查、内部审计人员的报告、控制活动的例外情况报告、管理机构(如银行管理机构)的报告、操作人员的反馈信息、顾客对账单费用的投诉等。

对许多公司，特别是对大型公司来说，内部审计部门在有效监督方面的作用是非常关键的。为了能使内部审计职能得以有效发挥，内部审计工作人员必须独立于经营部门和会计部门，并且直接向单位高层权力结构(最高管理部门或董事会下设的审计委员会)报告工作。

除了在监督单位内部控制方面的职责外，胜任的内部审计工作人员还可以通过直接协助外部审计人员的工作来降低外部审计成本。AICPA 第 65 号《审计准则说明书》(AU322)阐述了内部审计人员影响外部审计人员证据收集的方法。如果外部审计人员能够取得证据证明内部审计人员的胜任能力、正直性和客观性，他就可以在许多方面利用内部审计人员的工作。

单位的规模对内部控制的性质和具体的控制有重要影响。显然，小型公司很难实行充分的职责分工。期望小型公司配备内部审计人员也是不切实际的。但是，从上述内部控制各组成要素分析中不难发现，大多数要素既适用于大型公司，也适用于小型公司。尽管小型公司通常不以手册的形式正式制定政策，但它们仍可能有如下控制活动：经明确授权的胜任、诚实的员工；恰当的业务授权、执行和记录措施；充分的凭证、记录和报告；对资产和记录的实物控制；一定程度的执行情况的独立检查。

6.1.4　建立与实施内部控制的原则

企业建立与实施内部控制，应当遵循下列原则：

(1) 全面性原则。内部控制应当贯穿决策、执行和监督全过程，覆盖企业及其所属单位的各种业务和事项。

(2) 重要性原则。内部控制应当在全面控制的基础上，关注重要业务事项和高风险领域。

(3) 制衡性原则。内部控制应当在治理结构、机构设置及权责分配、业务流程等方面形成相互制约、相互监督，同时兼顾运营效率。

(4) 适应性原则。内部控制应当与企业经营规模、业务范围、竞争状况和风险水平等相适应，并随着情况的变化及时加以调整。

(5) 成本效益原则。内部控制应当权衡实施成本与预期效益，以适当的成本实现有效控制。

6.1.5 有关内部控制的一般考虑

1. 管理当局的责任 建立健全内部控制是企业所有者和管理者之间受托责任关系的重要内容。因此，被审计单位管理当局有责任按照法律法规的要求，建立健全适当的内部控制体系。

2. 内部控制是要花费成本的 任何控制都是要花费成本的，所以建立内部控制时，要进行投入(控制成本)产出(控制效益)分析。

3. 企业的规模与内部控制 企业的经营规模与内部控制的内容之间存在一定的联系。一般地讲，规模较大的企业有可能建立完善的内部控制体系；而规模较小的企业，则可能因成本方面的考虑，建立内容不太齐全但实用的内部控制。

4. 内部控制往往存在固有的限制

(1) 内部控制的设计和运行受制于成本与效益原则。

(2) 内部控制一般仅针对常规业务活动而设计。

(3) 即使是设计完善的内部控制，也可能因执行人员的粗心大意、精力分散、判断失误以及对指令的误解而失效。

(4) 内部控制可能因有关人员相互勾结、内外串通而失效。

(5) 内部控制可能因执行人员滥用职权或屈从于外部压力而失效。

(6) 内部控制可能因经营环境、业务性质的改变而削弱或失效。

5. 内部控制往往只能提供合理的保证 内部控制能够防范差错舞弊的发生，保证所产生的财务会计信息的可靠性。由于内部控制存在前述的固有差异，使得内部控制难以绝对杜绝特殊差错和舞弊行为的发生。所以，对差错和舞弊的防范，内部控制往往只能提供合理的保证。

6.2 审计风险

6.2.1 审计风险

6.2.1.1 审计风险的含义

审计风险(Audit Risk，AR)是指被审单位财务报表本身存在重大错报或漏报，而审计人员审计后发表不恰当审计意见的可能性。通俗地讲，审计风险就是未查出已存在重大错报或漏报的可能性。例如，如果审计人员有96%的把握查出财务报表中的重大错报或漏报，那么审计风险就是 4%。审计人员查出重大错报或漏报的能力，可称为审计保证，即：

$$审计保证+审计风险= 1$$

审计保证越高，审计风险就会越低，意味着对审计工作的要求就越高，审计投入也就越大。

6.2.1.2　期望审计风险及影响因素

期望审计风险也称可接受的审计风险，是审计人员主观预先确认的而又客观存在的准备承受的审计风险。与期望审计风险相对应的是期望审计保证水平，即：

$$期望审计保证水平=1－期望审计风险水平$$

在审计风险模型里，首先要解决的问题是期望审计风险的值是多少才是社会可以接受的。AICPA 在第 39 号《审计准则公告》给出了许多审计人员都使用的数值，即 5%。一些经营稳健的会计公司甚至根据被审单位的具体情况，将其确定为 1%。影响期望审计风险值的因素主要有：

1. **外部使用者对财务报表的依赖程度**　如果外部使用者依赖财务报表的程度很高，则降低期望审计风险水平就是恰当的。这是因为，在财务报表被依赖的程度很高的情况下，如果财务报表中存在未被发现的重要错报，就会造成严重的社会危害。在重要错报会给使用者造成巨额损失的情况下，为增加证据而发生成本是值得的。外部使用者依赖财务报表的程度，可从以下几个方面来判断：

(1) 客户的规模。一般来说，客户经营规模越大，其财务报表的使用范围就越广。客户的规模，一般用资产总额或收入总额来衡量，会对期望审计风险产生影响。

(2) 所有权的分散程度。上市公司的财务报表通常比非上市公司的财务报表拥有更多的使用者。

(3) 债务的性质和金额。当财务报表所列债务金额较大时，使用财务报表的现有或潜在债权人就可能比债务较小时要多。

外部使用者对财务报告的依赖程度越高,则对审计报告的保证水平要求就高,期望审计风险值就越低。

2. **出具审计报告后，被审单位发生财务困难的可能性**　审计报告签发后，如果被审单位被迫宣布破产，或是遭受巨额损失，那么审计人员需要为审计质量进行辩护的可能性就要大于被审单位未发生财务困难的情况。那些因客户破产或股票价格下跌而赔钱的人，会有起诉审计人员的自然倾向。这可能是由于他们确实认为审计人员的审计不当，或者是不管审计是否恰当，都想通过起诉审计人员来补偿部分损失。

在审计人员认为被审单位财务失败或遭受损失的可能性较大、经营风险较高的情况下,应考虑降低期望审计风险水平。这样做固然会增加审计证据量和审计成本,但与审计人员所面临的提高了的诉讼风险相比,还是值得的。

3. 被审单位管理当局的正直性 如果被审单位管理当局的正直性有问题,则审计人员很可能将期望审计风险水平降低。缺乏正直性的被审单位往往以一种会导致与股东、政府管理部门以及顾客发生冲突的方式去办理经济业务。而这种冲突又往往导致使用者对审计质量的怀疑,并可能导致诉讼或其他争议的发生。管理当局正直性存在问题的明显例子之一,就是主要管理者曾经犯有刑事罪。

6.2.1.3 审计风险的构成

审计风险(AR)由固有风险、控制风险和检查风险三部分构成。

(1) 固有风险(Inherent Risk,IR)。是指假定不存在相关内部控制时,某一账户或交易类别或连同其他账户、交易类别产生重大错报或漏报的可能性。

(2) 控制风险(Control Risk,CR)。是指某一账户或交易类别单独或连同其他账户、交易类别产生错报或漏报,而未能被内部控制防止、发现或纠正的可能性。

(3) 检查风险(Detection Risk,DR)。是指某一账户或交易类别单独或连同其他账户、交易类别产生错报或漏报,而未能被审计证实(实质性)测试发现的可能性。

审计风险三要素之间的关系,用模型表现为:

$$审计风险=固有风险 \times 控制风险 \times 检查风险^1$$

或

$$检查风险 = \frac{审计风险}{固有风险 \times 控制风险}$$

6.2.1.4 审计风险三要素的评估

审计风险三要素中,固有风险和控制风险与被审单位有关,审计人员对此无能为力,但可评估。审计人员真正能控制的只有检查风险:① 检查风险与固有风险和控制风险的综合水平(即乘积)之间呈反比关系;② 检查风险与审计风险之间存在着正比关系。审计风险三要素之间的评估关系,参见表6.1。

---

1 由于固有风险和控制风险是与被审单位有关,且是产生财务报表重要错报的根源,所以也将两者的乘积称为重大错报风险。由此,审计风险模型也可表述为:审计风险=重大错报风险×检查风险。

表6.1 审计风险三要素评估表

对固有风险(IR)的评估	对控制风险(CR)的评估		
	高	中	低
	审计人员可接受的检查风险(DR)的评估		
高(100%)	最低	较低	中等
中(80%)	较低	中等	较高
低(50%)	中等	较高	最高

说明：审计风险值系负指标，当检查风险为最低时，则审计要求为最高，所需审计证据为最多。

1. 固有风险的评估

(1) 固有风险与财务报表层次相关的影响因素。主要有：① 管理人员的品行、能力及其变动情况；② 企业遭受的异常压力；③ 异常的交易行为；④ 被审单位所在行业的性质；⑤ 行业对宏观、甚至国际经济环境影响的敏感度；⑥ 企业的法律环境；⑦ 以前年度审计的结果和情况。

(2) 固有风险与具体账户余额或交易类别层次相关的影响因素。主要有：① 账户余额的大小；② 会计报表中易产生错报的项目；③ 需要借助专家意见予以佐证的复杂交易或事项；④ 易引起争论或难以处理的会计问题；⑤ 容易遭受损失或被挪用的资产；⑥ 临近会计期末发生的异常交易或复杂的交易；⑦ 在正常会计处理程序中容易被误记或漏记的交易和事项。

(3) 固有风险的评估。如果审计人员认为，在不考虑内部控制的情况下，出现错报的可能性很高，则他就会认为固有风险比较高。固有风险的评价依据一般有：与管理部门的讨论结果、对公司的认识及以前年度的审计结果等。

(4) 固有风险与计划的证据量的关系。固有风险与计划的证据量成正比。

2. 控制风险的评估 对控制风险的评估，也就是对被审单位内部控制的有效性进行评价。有效的内部控制可以降低控制风险，而无效的内部控制则会增加控制风险。控制风险不可能为零，如果审计人员不打算完全信赖内部控制，那么控制风险就必须定为100%。在审计人员能够将控制风险定为低于100%之前，他必须先做三项工作：① 取得对被审单位内部控制的了解；② 在了解的基础上，评价其功能是否健全；③ 测试内部控制的有效性。其中，第一项要求与所有审计都相关，后两项则是在审计人员选择将控制风险确定为低于最大值的水平时，才需要进行的控制风险评价的步骤。

控制风险的评估应当以内部控制执行的偏差率为依据。内部控制执行的偏差率与控制风险的评估，参见表6.2。

与固有风险一样，控制风险与计划的证据量成正比。例如，如果审计人员认为内部控制有效，则计划的检查风险可以提高，证据量可以相应减少。审计人员在内部控制有效时之所以能够提高计划的检查风险模式，是因为有效的内部控制减少了财务报表中存在错报的可能性。

表6.2   控制风险转换表

内部控制执行的偏差率	内部控制评估	控制风险
偏差率<1%	极好	10%
1%<偏差率<3%	好	30%
3%<偏差率<5%	中等	50%
5%<偏差率<7%	贫乏	70%
偏差率>7%	不可靠	100%

3. 检查风险的计算与评估

(1) 检查风险的特点。检查风险的特点表现为：① 检查风险与审计程序的有效性和审计人员运用审计程序的有效性有关；② 检查风险由审计风险模型中的其他三个要素所决定的；③ 检查风险决定了审计人员计划收集的实质性证据的数量，且这一数量与计划的检查风险成反比。

(2) 检查风险的期望值。通常审计风险不得超过5%，因此，按照事先确定的审计风险和以上确定的固有风险和控制风险就可计算出检查风险，即：

$$计划的检查风险（PDR）= \frac{可接受的审计风险（AAR）}{固有风险(IR)×控制风险（CR）}$$

(3) 检查风险的计算。参见表6.3。

表6.3   检查风险计算表

偏差率 (P)	内部控制评估	控制风险	固 有 风 险				
			10%	30%	50%	70%	100%
P<1%	极好	10%	*	*	*	71%	50%
1%<P<3%	好	30%	*	55%	33%	24%	16%
3%<P<5%	中等	50%	*	33%	24%	14%	10%
5%<P<7%	贫乏	70%	71%	24%	14%	10%	7%
P>7%	不可靠	100%	50%	16%	10%	7%	5%

说明："*"表示可接受的审计风险水平超出固有风险(IR)和控制风险(CR)的乘积，审计证实(抽样)测试就可能没有必要。

(4) 检查风险对确定审计实质性测试性质、时间和范围的影响。检查风险计算出来后，审计人员应当对各重要账户或交易类别进行实质性测试。表6.4和图6.3列示了检查风险与证实测试之间的关系。

表 6.4 检查风险与审计实质性测试的关系

实质性测试可接受的检查风险	实 质 性 测 试		
	性质	时间	范围
高	分析性复核和交易测试为主	资产负债表日前审计为主	较少样本较少证据
中	分析性复核交易测试以及余额和交易测试结合运用	资产负债表日前、日和日后审计结合运用	适中样本适量证据
低	余额测试为主	资产负债表日和日后审计为主	较大样本较多证据

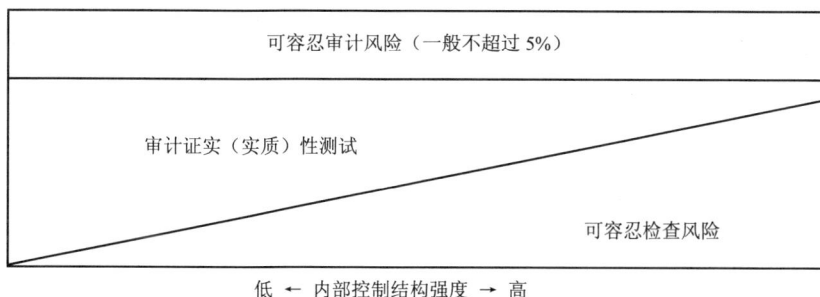

图 6.3 检查风险与审计证实（实质）性测试的关系

从图 6.3 可看出，检查风险的水平越低，实质性测试的必要程度越高，抽样规模越大；反之，则相反。

(5) 检查风险与审计意见的类型。

如果经过实施有关实质性测试后，审计人员仍认为与某一重要账户或交易类别的认定有关的检查风险不能降低至可接受的水平，那么，他应当发表保留意见或无法表示意见。

6.2.2 财务审计中的重要性

6.2.2.1 问题的提出

在标准审计报告(无保留意见)中，有关注册会计师的责任的标准描述是：我们的责任是在实施审计工作的基础上对财务报表发表审计意见。我们按照中国注册会计师审计准则的规定执行了审计工作。中国注册会计师审计准则要求我们遵守职业道德规范，计划和实施审计工作以对财务报表是否不存在重大错报获取合理保证。

"获取合理保证"这一术语意在告诉财务报表使用者，审计人员并不能为财务报表的公允反映提供绝对保证或担保。它传达的信息是，尽管审计人员提出了无保留意见，但财务报表未能公允反映的风险仍然存在。"是否不存在重大错报"这一术语意在告诉财务报表使用者，审计人员只对重要的财务信息承担责任。重要性这一概念由此提出且非常重要，因为要求审计人员为不重要的财务信息提供保证是不现实的。

6.2.2.2　重要性的概念

美国财务会计准则委员会在第 2 号财务会计准则公告中将重要性定义为：会计信息漏报或错报的程度，这个程度可能使在特定情况下一个正常人由于信赖了漏报或错报而改变其判断或使其判断受到影响。

《中国注册会计师审计准则第 1221 号——重要性》第 3 条指出：重要性取决于在具体环境下对错报金额和性质的判断。如果一项错报单独或连同其他错报可能影响财务报表使用者依据财务报表作出的经济决策，则该项错报是重大的。即，这种影响财务报表使用者(决策人)的判断或决策，造成的利益减少(收入减少或成本增加)超出决策人能够接受的程度，就是重要的。

6.2.2.3　运用重要性概念的步骤

财务审计中，重要性功能的运用一般分为以下五个步骤：

(1) 对重要性作出初步判断。

(2) 将重要性的初步判断金额分配到各审计单元。

(3) 确认并推断各审计单元的错报总额。

(4) 汇总错报的总金额。

(5) 将估计的错报合并金额与重要性的初步判断金额或修正金额进行比较。

6.2.2.4　重要性的判断

1. 影响重要性判断的因素　对重要性的判断，可分为数量和质量两个方面。

(1) 数量方面的判断。重要性的数量指标从属性上来说，是一个负指标。即指标值越大，允许的误差就越大，其越不重要；指标值越小，允许的误差就越小，则越重要。

(2) 质量(性质)方面的判断。审计人员在质量(性质)方面判断重要性时应考虑的具体情况包括：① 错报对遵守法律法规要求的影响程度；② 错报对遵守债务契约或其他合同要求的影响程度；③ 错报掩盖收益或其他趋势变化的程度；④ 错报对用于评价被审单位财务状况、经营成果或现金流量的有关比率的影响程度；⑤ 错报对财务报表列报的分部信息的影响程度；⑥ 错报对增加管理层报酬的影响程度；⑦ 错报对某些账户余额之间错误分类的影响程度；⑧ 相对于审计人员所了解的以前向报表使用者传达的信息而言，错报的重大程度；⑨ 错报是否与涉及特定方的项目相关；⑩ 错报对信息漏报的影响程度；⑪ 错报对于已审财务报表一同披露的其他信息的影响程度,该影响程度能被合理预期将对财务报表使用者做出经济决策产生影响。

2. **重要性判断的种类** 对重要性的判断,可分为初步判断和修正判断两类。

(1) 重要性的初步判断。重要性的初步判断,是指审计人员要预计财务报表中可能存在,但并不影响报表使用者的决策的可容忍最大错报金额。

(2) 重要性的修正判断。审计人员在审计过程中通常会改变其对重要性的初步判断。如果审计人员这样做,那么新的判断被称为对重要性的修正判断。

3. 重要性与审计风险之间的关系

(1) 审计重要性与审计风险互为存在的条件。

(2) 审计重要性水平值与审计风险呈反向关系。例如, 重要性水平为 2 000 元的审计风险, 比重要性水平为 4 000 元的审计风险要高。

(3) 审计人员应当充分运用执业经验和专业知识, 保持应有的职业谨慎, 合理确定重要性水平值。

6.2.2.5 审计计划阶段对重要性水平判断及分配

审计计划阶段主要是做两方面的工作：其一, 是对重要性作出初步判断；其二, 是将重要性的初步判断金额分配到各审计单元。

1. **初步判断重要性水平时应考虑的因素** 审计计划阶段, 初步判断重要性水平应考虑的因素主要有：

(1) 重要性(金额)是相对概念而非绝对概念。

(2) 评价重要性需要一定的基数。

(3) 性质因素也影响重要性。

(4) 以往的审计经验。

(5) 有关法规对财务会计的要求。

(6) 被审单位的经营规模、业务性质和组织形式。

(7) 内部控制与审计风险的评估结果。

(8) 财务报表各项目的性质及其相互关系。

(9) 财务报表各项目的金额及其波动幅度。

2. **重要性的定量基准(指南)** 重要性的定量基准是很难确定的, 审计职业界的普遍看法, 重要性的定量从金额上可作为参考的基准为：

(1) 净利润的 5%～10%。净利润较小时用 10%, 较大时用 5%。此参数值一般适用于经营稳定、回报正常的企业。

(2) 资产总额的 0.5%～1%。此参数值一般适用于金融、保险等资产规模较大的企业。

(3) 权益总额(净资产)的 1%。此参数值一般适用于金融、保险等资产规模较大的企业。

(4) 营业收入的 0.5%～1%。此参数值一般适用于微利企业和商业企业。

3. 将重要性的初步判断金额分配于各账户　将对被审计单位财务报表审计中确定的重要性初步判断金额分配于各账户,就形成了各账户的可容忍错报。

(1) 分配时的困惑。将重要性的初步判断金额分配于各账户时,主要有三个困难:① 审计人员期望某些账户的错报比其他账户更多;② 既要考虑高估的可能性,也要考虑低估的可能性;③ 分配受审计成本的影响。

(2) 分配方法。将重要性的初步判断金额分配于各账户时,可采用固定比率法和变动比率法。固定比率法是在选定判断基准后,乘以一个固定的百分比,从而求出重要性水平的方法。变动比率法的基本原理是,规模越大的企业,允许错报或漏报金额比率就越小。一般是根据资产总额或营业收入两者中较大的一项确定一个变动的百分比。

(3) 重要性水平的计算和分配。重要性水平的计算和分配共有两个层次:①会计报表层次重要性水平的分配计算(即重要性水平总额的确定)。如果同一期间各会计报表的重要性水平不同,审计人员应当选取最低的重要性水平作为报表层次重要性水平。例如,利润表中按净利润计算的重要性水平为 50 万元,资产负债表中按资产总额计算的重要性水平为 100 万元,那么可以将会计报表层次的重要性水平确定为 50 万元。② 重要性水平在各账户或交易层次之间的分配。在编制审计计划时,若被审计单位尚未完成会计报表的编制,审计人员应当根据期中会计报表推算出年度会计报表,或者根据被审单位经营环境和经营情况变动对上年度会计报表作出必要的修正,然后确定会计报表层次重要性水平。确定账户或交易层次重要性水平时应考虑的因素有:各账户或各类交易的性质及错报或漏报的可能性;各账户或各类交易重要性水平与会计报表层次重要性水平的关系。

每个账户或交易确定的重要性水平,被称为"可容忍错报"。

例如,表 6.5 列示了某公司总资产的结构。审计人员初步判断的会计报表层次重要性水平为资产总额的 0.5%,即 100 万元。将该重要性水平在各账户中进行分配时,甲方案采用固定比率法,乙方案采用变动比率法。

表 6.5 中,甲方案按资产总额的 0.5%的固定比率对各账户进行分配,没有考虑各账户错报或漏报可能性的差别和审计成本。乙方案考虑到存货和应收账款发生差错的可能性比固定资产大,故给前者分配了较高的重要性水平,以节省审计

成本，而给后者分配了较低的重要性水平。假如经审计后，仅发现存货有 30 万元的错报和漏报，且审计人员认为所执行的审计程序充分有效，则可将剩余的 10 万元的重要性水平再次分给应收账款账户。

表 6.5 重要性水平分配表

单位：万元

项　　　目	账 户 余 额	甲 方 案	乙 方 案
现　　　金	1 000	5	5
应收账款	2 000	10	15
存　　　货	5 000	25	40
固定资产	10 000	50	30
无形资产	2 000	10	10
总　　　计	20 000	100	100

实际工作中，审计人员一般很难预测哪些账户可能发生错报或漏报，也无法事先估计每个账户或交易审计成本的大小，因而，重要性水平的分配是一个困难的专业判断问题。

6.2.2.6 审计程序确定后，重要性水平的调整

在确定审计程序后，如果审计人员决定接受更低的重要性水平，审计风险将增加。审计人员应当选用下列方法将审计风险降至可接受的低水平：

(1) 如有可能，通过扩大控制测试范围或实施追加的控制测试，降低评估的重大错报风险，并支持降低后的重大错报风险水平；

(2) 通过修改计划实施的实质性程序的性质、时间和范围，降低检查风险。

6.2.2.7 审计结束阶段对重要性水平的修正和对审计结果的评价

审计外勤工作结束后，审计人员应根据已掌握的审计证据对重要性水平再次进行判断，并根据判断的情况对审计结果进行评价。

1. 对重要性水平的再次判断 审计外勤工作结束时，将已确定的重要性水平与编制审计计划时初步确定的重要性水平进行比较。可能会对原确定的重要性水平进行重新判断并修正。需修正的情况有：

(1) 编制审计计划判断的重要性水平小于审计结束评价审计结果的重要性水平。出现此种需修正的情况，原因可能是因为审计环境的变化，或是由于审计人员对被审计单位了解程度的深入，也可能是审计人员在审计计划阶段时有意将重要性水平判断得较低，以减少未被发现的错报或漏报出现的可能性，借以保证审

计证据的充分性和审计意见的正确性。

(2) 编制审计计划判断的重要性水平大于审计结束评价审计结果的重要性水平。此时，审计人员应评价所执行的审计程序是否充分。由于原来对重要性水平判断的金额较高，从而审计人员承担的审计风险较低(即审计风险指标值较高)，计划执行的审计程序相对较少，计划收集的审计证据的数量也有限。而到审计外勤工作结束时，审计人员再次判断的重要性大大低于初步判断的金额，这就意味着审计风险增大了。审计人员必须评估实际执行的审计程序是否适当，实际收集的审计证据是否充分。

2. 错报或漏报的汇总　审计人员在审计结束阶段评价审计结果时，应首先汇总各账户或交易审计中已发现但被审单位尚未调整的错报或漏报。这些错报或漏报主要包括以下几个方面：

(1) 通过对审计样本进行实质性测试而实际确认的未调整的错报或漏报。

(2) 通过运用审计抽样和分析性复核程序所推断的未调整错报或漏报(等于推断的总体错报减去实际的样本错报)。

(3) 期后事项和或有事项审计中发现的错报或漏报。

此外，如果前期尚未调整的错报或漏报本期尚未消除，且导致本期财务报表严重失实，也应将其包括进去。

3. 汇总数与修正的重要性水平的比较与处理　汇总的尚未调整的错报或漏报金额与修正后的重要性水平之间存在两种可能：

(1) 汇总的尚未调整的错报或漏报金额大大低于确定的重要性水平。此种情况，若系审计人员正确工作的结果，则表明审计人员已执行充分、有效的审计程序，且已收集的审计证据足以支持审计结论。

(2) 汇总的尚未调整的错报或漏报金额高于确定后的重要性水平。具体又分为两种情形：① 汇总数超过重要性水平时的处理。审计人员为降低审计风险，应当考虑采用两种措施，其一是扩大实质性测试范围，以进一步确定汇总数是否重要；其二是提请被审单位调整财务报表，以使未调整的错报或漏报的汇总数低于重要性水平。② 汇总数接近重要性水平的处理。如果尚未调整的错报或漏报的汇总数接近重要性水平，由于该汇总数连同尚未发现的错报或漏报可能性可能超过重要性水平，审计人员应当实施追加审计程序，或提请被审计单位进一步调整已发现的错报或漏报，以降低审计风险。实施追加审计程序时，应将测试重点放在实际错报或漏报大大高于可容忍错报或漏报的账户。

6.2.2.8　重要性与审计证据之间的关系

对重要性进行初步判断的目的是为了帮助审计人员计划应收集的证据。如果审计人员确定的初步判断重要性金额较低，就需要收集比初步判断重要性金额较高时更多的证据。

6.2.3 注册会计师审计中的风险应对概述

国家审计、注册会计师审计和内部审计对待审计风险的态度和采取的应对措施略有不同。

在注册会计师审计中，将固有风险与控制风险合称为重大错报风险。《中国注册会计师审计准则第 1101 号——财务报表审计的目标和一般原则》要求注册会计师在审计过程中贯彻风险导向审计的理念，围绕重大错报风险的识别、评估和应对，计划和实施审计工作。《中国注册会计师审计准则第 1211 号——了解被审计单位及其环境并评估重大错报风险》规范了注册会计师通过实施风险评估程序，识别和评估财务报表层次以及各类交易、账户余额、列报认定层次的重大错报风险。《中国注册会计师审计准则第 1231 号——针对评估的重大错报风险实施的程序》规范了注册会计师针对已评估的重大错报风险确定总体应对措施，设计和实施进一步审计程序。

《中国注册会计师审计准则第 1231 号——针对评估的重大错报风险实施的程序》规定，注册会计师应对重大错报风险，应当遵守以下规定：

(1) 应当针对财务报表层次的重大错报风险制定总体应对措施，包括向审计项目组强调在获取审计证据过程中保持职业怀疑态度的必要性、分派更有经验或具有特殊技能的审计人员或利用专家，向审计项目组提供更多督导等。

(2) 应当针对认定层次的重大错报风险设计和实施进一步审计程序，包括测试控制的执行有效性以及实施实质性程序。

(3) 应当评价风险评估的结果是否适当，并确定是否已经获取充分、适当的审计证据。

(4) 应当将实施关键的程序形成审计工作记录。

6.3 财务报表审计中对舞弊的考虑

6.3.1 舞弊的种类

被审单位财务信息失真的结果是导致重大错报。财务信息的失真，究其原因无非是错误或舞弊所致。错误与舞弊的根本区别在于动机，错误通常系"无意"

所为，而舞弊则系故意为之。比较而言，审计人员更关注舞弊导致的重大错报风险。舞弊，是指使用欺骗手段获取不当或非法利益的故意行为。在财务报表审计中，审计人员通常更关注下列两类舞弊行为：

1. **侵占资产** 是指被审计单位的管理层或员工非法占用被审计单位的资产。侵占资产的手段很多，主要包括：管理层或员工在购货时收取回扣；将个人费用在单位列支；贪污收入款项；盗取或挪用货币资金、实物资产或无形资产等。

侵占资产通常伴随着虚假或误导性的文件记录，其目的是隐瞒资产缺失或未经适当授权使用资产的事实。

2. **对财务信息做出虚假报告** 对财务信息做出虚假报告，可能源于管理层通过操纵利润误导财务报表使用者对被审计单位业绩或盈利能力的判断。对财务信息作出虚假报告通常表现为：

(1) 对财务报表所依据的会计记录或相关文件记录的操纵、伪造或篡改。

(2) 对交易、事项或其他重要信息在财务报表中的不真实表达或故意遗漏。

(3) 对确认、计量、分类或列报有关的会计政策和会计估计的故意误用。

6.3.2 治理层、管理层和审计人员的责任

6.3.2.1 治理层、管理层的责任

防止或发现舞弊是被审计单位治理层和管理层的责任。内部控制是防止或发现舞弊的第一道防线，治理层有责任监督管理层建立和维护针对舞弊的内部控制。管理层有责任在治理层的监督下建立良好的控制环境、维护针对舞弊的政策和程序，以保证有序和有效地开展业务活动，包括制定和维护与财务报告可靠性相关的控制，并对可能导致财务报表发生重大错报的风险实施管理。

6.3.2.2 审计人员的责任

审计人员对发现舞弊方面的责任可以从正反两个方面来界定：

(1) 审计人员有责任按照审计准则的规定实施审计工作，获取财务报表在整体上不存在重大错报的合理保证。对财务报表做出虚假陈述直接导致财务报表产生错报，侵占资产通常伴随着虚假或误导性的文件记录。因此，对能够导致财务报告产生重大错报的舞弊，审计人员应当合理保证能够予以发现，这是实现财务报表审计目标的内在要求，也是财务报表审计的价值所在。同时，审计人员应当在整个审计过程中保持职业怀疑态度，考虑管理层凌驾于控制之上的可能性，并应当意识到，可以有效发现错误的审计程序未必适用于发现舞弊导致的重大错报。

(2) 由于审计的固有限制，即使按照审计准则的规定恰当地计划和实施审计工作，审计人员也不能对财务报表整体不存在重大错报提供绝对保证。由于舞弊者可能通过精心策划以掩盖其舞弊行为，舞弊导致的重大错报未被发现的风险，通常大于错误导致的重大错报未被发现的风险。由于管理层往往能够直接或间接地操作会计记录并编报虚假财务信息，管理层导致的重大错报未被发现的风险，通常大于员工舞弊导致的重大错误未被发现的风险。

影响审计人员发现舞弊导致的重大错报的因素，主要有：① 舞弊者的狡诈程度；② 串通舞弊的程度；③ 舞弊者在被审计单位的职位级别；④ 舞弊者操纵会计记录的频率和范围；⑤ 舞弊者操纵的每笔金额的大小。

因此，如果在完成审计工作后发现舞弊导致的财务报表重大错报，特别是串通舞弊或伪造文件记录导致的重大错报，并不必然表明审计人员没有遵守审计准则。审计人员是否按照审计准则的规定实施了审计工作，取决于其是否根据具体情况实施了审计程序，是否获取了充分、适当的审计证据，以及是否根据证据评价结果出具了恰当的审计报告。

6.3.3 风险评估程序

审计人员在财务报表审计中考虑舞弊时，同样需采用风险导向审计的总体思路，即首先识别和评估舞弊风险，然后采用恰当的措施有针对性地予以应对。审计人员通常采用下列程序评估舞弊风险。

6.3.3.1 询问

1. 询问对象　询问程序对于审计人员获取信息、评估舞弊风险十分有用。除了管理层以外，审计人员还应当询问被审单位内部的下列工作人员，以便从不同于管理层和对财务报告负有责任的人员的角度获取信息。

(1) 不直接参与财务报告过程的业务人员。

(2) 负责生成、处理或记录复杂、异常交易的人员及其监督人员。

(3) 负责法律事务的人员。

(4) 负责道德事务的人员。

(5) 负责处理舞弊指控的人员。

2. 询问内容　审计人员应当根据不同的询问对象，运用职业判断，确定询问内容。审计人员应当询问治理层、管理层、内部审计人员和内部其他相关人员，以确定其是否知悉任何舞弊事实、舞弊嫌疑或舞弊指控。

(1) 向治理层询问的事项。审计人员通常应当了解治理层如何监督管理层对舞弊风险的识别和应对过程，以及管理层为降低舞弊风险设计的内部控制。审计人员可通过参加相关会议、阅读会议纪要或询问治理层相关人员等方式了解有关情况。

(2) 向管理层询问的事项。在了解被审单位及其环境时，审计人员通常应询问管理层：① 对舞弊导致的财务报表重大错报风险的评估；② 对舞弊风险的识别和应对过程；③ 就其对舞弊风险的识别和应对过程与治理层沟通的情况；④ 就其经营理念及道德观念与员工沟通的情况。

(3) 向内部审计人员询问的事项。审计人员向被审单位内部审计人员询问的事项，主要包括：① 内部审计人员对被审单位舞弊风险的认识；② 内部审计人员在本期是否实施了用以发现舞弊的程序；③ 管理层对通过内部审计程序发现的舞弊是否采取了适当的应对措施；④ 内部审计人员是否了解任何舞弊事实、嫌疑或舞弊指控。

3. 获取管理层声明　为降低审计风险，审计人员在向相关人员询问后，应当获取管理层就下列事项做出的书面声明：

(1) 设计和执行内部控制以防止或发现舞弊是管理层的责任。

(2) 已向审计人员披露了其对舞弊导致的财务报表重大错报风险的评估结果。

(3) 已向审计人员披露了已知的涉及管理层、在内部控制中承担重要职责的员工以及其舞弊行为可能对财务报表产生重大影响的其他人员的舞弊或舞弊嫌疑。

(4) 已向审计人员披露了从现任和前任员工、分析师、监管机构等方面获知的、影响财务报表的舞弊指控或舞弊嫌疑。

6.3.3.2　考虑舞弊的风险

舞弊的发生一般都同时具备三个风险因素：

(1) 动机或压力。舞弊者具有舞弊的动机是舞弊发生的首要条件。例如，高层管理人员的报酬与财务业绩或公司股票的市场表现挂钩、公司正在申请融资等情况都可能促使管理层产生舞弊的动机。

(2) 机会。舞弊者需要具有舞弊的机会，舞弊才可能成功。舞弊的机会一般源于内部在设计和运行上的缺陷，如公司对资产管理松懈，公司管理层能够凌驾于内部控制之上，可以随意操纵会计记录等。此外，舞弊的发生与相关人员"在岗时间"与相关知识水平也有关系。一般而言，在某些"重要岗位"呆得时间越长，产生舞弊的机会显然要大些。

(3) 借口。是指存在某种态度、性格或价值观念，使得管理层或雇员能够做出不诚实的行为，或者管理层或雇员所处的环境促使其能够将舞弊行为予以合理化。借口是舞弊发生的重要条件之一。只有舞弊者能够借口对舞弊行为予以合理化，舞弊者才可能做出舞弊行为，做出舞弊行为以后才能心安理得。例如，侵占资产的员工可能认为单位对自身的待遇不公；编制虚假财务报告者认为造假不是出于个人私利，而是出于公司集体利益。

上述三个风险因素也被称为"舞弊三角"，在侵占资产和对财务信息做出虚假报告两类舞弊行为中各有不同的体现。

审计人员应当运用职业判断，考虑被审单位的规模、复杂程度、股权结构及所处行业等，以确定舞弊风险因素的相关性和重要程度及其对重大错报风险评估可能产生的影响。

6.3.3.3　实施分析程序

审计人员实施分析程序有助于识别异常的交易或事项，以及对财务报表和审计产生影响的金额、比率和趋势。在实施分析程序以了解被审单位及其环境时，审计人员应当考虑可能表明存在舞弊导致的重大错报风险的异常关系或偏离预期的关系。风险评估中分析程序的原理，参见图6.4。

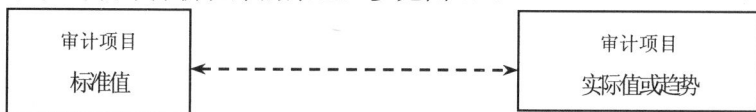

图6.4　风险评估程序中的分析原理

在实施分析程序时，审计人员应当预期可能存在的合理关系，建立"标准值"，并与被审单位记录的金额、依据记录金额计算的比率或趋势相比较：如果风险异常关系或偏离预期的关系，审计人员应当在识别舞弊导致的重大错报风险时考虑这些比较结果。

6.3.3.4　考虑其他信息

审计人员应当考虑，在了解被审单位及其环境时所获取的其他信息，是否表明被审单位存在舞弊导致的重大错报风险。其他信息可能来源于审计项目组内部的讨论、客户承接或续约过程以及向被审单位提供其他服务所获得的经验。

6.3.3.5　组织审计项目组讨论

审计项目组成员之间的讨论有利于交流和发挥集体智慧。在整个审计过程中，审计项目组成员应当持续交换可能影响舞弊导致的重大错报的风险评估及其应对程序的信息。审计项目组讨论的内容通常包括：

(1) 由于舞弊导致财务报表重大错报的可能性，重大错报可能发生的领域及方式。

(2) 在遇到哪些情形时需要考虑存在舞弊的可能性。

(3) 已了解的可能产生舞弊动机或压力、提供舞弊机会、营造舞弊行为合理化环境的外部和内部因素。

(4) 已注意到的对被审单位舞弊的指控。

(5) 已注意到的管理层或员工在行为或生活方式上出现的异常或无法解释的变化。

(6) 管理层凌驾于控制之上的可能性。

(7) 是否有迹象表明管理层操控利润，以及采取的可能导致舞弊的操纵利润手段。

(8) 管理层对接触现金或其他易被侵占资产的员工实施监督的情况。

(9) 为应对舞弊导致财务报表重大错报可能性而选择的审计程序，以及各种审计程序的有效性。

(10) 如何使拟实施的审计程序的性质、时间和范围不易为被审单位预见。

6.3.4　识别和评估舞弊导致的重大错报风险

重大错报的特征之一是审计项目"实际值"与"标准值"的差额(或性质)超过重要性水平限度。舞弊导致的重大错报风险属于需要审计人员特别考虑的重大错报风险，即特别风险。审计人员实施舞弊风险评估程序的目的在于识别因舞弊导致的重大错报风险。因此，在识别和评估财务报表层次以及各类交易、账户余额、列报认定层次的重大错报风险时，审计人员应当识别和评估舞弊导致的重大错报风险。在运用职业判断评估舞弊导致的重大错报风险时，审计人员应当考虑：

(1) 实施风险评估程序获取的信息，并考虑各类交易、账户余额、列报，以识别舞弊的风险。

(2) 将识别的风险与认定层次可能发生错报的领域相联系。

(3) 识别的风险是否重大。

(4) 识别的风险导致财务报表发生重大错报的可能性。

审计人员应当了解管理层为防止或发现舞弊而设计、实施的内部控制，以进一步了解舞弊风险因素及管理层对舞弊风险的态度。因此，对于舞弊导致的重大错报风险，审计人员应当评价被审单位相关控制的设计情况，并确定其是否已经得到执行。

6.3.5　应对舞弊导致的重大错报风险

在识别和评估舞弊导致的重大错报风险后，审计人员应采取下列三类应对措施，以将审计风险降至可接受的低水平。

6.3.5.1 总体应对措施

审计人员应当针对评估的舞弊导致的财务报表层次重大错报风险确定下列总体应对措施：

1. 考虑审计人员的适当分派和督导 审计人员应当考虑舞弊导致的重大错报风险的评估结果，分派具备相应知识和技能的审计人员或利用专家的工作，并进行相应的督导。

2. 考虑被审单位采用的会计政策 审计人员应当考虑管理层对重大会计政策(特别是涉及主观计量或复杂交易时)的选择或运用，是否可能表明管理层通过操作利润对财务信息作出虚假报告。

3. 在选择进一步审计程序的性质、时间和范围时，应当注意使某些程序不为被审单位预见或事先了解 熟悉常规审计程序的被审单位内部工作人员更有能力掩盖其对财务信息做出虚假报告的行为，审计人员在选择进一步审计程序的性质、时间和范围时，应当有意识地避免被这些人员预见或事先了解。审计人员应当考虑采取下列措施：

(1) 对通常由于风险程度较低而不会做出测试的账户余额实施实质性程序。

(2) 调整审计程序的时间，使之有别于预期的时间安排。

(3) 运用不同的抽样方法。

(4) 对不同地理位置的多个组成部分实施审计程序。

(5) 以不预先通知的方式实施审计程序。

6.3.5.2 针对舞弊导致的认定层次重大错报风险实施的审计程序

审计人员应当考虑通过下列方式，应对舞弊导致的认定层次重大错报风险：

(1) 改变拟实施审计程序的性质，以获取更为可靠、相关的审计证据，或获取其他佐证性信息，包括更加重视实地观察或检查，在实施函证程序时改变常规函证的内容，询问被审单位的非财务人员等；

(2) 改变实质性程序的时间，包括在期末或接近期末实施实质性程序，或针对本期较早时间发生的交易事项或贯穿于整个本期的交易事项实施测试；

(3) 改变审计程序的范围，包括扩大样本规模，采用更详细的数据实施分析程序等。

审计人员针对舞弊导致的认定层次重大错报风险所采取的具体应对措施，既取决于已发现的舞弊风险因素类型以及各类具体的交易、账户余额相关认定，也取决于审计人员的经验和能力。

6.3.5.3 针对管理层凌驾于控制之上的风险实施的审计程序

由于管理层在被审单位的地位，管理层凌驾于控制之上的风险几乎在每个审计项目中都可能存在。

1. 管理层通过凌驾于控制之上实施舞弊的手段 主要包括：①编制虚假的会计分录，特别是临近会计期末时；②滥用或随意变更会计政策；③不恰当地调整会计估计所依据的假设及改变原先做出的判断；④故意漏记、提前确认或推迟确认报告期内发生的交易或事项；⑤隐瞒可能影响财务报表金额的事实；⑥构造复杂或虚假的交易以歪曲财务状况或经营成果；⑦篡改与重大或异常交易相关的会计记录和交易条款。

2. 审计人员应当实施的审计程序 具体有：

(1) 测试日常会计核算过程中作出的会计分录以及为编制财务报表做出的调整分录是否适当。应当采取的具体措施有：① 了解被审单位的财务报告过程，并了解被审单位对日常会计分录及财务报表编制过程中的调整分录的控制；② 评价被审单位对日常会计分录及财务报表编制过程中的调整分录的控制，并确定其是否得到执行；③ 询问被审单位内部参与财务报告过程的人员是否注意到在编制会计分录或调整分录时存在不恰当或异常活动；④ 确定测试时间；⑤ 选择拟测试的会计分录或调整分录。

(2) 复核会计估计是否有失公允，从而可能产生舞弊导致的重大错报。管理层通常通过故意做出不当的会计估计对财务信息做出虚假报告。在复核会计估计是否有失公允从而可能产生舞弊导致的重大错报时，审计人员应当采取下列措施：① 从财务报表整体上考虑管理层做出的某项会计估计是否反映出管理层的某种偏向，是否与审计人员所获取的审计证据表明的最佳估计存在重大差异；② 复核管理层在以前年度财务报表中做出的重大会计估计及其依据的假设。

如果发现管理层做出的会计估计有失公允，审计人员应当评价这是否表明选择舞弊导致的重大错报风险。审计人员应当考虑管理层在做出会计估计时是否同时高估或低估所有准备，从而使收益在两个或多个会计期间内得以平滑，或达到某特定收益水平。

(3) 对于注意到的、超出正常经营过程或基于对被审单位及其环境的了解显得异常的重大交易，了解其商业合理性。在了解这些交易的商业合理性时，审计人员应当考虑下列事项：① 交易的形式是否过于复杂；② 管理层是否已于治理层就此类交易的性质和会计处理方法进行讨论并做出适当记录；③ 管理层是否更强调需要采用某种特定的会计处理方式，而不强调交易的经济实质；④ 对于涉及不纳入合并范围的关联方的交易，是否已得到治理层的适当审核与批准；⑤ 交易是否涉及以往未识别的关联方，或不具备实质性交易基础或独立财务能力的第三方。

6.3.6 评价审计证据

6.3.6.1 发现舞弊时采取的措施

审计人员应当在整个审计过程中对舞弊导致的重大错报风险保持警惕，在评价审计证据时也要体现这一原则。如果发现某项错报，审计人员应当考虑该项错报是否表明存在舞弊。如果认为错报是舞弊或可能是舞弊导致的，即使金额对财务报表的影响并不重大，审计人员仍应考虑错报涉及的人员在被审单位中的职位。如果涉及的较高级别的管理层，即使错报金额对财务报表的影响并不重大，也可能表明存在更具广泛影响的问题。为此，审计人员应当采取下列措施：

(1) 重新评估舞弊导致的重大错报风险，并考虑重新评估的结果对审计程序的性质、时间和范围的影响。

(2) 重新考虑已获取的审计证据的可靠性，包括管理层声明的完整性和可信性，以及作为审计证据的文件和会计记录的真实性，并考虑管理层与员工或第三方串通舞弊的可能性。

6.3.6.2 考虑对审计报告的影响

在注册会计师审计中，如果认为财务报表存在舞弊导致的重大错报，或虽认为存在舞弊但无法确定其对财务报表的影响，注册会计师应当根据《中国注册会计师审计准则第 1221 号——重要性》和《中国注册会计师审计准则第 1502 号——非标准审计报告》的要求，考虑错报对审计意见的影响。

6.3.6.3 与管理层、治理层和监管机构的沟通

1. 与管理层的沟通　如果发现舞弊或获取的信息表明可能存在舞弊，审计人员应当尽早将此类事项与适当层次的管理层沟通。审计人员应当运用职业判断确定拟沟通的适当层次的管理层，并考虑串通舞弊的可能性、舞弊嫌疑的性质和重大程度等因素的影响。通常情况下，拟沟通的管理层应当比涉嫌舞弊人员至少高出一个级别。

2. 与治理层的沟通　如果发现舞弊涉及管理层、在内部控制中承担重要职责的员工以及区别行为可能对财务报表产生重大影响的其他人员，审计人员应当尽早将此类事项与治理层沟通。

(1) 如果注意到旨在防止或发现舞弊的内部控制在设计或执行方面存在重大

缺陷，审计人员应当尽早告知适当层次的治理层；

(2) 如果识别出管理层未加控制或控制不当的舞弊导致的重大错报风险，或认为被审单位的风险评估过程存在重大缺陷，审计人员应当就此类内部控制与治理层沟通；

(3) 审计人员还应考虑是否选择其他需要与治理层讨论的有关舞弊的事项，主要包括：① 审计人员对管理层实施的财务报表错报风险评估及相关控制评估的性质、范围和频率的疑虑；② 管理层未能恰当应对已发现的内部控制重大缺陷的事实；③ 管理层未能恰当应对已发现的舞弊事实；④ 审计人员对被审单位会计环境的评价，包括对管理层胜任能力和诚信的疑虑；⑤ 审计人员注意到的可能表明管理层对财务信息做出虚假报告的行为；⑥ 审计人员对超出正常经营过程的交易的授权适当性的考虑。

3. 与监管机构的沟通　审计人员负有对客户信息保密的义务，要求其通常不对外报告管理层和治理层的舞弊行为。但是，保密原则也有例外。因为，社会公众是审计人员的真正委托人，如果客户的舞弊行为影响到社会公众的利益，审计人员就需要根据法律法规的要求，考虑是否向监管机构报告管理层和治理层的重大舞弊。

本章小结

按照莫茨和夏拉夫提出的"完善的内部控制系统可以减少错弊发生的可能性"的假设，为了降低审计风险和提高审计效率，审计人员常常会对被审单位的内部控制制度实施控制测试。

内部控制由控制环境、风险评价、控制活动、信息及传递和对控制的监督等五个要素组成。

在实施抽样审计时，客观上存在审计风险。审计风险由固有风险、控制风险和检查风险三部分构成。审计过程中，一项重要的工作是进行风险评价，以确定审计程序和内容。而审计风险的评价又与对被审项目的重要性判断有关。

在财务报表审计中，审计人员应非常重视对舞弊的识别和评估；视具体审计项目，提出相应的审计程序。

7   财务审计流程与策略

7.1   财务审计流程

7.1.1   审计流程的概念

审计流程是指审计人员在具体的审计过程中所采取的详细步骤和工作细节。审计流程包括广义和狭义两方面的含义。广义的审计流程，是指审计人员从接受审计委托开始，到审计工作结束的全部过程，一般可以分为三个阶段：准备阶段、实施阶段和终结阶段，各个阶段中又包括许多具体的工作内容。狭义的审计流程，是指审计人员在取得审计证据完成审计目标的过程中所采取的步骤和方法，也称审计程序。可以说，狭义的审计流程实际上是广义审计流程中最重要的一部分工作步骤。

审计流程受制于审计类型和审计目标。在财务审计中，国家审计和内部审计的审计流程，与注册会计师审计的审计流程基本相同。

7.1.2   财务审计业务的承接

国家审计、内部审计和注册会计师审计，在财务审计业务的承接方式上有较大差别。国家审计主要是根据《审计法》的授权、上级国家审计机关和本级人民政府的指令，确定审计项目；内部审计则是主要根据单位管理部门的要求，确定审计项目；而注册会计师审计则需依赖市场的需求，与委托方协商并考虑自身能力来确定审计项目。注册会计师审计业务的承接一般先要评价客户和业务的可接受性，然后再签订审计业务约定书。

7.1.2.1   评价客户及业务的可接受性

对于客户的财务审计业务委托，会计师事务所并非一概都能承接，需要按下列步骤，对客户、业务内容、自身能力等诸多方面进行评估和协商，以确定是否承接：

(1) 了解客户的基本情况。会计师事务所在接到客户的审计委托后,需对客户的下列情况进行调查了解:① 业务性质、经营规模和组织结构;② 经营情况及经营风险;③ 以前年度接受审计的情况;④ 财务会计机构及工作组织;⑤ 其他与签订审计业务约定书相关的事项。

了解客户基本情况的一般方法和途径主要有:① 利用以往审计的资料和经验;② 查阅行业业务经营资料;③ 实地察看被审单位的生产经营场所及设施;④ 与被审单位内部审计人员讨论;⑤ 与被审单位高层管理人员讨论;⑥ 与被审单位以外的有关专家、监管机构、金融机构及客户等知情人进行讨论;⑦ 与曾为被审单位及所在行业其他单位提供服务的注册会计师、律师进行讨论;⑧ 考虑有关会计和审计准则、公告的影响;⑨ 根据已有资料执行分析程序(分析性复核)。

(2) 了解客户管理当局的状况。内容主要有:① 客户管理者的学识、品质、经验和风格;② 客户管理者的变更情况。

(3) 了解客户的委托审计的目的和动机。有哪些报表使用者;这些使用者使用财务报表的意图。

(4) 取得背景信息。为保证审计业务经济、顺利地进行,如有可能,需了解客户的下列背景信息:① 对客户行业和业务情况的了解;② 走进厂房和办公室,了解生产经营和管理流程;③ 识别关联方交易;④ 评价是否需要外部专家。

(5) 取得有关客户法律义务的信息。主要有:① 公司执照、章程和相关业务的资质及许可证件;② 相关会议记录;③ 各种经济合同。

(6) 考虑自身情况。即自身的专业胜任能力和独立性。

(7) 评价财务报表是否可审。即决定是否接受新客户或继续接受老客户的委托,其影响因素主要有两个:管理部门的正直性和会计记录的充分性。

许多审计手续都在某种程度上依赖于管理部门的声明。例如,如果没有管理部门所做的诚实评价,审计人员就很难评价存货是否陈旧;如果管理部门缺乏正直性,他们就可能提供虚假的声明,造成审计人员信赖不可靠的证据。

对大多数审计目标来说,会计记录是审计证据的直接来源。如果会计记录不足,可能就无法取得必要的审计证据。例如,如果被审单位不保留销售发票副本或购货发票,通常难以进行审计。除非审计人员能够找到可替代的可靠证据来源,或者被审单位将恰当的记录组织起来以供审计人员使用,否则,审计人员只能认为这个单位不可审。

7.1.2.2　签订审计业务约定书

在对客户和客户委托的审计业务的可接受性进行评价后,应与客户就委托的业务按审计业务约定书要求的内容进行协商。双方协商一致后,应签订审计业务约定书。

审计业务约定书，是指会计师事务所与被审计单位签订的，用以记录和确认审计业务的委托与受托关系、审计目标和范围、双方的责任以及报告的格式等事项的书面协议。

1. 审计业务约定书的一般内容　包括：

(1) 财务报表审计的目标。

(2) 管理层对财务报表的责任。

(3) 管理层编制财务报表采用的会计准则和相关会计制度。

(4) 审计范围，包括指明在执行财务报表审计业务时遵守的审计准则。

(5) 执行审计工作的安排，包括出具审计报告的时间要求。

(6) 审计报告格式和对审计结果的其他沟通形式。

(7) 由于测试的性质和审计的其他固有限制，以及内部控制的固有局限性，不可避免地存在着某些重大错报可能仍然未被发现的风险。

(8) 管理层为注册会计师提供必要的工作条件和协助。

(9) 审计人员不受限制地接触任何与审计有关的记录、文件和所需要的其他信息。

(10) 管理层对其作出的与审计有关的声明予以书面确认。

(11) 审计人员对执业过程中获知的信息保密。

(12) 审计收费，包括收费的计算基础和收费安排。

(13) 违约责任。

(14) 解决争议的方法。

(15) 签约双方法定代表人或其授权代表的签字盖章，以及签约双方加盖的公章。

2. 签订审计业务约定书时的特殊考虑　包括：

(1) 在某些方面对利用其他审计人员和专家工作的安排。

(2) 与审计涉及的内部审计人员和被审计单位其他员工工作的协调。

(3) 预期向被审计单位提交的其他函件或报告。

(4) 与治理层整体直接沟通。

(5) 在首次接受审计委托时，对与前任注册会计师沟通的安排。

(6) 审计人员与被审计单位之间需要达成进一步协议的事项。

3. 进行集团审计，签订审计业务约定书的特殊考虑　若客户委托，进行集团审计，应当考虑下列因素，决定是否与各个组成部分单独签订审计业务约定书：

(1) 组成部分注册会计师的委托人。

(2) 是否对组成部分单独出具审计报告。

(3) 法律法规的规定。

(4) 母公司、总公司或总部占组成部分的所有权份额。

(5) 组成部分管理层的独立程度。

7.1.3　财务审计流程的类型

财务审计流程按审计模式(或重点)可分为:

1. 账项基础审计的一般流程　账项基础审计是传统的财务审计,其一般流程,参见图 7.1。

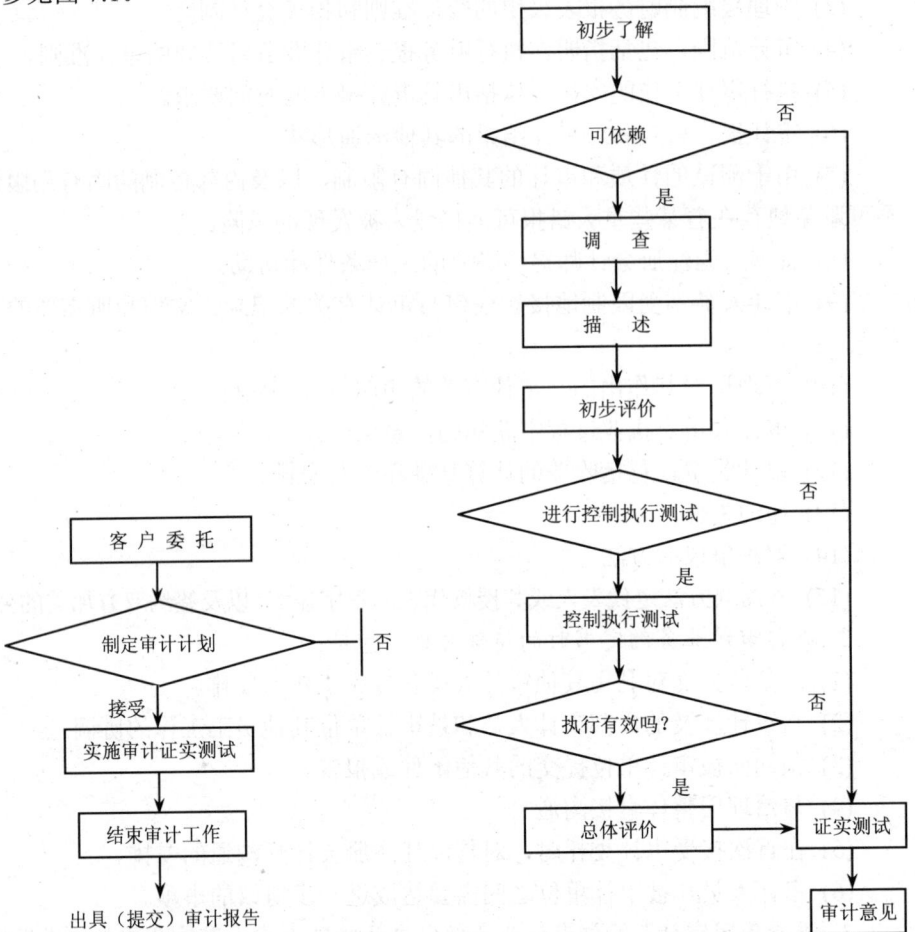

图 7.1　账项基础审计流程

图 7.2　系统基础审计流程

2. 系统基础审计的流程　系统基础审计(也称制度基础审计)的审计重点是建立在对被审单位的内部控制评审的基础上。审计人员首先了解并评价被审单位的内部控制系统，评价内部控制系统中的强点和弱点，根据内部控制系统的状况来确定审计的性质、范围和抽样规模。如果被审计单位的内部控制系统较差，或者内部控制系统不能有效执行，审计人员就应扩大审计的范围和抽样的数量，直至采用详细审计。图7.2列示了系统基础审计的基本流程。

3. 风险基础审计的流程　　风险基础审计立足于对审计风险进行系统的分析和评价，并以此作为出发点，制定审计战略，制定与企业状况相适应的多样化审计计划，使审计工作适应社会发展的需求。图7.3列示了风险基础审计的基本流程。

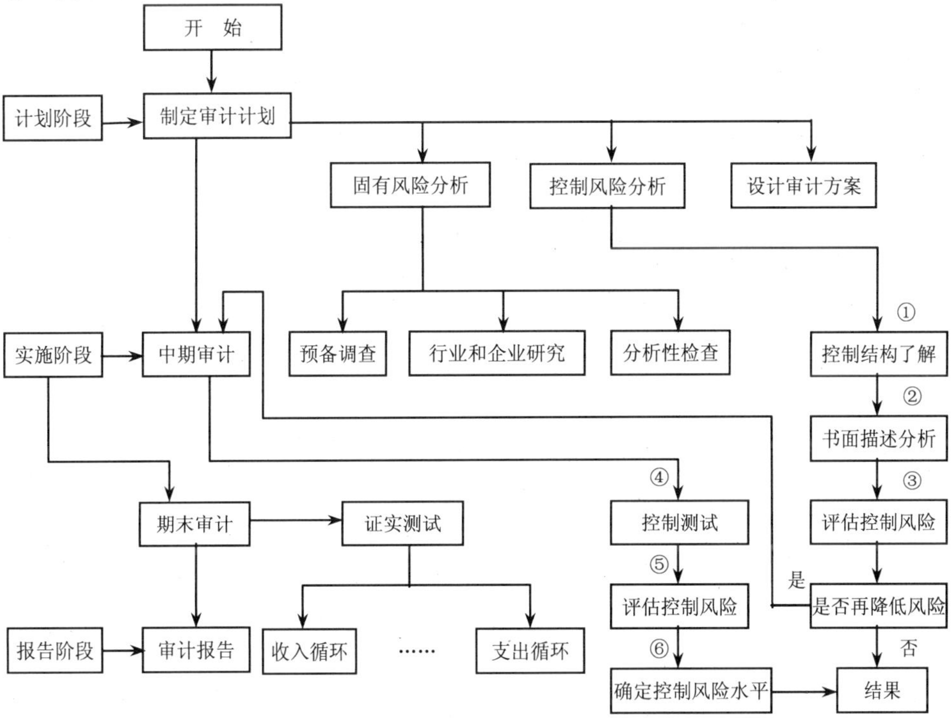

图 7.3　风险基础审计流程

4. 选择财务审计流程应考虑的因素　　包括：

(1) 审计流程的有效性。审计流程的有效性是指所选择的审计流程是否能够有效地证实某项或某些特定审计目标。

(2) 审计流程的经济性。审计流程的经济性是指所选择的审计流程的成本要经济合理。

7.1.4　审计程序运用的类型

审计程序是审计人员收集审计证据所采取的详细步骤和方法。审计中，可考虑使用选择程序、替代程序和补充程序。图 7.4 列示了审计程序的基本类型。

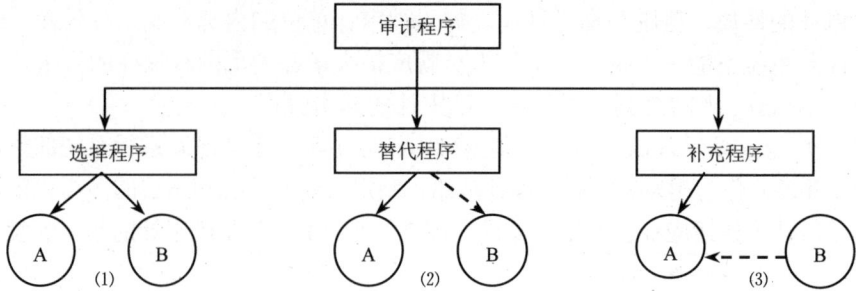

图 7.4 审计程序的类型

1. **选择程序的运用** 所谓选择程序，是指确定审计对象的正确性或适当性时，可以选择的审计程序。当实施某一个具体审计项目时，若存在多种审计程序可供审计人员选择使用时，审计人员应考虑审计准则的规定、审计目标的要求、以前的经验、审计机构的习惯、时间要求等诸多因素，选择其认为恰当的程序。例如，财务审计中，可有按会计核算程序，从审查原始凭证开始，依次审查记账凭证、账簿记录，直至财务报表为止的程序，即所谓的顺查法，假定如图 7.4(1)中的 A。有时，也可采用逆着会计核算程序进行审查，即从审查财务报表开始，依次审查账簿记录、记账凭证，直至原始凭证为止的程序，即所谓的逆查法，假定如图 7.4(1)中的 B 。顺查法和逆查法各有利弊。顺查法的优点在于脉络清晰，能尽量发现错弊，缺点则为耗时较长，且难以抓住重点；逆查法的优点在于易把握重点，节约时间，缺点是可能存在疏漏。审计中较多的是采用逆查程序，也有将两种程序交互使用，则效果更好。

2. **替代程序的运用** 审计中，当审计准则规定或经验拟采用的程序，若因人力、物力等因素，效果未能十分理想或难以实施时，可采用其他程序替代之。图 7.4(2)中 A 程序若无法实施时，则以虚线连接的 B 程序予以替代。

通常审查实物类资产，如存货、现金、固定资产，可采用实地监盘法，以确定资产是否实际存在。但审查大型运输公司的货运卡车时，因其经营关系，无法将所属车辆全部集中进行审查。此时，可采用审查当年度缴纳车辆牌照税或相关保险费用收据的替代程序，确定固定资产是否存在。

3. **补充程序的运用** 当两种程序具有主从关系时，实施主程序后，可考虑实施补充或追加程序。一般修正程序亦同。例如，审查制造业企业的材料领用业务时，主程序是将领料单与仓库发货记录及汇总领料单进行核对(如图 7.4(3)中的 A)；可考虑的补充程序是审查领料单是否为当事人实际填写和生产车间是否有相应的投产记录等(如图 7.4(3)中的 B)。

7.2　控制测试

7.2.1　审计测试的类型

审计测试是指在审计过程中为了检查、核实内部控制的有效性和财务报表项目表达的公允性所进行的测试或抽查。审计测试分为为两种类型：

(1) 控制测试。是指审计人员为了确定内部控制政策和程序的设计和执行是否具有效果(即效果好坏)而实施的审计程序(测试)，也称为符合性测试。

(2) 证实测试。是指审计人员为了证实被审单位有关交易、账户和报表列示是否公允，而采取的一系列获取相关证据的审计程序，也称为实质性测试。

7.2.2　控制测试的类型和步骤

7.2.2.1　控制测试的类型

图 7.5 列示了控制测试的类型。

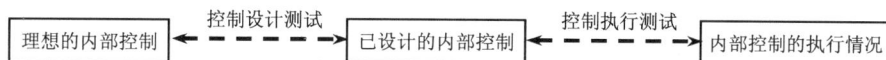

图 7.5　控制测试的类型

1. 控制设计测试　控制设计测试所要解决的问题是被审单位内部控制政策和程序的设计是否合理、适当，能否预防、发现和纠正与特定会计报表有关的重大错报和漏报。控制设计测试的原理，主要是将收集到的被审单位已设计的内部控制与理想的内部控制进行比较，然后对被审单位内部控制的健全性进行评价。评价时应注意下列三种情况：

(1) 在被审单位的控制文件中没有描述出控制政策或程序，通过控制测试也未发现实施了控制。

(2) 通过其他途径发现被审单位设置了控制，但通过控制测试却没有发现实施了这种控制。

(3) 无法得知被审单位是否设置了控制，但通过控制测试发现已实施了控制。

对前两种情况，应得出控制不健全的结论；对最后一种情况，应认为是健全的，但应提出健全控制文件的建议。控制设计测试的关键是确定理想的内部控制。理想中的内部控制来源于相关法律法规、行业规范、文化习俗、企业规模、企业治理层和管理层的要求及审计人员的经验等诸多方面。

2. 控制执行测试　　控制执行测试所要解决的问题是，被审单位已设计的控制政策和程序是否在切实发挥作用。控制测试一般分为以下四个步骤：

(1) 调查和描述被审单位现行的内部控制。

(2) 初步评价被审单位现行的内部控制，确定控制执行测试的可行性。

(3) 进行控制执行测试，核实内部控制的有效性。

(4) 总体评价被审单位现行内部控制的可靠性，确定对证实测试的可靠性要求。

7.2.2.2　控制测试的基本程序

控制测试采用的审计程序，主要有：

(1) 询问程序。询问被审单位有关人员，并查阅相关内部控制文件，以了解内部控制的建立和健全情况。

(2) 检查程序。通过审查阅读的形式，检查内部控制系统生成的文件和记录，判断业务处理过程是否按内部控制的要求进行。

(3) 观察程序。观察被审单位的业务执行程序和内部控制的运行情况，了解业务处理程序是否遵照内部控制的要求。

(4) 穿行测试程序。选择若干具有代表性的交易和事项进行"穿行测试"，即沿着内部控制程序重新执行一遍，以判断有关人员是否遵循了内部控制制度。

(5) 比较程序。将被审单位现行内部控制程序(文件)与理想控制进行比较，以确定内部控制的健全性；将现行内部控制程序(文件)与实际执行情况进行比较，以确定内部控制的有效性。

(6) 业务循环与业务循环法。业务循环也称交易循环，是指处理某类经济业务的工作程序和先后顺序。业务循环法也称业务循环法、切块审计法，是指将密切相关的交易种类或账户划为同一块，作为一个业务(交易)循环来组织安排审计工作的方法。

7.2.3　内部控制的调查和描述

7.2.3.1　调查内部控制的内容

调查被审单位现行内部控制，主要有两个方面：① 每一控制要素的政策和程序的设计；② 这些政策和程序是否已得到执行。

7.2.3.2　调查内部控制的目的

调查被审单位现行内部控制的目的是为了：① 确认潜在的错报的类型；② 确

定重要错报风险的影响因素；③ 进行控制设计测试。

在调查了解被审单位内部控制时应注意：① 合理确定了解内部控制所执行的程序；② 充分考虑内部审计工作的可利用性。

7.2.3.3 内部控制的描述

对被审单位现行内部的调查和描述有时可分开进行，有时可结合起来进行。描述的方法通常有以下三种：

1. **文字说明法** 将被审单位内部控制的设计与执行情况完全以文字说明的形式记录下来，这种方法称之为文字说明法。内部控制的各个控制环节和控制方式均可用文字说明法加以描述，对内部控制的恰当文字说明应当具备以下四个特征：

(1) 内部控制制度中每份凭证和记录的来源。例如，文字说明应当指出顾客订单从何而来、销售发票如何产生。

(2) 已发生的全部处理过程。例如，销售额是由计算机程序以发货数量乘库存标准价格来确定的说明。

(3) 内部控制制度中每份凭证和记录的处置。凭证归档、邮寄(或当面)给顾客，或者销毁，都应当反映。

(4) 指出与估计控制风险有关的控制点。这通常包括职责分工(如销售与收款相分离)；授权与批准(如赊销的批准)；内部验证(如销售单价与销售合同相比较)。

文字说明法的举例如下：

某商业零售公司销售业务处理程序和内部控制制度如下：

该公司采用由收款处集中收款的方式收取现金。营业员在销售商品时开出一式三联的发票，签名后随同顾客支付的款项一起交收款处收款。收款员审核了单价、数量和金额后予以收款，签名并盖上"货款收讫"的印戳，将第一联、第三联随同找零款交给营业员，第二联由收款员暂时保存。营业员将发票第一联和找零款随商品交给顾客，第三联暂时保存。当天营业终了，营业员根据发票第三联编制一式两联销售日报表，随同发票第三联交送给会计部门。会计员审核后在销售日报表上签字，将销售日报表第二联退交营业员备查，第一联作为记销售收入明细账的依据，由会计员保存。收款员根据发票第二联编制一式两联收款日报表，随同现金送交会计部门的出纳员，出纳员审核签字后第二联退交收款员保存备查，第一联作为记现金日记账的依据并由出纳员保存。销售日报表和现金日报表，现金日记账和现金总账定期核对。

上述例子，通过文字说明法反映了该零售商业公司的销售业务处理程序和内部控制制度。文字说明法的优点是可以对调查对象做出比较深入和具体的描述，可以描述内部控制制度中的任何特殊情况。缺点是采用文字说明法进行描述时，文字叙述较为冗长，对业务处理流程及其控制的反映不够直观，特别是对于比较复杂的业务，有时不易说明清楚，从而在一定程度上阻碍了审计人员从总体上对被审单位的内部控制进行分析评价。因此，文字说明法一般适用于内部控制程序比较简单，容易描述的小企业。

2. **调查表法**　又称问卷法，是由审计人员根据事先拟定的内部控制调查题，以"问卷"的形式，就内部控制是否严密、健全，提出问题，要求被审单位有关工作人员据实作出"是"、"否"或"不适用"的回答，借以查明被审单位内部控制实际情况的一种描述方法。内部控制调查表的参考格式参见表7.1。

表 7.1　现金收支系统内部控制问题调查表

被审单位：　　　　　　　　　　　编制人　　　日期　　　　　　索引号
年　　度：　　　　　　　　　　　复核人　　　日期　　　　　　页　次

| 序号 | 调 查 问 题 | 是 | 否 | | 不适用 | 备注 |
			较轻	较重		
1	现金出纳和现金账记录是否由不同的人负责？					
2	现金账和库存现金是否每日清点核对？					
3	现金账和现金库存发生差异后，是否经领导批准后方能处理？					
4	现金收支是否每日记账？					
5	现金收支内容是否都经过审核？					
6	库存现金是否符合限额标准，超过限额部分是否每日解缴银行？					
7	有无控制现金坐支的措施？					
8	领用现金是否经过批准？					
9	有无防止白条抵库的措施？					
10	收入现金凭证正副联是否复写？					
11	凭证是否连续编号？					
12	报销费用是否由报销部门审核批准？					
13	现金支票和现金印鉴是否由白条的人保管？					
14	现金支票是否按编号连续使用？					
15	领用现金支票是否经过批准？					
16	现金支票的领用是否登记？					
17	现金支票存根是否妥善保存？					
18	现金日记账是否定期与现金总账核对？					
19	……					

调查表法通常是由审计人员将那些与保证财务信息正确性和可靠性以及与保证资产的安全性和完整性有密切关系的事项列作调查的对象，并设计成标准化的问卷，交由被审单位有关人员或由审计人员根据调查的结果填写。

调查表中的调查问题是审计人员根据某项内部控制的理想控制设计的，并要求被调查人员只能在"是"、"否"或"不适用"中回答一项。被调查人员回答后，由调查人员在相应栏次内打"√"(也可由被调查人员自行填写答案)。调查表多从正面设计，即回答"是"，表示该项内部控制措施为好；回答"否"为该项控制措施薄弱；回答"不适用"，则表示该企业不存在该项控制措施。由于"否"表示控制薄弱，为此，又视出现频率或严重程度，分为"较轻"和"较重"。调查表使用后，若"是"栏"√"多，表示该项内部控制系统的控制能力较强；若"否"栏"√"多，表示该项内部控制系统的控制能力较差；若"不适用"栏"√"多，则可能表示审计人员的提问不当，对被审单位了解不够。

调查表法的优点是：调查范围明确，问题突出，容易发现被审单位内部控制系统中存在的缺陷，而且编制调查表省时省力。调查表法的缺点是：反映问题可能不全面，仅限于调查范围，而且调查表的回答只是定性反映，难以反映出内部控制的具体情况和存在问题的实际轻重程度。此外，对于不同行业的企业或是小型企业，标准化问题的调查表显得不太适用。

3. 流程图法　是指运用特定的符号，辅以简要的文字或数字，将内部控制中各种业务处理手续，以及各种文件或凭证的传递流程，用图解的形式总括地反映出来的一种描述方法。

(1) 编绘流程图的要求。编绘流程图的要求，主要有：① 讲究秩序；② 统一符号；③ 先干后支；④ 来去分明；⑤ 少用文字；⑥ 加注图例；⑦ 力求清晰；⑧ 避免拥挤；⑨ 注意整洁；⑩ 仔细复查。

(2) 绘制流程图的方式。有垂直和水平流程图两种基本方式。垂直(纵向)流程图是将一项业务的处理过程按先后顺序，用一条主线垂直串联起来，并标出处理业务填制或取得的凭证及其传递、归档路线和环节。水平(横向)流程图是按业务部门设置若干栏目，将业务处理程序及有关凭证的填制、传递、保管、记账、复核等由左到右、自上而下地用图形符号表示并用流程线串联起来。

(3) 流程图符号。绘制流程图时，常用的符号如图7.6所示：① 表示业务的起点。若图内有多个起点，可在上标注顺序；② 表示凭证。若凭证是一式多联时，在其左或右上角标明"1"、"2"、"3"；③ 表示编制凭证；④ 表示在凭证上增添了资料或数据；⑤ 表示已填制、备用的凭证；⑥ 表示记账凭证。框外(右边或下边)应简要注明会计分录；⑦ 表示日记账、明细账或备忘簿。框内应注明名称或代号；⑧ 大正方形表示总账。框内应注明账簿名称或代号；⑨ 表示报表及其附表。框内应注明报表名称或代号；⑩ 表示将若干文件、凭证核对后归附在一起；⑪ 涂黑的正方形，表示销毁文件、凭证等；⑫ 小三角形，表示永久性存档。框内标"N"表示按编号顺序归档；标"D"指按日期顺序归档；标"A"指按名称顺序归档。三角形下方，标"√"表示已依次审核；标"×"表示虽未经审核，但很重要；⑬ 小菱形，表示临时性存档。框内标"N"表示按编号顺序临时归档；标"D"指按日期顺序归档；标"A"指按名称顺序归档。菱形下方，标"√"表示已依次审核；标"×"表示虽未经审核，但很重要；⑭ 小正方形内加"√"或注"s"、"i"，表示已经签章，其中"√"表示已签章，"i"表示简签，"s"表示正式签章；⑮ 带箭头的实线，表示文件、凭证等实际传递的路径和方向。带箭头的虚线，表示有关文件、凭证间资料转录的路径和方向。又式带箭头的实线（或虚线），表示根据条件的不同有几种可供选择的传递（或转录）路径和方向，其条件注明在各条支线的上方或下方；⑯表示文件、凭证等的传递已离开本流程之外，端线旁应注明去向；⑰ 表示有关文件、凭证、账簿、报表之间的核对关系；⑱ 跨线符号，表示纵横线不相交；⑲ 圆圈有两种用法：一是用来注明内部控制中的强弱点，圈内代号用以与其他审计记录相互参注；二是用来指明本页内流程图的衔接点，圈内的代号则用以标示不同的衔接点；⑳ 下端为锐角的五边框形，表示转页的衔接点，框内的代号也用以标示不同的衔接点。

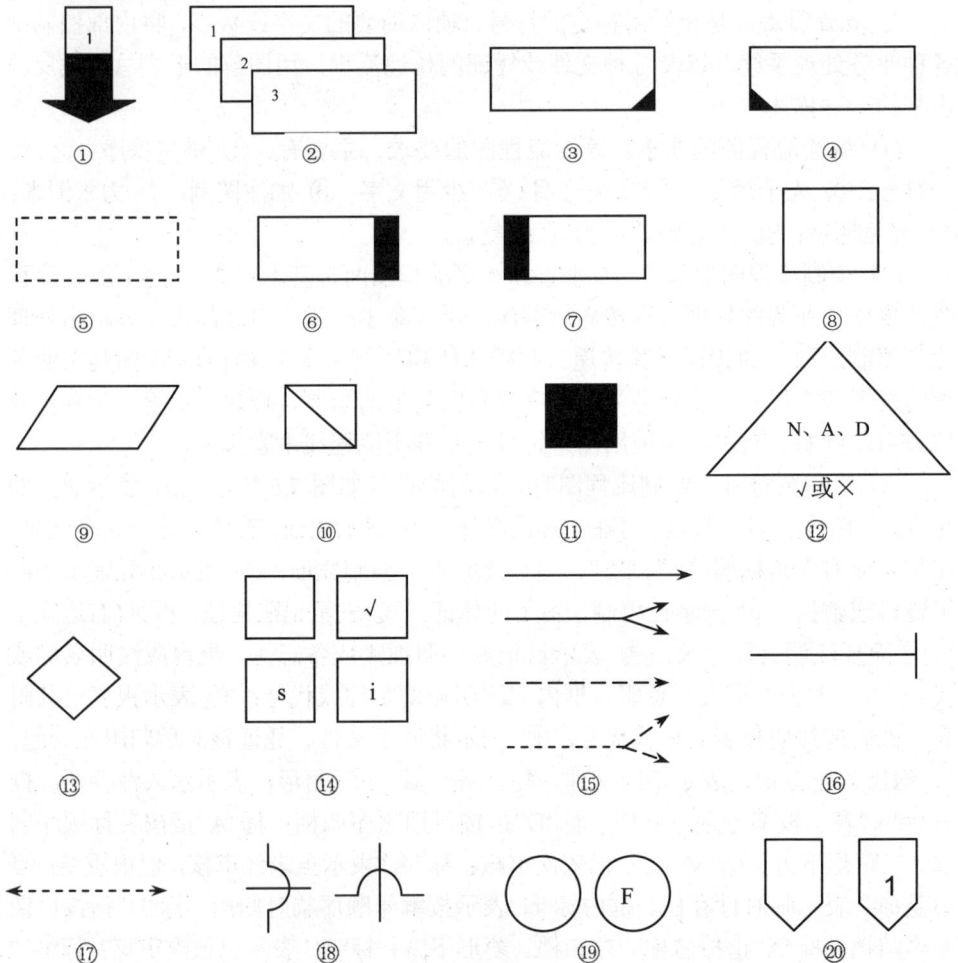

图 7.6　绘制流程图的常用符号

现将前面用文字说明法描述的某零售商业公司的销售业务内部控制的例子，用流程图加以说明，参见图 7.7。

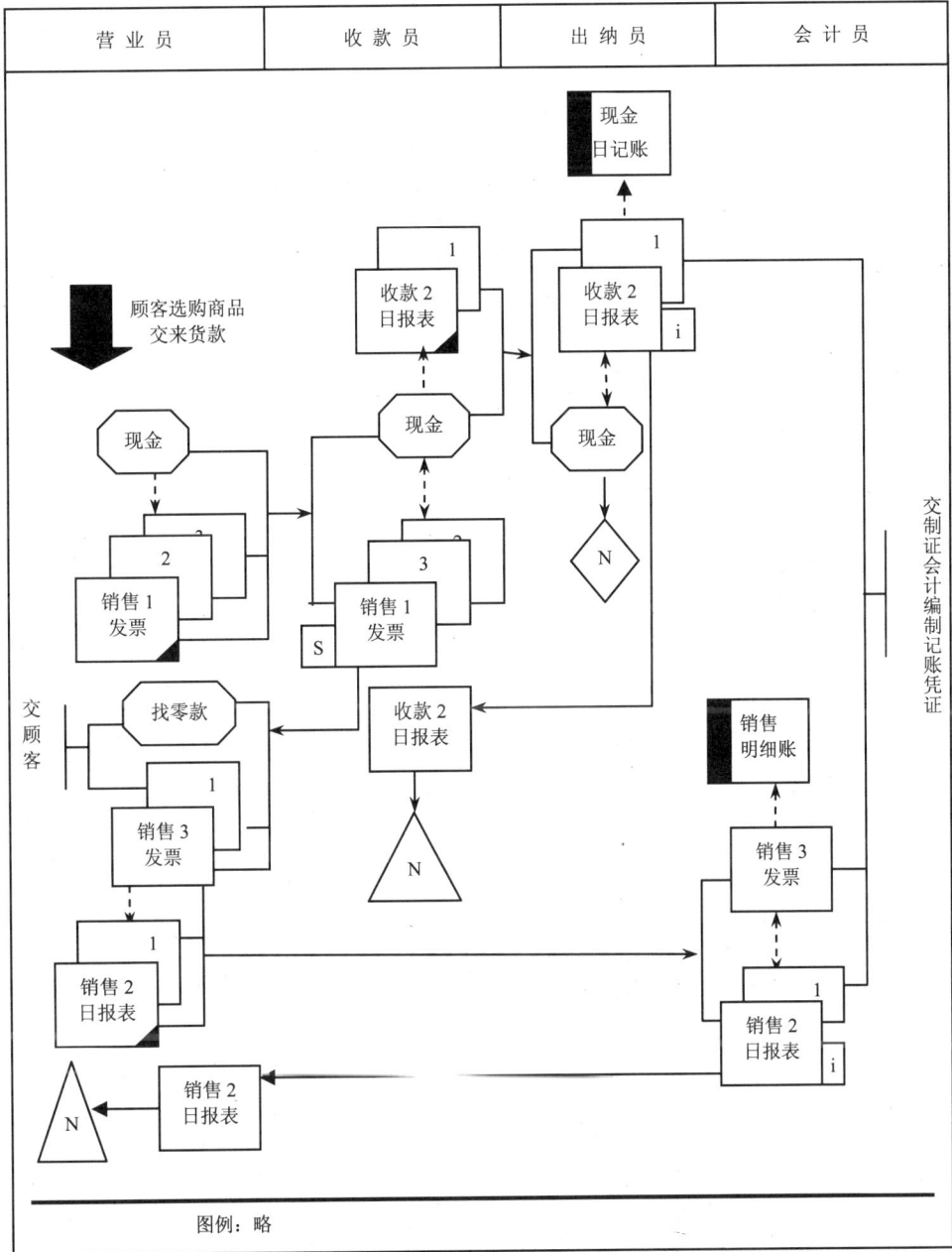

营 业 员	收 款 员	出 纳 员	会 计 员

图 7.7 某商业零售公司销售业务处理流程图

流程图法的优点是：便于从整体的角度，直观反映内部控制的特征，有利于审计人员对内部控制进行分析评价，而且还便于根据控制程序的变化随时进行修改。但是绘制流程图有一定的技术难度，特别是比较复杂的业务，需要具备娴熟的技术和花费较多的时间；其次，流程图有时很难将内部控制系统中的某些弱点明显地反映出来。

采用上述三种方法对已调查了解的内部控制进行描述后，可能的情况下，应对所描述的结果进行复核。复核时，可以抽取一部分业务，观察其处理过程和控制过程是否与所描述的情况相一致，如果描述存在偏差，就应予以修正。

7.2.4　内部控制的初步评审

在对被审单位的现行内部控制进行调查和描述的基础上，需要进行初步评审。初步评审要解决的问题是：被审单位控制政策和程序的设计是否合理、适当，能不能预防、发现和纠正与特定会计报表有关的重大错报和漏报。

1. *初步评审的目的*　在对被审单位内部控制调查描述后，审计人员需要将现行内部控制与"理想控制"进行比较，对被审单位已制定(设计)的内部控制健全性进行评价，内部控制能否发挥应有的作用，是否值得进行控制执行测试？

通过对已调查描述的内部控制的评审，应能确定：

(1) 哪些控制可资信赖，应计划进行控制执行测试。

(2) 哪些控制极不健全，或根本不存在，无需计划进行控制执行测试。

(3) 哪些控制虽然存在，看来也很健全，但计划进行控制执行测试并不合算。

2. *初步评审的内容*　包括：

(1) 根据一般规律和被审单位的行业性质、业务特点等具体情况，被审单位可能发生哪些差错、舞弊、低效、浪费、失职等不良行为？

(2) 按照建立内部控制的原理和原则，应设置哪些强有力的控制要素，才能有效地防止或及时揭露并纠正上述种种不良行为？

(3) 在被审单位现行的内部控制中，是否具有上述各项控制要素？如果没有，是否存在相应的补救措施？这些补救措施是否可资信赖？

(4) 如果依赖这些控制或补救措施，对它们进行控制执行测试是否合算？也就是说，由于依赖某一控制程序(措施)而减少的证实测试工作量，是否大于控制执行测试的工作量？

上述四项内容中，(1)和(2)是针对被审单位具体情况，确定一个理想控制模式(标准)；(3)是确定控制测试的必要性；(4)是确定控制测试的可能性，即经济性。

3. *初步评审可利用的资料*　主要利用已获得的被审单位的相关内部控制文

件，及采用文字叙述法、调查表法和流程图法描述的内部控制资料。

4. 影响初步评审的因素　在进行初步评审时，影响其判断的因素主要有：① 以前审计中对客户的了解；② 对固有风险和重要性的初步估计；③ 对客户所属行业的了解；④ 被审单位经营业务和会计处理系统的规模及复杂性；⑤ 相关内部控制的类型及记录方式。

5. 初步评审的结果　初步评审多为定性比较分析。初步评审后，审计人员认为被审单位内部控制设计较好时，应考虑实施控制执行测试；若认为内部控制设计不好，控制风险很高时，审计人员可以确定无需进行控制执行测试，直接进入证实测试。审计人员认为被审单位内部控制不当，控制风险为高水平的情况主要有：

(1) 企业内部控制失效。例如，采用调查表法时，"否"栏答案较多的情况。

(2) 难以对内部控制的有效性作出评价。例如，采用调查表法时，"不适用"栏答案较多的情况。

初步评审，发现以下情况之一时，审计人员可考虑不进行控制执行测试，而直接实施证实测试。① 相关内部控制不存在；② 相关内部控制虽然存在，但审计人员通过了解发现其并未有效运行；③ 控制执行测试的工作量可能大于进行控制执行测试所减少的证实测试工作量。

6. 初步评审与控制执行测试的联系　初步评审属于控制设计测试。在控制测试实践中，有时控制设计测试和控制执行测试很难分清，甚至可能同步进行。在初步评审后，进行控制执行测试时应注意以下三种情况：

(1) 在被审单位的控制文件中没有描述出控制政策或程序，通过以后进行的控制执行测试也未发现实施了控制。

(2) 通过其他途径发现被审单位设置了控制，但通过以后进行的控制执行测试却没有发现实施了这种控制。

(3) 无法得知被审单位是否设置了控制，但通过以后进行的控制执行测试发现已实施了控制。

对前两种情况，应得出控制不健全的结论；对最后一种情况，应认为是健全的，但应提出健全控制文件的建议。

7.2.5　控制执行测试

审计人员对通过初步评审、拟予信赖的内部控制，应进行控制执行测试。控制执行测试，主要是按业务循环，运用检查法、观察法和穿行测试等方法，确定被审单位制定的内部控制执行的有效性。控制执行测试所要解决的问题是，被审单位已设计的控制政策和程序是否在切实发挥作用。

　　1. 控制执行测试的内容　测试内部控制执行的有效性，要着重于三个方面：

　　(1) 控制是怎样应用的。

　　(2) 控制在本年度是否得到一贯运用。

　　(3) 由谁来执行这些控制。

　　2. 控制执行测试的范围　包括：

　　(1) 合理确定控制测试范围的影响因素和要求：① 控制执行测试的范围越大，所能提供的有关控制政策或程序健全性和有效性的证据就越充分；② 控制执行测试的范围越大，就意味着审计投入越大；③ 控制执行测试的范围直接受计划控制风险估计水平的影响。计划控制风险估计水平低时比计划控制风险估计水平为中等时，需要更多的控制测试。

　　(2) 当控制测试存在连续性问题时，应考虑以前审计证据的适当性。如果审计人员在以前年度审计中已进行了控制执行测试，那么他在确定本年度审计中需要执行追加控制执行测试的范围时，还应考虑所使用的以前年度审计中所获得的有关控制有效性的证据的恰当性。

7.2.6　内部控制的总体评审

　　在对被审单位内部控制进行初步评审和控制执行测试后，应进行总体评审。

　　1. 总体评审的目标　经过初评，被审单位现行的内部控制中有哪些满意的或比较满意的内部控制要素可资信赖？经过控制执行测试，上述各项控制是否按规定发挥作用？其符合程度和有效性如何？上述各项控制要素是否仍然可资信赖？是否仍然值得依赖？其可靠性如何？

　　2. 总体评审的要求　审计人员在总体评估控制风险时应注意以下事项：

　　(1) 必须以通过调查了解的内部控制和执行控制测试所获得的证据，作为评价的依据。

　　(2) 充分运用专业判断。

　　(3) 必须注意到内部控制的五个要素对某项财务报表认定的相互影响。

　　(4) 评估控制风险适当与否，直接影响到实质性测试的适当性。

　　(5) 应将控制风险评估的过程和结果在工作底稿中完整地作出记录。

　　3. 对内部控制的总体分析　对被审单位内部控制的总体分析，可采用定性风险和定量分析相结合的方式进行。通过定性分析要确定被审单位的控制风险水平。

　　(1) 将控制风险评估为高水平的情况。主要有：① 控制政策和程序与认定不相关；② 控制政策和程序失效；③ 已取得的证据证实内部控制政策和程序不经济。

　　(2) 将控制风险评估为低水平的情况。主要有：① 控制政策和程序与认定相关；② 通过控制执行测试已获得控制有效的证据。

控制执行测试后，要根据内部控制执行的偏差率来确定控制风险。偏差率是指内部控制执行抽样测试中，会计处理、交易或事项未按内部控制要求运行的频率，即抽样测试中，未遵守内部控制行为的次数占抽样次数的比率。偏差率和控制风险的转换关系，参见表 6.2。

例如，被审单位的现金收支业务内部控制措施设计良好，抽取 100 次现金收支业务样本，进行控制执行测试时，发现有 6 次未按内部控制的要求进行处理。则该内部控制的偏差率为 6%，经查对控制风险转换表，可定量分析确定该项内部控制的控制风险为 70% 。

4. 计算确定检查风险 按照审计风险模型，影响审计风险的因素是：固有风险、控制风险和检查风险。审计风险值一般定义在等于或小于 5% 的区间，为简单和保险起见，可将固有风险定义为 100%，则影响检查风险的因素主要是控制风险。以上例，当审计风险为 5%、固有风险确定为 100%、控制风险为 70% 时，按审计风险模型计算，检查风险为 7%。

在进行控制测试时，审计人员应注意与内部审计人员的协调，应考虑：①利用内部审计人员的工作成果；② 寻求内部审计人员直接支持审计工作。

7.3   证实测试

7.3.1   证实测试的目的

证实测试，主要是为了确定财务报表中各项认定的公允性提供证据所进行的更为深入的审查。证实测试后，审计人员必须对被审单位已发布的财务信息是否存在重大错报发表审计意见。证实测试的目的是为取得审计人员赖以作出审计结论的足够的审计证据。

证实测试通常采用抽样方式进行，其抽样的规模需根据控制测试的结果来确定。如果证实测试扩大到最大规模，证实测试就成为详细审查。审计人员设计证实测试，是为了确定将要执行的证实测试的性质、时间和范围，以保证达到某项认定检查风险的可接受水平。

7.3.2   证实测试和控制测试的关系

控制测试的目的是为了确定内部控制的健全性和有效性。当控制测试结果表明被审单位内部控制很好时，表示控制风险较低，出现重大错报的可能性较小。审计人员据此，可以确定对内部控制的依赖程度，进而考虑减少证实测试的性质、范围和时间。但是以下几点必须得到强调：

(1) 证实测试是审计必不可少的步骤。尽管已进行了控制测试，但它不可能取代证实测试。

(2) 证实测试和控制测试的结果一般是互相补充的。如果控制测试的结果令审计人员满意，则证实测试的量可以少些。反之，证实测试的量要大些。

(3) 证实测试和控制测试在在实施时间上有时存在交叉。证实测试中的有些工作，可以在控制测试之前进行，例如清点库存现金，审计人员可以在其他工作尚未开始之前就着手进行，如果现金管理中存在问题，就可以避免给有关人员以修饰的时间。

有时，针对一个具体的审计项目采用的审计程序，可能既能满足控制测试的要求，也能满足证实测试的要求，即在同一个审计对象(文件)上，控制测试和证实测试被一起应用。此时，该测试称为"双重目的测试"。

7.3.3 证实测试中的审计程序

在财务审计的证实测试中，审计人员应针对审计具体对象——交易、事项和财务信息(报表数据、账簿数据和凭证记录)，选择不同的审计程序(也称审计手续、审计方法)。证实测试中，审计人员实施的具体审计程序主要有：

1. 顺查程序和逆查程序　证实测试中，按照审查的先后次序，有顺查程序和逆查程序可供选择。

(1) 逆查程序。又称倒查程序，就是逆着财务会计业务处理程序(或经济活动发生的先后顺序)依次进行审查的方法。在财务报表审计中，通常从审查财务报表各项目开始，然后核对总分类账户及明细分类账户的记录情况，再据以查对其记账凭证和原始凭证。图 7.8 列示了逆查的一般程序。逆查程序先从审阅和分析财务报表着手，然后根据财务报表所反映的账项，按照其中具有特殊性质、容易隐藏问题的账项，仔细研究其来踪去迹；对于增减变化情况特殊，或数额巨大、内容不够明晰的账项，也作为审查重点，进而溯源审查其原因和结果，故又称为溯源程序。逆查程序由于从大处着手，能够抓住重点，有目的地进行审查，而对那些无关重要的账项，则不作详细审查，因而在时间和精力上，较为经济，且效率较高。财务报表审计中，大多运用逆查程序。但因着重于对财务报表的分析审查，容易发生遗漏和疏失，难以将财务会计记录上的种种错误弊端全部查出，存在一定的审查风险。

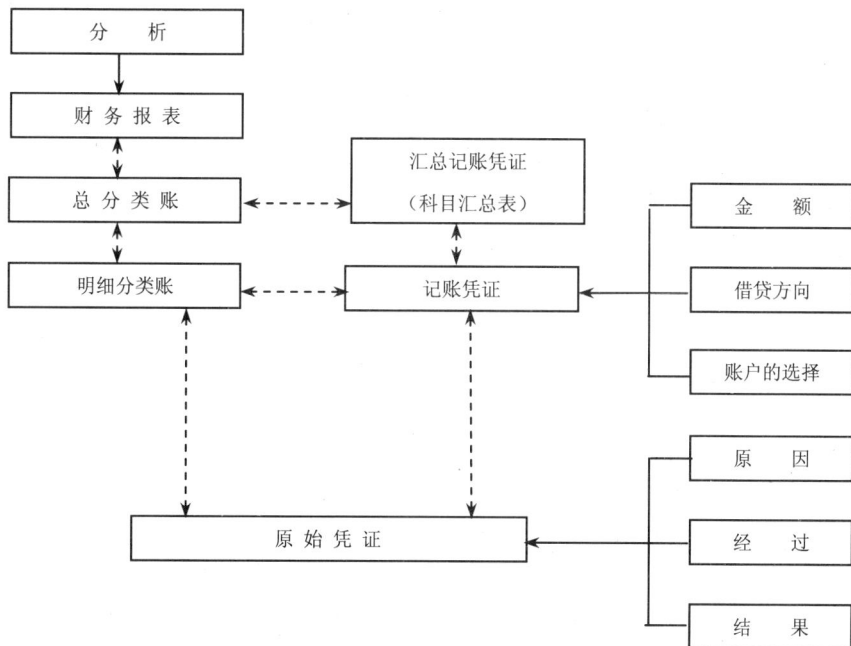

图 7.8 逆查程序

(2) 顺查程序。就是顺着财务会计业务处理程序(或经济活动发生的先后顺序)依次进行审查的方法。在财务报表审计中,通常先审查原始凭证是否合法合理,然后顺着财务会计处理程序,再审查记账凭证、汇总记账凭证(科目汇总表)是否正确无误,总分类账和明细分类账是否平衡一致,最后再审查调整事项与所编财务报表是否正确。顺查程序从原始凭证的审查开始,从中确定经济业务是否真实、合法、合理,金额与数量的计算是否正确无误,运用的账户与经济业务是否相符合,进而逐一顺序核对,故凡账务上的错误与弊端,均能揭发无遗,审查结果较为精确。但因审查方式,沉闷繁琐,颇为机械,易于闭塞心智思虑。虽对于细小错误,能尽量发现,但可能抓不住重点,且审计工作量太大,所需时间较长,易致审计效率下降。

逆查程序和顺查程序各有利弊。逆查程序是以对财务报表的审阅分析为出发点,从经济活动的结果着手;顺查程序是以原始凭证的审查开始,从经济活动的起因着手。两者的审查作用可能不同。为了提高审计效率,可采取交叉运用的方式,即先采用逆查程序审查,对于需要详细了解或已初步发现错弊的部分,局部或全部采用顺查程序审查,使之既不致于遗漏忽略,又节约时间和精力,从而提高审计工作效率。

2. 分析程序 又称分析性复核,是指审计人员通过研究不同财务数据之间以及财务数据与非财务数据之间的内在关系,对财务信息作出评价。分析程序,主要是利用比较分析的原理，以绝对数和相对数比较的方式，对被审单位重要的比率或趋势进行比较分析。分析程序的重点，是研究和比较会计数据与相关信息之间关系的合理性上，同时也发现需要调查的异常变动。例如，审计人员检查一家宾馆的收入是否合理，他会用该段时间平均的使用房间数乘以平均房间价格，再乘以使用天数。审计人员在运用分析程序时，主要使用比较分析法、比率分析法和趋势分析法等具体方法。

审计人员在证实测试中使用分析程序的目的主要有两个：① 帮助审计人员计划其他审计程序；②审计即将结束时对财务信息全面复核。需要强调的是，若审计人员认为采用分析程序获得的证据具有说服力，则分析程序通常是可以达到特定审计目标的证实测试。

运用分析程序进行审计时，要注意异常数，它可以帮助发现审计线索，确定或调整审计方向。所谓异常数，是指数字本身在正常情况下不应有的现象，而发生了异常的现象。通常所说的异常数，是指下列两项：

(1) 单独异常数。从会计理论上讲，每一数额都有其一定的特性，如果某一数额表示的现象，与其正常特性相违背，便应认为存在问题。比如，资产负债表中资产类项目的数额为正数，即表示资产类账户的余额在借方，这是正常情况，若资产类账户出现贷方余额，即资产负债表中资产类项目出现负数，便是异常了。如果财务报表和账户反映的数额逾越了正常的界限，可称其为反数。凡在反数状态的财务报表项目或账项，便应认为可能存在问题，应采用其他审计程序进一步审查确定。此外，还有一种变态数，例如某些具有固定费用属性的费用项目的支出，在正常情况下，都有其一定的数额范围，若在某一期间，突然发生巨额的增减变化，可称为变态数。如果没有必须大幅增减的原因，则其中可能存在问题，也应采用其他审计程序，找出变态数产生的原因，予以核实。

(2) 相关异常数。在会计记录中，大部分账项之间存在一种相互联系的关系，如果彼此相关账项所表示的数额，其中之一在变，之一不变，便是逾越常规，可称作相关异常数。对于相关异常现象，一般有两种查核方法：① 利用不同时期的相关资料进行比较，分析其内容是否合理；② 就相关账项之间的变化进行比较，研究其变动原因是否正常。例如，主营业务成本与主营业务收入系相关账户，利润表中，若主营业务成本大幅增减，而主营业务收入不变，则可能存在问题，应采用其他审计程序进一步审查核实。

3. 盘点程序　审计人员对有形资产账户所记载的内容均应进行实物盘点，包括库存现金、金融资产、存货和固定资产等，通过盘点确定实物资产的账实相符情况。在被审单位实物资产种类较多的情况下，审计人员可根据重要性原则有选择地进行重点盘点。盘点方式主要采用监盘方式，即审计人员现场监督被审单位各种实物资产的盘点，并进行适当的抽查。

4. 检查程序　审计人员通过对各种会计凭证和文件资料进行仔细地阅读和检查，考核其有无涂改、有无错误，是否符合会计准则的要求。以确定账簿记录数据的真实性和交易与事项的合理性、合法性。运用检查程序时，检查的内容主要有：经济业务的内容、填制时间、业务流程与手续、填制单位与接受单位、金额计算、大小写关系和签章等方面。审计人员在检查有关凭证时，要对被审单位有关计算的结果进行复核，以确定被审单位有无故意歪曲计算结果或者计算存在差错的情况，包括合计数的复算，如工资汇总表的复算；有关调整数和分配数的复算，如有关生产费用的分配情况的复算；有关计算表的复算，如折旧计算表、生产成本计算表的复算；以及其他必须复算的内容，如重新编制银行存款余额调节表等。

5. 核对程序　审计人员应对具有因果关系或勾稽关系地各种记录进行检查和核对，以便发现异常项目及前后矛盾之处，确定各类数据来源的正确性和真实性。核对这种审计技术就是将有关的两个或两个以上的数字进行比较对照，确定其是否相符，同时还要查明各个记录之间的连续性。核对程序的前提，是两个或两个以上具有相关性的记录中，至少有一个必须是正确的。为此，进行核对之前，需要对每一个数字还有进行验算。通过复算合计、小计、差额、积数等，查明其数额本身是否正确。核对的内容，一般有以下方面：

(1) 核对外来原始凭证上的接受单位与被审单位是否相符。

(2) 核对记账凭证与所附原始凭证的张数和金额是否相符。

(3) 核对货币资金结算中，货币资金账户增减记录中的对方主体与实际资金收付对方主体是否相符。

(4) 核对外来账单(如银行对账单、客户往来清单等)是否与本单位有关账项记载是否相符。

(5) 核对汇总记账凭证(科目汇总表)的数额与总分类账户的记录是否相符。

(6) 核对记账凭证的数额与有关明细分类账户的记录是否相符。

(7) 核对总分类账借、贷方发生额及余额与所属明细分类账借、贷方发生额及余额的合计数是否相符。

(8) 核对实物资产的账实是否相符。

(9) 核对财务报表各项目的数额与总分类账或有关明细账的数额是否相符。

(10) 核对财务报表上的有关数额和各报表之间有关数额是否相符。

(11) 如有必要，还应对相互关联的其他单证如生产记录、携带物资出门证、托运单、出车记录、考勤记录、职工名册、职工调动记录等等进行核对，以勾稽其是否相符。

6. 调节程序　在现有数据和需予核对证实的数据在时间上不一致时，为了证实数据是否真实,可采用调节程序。调节程序,就是从一定出发点上的数据着手,将已发生正常业务而应增、应减的数字对它进行调整,从而求得需予证实的数据的方法。银行存款调节表是调节程序的典型使用。此外,当审计盘点日同被审日(账面资料结存日)不同时,结合盘点实物,通过对两个时点中间账目的调节,可以考察被审日(账面资料结存日)的账面资料是否真实正确。例如,原材料被审日(账面资料结存日)是 20×8 年 12 月 31 日,而审计人员监督盘点日期却是 20×9 年 1 月 15 日。为了审查确定 20×8 年 12 月 31 日原材料的账实是否相符,可采用调节程序,将审计盘点日的实存量调节为被审日(账面资料结存日)的实存量,并与账面结存数量相核对,借以考查账实是否相符。调节程序的公式如下:

$$\frac{被查日(账面资料结存日)}{实际结存量} = \frac{审计盘点}{日实存量} + \frac{被查日至审计}{盘点日发出量} - \frac{被查日至审计}{盘点日收入量}$$

假设某被单位的甲材料 20×8 年 12 月 31 日账面结存 100 千克,通过核对及审阅并无错弊;该日被审单位自行盘点的实存量也是 100 千克。20×9 年 1 月 1 日至 15 日期间甲材料收入 2 050 千克,发出 1800 千克。20×9 年 1 月 1 日期初余额及收发数额均经审查核对无误。20×9 年 1 月 15 日,甲材料的审计监督盘点实存量为 350 千克。调节计算如下:

被查日(20×8 年 12 月 31 日)实存量=350+1 800-2 050=100(千克)。

经调节计算,甲材料被查日实存量与账面结存均为 100 千克,账实相符。若经调节计算发现实存量与账面结存量不符,则应进一步查明原因。

7. 函证程序   函证是指审计人员为印证被审单位会计记录所载事项而向第三方发函询证。函证程序的重要特征是第三方提供的资料必须直接与审计人员沟通,要避免审计委托人的影响或更改信息。对于被审单位存放在外地的实物资产和应收账款、应付账款等结算类业务,采用函证方法来取得证据一般较为有效。第三方若没有回函或审计人员对回函结果不满意,审计人员应考虑实施替代程序,以获取必要的审计证据。某些情况下,函证可替代盘点实物。

8. 查询程序   在审计过程中,审计人员对有关事项存在的疑问,可以向有关当事人进行查询,要求他们对有关事项作出解释,或者进一步说明情况,或者可以向有关的知情人进行询问,以进一步弄清真相。必要时,审计人员还可以到相关单位进行调查。

7.3.4   证实测试的类型

证实测试主要用以获得各类账户余额或交易类别的证据。证实测试包括:

(1) 交易测试:是指通过审查交易过程涉及的文件及会计记录来检查各项交

易。例如从发货文件开始追查至销售收入明细账，以确定发货是否已记录为销售。

(2) 余额测试：直接用于总账和明细账账的余额及发生额的审查。例如，函证确认客户的应收账款明细账的余额。

7.3.5 证实测试的时间和范围

审计风险模型中，检查风险的可接受水平会影响证实测试执行的时间。

如果检查风险可接受水平高，那么就可能在会计年度结束前几个月执行证实测试。反之，如果某项认定检查风险低，那么通常应在资产负债日或接近资产负债表日执行证实测试。

证实测试的范围，是指执行的证实测试的种类的多少和应用某项测试的项目数量。对于审计人员来说，达到一个低的检查风险水平，比达到一个高的检查风险水平，所需要的证据要多一些。此外，具体证实测试范围的确定，还依赖审计准则的规定和审计人员的经验。

7.4 财务审计策略

7.4.1 审计策略的含义

审计策略，是审计人员为了达到审计的最终目标，在对审计风险、重要性水平、内部控制和审计证据进行了综合考虑之后而形成的工作思路。它用以确定具体审计项目的审计范围、时间和方向，并指导具体审计计划的制订。

7.4.2 影响审计策略的因素

在针对某具体审计对象(认定)制定审计策略时，审计人员必须对下列影响审计策略的因素进行设定：

(1) 控制风险的计划估计水平。可估计为最高、一般或最低水平。

(2) 内部控制了解的程度。可取得详细了解、一般了解或最低限度的了解。

(3) 评价控制风险时必须执行的控制测试。可实施详细测试、一般测试或最简单的测试。

(4) 为使审计风险降低到合理水平而将要执行的证实测试。可实施详细测试、一般测试或最低限度的测试。

上述四个要素是互相制约的。比如，如果审计人员将控制风险估计为最高水平,那就意味着审计人员不打算过多地依赖被审单位的内部控制,也就不会花费很多精力去了解和测试内部控制。但是,为了保证审计结论的可靠性,审计人员就必须扩大证实测试的范围,加强证实测试审计程序。审计策略不是完成审计工作所需执行的审计程序的详细安排,而是审计人员对审计程序作出的初步判断,它是建立在对审计工作所做的一定假设基础之上的,会随着审计的进程而予以适时地调整。

7.4.3　审计策略的确定

在实施抽样审计的情况下,控制测试和证实测试的性质和范围具有关联性,扩大的控制测试可能会减少证实测试,审计策略实则是在控制测试和证实测试之间进行权衡并予以安排。对于影响审计策略的各要素的不同设定,构成了不同的审计策略。审计策略中的两个极端模式是主要证实法和低估控制风险水平法。

1. **主要证实法**　又称证实测试策略,是指审计人员决定不依赖被审单位的内部控制,而主要依靠实施证实测试对财务报表进行审计。

(1) 主要证实法下,对审计策略要素的设定:① 将控制风险的计划估计水平设为最高(或稍低于最高);② 对内部控制取得最低限度的了解;③ 实施很少、甚至不实施控制测试;④ 根据低水平的可接受的检查风险,计划强化的证实测试。

(2) 主要证实法的适用情况:① 审计人员根据以往与被审单位交往的经验或前期审计工作的结果认为被审单位有关的内部控制不存在或无效;② 审计人员认为执行额外的程序去了解内部控制和进行控制测试以便支持较低控制风险估计水平所付出的成本,将超过执行较大的实质性测试所需的成本;③ 初次审计;④ 再次审计中用于审查用来记录不常发生的经济业务和调整分录的账户的有关认定。

2. **低估控制风险水平法**　又称信赖策略,是指审计人员在一定程度上信赖被审单位的内部控制,所以对控制风险的评估总是位于"低水平"。

(1) 低估控制风险水平法下,对审计策略要素的设定。① 将控制风险的计划估计水平设为中等或低水平;② 要详细了解有关的内部控制;③ 拟实施扩大的控制测试;④ 根据中等或较高的计划可接受的检查风险水平,实施有限的实质性测试。

(2) 低估控制风险水平法的适用情况。下述情况下,可考虑采用低估控制风险水平法:① 审计人员确信与某项认定相关的内部控制的设计和执行都很好时;② 审计人员认为执行更多的来了解内部控制和进行符合性测试所需的成本,可以通过执行小范围的实质性测试节约开支而得到超额补偿时;③ 审查那些记录大量日常交易的账户有关的认定;④ 再次审计。

审计工作实践中,审计策略常常处于"主要证实法"和"低估控制风险水平法"之间。

7.4.4 审计计划概述

审计策略通常是以审计计划的形式予以表现。

审计计划,是指审计机构和人员为了合理组织、安排和指导审计工作所指订的规划和行动方案。制定科学的审计计划:① 能使审计人员能够根据具体情况收集具有充分证明力的证据,最大限度地减轻自己的法律责任;② 有助于保持审计成本的合理性;③ 避免与客户之间发生误解。审计计划分为:

(1) 总体审计计划:是对审计的预期范围和实施方式所做的规定,是审计人员从接受审计委托到出具审计报告整个过程基本工作内容的综合安排。总体审计计划的编制,应考虑如下主要内容:① 被审单位的基本情况;② 审计目的、审计范围和审计策略;③ 主要会计问题及重点审计领域;④ 审计工作进度及时间、费用预算;⑤ 审计小组组成及人员分工;⑥ 审计重要性的确定及审计风险的评估;⑦ 对专家、内部审计人员及其他审计人员工作的借助。

(2) 具体审计计划:也称为审计工作大纲,是依据总体审计计划制定的,对实施总体计划所需要的审计性质、时间和范围所做的详细规划与说明。具体审计计划应包括的主要内容有:① 审计目标;② 审计测试程序;③ 执行人员及执行日期;④ 审计工作底稿的索引号;⑤ 其他有关内容。

制订审计计划通常有七个步骤:① 计划前的工作;② 取得有关客户的背景信息;③ 取得有关客户法律义务的信息;④ 实施初步的分析性测试;⑤ 评价重要性和风险;⑥ 调查内部控制和评价控制风险;⑦ 制订总体审计计划和具体审计计划。

本章小结

为了降低审计中的检查风险,审计机构和人员应采用规范的财务审计流程,选择恰当的审计程序。

财务审计过程分为控制测试和证实测试两个层面,各自具有不同的审计程序。控制测试是为了提高审计效率,旨在减少证实测试程序而实施的具有选择性的审计测试,分为控制设计测试和控制执行测试两个方面。证实测试是财务审计的必不可少的步骤,旨在对被审单位财务报表是否存在重大错报发表审计意见。

证实测试和控制测试的结果一般是互相补充的,在两类测试之间的权衡并予以安排,构成了不同的财务审计策略。审计策略中的两个极端模式是主要证实法和低控制风险水平法。

8 抽样审计简介

8.1 抽样审计与审计抽样

8.1.1 抽样审计与审计抽样的关系

从语法上讲，抽样审计和审计抽样是两个不同的偏正词组。抽样审计的中心语是审计，修饰语是抽样；审计抽样的中心语是抽样，而修饰语是审计。

抽样审计是相对于详细审计而言的一个审计类别，它是从全部审计对象中，抽取部分项目(样本项目)进行审查，然后根据样本项目的审查结果对审计对象总体进行判断，推断出审计结论。抽样审计的过程，可参考图 8.1。

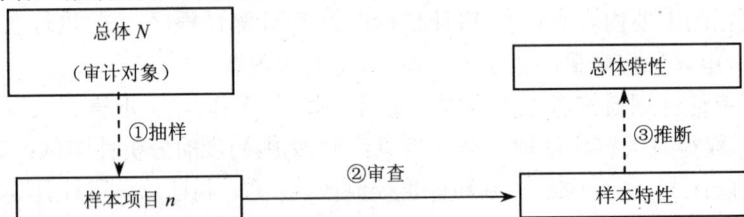

图 8.1　抽样审计过程

审计抽样则可称为一种审计方法和具体审计程序。AICPA 第 39 号《审计准则声明书》将审计抽样定义[1]为：为了评价余额或某类业务的某些特征，而对被审计的余额或某类业务中少于百分之百的项目实施审计手续。

《中国注册会计师审计准则第 1314 号——审计抽样和其他选取测试项目的方法》第 3 条，对审计抽样的定义是：指注册会计师对某类交易或账户余额中低于百分之百的项目实施审计程序，使所有抽样单元都有被选取的机会。

审计抽样作为一个审计方法，即抽查法，是相对于详查法而言的，是抽样技术在审计工作中的运用。严格地说，审计抽样是指图 8.1 中的第二个步骤，即"①

---

1 (美)阿尔文·阿伦斯，詹姆斯·K·洛布贝克. 审计学——整合方法研究[M]. 北京：中国审计出版社，2001: 436.

抽样"。

审计抽样有两个层面：其一，是针对审计对象具体项目的抽样，具有抽样审计的特征；其二，当审计具体项目确定后，针对该审计项目的具体内容(样本)的取舍，更具方法特征。

在对审计总体对象的所有审计项目都要实施审计的详细审计中，对每一个具体的审计项目的具体内容的审查，可采用详查法，也可采用审计抽样(抽查法)的方法；而对审计对象的部分审计项目实施的抽样审计中，对所确定的审计项目的具体内容进行审计时，也可以在详查法和审计抽样(抽查法)中进行选择。也就是说，在详细审计和抽样审计中，都可能运用审计抽样(抽查法)。

详细审计、抽样审计与详查法、抽查法(审计抽样)的关系，可见表8.1。

表 8.1 详细审计、抽样审计与详查法、抽查法的关系

审计类别	审计方法(程序)	属 性	
详细审计	对所有项目采用详查法	狭义的详细审计	广义的详细审计
	对部分项目采用抽查法(审计抽样)		
抽样审计	对抽取的项目采用详查法		广义的抽样审计
	对抽取的项目采用抽查法(审计抽样)	狭义的抽样审计	

可以说，详细审计和抽样审计都可以运用审计抽样(抽查)法。狭义的详细审计是对全部审计对象(项目)的全部内容采用详查法进行的审计；狭义的抽样审计则是对抽取的审计对象(项目)，采用抽查法进行审查，根据样本特征对总体特征进行审计推断。

8.1.2 审计抽样的基本要求

审计抽样的基本要求是抽取的样本要具有高度代表性和低度重要性。审计人员从审计总体中抽取样本，主要目的是要获得有高度代表性的样本。有代表性的样本，是指在审计过程中选取的、与总体具有大致相同特性(如频率、比率)的样本。即总体中被选取的项目与未被选中的项目是相类似的。例如，假设某被审单位的内部控制，要求由一名员工在每一张销售发票记账联的后面都附上仓库的发货单。当时所有销售发票记账联(总体)中，有3%未执行这一手续。如果审计人员选取100张销售发票记账联作为样本，从中发现3张未附发货单的销售发票记账联，则该样本就具有高度的代表性。如果在样本中发现2张或4张这样的销售发票记账联，则该样本也具有一定的代表性。如果没有发现，或者发现很多这样的销售发票记账联，则该样本就不具有代表性。

在审计实践中，审计人员甚至在所有测试都已完成后，仍无法知道样本是否具有代表性。不过，只要审计人员能谨慎地设计、选取和评价样本，就能提高样本的代表性。

8.1.3　审计抽样的方法

8.1.3.1　统计抽样法

审计中的统计抽样，是指为了提高样本的代表性，根据随机原则，运用数学定律，实施的抽样。由此，采用统计抽样方法而实施的抽样审计，可称为统计抽样审计。审计中，经常使用的统计抽样方式有：

1. 简单随机抽样　也称为单纯随机抽样、SPS 抽样，是指从总体 N 个单位中任意抽取 n 个单位作为样本，使每个可能的样本被抽中的概率相等的一种抽样方式。简单随机抽样的具体作法有三种：直接抽选法；抽签法；随机数表法。其中使用得较多的是随机数表法，因此常将随机数表法代指简单随机抽样法。

随机数表(可通过计算机生成)也称乱数表，它是由随机生成的从 0 到 9 的数字组成的数表。每个数字在表上出现的次数大致是相同的，它们出现在表上的顺序是随机的。表 8.2 就是五位随机数表的一部分。

简单随机抽样的步骤为：

(1) 对总体项目进行编号。对总体项目的编号，可以由审计人员自编，也可利用总体项目原有的某些编号，如凭证号、支票号、账页号、记录号等。例如，审查总体是一个由 45 张账页，每张账页为 20 个记录行组成的现金日记账，那么可将第一页的第一行作为第 1 号(该行为期初数、结转数除外)，则第 2 页的第一行则为第 21 号。同理，第 6 页第 17 个记录就为第 137 号(6×20+17)。

(2) 根据总体项目数或编号，确定使用几位随机数、哪几位随机数。例如，审查对象总体是 2000 销售发货单，就要用到四位随机数，这四位随机数可以任意确定，既可以是前四位或后四位，也可以是第一、二、四、五位等等。

(3) 查找随机数表，确定相应编号的样本项目。从表中的任何一行和任何一列开始，依次往下查(上、左、右均可)，凡符合总体项目编号范围内的数字，即为抽中数，与此相对应的总体项目，即为样本项目，直至抽到所需的样本规模为止。

【例 8.1】审计人员从某单位 2000 张发货单中，采用简单随机抽样法，选取50 张进行审查。在对发货单进行编号后，如果从表 8.2 的第 6 行第 5 列开始往下查，使用后四位随机，那么被选中的前六位随机数为：0030、1523、1425、0640、0582 和 0852，与此相对应的发货单即为样本项目。在使用随机数表抽样过程中，凡随机数大于 2000 的编号数,因不符合总体项目的编号范围,即为非抽中随机数。

简单随机抽样是最基本的统计抽样方式,其他统计抽样方式常与其结合在一起使用。

表 8.2 随机数表

行	列									
	1	2	3	4	5	6	7	8	9	10
1	32044	69037	29655	92144	81034	40582	77184	87562	46505	01584
2	23821	96070	85292	81642	08971	07441	09307	81563	56918	98452
3	82383	01761	66441	28677	95916	78346	37916	08461	42438	48432
4	08210	21792	71635	36092	38157	85620	96718	78551	50261	17705
5	84856	76940	21644	01401	01423	37231	05509	37489	56459	85953
6	95000	61865	83430	98250	70030	04513	74814	45978	09277	73827
7	20764	61638	11864	32566	89822	02713	81293	52970	25080	33533
8	71401	17964	50940	98753	34905	93556	36318	79530	51105	26952
9	38464	75080	19750	32556	01523	69205	32122	03436	14489	02086
10	59442	59247	74995	95753	98378	83513	47870	20795	04305	89906
11	11818	40951	99279	61372	75433	27397	46514	48872	26356	41042
12	68857	16937	57402	82835	58220	09756	00533	17614	98124	72427
13	05933	69834	77178	32222	74138	44850	11527	05692	84810	44190
14	31722	97334	26934	00230	18517	35037	46319	21085	37957	05210
15	95118	18373	79478	35168	01425	90852	14199	93519	76028	23605
16	14347	69760	85772	70361	84159	84776	88717	90023	63928	17489
17	64444	95461	83084	42991	83206	90347	97519	03144	16530	53452
18	82291	02993	63592	91559	14243	25863	35685	47029	62894	37099
19	45631	75370	47869	24261	50640	04635	01497	26832	50000	47039
20	19595	78376	82476	69165	94668	54456	10087	13562	16800	15764
21	72020	44820	07020	02803	42631	90494	66969	77013	14473	65162
22	34519	04632	76982	30057	72153	34737	04118	34452	42179	83964
23	71750	86044	08613	82059	93652	38729	00776	10625	08714	95242
24	84739	48460	78522	25591	27581	26983	44995	58462	75314	65846
25	38929	79370	81285	81606	52154	88744	48352	61374	32181	71834
26	68690	38918	06315	88343	24153	18085	53296	64259	87158	64938
27	46610	24639	56328	14625	54651	27663	34201	40015	82157	65405
28	72065	44093	83240	17510	73412	16854	96942	05732	17320	20916
29	00226	73840	08500	64177	13203	46985	15723	57555	57526	63812
30	28621	05997	60428	26054	65302	31457	42932	80135	4950	34925

2. 等距抽样　也称系统抽样。使用等距抽样,审计人员先要计算出抽样间隔,在第一个抽样间隔内选取随机起点,然后从随机起点开始,按抽样间隔等距离地抽取样本项目。等距抽样的步骤为:

(1) 计算抽样间隔(J)。

$$J = \frac{总体单位数}{样本规模}$$

(2) 确定第一个样本(随机起点)。第一个样本(随机起点)≤抽样间隔,即:

$$A_1 \leqslant J$$

(3) 等距抽样,选取样本项目(A_n)。

$$A_n = A_1 + (n-1)J$$

这里,n 为所选取的样本序数。

【例 8.2】　审计人员采用等距抽样法,从某单位 2,000 张发货单中抽取 50 张进行审查,则抽样间隔为 40。随机起点,即第一个样本项目在第 1～40 号发货单之间。假定选择第一个样本项目的编号为 7,则第 46 个样本项目的编号为:

$$A_{46} = 7 + (46-1) \times 40 = 1807$$

即第 46 个样本是编号为第 1807 号的发货单。

等距抽样的优点是简便易行。等距抽样存在的主要问题之一是可能出现偏向。因为在等距抽样下,一旦第一个样本选定,则其余的所有样本项目就自动选定。如果所关注的样本特性(如可能存在的控制偏差)在总体中是随机分布的,则不会产生问题。但是,在某些情况下,所关注的样本特性并不是随机分布的。例如,如果控制偏差总是在月中的某一时间发生,或是在某类凭证上出现,则在这种情况下,等距抽样的样本不具有代表性的可能性就要高于简单随机抽样的样本。因此,在使用等距抽样法时,必须考虑总体数据中可能导致样本偏差的模式。

3. 分层抽样法　是指先将总体项目按某一标志分成若干层,然后使用简单随机抽样法或等距抽样法,整层地抽取样本项目的一种方法。

【例 8.3】审计人员将某单位全年的支出凭证采用分层抽样法进行抽样审查。先按星期划分为 53 个层,现要从中抽出 5 个星期进行审查。假设从随机数表中选出 28、49、13、36、7 五个随机数,那么样本项目就由第 7、13、28、36、49 星期的支出凭证所组成。

分层抽样法使用起来也比较方便,但样本的代表性,也可能稍差。

4. 金额单位抽样法 是按照总体的金额单位(元),而不是实物单位进行抽样的一种方法。在金额单位抽样中,总体某一项目被抽中的概率等于该项目的金额与总体金额的比例。例如,在总额为 1 000 000 元的若干张销售发票中,一张金额为 50 000 元的销售发票,被抽中为样本项目的概率为 5%;另一张金额为 4 000 元的销售发票,被抽中为样本项目的概率为 0.4%。也就是说,在金额单位抽样中,总体每一金额单位而不是每一实物单位被抽中的机会相等。在简单随机抽样法、等距抽样法和分层抽样法下,金额为 50 000 元和 4 000 元的销售发票,它们被抽中的机会是相等的,而在金额单位抽样中就不一样了。金额为 50 000 元的销售发票被抽中为样本项目的机会是金额为 4 000 元的销售发票的 12.5 倍。

金额单位抽样的步骤为:

(1) 将负数余额从总体中剔除。

(2) 计算出总体项目的累计金额。

(3) 根据所需的样本规模,从随机数表中抽取随机数。

(4) 找出被抽取的随机数在累计金额表中的位置,与此相对应的项目,即为样本项目

【例 8.4】 以 9 张销售发票组成的总体,其金额为 50 000 元。现要从中抽取 4 张发票进行审查。总体实物单位的累计金额表为:

项目号	记录额	累计金额
1	5 240	5 240
2	11 760	17 000
3	4 160	21 160
4	2 150	23 310
5	6 040	29 350
6	9 650	39 000
7	4 040	43 040
8	3 400	46 440
9	3 560	50 000

现从表 8.2 列示的随机数表的第 4 行、第 2 列开始,往下开始查,抽取四张为 21 792、17 964、40 951、16 937 的随机数。由于 16 937、17 964、21 792、40 951 四笔金额分别包含在第 2、3、4、7 张销售发票的累计金额之内,所以这四张销售发票,即为被抽取的样本项目。

金额单位抽样法的优点:金额高的项目被抽中的机会增加,因此,审计人员能以审查较少样本项目,达到审查较多总体金额的结果;易于发现金额扩大错误,因为具有金额扩大错误的项目,由于它的金额被扩大了,被抽中审查的机会增加。

金额单位抽样法的缺点：使用起来不太方便，因为要算出累计金额表，在总体金额较大的情况下，这项工作手工计算是很费时费力的；不易发现金额缩小错误，因为金额缩小错误的项目，由于它的金额单位被缩小了，被抽中审查的机会就减少了；不能发现记录值为零和负数的项目的错误。

8.1.3.2 审计中的非统计抽样

审计中的非统计抽样，是指审计人员根据执业经验，选取他认为在当时情况下能够提供最有用信息的那些样本项目(即非统计样本)，然后基于判断得出对总体的结论。正因为如此，非统计抽样方法也被称为"判断抽样法"。采用非统计抽样方法而实施的抽样审计，可称为非统计抽样审计。

非统计抽样的样本选取方法，由于不符合统计抽样的要求，不是以精确的数学定律为基础，因此样本的代表性可能比较难以确定。样本中的信息内容取决于审计人员根据具体情况运用其判断时的知识和经验。

审计中，经常使用的非统计抽样方式有：

1. 定向抽样 是根据审计人员所建立的某些判断标准来选择样本项目的方法。在定向抽样中，审计人员并不给所有项目以同等被选中的机会，而是有意地依据标准来抽取样本项目。这些标准可能与样本代表性有关，也可能无关。以下是一些常用的标准。

(1) 最有可能包含错报的项目。通常审计人员能够识别出总体中哪些项目最有可能发生错报。例如，拖欠超过 2 年以上仍未收回的应收账款，与公司主管人员和关联公司之间的购销业务，以及金额很大或复杂的业务等，都是容易发生错报的例子。审计人员可以抽取这类项目进行审查，然后在判断的基础上，根据样本的审查结果来推测总体。一般来说，在评价这些一般的基础上所做的推论是：如果所选取(最有可能出错)的项目中没有包含错报，则总体中就不可能出重要错报。

(2) 具备所选定的总体特性的样本。审计人员可以先描述出总体是由哪些类型和来源的项目构成的。然后再每一种类型中都选取一至多个项目，这样设计出来的样本就具有代表性。例如，在对现金支出业务抽样时，可能就要从每个月份、每个银行账户或地区以及每类主要采购业务中分别抽取一定数量的样本。

(3) 金额覆盖面大。一般来说，应当选择能覆盖总体全部金额较大部分的样本，这样可以减少因未检查某些小项目而得出不正确结论的风险。

2. 异常数(变态数)抽样 在非统计抽样实践中，审计人员经常会用到异常数(变态数)抽样。

所谓异常数，是指数字本身在正常情况下不应有的现象，而发生了异常的现象。对于出现异常情况的账项，应予以抽查。其实，异常数抽样法是定向抽样法的特别运用。

3. **区域抽样** 就是按顺序抽取一些样本作为样本。一旦某区域内的第一个样本被选定后，则该区域内的其他样本就会自动被选出。例如，从三月份第二周的营业收入日记账按顺序抽取 100 笔销售业务，就是区域样本的例子。对于一个总数为 100 个项目的样本，也可以采用在 5 个区域中各选取 20 个项目，或者在 10 个区域中各选取 10 个项目，或者在 50 个区域中各选取 2 个项目等多种方法来产生。

一般来说，只有在区域数量足够多时，才能使用区域抽样。如果所采用的区域数量较少，则取得没有代表性的样本的概率就会增大。比如员工流动、会计制度(准则)变化、行业季节性等都容易产生这个问题。

4. **任意抽样** 审计人员从总体中抽取样本时不带偏好，也就是不考虑项目的大小、来源或其他特性，这种抽样就叫任意抽样。

任意抽样最严重的缺陷在于很难完全无偏见地选取样本项目。由于审计人员所受的教育以及"文化偏见"的影响，总体中的某些项目可能会比其他项目更容易被选入样本。按照审计职业准则的规定，审计人员通常既可以采用统计抽样法，也可以采用非统计抽样法。但无论选择哪种方法，审计人员在运用时都必须保持合理的谨慎。

8.1.4 抽样审计中的检查风险

审计中的各种不确定因素构成了审计风险。抽样审计中的检查风险主要体现为抽样风险和非抽样风险。抽样风险，是依据抽样结果推断的结论与审计对象总体实际特征不相符合的可能性，由抽样的不确定性引起；非抽样风险，是因采用不当的审计程序和方法，误解审计证据而不能发现重大错报的可能性。

8.1.4.1 抽样风险

抽样风险，是指审计人员根据样本得出的结论，和对总体全部项目实施与样本项目同样的审计程序得出的结论存在差异的可能性。抽样风险是因测试的样本量小于总体而引起的，通常与样本量呈负相关，样本量越大，抽样风险越低。

1. **抽样风险的类型** 在财务审计中，抽样风险因实施的控制测试和证实测试而有所不同。抽样风险的类型可见表 8.3。

(1) 控制测试中的抽样风险。审计人员在进行抽样控制测试时，应关注的抽样风险是信赖不足风险和信赖过度风险。信赖不足风险是指抽样结果使审计人员没有充分信赖实际上应予信赖的内部控制的可能性；信赖过度风险是指抽样结果使审计人员对内部控制的信赖超过了其实际可予信赖程度的可能性。

表 8.3　抽样风险的类型

控制测试	审查对象总体的实际情况　抽样审计结论	内部控制良好或无重大缺陷	内部控制存在重大缺陷
	拒绝正确的假设	信赖不足风险	正确结论
	接受正确的假设	正确结论	信赖过度风险
证实测试	审查对象总体的实际情况　抽样审计结论	正确或无重大错误	错误或有重大错误
	拒绝正确的假设	误拒险(α 风险)	正确结论
	接受正确的假设	正确结论	误受险(β 风险)

(2) 证实测试中的抽样风险。审计人员在进行抽样证实测试时，应关注的抽样风险是误受风险和误拒风险。误拒风险是指审计人员将被审总体实际上是正确或无重大错误的情况判作是错误的风险，也称为 α 风险、弃真险。也就是说，被审总体实际上是正确或没有重大错误，但审计人员却判作是错误的，或认为是有重大错误的假设；误受风险则是指审计人员将被审总体实际上是错误的情况判作是正确的风险，也称为 β 风险、弃伪险。也就是说，被审总体实际上是错误的，或有重大错误，但审计人员却判作是正确的，或认为是没有重大错误的假设。

【例 8.5】 审计人员审查某企业某月的销售收入项目，账上已记录 1 000 次销售业务、1 000 000 元的销售收入。审计人员确定的重要性水平为 0.5%，即重要性金额标准为 5 000 元；样本规模为 20 项销售业务及记录。

该月销售业务的实际情况是：销售收入为 1 001 000 元。错误记录(少计收入 1 000 元)占账面收入的比例为 0.1%，低于重要性标准，应视为没有重大错误。

审计人员在抽样时，未遵循随机原则，抽取的样本中发现有错误的销售业务共三项。样本审查中，账面已记录的样本项目的销售收入为 30 000 元，实际销售收入应为 30 600 元，错报金额(少计收入)为 600 元，样本的错报率为 2%。由此，推断总体错报率也为 2%，推断总体中少计收入 20 000 元。因推断的总体错报超过重要性标准，由此得出该企业该月销售收入"存在重大错报"的审计结论。

该案例具有误拒险的特征。

2. 抽样风险的影响　上述抽样风险，都将严重影响审计的效率和效果。信赖不足风险和误拒风险会导致审计人员执行过多的审计程序，降低审计效率；信赖过度风险与误受风险则很可能导致审计形成错误的审计结论。

相比而言，信赖过度风险和误受风险对审计人员的影响要大一些，属于最危险的风险，因为它们可能使审计无法达到预期的效果；而信赖不足风险和误拒风险则属保守性风险，它们则导致审计效率不高，但一般都能保证审计效果。

抽样风险对审计工作的影响，参见表 8.4。

表 8.4   抽样风险对审计工作的影响

审计测试	抽样风险类型	对审计工作的影响
控制测试	信赖(可靠程度)过度风险	效果
	信赖(可靠程度)不足风险	效率
证实测试	误受风险	效果
	误拒风险	效率

3. 控制抽样风险的途径   主要有两个：一是调整样本量，二是采用恰当的方法从总体中抽取样本项目。增加样本量可以降低抽样风险，反之则会提高抽样风险。采用恰当的抽样方法可以合理地保证样本的代表性，虽然它不能用于消除或降低抽样风险，但能使审计人员以更可靠的方式去衡量某一特定样本量的风险。

8.1.4.2　非抽样风险

非抽样风险是指由于某些与样本规模无关的因素而导致审计人员得出错误结论的可能性。非抽样风险与样本量无关，通常由审计人员采用了不恰当或无效的审计手续引起，具有主观性。审计过程中可能导致非抽样风险的原因包括以下情况：

(1) 审计人员选择的总体不适合于审计测试目标。

(2) 审计人员未能适当地定义控制偏差或错报，导致未能发现样本中存在的偏差或错报。

(3) 审计人员选择了不适于实现特定目标的审计程序。例如，审计人员依赖应收账款函证，来揭露未入账的应收账款。

(4) 审计人员未能适当地评价审计发现的情况。例如，审计人员错误解读审计证据可能导致没有发现偏差；审计人员对所发现误差的重要性的判断有误，从而忽视了性质十分重要的误差，也可能导致得出不恰当的结论。

非抽样风险是由人为错误造成的，因而可以降低、消除或防范。虽然在任何一种抽样方法中审计人员都不能量化非抽样风险，但通过精心设计审计手续，给予不同层级审计人员恰当的审计指令，建立和实施适当的审计质量控制政策和程序，还是可以将非抽样风险降至可以接受的水平。

8.2　统计抽样审计的一般步骤

在抽样审计中，抽样是关键环节。由于抽样的方法分为统计抽样和非统计抽样，所以抽样审计相应分为统计抽样审计和非统计抽样审计。统计抽样审计的步骤与非统计抽样审计的步骤基本相同。非统计抽样审计的步骤可参考统计抽样审计的步骤，故不再赘述。

8.2.1　计划样本

统计抽样审计在计划样本时，要按顺序做好以下工作。

1. **明确审计测试的目标**　控制测试的目标主要是要确定被审单位的内部控制政策和程序的设计和执行是否具有效果(即效果好坏)；证实测试的主要目标是证实被审单位有关交易、账户和报表列示是否公允。审计测试目标从大的方面，取决于审计测试类型(控制测试或证实测试)；从小的方面，取决于业务循环。

不同的业务循环有着不同的特性，审计测试的目标有所不同。在销售和收款循环中，控制测试的总体目标通常为测试销售和现金收入的内部控制的有效性；证实测试的具体目标可表述为：已入账的销售业务是向真实顾客的发货(真实性)；发生的销售业务均已入账(完整性)；已入账的销售金额是发货金额，并且已正确开票和记录(记账金额正确性)；销售业务的分类是正确的(分类正确性)；销售业务记录于正确的日期(时间正确性)；销售业务中的赊销业务恰当地记录于应收账款明细账，并且正确地汇总(过账和汇总)。

2. **确定审查总体的范围**　审查总体是审计人员希望归纳其特性的对象(数据体)。审计人员可以对总体进行定义，以使其包含任何他所需要的数据。但是总体一经定义，审计人员就必须从该总体的全部项目中选取样本。审计人员只能对他进行过抽样的总体做出归纳。

审查总体，有两个层面：一是指审计对象的被审项目的所有项目(可称一级项目)，例如财务审计中，资产负债表的审计、利润表的审计和现金流量表的审计；二是指某个被审(一级)项目下的明细项目。总体的范围是变化的，即一级审计项目和明细审计项目的总体是不同的。审计人员在进行抽样审计时，首先要确定审计总体的范围。确定审查总体范围时，要注意以下三点：

(1) 总体要具有同质性。同质的意思是指总体中的所有项目具有类似的特点。例如，审查应收账款明细项目时，就应将应收账款项目中出现贷方余额的账号剔除，因为应收账款明细账的贷方余额实际上是应付款。

(2) 审查总体的范围要根据审计总体或具体目标来确定。这是因为审查总体的范围与审计目标是紧密相连的。例如，如果审计目标是审查现金支票的合法性，那么审查总体显然只包括现金支票，而不包括转账支票。

(3) 每一个项目都要有能够识别的标志。每一个项目不管是否属于审查总体的范围，都要有能够识别的标志。例如，要审查某基建工程所领用的材料，那么领料单上就必须具备将该基建工程所领用的材料与生产产品领用的材料相区别的标志，否则就无从确定该审查总体的范围。

3. 决定是否运用审计抽样　审计测试目标确定后，要针对具体审计项目(对象)，考虑业务频率、风险、重要性，结合是否具备审计抽样的技术条件等因素，确定是否运用审计抽样。例如，企业实收资本项目的审计，因业务发生次数少，对企业重要性高，应采用详查法，不能运用审计抽样；针对已经司法立案的司法审计，也不能考虑审计抽样。

4. 定义审计测试中的属性与例外状态　在审计测试中，需定义审计测试的相关属性(某项内部控制测试属性，可以理解为该项控制的标准控制、理想控制或关键控制，如果没有该项控制属性，内部控制可能会出问题)和例外状态。审计测试中，审计人员必须仔细定义所测试对象的特性(属性)及例外状态。除非预先对属性的构成有准确的说明，否则，实施审计程序(手续)的工作人员就无法得到用于识别例外情况的指南。

审计人员所关注的属性和例外状态都直接来自于审计人员决定运用审计抽样的审计程序(手续)。表 8.5 列示了销售收入控制测试的部分审计手续中，审计人员所关注的五种属性及每种属性的例外状态。选入样本的每个项目是这五种属性都需要进行验证。任何样本项目如果缺乏某种属性，那就是该属性的例外状态。

表 8.5　销售收入控制测试中的部分属性

审计手续	控制属性	例外状态
1-1	销售发票记账联上标明赊销已经批准	缺少表明赊销已经批准的签字
1-2	销售发票记账联附有发货单记账联	销售发票记账联未附发货单
1-3	销售发票记账联上列示客户的账户编号	销售发票记账联上未列示客户账户编号
2	每张发货单均有相应的销售发票提货联	发货单没有相应的销售发票提货联
3	销售发票上的数量与发货单上的数量相同	发货单上的数量与销售发票上的数量不同

5. 定义审计测试中的重要性标准　在财务审计中，控制测试的重要性标准，可能是有关控制的无效次数(错误次数)或无效比率(错误比率)；证实测试的重要性标准，通常用一定的金额界限标识。

6. 确定审计测试的样本规模　样本是指一组从总体中被抽出进行审查的项目。财务审计的过程实质上是一个收集和判断证据的过程。证据所具有的证明力的强弱，除了取决于审计人员对证据进行鉴别工作的质量外，还取决于证据本身的证明能力。与证据本身证明能力有直接关系的是证据与被审事项的相关性、可靠性、充分性、重要性、及时性和经济性。对审计证据的充分性和经济性要求与确定抽样规模有密切的联系。统计抽样审计的要求就是，审计样本要保证能够、并且恰好能够说明审计总体的情况，既不发生审计不足，又不发生过分审计。统计抽样审计要根据总体容量、总体各项目之间的差异、审计结论的精确限度、预期总体误差、可靠程度和审计成本等六个因素，科学地确定所需要的样本规模。

(1) 总体容量与抽样规模成正比。总体容量越大，所需要的样本规模也越大；反之总体容量越小，所需要的样本规模也越小。

(2) 总体各项目之间的差异对样本规模的影响。总体各项目之间的差异有两种情况。一种表现为被审项目是正确或错误的差异，这种差异的指标称为总体错误率；另一种表现为被审查项目数值之间的差异，这种差异的指标称为总体标准差。总体各项目之间的差异与样本规模成正比，即：总体各项目之间的差异越大，所需要的样本规模就越大。

(3) 总体各项目之间的差异的确定。总体各项目之间的实际差异，只有一个办法确定，即采用详细审计。而采用统计抽样审计，进行抽样以前，审计人员并不知道总体实际错误率或标准差为多少，继而难以确定抽样规模。对于这个问题，可以用预计总体错误率或标准差的办法来解决。审计人员可以根据以往的经验进行预计，也可以先抽取一个初始样本，以样本的错误率或标准差作为预计的总体错误率或标准差。然后根据预计的总体错误率或标准差来确定抽样规模。在确定样本规模且完成抽样、审查样本项目后，可再根据样本错误率或标准差决定是否要对样本规模作适当的调整。

(4) 统计抽样审计结论的精确限度对样本规模的影响。统计抽样审计抽选样本后，要对抽取的样本项目进行审查，然后根据样本审查结果对总体的状态进行推断。推断总体的审计结论与被审总体的实际情况完全一致，既是最好的，也是很难的；而出现不一致则是常态。当推断总体的审计结论与被审总体实际情况不一致时，即出现差异的情况，关键看该差异是否为审计职业界和相关审计关系人所接受。这样，就产生了统计抽样审计结论的精确限度问题。

统计抽样审计对总体的推断值与审查全部总体项目(详细审计)所得结果之差，表现为抽样误差(既可能是金额，也可能是比率)。统计抽样审计结论的精确限度，也称可容忍误差，是指统计抽样审计所推断出的审计结论与总体实际情况之间所允许的抽样误差的范围。以公式表达为：

抽样误差=被审总体实际情况−根据样本审查结果推断的被审总体特征

精确限度=审计职业界和审计关系人所能接受的抽样误差

统计抽样审计结论=根据样本审查结果推断的被审总体特征±精确限度

从统计的角度，精确限度有上限和下限之分，但审计人员一般关心的是总体错误率(金额)最高(大)可能是多少，即关心精确度上限。

精确限度指标是一个负指标。即精确限度指标数值越小，表明允许的误差越小，审计要求越高，通常审计人员要有更高度的关注和审计投入，相应审计成本也就较高。否则，反之。

审计结论的精确限度(指标值)与样本规模成反比。精确限度(指标值)越大，所需要的样本规模就越小；反之，精确限度(指标值)越小，所需要的样本规模就越大。可以设想，当精确限度(指标值)为零，即要求推断的审计结论与被审总体的实际情况完全一致，唯一的办法只能是对总体进行全部审查，即详查。

(5) 预期总体误差。审计人员应根据前期审计所发现的误差、被审单位的经济业务和经营环境的变化、对控制测试结果的评价以及分析性程序的结果等，来确定被审对象总体的预期误差。如果存在预期误差，则应当选取较大的样本规模。

(6) 统计抽样审计结论的可靠程度对样本规模的影响。统计抽样审计结论的可靠程度，是指统计抽样审计所推断的审计结论可予信赖的程度，即被审总体的实际情况落在统计抽样审计结论精确区间内的概率，或者说是我们以多大的把握来做出具有合理保证的统计抽样审计结论。

统计抽样审计结论的可靠程度与样本规模成正比。要求的审计结论可靠程度越高，所需要的样本规模就越大；反之，要求的审计结论可靠程度越低，所需要的样本规模就越小。

统计抽样审计结论的可靠程度不可能为100%，当要求审计结论100%可靠时，只能对被审总体进行100%的审查，即详查。统计抽样审计结论可靠程度的补数，就是审计人员在做出审计结论时所要承担的做出错误结论的风险，即：

统计抽样审计结论风险=1－统计抽样审计结论可靠程度

例如，审计人员确定的统计抽样审计结论可靠程度为95%，那么，审计人员在做出审计结论时就要承担5%做出错误结论的风险。

(7) 审计成本对样本规模的影响。审计成本与样本规模成正比。能够负担的审计成本越高，则样本规模就越大；否则，反之。

(8) 计算确定样本规模。在综合考虑各因素的影响后，审计人员可通过样本计算公式计算确定样本规模。

(9) 最低样本规模要求。在很多情况下，统计抽样的样本规模要求采用大样本，一般要求样本规模不少于30，因为根据30个项目的样本审查结果推断出的审计结论很难是正确的。

8.2.2　抽取样本

样本规模确定后，可选用前述的统计抽样方法抽取样本。

8.2.3　对样本实施具体审计程序

样本抽取后，针对控制测试和证实测试，按照审计计划的要求，选用相关具体的审计程序(审计手续)进行审查，并将样本审查结果在审计工作底稿中予以记载。

8.2.4　评价样本审查结果推断总体结论

作为抽样理论基础的大数定律指出，由许多个别项目所组成的总体，若存在某一标志方面的规律性及其共同特征，那么只要观察这一总体中的部分项目达到足够的大量程度，总体的某一标志的这种共同特征就能显示出来。这是因为，从总体中抽取的一部分样本项目来看，各个样本项目除了具有本质上的共同特征外，还会存在各自偶然因素造成的差异。但是在按随机原则抽取样本项目的条件下，当抽取的样本项目数多达足够程度后，各项目之间的偶然差异经过综合平均会互相抵消，从而显示出总体某一标志规律性的共同特征。统计抽样审计正是依照大数定律，根据样本项目的审查结果，了解、评价样本项目的错误率或错误值(金额)，以此去推断总体的错误率或错误值(金额)，并计算在预先规定的可靠性水平之上，样本与总体之间发生的误差有多大。因此，在财务审计中，可以根据样本项目的审查结果去推断总体，从而对被审单位的财务情况是否存在"重大错报"，做出具有"合理保证"的审计结论。

8.3　统计抽样审计在控制执行测试中的运用

财务审计以抽样的方式进行，是基于时间和成本方面的考量。财务审计模式中的系统(制度)基础审计，则主要是基于效率方面的考量。在实施系统(制度)基础审计时，对被审单位的内部控制制度实施控制测试，是审计工作的前提和重点。控制测试分为控制设计测试和控制执行测试两个方面。虽然控制测试采用抽样的方式进行，但主要用于其中的控制执行测试。

在对被审单位的内部控制进行"初步了解—调查—描述—初步评价"，拟予信赖后，一般采用统计抽样的方式进行控制执行测试(参见图7.2系统基础审计流程)。

由于控制测试的目标是基于定性评价，审计人员要做出被审内部控制总体错误率多少的结论，而不必做出总体错误金额大小的估计。因此，控制测试所使用的统计抽样方法要能够对总体进行定性评价，并描述总体的质量特征。统计抽样审计在控制执行测试中的运用，可称为属性统计抽样审计(也可简称为属性抽样，证实测试中的交易测试也可参考使用属性抽样)，即在一定的精确限度和可靠程度的条件下，通过计算样本差错率来对总体的某种"差错"(属性)的发生频率进行推断的统计抽样审计。

8.3.1　控制执行测试中属性的概念

控制执行测试中的属性，是指被审对象(内部控制制度)的质量特征，即被审单位的内部控制的执行是否遵循了既定的标准以及存在的误差水平。

属性统计抽样审计就是对被审内部控制总体某种属性(质量特征)的"是"或"否"的回答，抽样审计的结果只有两种："对"与"错"或"是"与"否"。被审内部控制总体的质量特征可反映遵循内部控制制度规定或要求的相应水平。

8.3.2　属性抽样中所使用的相关概念

1. 属性范围与偏差　在使用属性抽样时，审人员要根据控制测试目标确定属性范围，即对属性加以明确规定。例如，审计目标是测试开具销售发票是否符合内部控制制度。根据这一具体控制测试目标，审计人员可以规定，凡属下列情况都应视为偏差(或称错误、误差)：

(1) 销售发票没有根据销售合同开具。

(2) 销售发票上的价格与规定的等级产品价格不符。

(3) 销售发票在计算上有错误。

(4) 销售发票未经有关人员复核。

(5) 其他在开具销售发票上的错误行为。

审计人员在取得属性范围时，要注意每一种错误(误差)情况都要有能够识别的标志，以便在审查样本项目时能够明确区分。例如，以上第一种情况以销售合同的有关条款为识别标志；第二种情况以产品价格目录为识别标志；第四种情况以复核人员的签章为识别标志；第三、五种情况以错误的书面证据为识别标志。

2. 属性抽样风险与可靠程度　是指样本特征能够代表总体特征的可靠性程度。属性抽样风险(或称风险度)与可靠程度是互补的，即：

$$风险度 = 1 - 可靠程度$$

3. 属性抽样中偏差率与控制风险　属性抽样中的偏差，即错误、差错，是指审计人员认为使控制程序失去效能的所有的控制无效事件；偏差率，则指被审项目中出现偏差的次数占被审项目总体数量的比率。

在"内部控制制度和审计风险"中，曾述及内部控制执行的偏差率与内部控制结构评估的关系。此处根据表6.2调整后见表8.6。可以说，当推断的总体偏差率小于1%时，内部控制状况可称为"极好"；当偏差率大于7%时，则可称内部控制状况"不可靠",即不能予以信赖。

表 8.6　内部控制偏差率的评价

推断的总体偏差率	内部控制评估	对证实测试的影响	控制风险
偏差率<1%	极好	证实测试工作可减少一半到	10%
1%<偏差率<3%	好	三分之一	30%
3%<偏差率<5%	中等	证实测试工作将减少	50%
5%<偏差率<7%	贫乏	可考虑忽略证实测试的抽样	70%
偏差率>7%	不可靠	测试,进行详细测试	100%

　　4. 属性抽样方法　属性统计抽样审计的具体方法,有固定样本量抽样、停—
走抽样和发现抽样等三种。

8.3.3　固定样本量抽样

　　固定样本量抽样是属性抽样的基本形式。它是利用对一次抽取的样本进行审
查的结果,推断(内部控制)总体偏差率的一种统计抽样。固定样本量抽样的基本
步骤为:

　　1. 根据审计目标确定总体和属性范围　审计目标决定了"属性"的含义,审
查某一个内部控制程序的执行情况与审查某个会计账户余额的准确性的"属性"
含义是不同的。

　　2. 定义精确度上限　精确度上限是指审计人员认为抽样结果可以达到审计
目标所愿意接受的审计对象(内部控制)总体的最大偏差,即审计人员不改变在"初
步评价"时对内部控制的可靠程度而愿意接受的最大偏差发生率。精确度上限主
要取决于被测试的内部控制的重要程度、偏差的性质和对偏差属性的定义。

　　定义精确度上限,即定义内部控制的最大偏差率。

精确度上限=预计偏差率+精确限度
精确度下限=预计偏差率－精确限度

　　在属性抽样中,审计人员一般根据以往经验确定预计总体偏差率。这是因为
审计人员根据自己经验一般能够较正确地加以确定,而以初始样本的偏差率作为
预计总体偏差率的办法虽好,但较为麻烦。

　　3. 确定样本量　属性抽样的样本量决定于属性抽样推断总体的精确限度、可
靠程度和预计总体偏差率。精确限度的确定要考虑偏差属性的性质、对重要的偏
差属性的发生率的推断要求较高的精确限度,在推断次要的偏差属性的发生率时,
可适当地降低精确限度。可靠程度的确定主要取决于审计人员对内部控制的评价,

对不好(即贫乏、不可靠)的内部控制下的抽样审计结论应要求较高的可靠程度,以便减少抽样风险;对于有效(即极好、好)的内部控制制度,可以适当地降低可靠程度的要求。在属性抽样中,一般将最小可靠程度定为90%,如果其属性对于其他项目是重要的,则采用95%的可靠程度。预计偏差率与样本量成正比例关系。

在实际工作中,通常是利用样本量确定表(见表8.7和表8.8)直接查得样本量。样本量确定表的使用步骤为:

(1) 根据可靠程度确定选择适当的样本量确定表。

(2) 根据确定的预计偏差率和精确度上限,在表上找到它们交叉点的数字,就是所需的样本量。

【例8.6】 审计人员对某单位开具销售发票业务的内部控制制度进行控制测试时,确定的可靠程度为95%,预计偏差率为3%,精确限度为2%,即精确度上限为5%。在表8.7中,查得所需的样本量为400。

4. 采用适当的随机抽样方法进行抽样 确定了所需的样本量后,就可采用适当的随机抽样方法进行抽样。

5. 审查样本项目 样本项目抽出后,就应对抽取的样本项目采用适当的审计技术方法(程序)进行审查。审查完毕,就可得到样本的偏差率。

6. 评价样本审查结果 样本项目审查结果出来后,可将样本项目的偏差率与确定样本量时所使用的预计偏差率进行比较,以确定是否需要对样本量进行适当的调整。比较一般偏差率与预计偏差率时,可能出现以下三种情况:

(1) 样本的偏差率与预计偏差率大致相同。说明样本规模符合抽样要求。

(2) 样本的偏差率小于预计偏差率。说明样本规模过大。这是因为在确定样本量是根据较大预计偏差率计算的,而预计偏差率又与样本规模成正比。但这时样本都已审查完毕,缩小样本量已无必要。

(3) 样本的偏差率大于预计偏差率。说明样本规模过小。这时,应以样本偏差率代替预计偏差率,重新确定样本量,并抽取和审查新增的样本项目,重新计算样本偏差率,直至样本偏差率等于或小于计算样本量时所使用的预计偏差率为止。如经过数次扩大样本后,样本偏差率仍有上升的趋势,则应考虑采用较高的预计偏差率计算样本量。

7. 根据样本审查结果推断总体 当样本偏差率等于或小于预计偏差率时,就能以样本偏差率去推断总体偏差率。但因存在抽样误差,不能简单地以样本偏差率代替总体偏差率,而应以一定的可靠程度去推断总体偏差率在某一区间内。由于属性抽样只使用精确度上限,因此,属性抽样的审计结论,通常是以一定的可靠程度确定总体偏差率不超过某一百分比。推断总体偏差率的方法有两种:

表8.7　样本量确定表(可靠程度：95%)

预计偏差率%	精确度上限(%)															
	0.5	1	2	3	4	5	6	7	8	9	10	12	14	16	18	20
0	600	300	150	100	80	60	50	50	40	40	30	30	**	**	**	**
0.25	*	620	240	160	120	100	80	70	60	60	50	40	40	30	30	30
0.5		*	320	160	120	100	80	70	60	60	50	40	40	30	30	30
1			600	260	160	100	80	70	60	60	50	40	40	30	30	30
1.5			*	400	200	160	120	90	60	60	50	40	40	30	30	30
2				900	300	200	140	90	80	70	50	40	40	30	30	30
2.5				*	550	240	160	120	80	70	70	40	40	30	30	30
3					*	400	200	160	100	90	80	60	50	30	30	30
3.5					*	650	280	200	140	100	80	70	50	40	40	30
4						*	500	240	180	100	90	70	50	40	40	30
4.5						*	800	360	200	160	120	80	60	40	40	30
5							*	500	240	160	120	80	60	40	40	30
5.5							*	900	360	200	160	90	70	50	50	30
6								*	550	280	180	100	80	50	50	30
6.5								*	1000	400	240	120	90	60	50	30
7									*	600	300	140	100	70	50	40
7.5										*	460	160	100	80	50	40
8										*	650	200	100	80	50	50
8.5											*	280	140	80	70	50
9											*	400	180	100	70	50
9.5											*	550	200	120	70	50
10												800	220	120	70	50
11												*	400	180	100	70
12													900	280	140	90
13													*	460	200	100
14														1000	300	160
15														*	500	200
16															*	300
17															*	550
18																*
19																*

*　大于1000
**　小于25

表8.8　样本量确定表(可靠程度：99%)

预计偏差率%	精确度上限(%)															
	0.5	1	2	3	4	5	6	7	8	9	10	12	14	16	18	20
0	920	460	230	160	120	90	80	70	60	50	50	40	40	30	30	30
0.25		*	340	240	180	140	120	100	90	80	70	60	50	40	40	40
0.5		*	500	280	180	140	120	100	90	80	70	60	50	40	40	40
1			*	400	260	180	140	100	90	80	70	60	50	40	40	40
1.5			*	800	360	200	180	120	120	100	90	60	50	40	40	40
2				*	500	300	200	140	140	100	90	70	50	40	40	40
2.5				*	1000	400	240	200	160	160	100	90	60	40	40	40
3					*	700	360	260	160	160	100	90	60	50	50	50
3.5						*	550	340	200	160	140	100	70	50	50	50
4						800	400	280	200	160	100	70	50	50	50	50
4.5							*	600	380	220	200	120	80	60	60	40
5							*	900	460	280	200	120	80	60	60	40
5.5								*	650	380	280	160	90	70	70	50
6								*	1000	500	300	180	100	80	70	50
6.5									*	800	400	200	120	90	70	60
7										*	600	240	140	100	70	70
7.5										*	800	280	160	120	80	70
8											*	400	200	140	100	70
8.5											*	500	240	140	100	70
9											*	700	300	180	100	90
9.5											*	1000	360	200	140	90
10												*	420	220	140	90
11												*	800	300	180	140
12													*	500	240	160
13													*	600	360	200
14														*	500	280
15														*	900	360
16															*	500
17															*	1000
18																*
19																*

* 大于1000

(1) 用样本的偏差率来推断总体的偏差率，即：

推断的总体偏差率(精确度上限)=样本的偏差率＋精确限度

【例 8.7】 根据例 8.6 的资料，审计人员随机抽取 400 张销售发票后，发现有 9 张销售发票存有内部控制上的偏差，样本偏差率为 2.25%，低于 3%的预计偏差率。则

推断的总体偏差率=2.25%＋2%

审计结论：以 95%的可靠程度(把握)，确信全部销售发票的偏差率不超过 4.25%。

(2) 使用样本结果评价表。根据所确定的可靠程度、已确定的样本量和在审查样本中发现的偏差数，可直接从样本结果评价表(见表 8.9 和表 8.10)上查到精确度上限的百分比。

【例 8.8】 以例 8.7 为例，从表 8.9 的样本量 400 那一行往右查到 9 个偏差所在的栏次，该栏 4%就是总体偏差率的精确度上限。

审计结论：以 95%的可靠程度(把握)，确信全部销售发票的偏差率不超过 4%。

使用样本结果评价表时应注意：

(1) 如果审查的样本量处在两行之间，要使用较小的样本量那一行；

(2) 如果样本中发现的偏差数在两栏之间，要使用较高的偏差发生数那一栏，因为只有这样才能使审计结论较为可靠。

8.3.4 连续抽样

连续抽样也称"停—走抽样"，是固定样本量抽样的一种改进形式。固定样本量抽样要等到样本全部抽取、审查完毕以后，才做出审计结论。而有时这并不一定必要。连续抽样就从这一点考虑出发，将预计偏差率值定义在较低水平(即要求较大的样本量)，采取边抽样审查、边判断的做法，一旦能做出审计结论时，就终止抽样审查。当审计人员预计偏差率很低时，可以考虑采用连续抽样。

连续抽样的基本做法，可见图 8.2。

样本中发现偏差，就应扩大样本量继续抽样审查，直到原先预计的偏差率得到肯定或否定为止。如果初始样本中没有发现偏差，就可直接做出审计结论，并终止抽样审查。

连续抽样由于可能在最早时候终止抽样审查，从而可以防止出现过分审查的情况，提高审计效率，降低审计成本。

使用连续抽样，要根据样本结果评价表，编制连续抽样决策表。连续抽样决策表的编制方法如下：

表8.9　样本结果评价表(可靠程度：95%)

样本规模	精确度上限(%)															
	0.5	1	2	3	4	5	6	7	8	9	10	12	14	16	18	20
25												0				1
30											0			1		2
40									0			1		2		3
50							0				1		2	3	4	5
60						0			1			2	3	4	5	6
70						0		1		2		3	4	5	7	8
80					0		1		2		3	4	5	7	8	9
90					0		1	2		3	4	5	6	8	9	11
100						1		2	3	4		6	8	9	11	13
120				1		2	3	4	5	6		8	10	12	14	16
140				1	2	3	4	5	6	7		10	12	14	17	19
160			0	1	2	3	4	5	6	8	9	12	14	17	20	23
180			0	1	2	3	5	6	8	9	11	14	17	20	23	26
200			0	1	3	4	6	7	9	11	12	16	19	23	26	30
220			0	2	3	5	7	8	10	12	14	18	22	25	29	33
240			1	2	4	6	8	10	12	14	16	20	24	28	33	37
260			1	3	4	7	9	11	13	15	17	22	26	31	36	41
280			1	3	5	7	10	12	14	17	19	24	29	34	39	44
300		0	1	3	6	8	11	13	16	18	21	26	31	37	42	48
320		0	2	4	6	9	11	14	17	20	22	28	34	40	45	51
340		0	2	4	7	10	12	15	18	21	24	30	36	42	49	55
360		0	2	5	8	10	13	17	20	23	26	32	39	45	52	59
380		0	2	5	8	11	14	18	21	24	28	34	41	48	55	62
400		0	3	6	9	12	15	19	22	26	29	37	44	51	59	66
420		0	3	6	9	13	16	20	24	27	31	39	46	54	62	70
460		0	4	7	11	15	18	22	26	31	35	43	51	60	68	77
500		1	4	8	12	16	21	25	29	34	38	47	56	66	75	84
550		1	5	9	14	18	23	28	33	38	43	53	63	73	83	94
600	0	1	6	10	15	20	26	31	36	42	47	58	69	80	92	103
650	0	2	6	12	17	23	28	34	40	46	52	64	76	88	100	112
700	0	2	7	13	19	25	31	37	43	50	56	69	82	95	108	122
800	0	3	9	15	22	29	36	43	51	58	65	80	95	110	125	141
900	0	4	10	18	26	34	42	50	58	66	74	91	108	125	142	159
1000	1	4	12	20	29	38	47	56	65	74	84	102	121	140	159	178

表 8.10 样本结果评价表(可靠程度：99%)

样本规模	精确度上限(%)															
	0.5	1	2	3	4	5	6	7	8	9	10	12	14	16	18	20
25																0
30														0		
40												0		1		2
50										0			1	2		3
60									0			1	2	3		4
70								0			1	2	3	4	5	6
80							0			1		2	4	5	6	7
90						0			1		2	3	5	6	7	9
100						0		1		2	3	4	6	7	9	10
120					0		1	2		3	4	6	8	9	11	13
140					0	1	2	3		4	5	7	10	12	14	16
160				0		1	2	3	5	6	7	9	12	14	17	20
180				0	1	2	3	4	6	7	8	11	14	17	20	23
200				0	1	3	4	5	7	8	10	13	16	19	23	26
220				0	2	3	5	6	8	10	11	15	18	22	26	30
240			0	1	2	4	6	7	9	11	13	17	21	25	29	33
260			0	1	3	5	6	8	10	12	14	19	23	27	32	36
280			0	2	3	4	7	9	12	14	16	21	25	30	35	40
300			0	2	4	6	8	10	13	15	18	23	28	33	38	43
320			0	2	4	7	9	11	14	17	19	24	30	35	41	47
340			1	3	5	7	10	13	15	18	21	26	32	38	44	50
360			1	3	6	8	11	14	16	19	22	28	35	41	47	54
380			1	3	6	9	12	15	18	21	24	30	37	44	50	57
400			1	4	7	10	13	16	19	22	26	32	39	46	54	61
420			2	4	7	10	14	17	20	24	27	35	42	49	57	64
460		0	2	5	8	12	15	19	23	27	31	39	47	55	63	72
500		0	3	6	10	13	17	21	26	30	34	43	52	60	70	79
550		0	3	7	11	15	20	24	29	34	38	48	58	68	78	88
600		0	4	8	13	17	22	27	32	37	43	53	64	78	86	97
650		0	4	9	14	19	25	30	36	41	47	58	70	82	94	106
700		1	5	10	16	21	27	33	39	45	51	64	76	89	102	115
800		1	7	13	19	25	32	39	46	53	60	74	98	103	118	133
900		2	8	15	22	29	37	45	53	61	69	85	101	118	135	152
1000	0	2	9	17	25	34	42	51	60	69	78	96	114	133	151	170

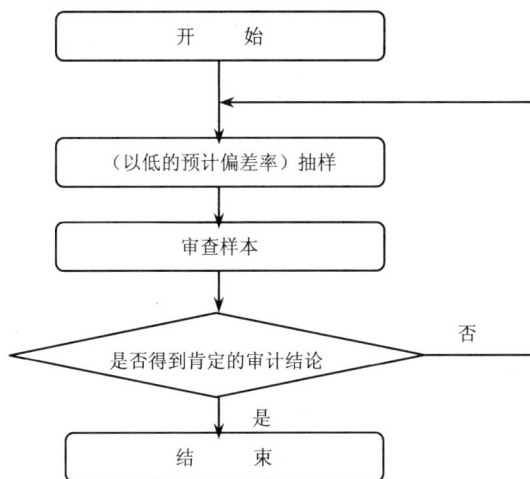

图 8.2 连续抽样程序

(1) 根据确定的可靠程度选择适当的样本结果评价表。

(2) 根据确定的精确度上限找到相应的栏(如果精确度上限处在两栏之间,就使用具有较小精确度上限的那一栏)。

(3) 在这一栏中找到与偏差发生数相应的最小样本量,以确定连续抽样的步骤。

(4) 连续抽样的步骤一般在5~7步就行。

【例 8.9】 审计人员在对被审单位开具销售发票业务的内部控制制度就行控制测试时,确定的可靠程度为95%,预计偏差率为2%,精确限度为1%,即精确度上限为3%。

在可靠程度为95%的样本结果评价表(见表 8.9)的精确度上限为3%这一栏,可查找相应的偏差数(从0开始往下查),编制连续抽样决策表(见表 8.11)。

表 8.11 连续抽样决策表

步 骤	累计样本量	如果累计偏差发生如下数,则:		
		停止抽样	转下一步骤	转第6步骤
1	100	0	1	5
2	160	1	2	5
3	220	2	3	5
4	260	3	4	5
5	320	4	5	5
6	考虑采用较大的预计偏差率并使用固定样本量抽样			

按照连续抽样决策表，先抽取 100 个样本项目进行审查。100 个样本项目中：如果没有发现偏差，就可作出"以 95%的把握确信总体偏差率不超过 3%"的审计结论。如果发现一个偏差，就再抽取 60(160－100)个样本项目进行审查。同理，如果发现 2、3、4 个偏差，就可直接再抽取 120(220－100)、160(260－100)、220(320－100)个样本项目进行审查。如果发现 5 个偏差，就可认为总体的偏差率可能大于 3%，这时就应考虑采用较大的预计偏差率，并使用固定样本量抽样。其他步骤可照此类推，直到能得到肯定的审计结论时为止。

本例中，在第一步没有发现偏差和发现 5 个偏差都属于得到了肯定的审计结论，就可终止连续抽样；而发现 1、2、3、4 个偏差都属于得不到肯定的审计结论，需进一步扩大抽样审查。可见，连续抽样的样本量是不固定的，到哪一步结束完全视审查的结果而定，走一步停下来判断一下，故也称"停—走抽样"。

8.3.5 发现抽样

发现抽样又称显示抽样，它是在既定的可靠程度下，在假定偏差以既定的偏差率存在于总体之中的情况下，至少查出一个偏差的抽样方法。

发现抽样是属性抽样的一种特殊抽样，主要用于查找重大偏差(舞弊事项)。发现抽样的理论根据是：假如总体总存在一定发生率的重大偏差(舞弊事项)，那么，在相当容量的样本中，至少可以发现一个重大偏差(舞弊事项)。若对样本的审查结果没有发现重大偏差(舞弊事项)，则可以得出结论说，在某一可靠程度下，总体中重大偏差(舞弊事项)的发生率，不超过原先假定的发生率。显然，若总体中存在着发生率很低(如 0.1%)的重大偏差(舞弊事项)，那么采用抽样审计不能确保一定能发现这种行为。但发现抽样却能以较高的可靠程度，保证能发现总体中存在着的发生率较低的(如 0.1%)的重大偏差(舞弊事项)。所以，当怀疑总体中存在着某种重大偏差(舞弊事项)时，宜于采用发现抽样方法。

因主要是用于内部控制制度中的重大偏差(舞弊事项)，所以发现抽样可单独使用，也可与用于样本偏差的固定样本量抽样和属性抽样结合起来使用。当实施固定样本量抽样(或连续抽样)时，发现内部控制制度中的重大偏差(舞弊事项)，即转而实施发现抽样方法。

单独实施发现抽样的步骤与固定样本量抽样方法基本相同，只是需要说明以下几点：

(1) 样本量的确定仍需利用属性抽样时使用的"样本量确定表"。但发现抽样应当把预计偏差率确定为 0，它是由发现抽样的特点所决定的。

【例 8.10】 审计人员对现金收支凭证进行审查，在可靠程度为 95%，预计偏差率为 0 时，精确度上限为 2%时，固定样本量为 150(见表 8.7)。

(2) 在审查样本时，若发现一个重大偏差(舞弊事项)，就应停止抽样程序，对总体实施彻底的审查。

如果审计人员对全部 150 个现金收支凭证样本审查中，发现了一张假凭证，则达到了发现抽样审计的目的，这时就可以停止抽样程序，应对总体进行彻底的检查。如果在全部 150 个样本项目中，没有发现假凭证，那么审计人员就可以 95% 的可靠程度，保证总体中的重大偏差(舞弊事项)在 2%以下。换言之，这时可以 95% 的把握确信总体中不存在假凭证或假凭证的发生率在 2%以下。

8.4 统计抽样审计在余额测试中的运用

财务审计中的证实测试，可理解为就是传统的查账。当财务审计进入财务报表审计阶段时，所实施的证实测试，主要是为了确定财务报表中各项认定的公允性提供证据所进行的更为深入的审查。从技术的层面，证实测试就是根据"本体"和"替代物"(参见 1.1)的关系，在审查"财务报表列报—账户余额(发生额)—经济活动"数额一致性的基础上，对财务报表列报内容的合法性、合规性和公允性，发表审计意见。

证实测试的功能是对被审单位财务报表(数据)在定量评价的基础上，进行定性评价。证实测试通常采用抽样方式进行，其抽样的规模需根据控制测试的结果来确定。如果证实测试扩大到最大规模，证实测试就成为详细审查。

证实测试分为交易测试和余额测试两个方面，本节主要介绍统计抽样在余额测试中的应用，统计抽样在交易测试中的应用也可予以参照。与控制执行测试不同，在余额测试中，要求审计人员做出总体(财务报表项目或账户余额)是否存在错误数额(指不合法、不合规与不公允的数额，即审计审定额与账表列示额的差额)及多少的结论。因此，余额测试中所使用的统计抽样方法，要能对总体进行定量估计，并能描述总体的数量特征，被称为变量统计抽样审计，可简称为变量抽样。

变量抽样与属性抽样的步骤基本相同。变量抽样主要有平均值估计、差异估计和比率估计等多种形式。

8.4.1 变量抽样中与样本量相关的问题

1. 可靠程度要根据正态分布转换成可靠程度系数 正态分布是描述随机现象的一种最常见的分布，是指总体中每个项目值的分配均趋向于集中在总体平均数周围，离差的趋势在总体平均值的两侧均等发生。为计算样本量，需要将可靠程度根据正态分布转换成可靠程度系数。常用的可靠程度系数，见表 8.12。

表 8.12   可靠程度系数表

可靠程度	可靠程度系数
90%	1.65
95%	1.96
99%	2.58

2. 精确限度的运用   与属性抽样不同，证实测试的变量抽样中，精确限度要以金额表示，并且还要运用到精确度下限，这是因为，总体中的偏差可能是扩大了总体的金额，也可能是缩小了总体的金额。由于财务报表审计只能提供"合理保证"，因而在进行余额测试的变量抽样中，精确限度要以重要性水平作为判定的标准，即：

精确限度值≤重要性水平

3. 总体各项目之间的偏差指标及确定   在余额测试中，审计审定额与账表记录额之间，两者数额相等，说明不存在错报；两者数额不等，则说明存在错报。审定额与账表记录额之间的关系，可参考图 8.3。

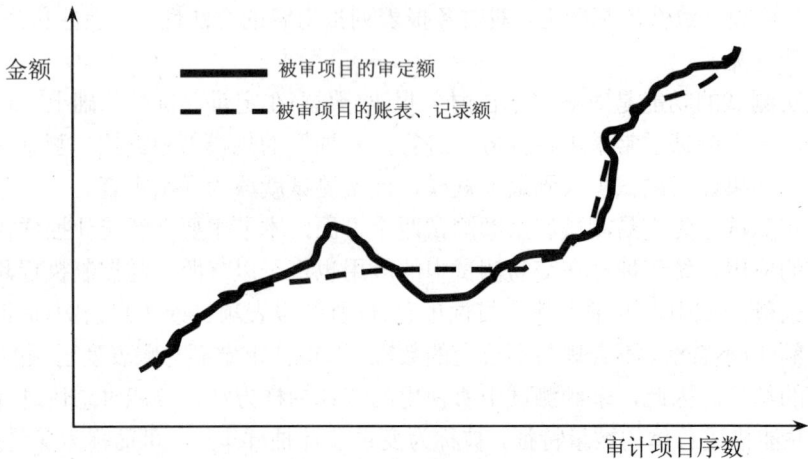

图 8.3   余额测试中审定额与账、表记录额关系示意图

从图 8.3 中，可以看出：当被审项目的审定额(实线)与账、表记录额(虚线)重合，表示没有错报；当记录额(虚线)大于审定额(实线)时，表示扩大型列报偏差(错误)；当记录额(虚线)小于审定额(实线)时，表示缩小型列报偏差(错误)。

在余额测试中，总体各项目之间的偏差指标是总体标准差，而不是总体偏差率。由于财务报表审计工作的目标，是要查出被审单位是否存在重大错报，要求账、表、物三者，在数额上具有一致性和性质上具有合法性、合规性与公允性。否则，即视为存在错报。

统计学中的标准差，也称均方差，是各数据偏离平均数的离差平方和平均后的方根。财务报表审计的标准差中的平均数，可以定义为真值，即审计中的审定额；而偏差，也称差错，即财务报表列报和账户余额反映的记录额与审定额之间的偏离情况，分为扩大与缩小两类，分布在平均数(审定额)的上下两侧。标准差越大，说明被审单位财务报表存在的错报越大，当标准差大于重要性水平时，即可判断被审单位存在重大错报。

在变量抽样中，一般采用先抽取一个初始样本(一般选取 30 个)，以初始样本的标准差(错报)为预计总体标准差(错报)的办法。这是因为审计人员很难根据自己的经验准确地预计出被审单位总体标准差(错报)。

8.4.2 变量抽样中样本量的计算

在确定了可靠程度系数、精确限度、总体容量和预计的总体标准差，就可按以下步骤计算所需要的样本量。

1. 计算初始样本的标准差确定预计总体标准差 当采用先抽取初始样本的办法预计总体标准差时，可按下列公式计算样本标准差：

$$S_0 = \sqrt{\frac{\sum\limits_{i=1}^{n} d_i^2 - n\overline{d}^2}{n-1}}, \qquad \overline{d}_0 = \frac{\sum\limits_{i=1}^{n} d_i}{n}$$

式中：S_0 为预计的总体标准差；$\overline{d}_0$ 代表初始样本平均差错额；d_i 代表差错额(初始样本审定额与账、表记录额之间的差额)，正数表示缩小差错，负数表示扩大差错。

2. 计算样本量 根据初始样本的标准差确定总体预计标准差后，可按下列公式计算确定样本量：

$$n' = \left(\frac{t \times s \times N}{p}\right)^2, \qquad n = \frac{n'}{1 + \dfrac{n'}{N}}$$

式中：t 为可靠程度系数；N 为总体容量；p 为精确限度(重要性水平)；n' 为放回抽样(指从总体中抽样时，每次随机地抽取一个样本项目，每次抽取后，将已抽取的样本项目放回总体，再随机地抽取下一个样本项目。采用放回抽样，每次抽样时，总体项目数是相等的。放回抽样中，总体中各项目被抽取的概率是相等的)的样本量；n 为不放回抽样(指从总体中抽样时，每次随机地抽取一个样本项目，每次抽取后，已抽取的样本项目不再放回总体，下一次从剩余的总体项目中再随机地抽取下一个样本项目。采用不放回抽样，每次抽样时，总体项目数是不等的，总体项目数会随着抽取的次数而减少。不放回抽样中，总体中各项目被抽取的概率随着抽样的次数而增加)的样本量

【例 8.11】 审计人员审查某企业 20××年 12 月 31 日的存货明细账。存货总体账面余额为 9 040 000 元，根据存货金额的重要性，经计算分配确定的重要性水平(精确限度)为 45 000 元，可靠程度为 95%。使用随机数表，从 500 个存货明细账中抽出 30 个存货明细账户作为初始样本。在审查初始样本时发现 5 个明细账存在记录错误，见表 8.13。

表 8.13 样本项目差错额及计算

项目编号	审定额	记录额	差错额(d)	d^2
6	19 433.60	19 177.60	256.00	65 536
12	20 451.00	20 641.00	−190.00	36 100
16	15 737.50	15 837.50	−100.00	10 000
22	11 459.50	12 849.50	−1 390.00	1 932 100
28	11 442.00	12 040.00	−598.00	357 604
	78 523.60	80 545.60	−2 022.00	2 401 340

根据初始样本审查结果，计算出初始样本的标准差：

$$\overline{d}_0 = \frac{\sum_{i=1}^{n} d_i}{n} = \frac{-2\ 022}{30} = -67.4(元)$$

$$S_0 = \sqrt{\frac{\sum_{i=1}^{n} d_i^2 - n\overline{d_0}^2}{n-1}} = \sqrt{\frac{2\ 401\ 340 - 30 \times (-67.4)^2}{30-1}} = 279.47$$

以初始样本的标准差代替预计的总体标准差，可以算出所需的样本量：

$$n' = \left(\frac{t \times s_0 \times N}{p}\right)^2 = \left(\frac{1.96 \times 279.47 \times 500}{45\ 000}\right)^2 \approx 38$$

$$n = \frac{n'}{1 + \frac{n'}{N}} = \frac{38}{1 + \frac{38}{500}} \approx 36$$

3. 抽样并审查样本项目 审计抽样中常采用不放回抽样，在计算出变量抽样的样本量后，可按计算出的样本量与初始样本量的样本差额进行再次抽样，并将

再次抽样审查的结果与初始样本的审查结果合并重新计算样本的标准差。

【例 8.12】 根据例 8.11 计算出的样本量，假定采用不放回抽样，再次抽样的数量为 6(即计算出的样本量 36 与初始样本量 30 的差额)。假设再抽取的 6 个样本项目，经审查发现差错额为 332.52 元，则 36 个样本项目的平均差错额和样本项目标准差(S_1)重新计算为：

$$\overline{d_1} = \frac{\sum_{i=1}^{n} d_i}{n} = \frac{-2\ 022 + 332.52}{36} \approx -46.93()$$

$$S_1 = \sqrt{\frac{\sum_{i=1}^{n} d_i^2 - n\overline{d}^2}{n-1}} = \sqrt{\frac{2\ 401\ 340 + 332.52^2 - 36 \times (-46.93)^2}{36-1}} = 263.64$$

4. 评价抽样审查结果 评价抽样审查结果可从两个方面进行。

(1) 计算分析样本项目的标准差。审查样本项目、计算出样本的标准差($S1$)后，要将样本的标准差(S_1)与为计算样本量的初始样本的标准差(即预计总体标准差 S_0)进行比较，以便确定是否要对样本量作适当的调整。二者(S_1 与 S_0)之间的比较不外乎以下三种情况：

● 样本标准差与预计总体标准差大致相同($S_1 \sim S_0$)：说明样本量符合抽样要求。

● 样本标准差小于预计总体标准差($S_1 < S_0$)：说明样本量过大。因为计算样本量时使用了较大的标准差，而标准差又与样本量成正比。但这时样本项目已审查完毕，减少样本项目已没有必要。

在例 8.11 与例 8.12 中，样本标准差(S_1)为 263.64，预计标准差(S_0)为 279.47，S_1 与 S_0 基本相近，说明样本量比较恰当。

● 样本标准差大于预计总体标准差($S_1 > S_0$)：说明样本量过小。这时就应以样本标准差(S_1)代替预计总体标准差(S_0)重新计算样本量，并抽取和审查新增的样本项目，重新计算样本标准差，直至样本标准差等于或小于计算样本量时所使用的标准差为止。如经过数次扩大样本后，样本标准差仍有增加的趋势，则应考虑采用较高的标准差计算所需的样本量。

(2) 计算比较抽样误差。抽样的实际误差(P_1)可用下列公式计算：

$$P_1 = t \times \frac{S_1}{\sqrt{n_1}} \times N \times \sqrt{1 - \frac{n_1}{N}}$$

【例 8.13】 根据例 8.12 的资料，抽样的实际误差计算结果为：

$$P_1 = 1.96 \times \frac{263.64}{\sqrt{36}} \times 500 \times \sqrt{1 - \frac{36}{500}} = 41\ 480$$

将实际抽样误差(P_1)与精确限度(重要性水平)进行比较：

• 实际抽样误差(P_1)≤精确限度(重要性水平)：说明样本量适当。若抽样恰当、样本审查结果准确，则被审项目可能不会存在重大错报。

• 实际抽样误差(P_1)＞精确限度(重要性水平)：说明样本量过小，需扩大样本量。若样本扩大到足够大时，仍然出现此情况，则被审项目可能会存在重大错报。

8.4.3 变量抽样中的平均值估计抽样

变量抽样中的平均值估计抽样，是通过抽样审查确定样本的平均审定额(值)，根据样本平均审定额(值)推断总体的平均审定额(值)和总审定额(值)。

使用平均值估计方法的步骤如下：

(1) 计算总体估计审定额：

$$总体估计审定额(值)=样本平均审定额(值)×总体规模$$

(2) 计算推断的总体错报额：

$$推断的总体错报额=总体估计审定额(值)-总体账面金额$$

(3) 将推断的总体错报额与实际抽样误差(P_1)及精确限度(重要性水平)进行比较。三者的关系应是：

$$推断的总体错报额绝对值≤实际抽样误差(P_1)≤精确限度(重要性水平)$$

(4) 确定审计结论区间。当"推断的总体错报额绝对值≤实际抽样误差(P_1)≤精确限度(重要性水平)"成立时，审计结论区间为：

$$审计结论区间=总体估计审定额(值)±实际抽样误差(P_1)$$

【例 8.14】 结合例 8.11、例 8.12 和例 8.13，假定 36 样本项目的平均审定额为 18 000 元。则：

$$总体估计审定额(值)=18\,000×500=9\,000\,000(元)$$

$$推断的总体错报额=9\,000\,000-9\,040\,000=-40\,000(元)$$

$$推断的总体错报额绝对值(40\,000)≤实际抽样误差(41\,480)≤精确限度(45\,000)$$

审计结论：以 95%的把握确信被审单位 20××年 12 月 31 日的存货正确额在 9 000 000 元±41 480 元之间，即 8 958 520~9 041 480 元之间。

(5) 评价抽样结果。根据以上结果，由于被审单位存货总体的账面价值 9 040 000元，处于 8 958 520~9 041 480 元之间，说明被审单位存货项目列报的金额并无重大差错，将抽样中发现的差错额视为审计差异，建议被审单位予以调整。

如抽样结果表明被审单位存货的账面价值没有落入 8 958 520~9 041 480 元之间，则审计人员可考虑详细审查存货，并考虑发布被审单位存在重大错报的审计意见。

8.4.4 变量抽样中的差异估计抽样

变量抽样中的差异估计抽样，是利用审查所获得的样本平均差错额，去推断总体差错额或正确额的统计抽样审计。它适用于能获得书面记录值，并且被审总体中存在较大差错的情况。

1. 估计总体正确额

$$样本平均差额 = \frac{样本审定额(实际价值)之和 - 样本账面价值之和}{样本量}$$

$$估计的总体差错额 = 样本平均差错额 \times 总体项目个数$$

$$估计的总体正确额 = 总体账面价值 + 估计的总体差错额$$

【例 8.15】 以例 8.11、例 8.12 和例 8.13 的资料及计算：

$$样本平均差错 = (-2\,022 + 332.52) \div 36 = -46.93(元)$$

$$估计的总体差错额 = -46.93 \times 500 = -23\,465(元)$$

$$估计的总体正确额 = 9\,040\,000 - 23\,465 = 9\,016\,535(元)$$

2. 计算总体正确额的精确限度(Δ)

$$\Delta = t \times \frac{S_1}{\sqrt{n_1}} \times N \times \sqrt{1 - \frac{n_1}{N}} = 1.96 \times \frac{263.64}{\sqrt{36}} \times 500 \times \sqrt{1 - \frac{36}{500}} = 41\,480$$

3. 确定总体正确额的区间

$$总体正确额区间 = 估计的总体正确额 \pm 总体正确额精确限度$$

$$总体正确额区间 = 9\,016\,535 \pm 41\,480$$

审计结论：以 95% 的把握确信被审单位 20×× 年 12 月 31 日的存货正确额在 9 016 535 元 ± 41 480 元之间，即在 8 975 055 至 9 058 015 元之间。

8.4.5 变量抽样中的比率估计抽样

变量抽样中的比率估计抽样，是以样本项目的审定额(实际价值)与账面价值之间的比率关系来估计总体审定额(实际价值)与账面价值之间的比率关系，然后再以这个比率乘以总体的账面价值，从而求出总体审定额(实际价值)的估计金额。采用比率估计抽样时，样本结果的评价和审计结论的做出与平均值估计抽样基本相同。

当差错与账面价值成比例关系时，通常运用比率估计抽样。

比率估计的计算公式如下：

$$比率=\frac{样本审定额(实际价值)之和}{样本账面价值之和}\times100\%$$

估计的总体审定额(实际价值)=总体账面价值×比率

推断的总体差错额=估计的总体审定额(实际价值)−总体账面价值

【例 8.16】 假设某被审单位的应收账款账面总值为 5 000 000 元,共计 4 000 个明细账户,按照应收账款的重要性,分配计算确定重要性水平(精确限度)为 37 500 元。审计人员(95%的可靠程度)经过样本量计算,抽选 200 个明细账户进行审查,账面价值为 240 000 元,审计后的审定额(实际价值)为 241 500 元。

$$比率=\frac{241\ 500}{240\ 000}\times100\%=1.0063$$

估计的总体审定额(实际价值)=5 000 000×1.0063=5 031 500(元)

推断的总体差错额=5 031 500−5 000 000=31 500(元)

因为推断的应收账款总体差错额 31 500 元,比重要性水平 37 500 元低。所以,估计的应收账款总体审定额(实际价值)为 5 031 500 元,审计人员可以有 95%的把握,确信被审单位应收账款不存在重大错报。

本章小结

抽样审计是基于审计资源与审计需求的矛盾关系和重要性理念而产生的审计类别。

抽样审计和审计抽样是两个既有联系,又有区别的概念。

在控制测试中运用的统计抽样技术,属于属性统计抽样,主要采用三种方法:固定样本量抽样、停—走抽样、发现抽样。

在证实测试中运用的统计抽样技术,属于变量统计抽样,主要采用三种方法:平均值估计抽样、差异估计抽样、比率估计抽样。

9 销售与收款循环审计

9.1 销售与收款循环的业务内容

销售与收款循环是企业的主要业务板块，是企业盈利目标实现的关键。销售与收款循环的业务管理目标是"货出钱回"，即：将销售的商品按照相关法律的规定和契约的约定，交付给购买者；将所售商品的价款顺利收回。

企业的销售与收款循环，按照交货方式，分为客户自提销售和送货销售；按照购货方所处地域，分为本地销售和异地销售；按照交货与结算是否同步，分为预收货款销售、现款结算销售和赊销结算销售；按照结算工具的选择，分为票据结算销售、银行即时转账结算(主要)销售和现金结算销售；按照销售形成的方式，分为订单销售和非订单销售。

9.1.1 销售与收款循环中的业务环节和工作部门

企业销售与收款循环中的业务环节和内部工作部门可参见表 9.1。

表 9.1　销售与收款循环中的业务环节和工作部门

序号	主要业务环节	工作部门与岗位(参考)
1	接受并处理顾客订单	销售部门客户岗
2	批准赊销信用	信用管理部门
3	按销售单供货	销售部门发货岗
4	按销售单装运发货	仓储部门储运岗、保管岗
5	向顾客开具销售发票	销售部门销售岗
6	记录销售	会计部门销售会计岗
7	办理和记录现金、银行存款收入	会计部门出纳岗
8	办理和记录销售退回、销售折扣与折让	会计部门销售会计岗
9	注销坏账	会计部门结算会计岗
10	提取坏账准备	会计部门主管会计岗

9.1.2　销售与收款循环中涉及的凭证和会计记录

销售与收款循环中涉及的凭证主要有：电话记录、信函、合同；销售单；信用调查资料；发货凭证、装箱单、运单、代交运费结算单；销售发票；应收账款对账单；银行结算凭证；记账凭证；坏账审批表；坏账准备提取表。

销售与收款循环中涉及的会计记录主要有：主营业务收入、应交税费、应收账款、应收票据、预收账款、库存现金、银行存款、坏账准备等。

9.2　销售与收款循环的控制测试

9.2.1　销售与收款循环的内部控制目标

销售与收款循环内部控制的目标主要包括：

(1) 登记入账的销售交易确已发货给真实的客户。本项控制目标是要保证销售业务已经真实发生(货已正确发出)，防止以下三类错误的发生：① 未曾发货却将销售业务登记入账；② 将已入账的销售业务重复入账；③ 向虚构的顾客发货，并作为销售业务登记入账。

(2) 已发生的销售收款业务均已登记入账。本项控制目标是要保证销售业务得到完整的记录，发货凭证、销售发票存根、主营业务收入明细账、现金(或银行存款、应收票据、应收账款)日记账(或明细账)勾稽相符，防止遗漏事项的发生。

(3) 登记入账的销售数量确系已发货的数量，并已正确开具销售发票(收款账单)并登记入账。本项控制目标，是要保证按顾客的订货数量发货，按发货数量准确地开具销售发票(收款账单)并准确地记账，保证销售业务得到正确的计价和正确的分摊相关费用。

(4) 登记入账的销售收款业务分类恰当。销售分为现销和赊销。本项控制目标，是要保证销售收款业务得到正确的分类管理，既要注意防止现销时借记应收账款，也要防止收回应收账款时贷记主营业务收入。

(5) 销售收款业务的记录及时。本项控制目标是要确保发货后应尽快开具发票(账单)并登记入账，以防止无意漏记销售业务，确保销售业务在正确的会计期间得到反映。

(6) 销售收款业务已正确地计入明细账并正确地汇总。本项控制目标是要保证销售与收款业务的会计记录的散、总相符。

9.2.2　销售与收款循环的关键内部控制

销售与收款循环的内部控制分为三个部分，即销售控制、发货控制、收款控制。其中关键的内部控制，一般包括：

(1) 所有新接受的顾客订单都经过合理的信用审查。

(2) 销售单(发货单)根据经过批准的顾客订单开具。

(3) 只有根据经过批准并具有信用审查的销售单(发货单)才可以发运货物给客户。

(4) 所有货物的发运都填制有装运工人签名的装运凭证。

(5) 在开具销售发票前应检查是否存在发运凭证和相应的经批准的销售单(发货单)。

(6) 只能依据附有有效发运凭证和销售单(发货单)的销售发票记录销售，而且销售发票必须具有信用授权，并由税务机关授权的计算机程序打印。

(7) 客户的银行转账付款经过严格的签署确认，必须获取银行的收款通知凭证。

(8) 收到客户的现金付款，一般不得坐支(即收到的现金收入直接用于现金支出)。

(9) 客户的付款连同其他的现金收款必须在当日完整地送存银行。

(10) 应收账款的收回记录，应由出纳员以外的、具有胜任能力的人员根据收款单进行记录，该人员不得接触现金或支票。

(11) 将银行收款通知与现金、银行出口日记账进行核对。

(12) 所有的银行存款账户都由无法接触资金和会计记录的人员每月进行核对。

(13) 顾客订单、销售单(发货单)等都应连续编号。

(14) 在计算机会计环境下，销售与收款循环要有相应的输入、处理和输出的控制程序，以对交易进行合理的记录并保存记录结果的安全。

9.2.3　销售与收款循环的控制测试

销售与收款循环的控制测试，可抽样选取客户订单、运货单、销售合同、销售发票等，采用适当的控制测试方法，进行如下控制测试：

(1) 信用调查：① 是否设立资信部门；② 是否建立恰当的信用资讯收集渠道；③ 是否定期调查客户信用程度、开列信用不好的客户名单。

(2) 接受订货：① 是否建立销售合同制度；② 销售合同签订前是否报经企业负责人或内部审计人员、风险管理人员审批；③ 销售人员是否根据授权签订销售合同；④ 已签订的销售合同是否有专人负责登记和保管；⑤ 销售合同是否分类、连续编号。

(3) 批准销售：① 赊销和分期收款想是否经过审批；② 销售折扣和销售退

回是否经授权批准；③ 现金折扣是否经过适当授权；④ 是否有商品价目表和价格审批制度；⑤ 是否有健全的经授权批准的开票和结算制度。

(4) 销售发货：① 仓库人员是否根据发货单提货联，确认手续完备后发货并签章确认；② 门卫是否检查发货单出门联，验证货物后放行，并登记出门登记簿；③ 检查退回的商品是否具有仓库签发的退货验收报告，并与红字发票内容、金额核对一致；④ 销售退回是否重新入库，并具有仓库签发的退货验收表；⑤ 销售退回是否记入存货并冲减主要业务收入。

(5) 会计记录：① 销售业务发生后，财务部门是否及时取得有关凭证(如销售发票记账联、货物出库单等)并据以收款或转账；② 销售发票所列商品的单价是否与商品价目表核对相符；③ 是否定期将销售明细账与仓储部门实物账、销售部门台账核对；④ 是否定期编制应收账款账龄分析表；⑤ 是否将应收账款定期与客户核对并催收货款；⑥ 是否建立坏账核销的报批程序；⑦ 核销坏账是否经过规定的报批程序；⑧ 已经核销的应收账款是否在备查登记簿上登记。

(6) 职责分离：① 销售业务中签订合同、组织供货、开票、发货、入账等职责是否分离；② 应收票据的保管与记账职责是否分离；③ 票据接受贴现和换新的批准于保管职责是否分离。

(7) 内部审计：① 内部审计人员是否定期向顾客寄发应收账款对账单，并及时查清差异原因；② 内部审计人员是否经常评价货运文件、发票、应收账款账龄分析表，了解销售与收款循环规定的工作程序是否得到贯彻执行。

9.3 销售与收款循环的证实测试

9.3.1 销售与收款循环账表勾稽关系的审查

勾稽关系，是会计在编制财务报表时常用的一个术语，是指相互间存在一种可检查验证的关系，也指某个财务报表和另一个财务报表之间以及本财务报表项目的内在逻辑对应关系，如果不相等或不对应，就说明财务报表的编制有问题。勾稽关系有四种表现形式，即：表表相符；账表相符；账(总账)账(明细账)相符；账(账户记录)实(生产经营活动)相符。

在勾稽关系中，从本体与替代物关系的角度观察，生产经营活动是本体，其他都是生产经营活动的替代物。由此，可将勾稽关系简化为两类：替代物之间的勾稽关系；本体与替代物(账与表)之间的勾稽关系。在每一个(财务报表审计)循环的具体审计中，账表勾稽关系的审查内容，从程序上基本是一致的。参见图9.1。

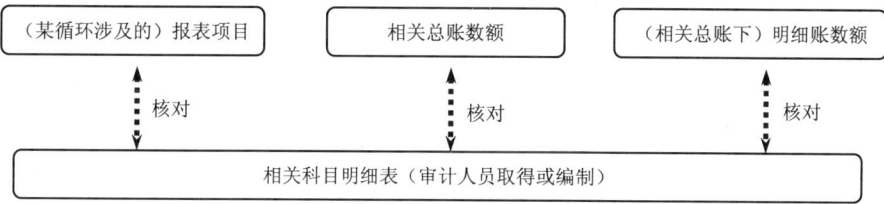

图 9.1　账表之间勾稽关系审查示意图

9.3.1.1　账表勾稽关系的基本审查内容

从图 9.1 中可看出，账表勾稽关系审查的基本内容是：

(1) 取得或编制某个循环中涉及的每个会计科目的明细表。各个具体会计科目明细表的格式可能有差别，但基本内容可参考表 9.2 提供的应收账款明细表(其他证实测试中的会计科目的明细表可参考本表)的格式。

表 9.2　应收账款明细表

被审计单位：	索　引　号：
项　　　目：	报表截止日/期间：
编　　　制：	复　　　核：
日　　　期：	日　　　期：

项目	期末未审数					账项调整		重分类调整		期末审定数				
名称	合计	1年以内	1至2年	2至3年	3年以上	借方	贷方	借方	贷方	合计	1年以内	1至2年	2至3年	3年以上
一、关联方														
二、非关联方														
合　计														

编制说明：外币应收账款应列明原币金额及折合汇率。

审计说明：

(2) 账表勾稽关系的基本审查内容。每个循环中的账表勾稽关系，其基本审查的内容是相同的，即：① 复核加计某会计科目明细表是否正确；② 将各账户数额与报表项目的数额进行核对，看是否相符；③ 将会计科目明细表与相关总账数和明细账合计数进行核对，看是否相符。

由于每个循环账表勾稽关系的基本审查内容是相同的，所以其他循环账表勾稽关系的基本审查内容，可予以参考，就不再赘述了。

9.3.1.2 账表勾稽关系的特殊审查

每一个会计科目所反映的审查经营活动，由其特殊的内容。因此，对具体会计科目的账表勾稽关系审查，可能有其特殊的内容，需要由审计人员根据该会计科目的特点，结合被审单位生产经营活动的特性，考虑错弊的规律，实施分析程序，进行账表勾稽关系的审查。

9.3.2 营业收入的证实测试

营业收入是指被审单位在销售商品、提供劳务及他人使用本企业资产等日常经营活动中所形成的经济利益的总流入。

9.3.2.1 审计目标

主营业务收入的具体审计目标，一般包括：

(1) 确定利润表中记录的营业收入是否已发生，且与被审单位有关。

(2) 确定所有应当记录单营业收入是否均已记录。

(3) 确定于营业收入有关的金额及其他数据是否已恰当记录，包括对销售退回、销售折扣与折让的处理是否恰当。

(4) 确定营业收入是否已记录于正确的会计期间。

(5) 确定营业收入是否已按照企业会计准则的规定，在财务报表中作出恰当的列报。

9.3.2.2 审计标准

审计中主要依据：《企业会计准则第 14 号——收入》、销售合同、商品价格目录、其他有关销售的管理规定和办法。

9.3.2.3 营业收入证实测试的内容

视被审单位经营项目、规模大小等因素略有不同，一般可供选择的有如下内容：

(1) 获取(或编制)主营业务收入明细表，审查账表勾稽关系。

(2) 检查主营业务收入的分类是否准确，前后期是否一致。

(3) 必要时，实施以下分析程序，以期发现审计线索：① 将主营业务收入的本期数额与上期数额进行比较，分析产品销售的结构和价格变动是否异常，并分析异常变动的原因；② 计算本期重要产品的毛利率，并与上期比较，检查是否存在异常，各期之间是否存在重大波动，查明原因；③ 比较本期各月各类主营业务收入的波动情况，分析其变动趋势是否正常，是否符合被审单位季节性、周期性的经营规律，查明异常现象和重大变动的原因；④ 将本期重要产品的毛利率与同行业企业进行对比分析，检查是否存在异常；⑤ 结合应交税费项目的审计，根据增值税纳税申报表，估算全年收入，与实际收入金额比较。

(4) 查明主营业务收入的确认原则、方法，注意是否符合企业会计准则，前后期是否一致；关注周期性、偶然性的收入是否符合既定的收入确认原则、方法。

应注意检查有无特殊的销售行为，如委托代销、分期收款销售、商品需要安装和检验的销售、附有退回条件的销售、售后租回、售后回购、以旧换新、出口销售等，其会计处理是否符合企业会计准则的规定。

(5) 获取产品价格目录，抽查售价是否符合价格政策，并注意销售给关联方或关系密切的重要客户的产品价格是否合理，相互之间有无转移利润的现象。

(6) 抽取本期一定数量的发货单，审查出日期、品名、数量等是否与销售发票、销售合同、记账凭证等一致。

(7) 抽取一定数量的记账凭证，审查入账日期、品名、数量、金额等是否与销售发票、发货单、销售合同等一致。

(8) 结合应收账款项目的审计，选择主要客户函证本期销售额。

(9) 对于出口销售，应当将销售记录于出口报关单、货运提单、销售发票等出口销售单据进行核对，必要时向海关函证。

(10) 实施对销售的截止测试：① 通过测试资产负债表日前后若干天且一定金额(年度主营业务收入计划指标与资产负债表日前若干天主营业务收入累计金额的差额)以上的发货单据，将应收账款和主营业务收入明细账进行核对；同时，从应收账款和主营业务收入明细账中选取在资产负债表日前后若干天一定金额以上的记账凭证，与发货单据核对，以确定是否存在非法跨越会计期间的现象；② 复核资产负债表日前后的销售和发货水平，确定业务活动是否异常(如与正常水平相比)，并考虑是否有必要追加截止测试程序；③ 取得资产负债表日后所有的销售退回记录，检查是否存在提前确认收入的情况；④ 结合对资产负债表日应收账款的函证程序，检查有无未取得对方认可的大额销售。

(11) 存在销售退回的，结合原始销售凭证检查其会计处理是否正确。

(12) 检查销售折扣与折让：① 获取或编制销售折扣与折让明细表，复核加计正确，并与明细账合计数核对相符；② 取得被审单位有关销售折扣与折让的具体规定和其他文件资料,并抽查较大的折扣与折让发生额的授权批准情况,与实际执行情况进行核对,检查其是否经授权批准,是否合法、真实;③ 销售折扣与折让是否及时足额提交对方,有无虚设中介、转移收入、私设账外"小金库"等情况;④ 检查销售折扣与折让的会计处理是否正确。

(13) 调查向关联方(或集团内企业)销售的情况,记录其交易价格、数量和金额,并追查在编制合并财务报表时是否已予以抵销。

(14) 检查主营业务收入在利润表中的列报是否恰当。

9.3.2.4 其他业务收入的证实测试

(1) 获取(或编制)其他业务收入明细表,审查账表勾稽关系。

(2) 计算本期其他业务收入与其他业务成本的比率,并与上期该比率比较,检查是否有重大波动,如有,应查明原因。

(3) 检查会计凭证等相关资料,分析交易的实质,确定是否符合收入确认的条件,并检查其会计处理是否正确。

(4) 询问被审单位废料处理情况,关注其销售废料收入是否已按照规定进行了会计处理。

(5) 用材料进行非货币性资产交换的,检查确定其是否具有商业实质且公允价值能够可靠计量。

(6) 抽查资产负债表日前后一定数量的记账凭证,实施截止测试,追踪到其他销售的发票、收据等,确定入账时间是否正确。

(7) 检查其他业务收入的列报是否恰当。

9.3.2.5 营业收入中的常见错误

(1) 与确认有关的错误。主要有:① 销售商品的收入未按与购买方签订的合同或协议金额或双方接受的金额确定;② 现金折扣或销售折让均在实际发生时冲减当期收入;③ 资产使用费收入未按有关合同或协议规定的收费时间和方法计量确定;④ 利用提前开具销售发票、滥用完工百分比法、存在重大不确定性和仍需提供未来服务时确认收入;⑤ 利用白条出库、虚开发票等虚构收入。

(2) 与入账完整性有关的错误。主要有:① 期末收到货款,下期计算收入;或相反;② 通过往来结算账户隐藏已实现的销售收入。

9.3.3 应收账款和坏账准备的证实测试

应收账款是指企业因销售商品、提供劳务等,应向购货(或接受劳务)客户收取的款项或代垫的运杂费。应收账款不具有实物形态,它是企业所拥有的短期债权,这种权利会随着款项的偿还而消失。坏账,是指企业无法收回或收回可能性极小的应收款项(包括应收票据、应收账款、预付款项、其他应收款和长期应收款等)。由于坏账而产生的损失称为坏账损失。基于谨慎原则,企业通常采用备抵法按期估计坏账损失,形成坏账准备。

由于坏账准备于应收账款的联系非常紧密,故将坏账准备的审计与对应收账款的审计合在一块予以介绍。

9.3.3.1 应收账款和坏账准备的审计标准

应收账款和坏账准备的审计标准主要依据财政部颁布的《企业会计准则——应用指南》的附录"会计科目和主要账务处理"。

9.3.3.2 应收账款的审计目标

应收账款的审计目标一般包括:

(1) 确定资产负债表中记录的应收账款是否存在。

(2) 确定所有应当记录的应收账款是否均已记录。

(3) 确定记录的应收账款是否由被审单位拥有或控制。

(4) 确定应收账款是否可收回,坏账准备的计提方法和比例是否恰当,计提是否充分。

(5) 确定应收账款及其坏账准备期末余额是否正确。

(6) 确定应收账款及其坏账准备是否已按照企业会计准则的规定在财务报表中作出恰当列报。

9.3.3.3 应收账款证实测试的内容

1. 获取(或编制)应收账款明细表,审查账表勾稽关系 应收账款账表勾稽关系的特殊审查内容有:① 检查非记账本位币应收账款的折算汇率及折算是否正确;② 分析有贷方余额的明细账项目,查明原因,必要时作重分类调整;③ 结合其他应收款、预收账款等往来明细账项目的余额,检查有无同一客户多处挂账、异常余额或与销售无关的其他款项(如员工账户、关联方账户);④ 标识重要的欠款单位,计算其欠款合计数占应收账款余额的比例。

2. 检查分析涉及应收账款的相关财务指标,以期发现审计线索 ① 计算本期应收账款借方累计发生额与营业收入贷方净发生额的比例,并与管理层考核指标相比较,如存在差异应查明原因;② 计算应收账款周转(率、天数)等指标,与被审单位以前年度指标、同行业同期相关指标进行对比分析,检查是否存在重大异常。

3. **分析应收账款账龄** 通过向被审单位索取或审计人员自编"应收账款账龄分析表"(格式见表 9.3)的方式进行。若应收账款账龄分析表由被审单位提供,则需先审查该表的正确性。将应收账款账龄分析表中的合计数与应收账款总账余额相比较,并调查重大调节项目。

表 9.3 应收账款账龄分析表

年   月   日   货币单位:元

客户名称	期末余额	账 龄			
		1 年以内	1～2 年	2～3 年	3 年以上
合 计					

4. **实施应收账款的函证程序** 函证是指审计人员为了获取影响财务报表或相关披露认定的项目的信息,通过直接来自第三方对有关信息和现存状况的声明,获取和评价审计证据的过程。函证应收账款的目的在于证实应收账款账户余额的真实性、正确性,防止或发现被审单位及其有关人员在销售业务中发生的错误或舞弊行为。通过函证应收账款,能够有效地证明被询证者(即债务人)的存在和被审单位记录的可靠性。

5. **函证的范围和对象** 除非有充分证据表明应收账款对被审单位财务报表而言是不重要的,或者函证很可能是无效的,否则,审计人员应当对应收账款进行函证。审计人员应根据下列影响函证的因素,确定函证的对象和数量:① 应收账款在全部资产中的重要性。如果应收账款在全部资产中所占的比例较大,则函证的范围应大一些。② 被审单位内部控制的强弱。如果被审单位内部控制制度较健全,则可以相应减少函证量;反之,则相应扩大函证范围。③ 以前期间的函证结果。若以前期间函证中发现过重大差异,或欠款纠纷较多,则函证范围相应扩大一些。

(1) 函证方式的选择:如果采用积极的函证方式,则可以相应减少函证量;若采用消极的函证方式,则要增加函证量。

(2) 函证对象的选择:一般应选择以下项目作为函证对象:① 大额或账龄较长的项目;② 与债务人发生纠纷的项目;③ 关联方(包括持股 5%及以上股东)项目;④ 主要客户(包括关系密切的客户)项目;⑤ 交易频繁但期末余额较小甚至余额为零的项目;⑥可能产生重大错报或舞弊的非正常项目。

6. **函证类型** 函证方式可分为积极式和消极式两类。询证函的格式,可参考《<中国注册会计师审计准则第 1312 号——函证>指南》。

(1) 积极式函证:又称正面式、肯定式函证,是指向债务人发出询证函,要求其证实所函证的欠款是否正确,确认所列示信息是否正确,或填列询证函要求的信息，要求受询方在任何情况下都应复函。积极式函证可分为两种：一种是在询证函中列明拟函证的账户余额或其他信息，要求被询证者确认所函证的款项是否正确；另一种是在询证函中不列明账户余额或其他信息，而要求被询证者填写有关信息或提供进一步信息。

积极式询证函(格式一)

编　号：

甲公司：

本公司聘请的××会计师事务所正在对本公司××××年度财务报表进行审计，按照中国注册会计师审计准则的要求，应当询证本公司与贵公司的往来账项等事项。下列信息出自本公司账簿记录，如与贵公司记录相符，请在本函下端"信息证明无误"处签章证明；如有不符，请在"信息不符"处列明不符项目。如存在与本公司有关的未列入本函的其他项目，也请在"信息不符"处列出这些项目的金额及详细资料。回函请直接寄至××会计师事务所。

回函地址：　　　　　　　　　　　邮编：

电话：　　　　传真：　　　　联系人：

① 本公司与贵公司的往来账项列示如下：

单位：元

截止日期	贵公司欠	欠贵公司	备　注

② 其他事项。

本函仅为复核账目之用，并非催款结算。若款项在上述日期之后已经付清，仍请及时函复为盼。

(被审计单位盖章)

××××年×月×日

结论：

1. 信息证明无误。	2. 信息不符，请列明不符项目及具体内容。
(甲公司盖章)	(甲公司盖章)
年　月　日	年　月　日
经办人：	经办人：

积极式询证函(格式二)

编　号:

甲公司:

本公司聘请的××会计师事务所正在对本公司××××年度财务报表进行审计,按照中国注册会计师审计准则的要求,应当询证本公司与贵公司的往来账项等事项。请列示截止××××年×月×日贵公司与本公司往来款项余额。回函请直接寄至××会计师事务所。

回函地址:　　　　　　　　　　　　　邮编:

电话:　　　　　传真:　　　　　联系人:

本函仅为复核账目之用,并非催款结算。若款项在上述日期之后已经付清,仍请及时函复为盼。

(被审计单位盖章)

××××年×月×日

① 贵公司与本公司的往来账项列示如下:

单位: 元

截止日期	贵公司欠	欠贵公司	备　注

② 其他事项。

(甲公司盖章)

××××年×月×日

经办人:

(2) 消极式函证:又称反面式、否定式函证,是指向债务人发出询证函,如果所函证的金额和相关信息相符时可不必复函;只有在所函证的金额和相关信息不符时,才要求债务人向审计人员复函。

消极式询证函(格式三)

编号:

甲公司:

本公司聘请的××会计师事务所正在对本公司××××年度财务报表进行审计,按照中国注册会计师审计准则的要求,应当询证本公司与贵公司的往来账项等事项。下列信息出自本公司账簿记录,如与贵公司记录相符,则无需回复;如有不符,请直接回函寄至××会计师事务所,并在空白处列明贵公司认为正确的信息。

回函地址: 邮编:

电话: 传真: 联系人:

① 本公司与贵公司的往来账项列示如下:

单位: 元

截止日期	贵公司欠	欠贵公司	备 注

② 其他事项。

本函仅为复核账目之用,并非催款结算。若款项在上述日期之后已经付清,仍请及时函复为盼。

(被审计单位盖章)

××××年×月×日

××会计师事务所:

上面的信息不正确,差异如下:

(甲公司盖章)

××××年×月×日

经办人:

(3) 函证方式的选择:当债务人符合下列情况时,采用积极式函证较好:欠款较大的客户;有理由相信欠款可能会存在争议、差错的客户;欠款时间较长,可能会失去索取权的客户等。

　　当债务人符合以下条件时，宜采用消极式函证：相关的内部控制是有效的，固有风险和控制风险评估为低水平；预计偏差率(差错率)较低；欠款余额小的债务人数量很多时；审计人员有理由确信大多数被函证者能够认真对待询证函，并对不正确的情况予以反馈。

　　(4) 函证时间的选择：审计人员应充分考虑对方复函的时间，尽可能做到在审计工作结束前取得函证的全部资料。

　　(5) 函证工作的要求：询证函由审计人员制作，被审单位签署，整个发送和回收过程，皆由审计人员直接控制。审计人员在函证工作中，应注意下列事项：① 将被询证者的名称、地址与被审单位有关记录核对；② 将询证函中列示的账户余额或其他信息与被审单位有关资料核对；③ 将询证函中指明直接向接受审计委托(或指令)的审计机构回函；④ 询证函经被审单位签章后，由审计人员直接发出；⑤ 将发出询证函的情况形成审计工作记录；⑥ 将收到的回函形成审计工作记录，并汇总统计函证结果。

　　(6) 函证结果的汇总：函证工作的结果，应编制应收账款函证结果汇总表，见表9.4。

表9.4　应收账款函证结果汇总表

被审单位名称：　　　　　　　　　　　　　制表：　　日期：

结算日：　　年 月 日　　　　复核　　日期：

询证函编号	债务人		账面金额	函证方式	函证日期		回函日期	替代程序	确认余额	差异及说明	备注
	名称	联系方式			第一次	第二次					
合　计											

　　(7) 不符事项的类型。收回的询证函中，不符事项有正常的不符事项和可能的舞弊之分。正常的不符事项常有以下类型：① 询证函发出时，债务人已经付款，而被审单位尚未收到货款；② 询证函发出时，被审的货物已经发出并已做销售记录，但货物仍在途中，债务人尚未收到货物，因而未付款；③债务人由于某种原因将货物退回，而被审单位尚未收到；④ 债务人对收到的货物的数量、质量及价格等方面有异议而全部或部分拒付货款等。

　　(8) 对函证结果的总结和评价。在评价函证的可靠性时，审计人员应当考虑：①对询证函的设计、发出及收回的控制情况；②被询证者的胜任能力、独立性、授权回函情况、对函证项目的了解及其客观性；③被审计单位施加的限制或回函中的限制；④如果函证结果表明没有审计差异，可以合理地推论，全部应收账款总体是正确的；⑤如果函证结果表明出现审计差异，则应当估算应收账款总额中可能出现的累计差错时多少，估算未被选中进行函证的应收账款的累计差错时多少。为取得对应收账款累计差错更加准则地估计，也可扩大函证的范围。

7. 对确定时间内仍未回函的被审项目，采用替代审计程序审核 ① 审阅应收账款明细账，核实未来业务的真实性与合法性；② 检查资产负债表结账日后应收账款明细、银行存款及现金日记账，核实其是否收回；③ 审阅构成该笔债权的相关文件资料(销售合同、订单、发票、运单等)，核实交易的真实性。

8. 抽查未函证应收账款 对于未函证的应收账款，应抽查有关原始凭证，如销售合同、订单、发票及运单等，以验证与相关的这些应收账款的真实性。

9. 抽查应收账款贷方明细账发生额 审计人员可抽查一定数量的记账凭证，检查本期应收账款贷方发生数额是否完整有效：① 贷方发生额与银行单据反映是否相符；② 贷方发生额是否与收款收据相符；③ 收回币种与货币资金借方发生额的币种是否相同；④ 会计处理是否正确。

10. 检查坏账的确认和处理 ① 检查坏账形成的原因。应检查坏账是否因债务人破产或者死亡，以及破产或以遗产清偿后仍无法收回，或者债务人长期未履行清偿义务所致。② 检查坏账的处理程序是否恰当。检查坏账的处理是否经过恰当的授权批准，有关会计处理是否正确。

11. 抽查有无不属于结算业务的债权 不属于结算业务的债权，不应当在应收账款中进行核算。审计人员应抽查应收账款明细账，并追查有关原始凭证查证有无不属于结算业务的债权；如有，应作记录或建议被审单位作适当调整。

12. 检查应收账款的列报是否恰当 如果被审单位是上市公司，则其财务报表附注通常应披露期初、期末余额的账龄分析，期末欠款金额较大的单位账款，以及持有 5%以上(含 5%)股份的股东单位账款等情况。

9.3.3.4 坏账准备的证实测试

企业采用备抵法核算坏账时，需要在会计期末计提坏账准备，实际发生坏账时再予以冲销。计提坏账准备的方法可由企业自行确定，但企业应在有关会计政策的文件中列出目录，计提坏账准备的范围、提取方法、账龄的划分和提取比例等。有的企业还需将有关坏账准备的会计政策，按照管理权限，经股东大会或董事会、或经理会议或类似机构批准，按照法律、行政法规的规定报有关各方备案。因此，坏账准备提取方法一经确定，不得随意变更。

1. 坏账准备的审计目标 一般包括：

(1) 确定坏账准备计提方法和计提比率是否恰当、计提是否充分。

(2) 确定坏账准备增减变动的记录是否完整。

(3) 确定坏账准备期末余额是否正确。

(4) 确定坏账准备在财务报表上的披露是否恰当。

2. 坏账准备证实测试的内容　包括：

(1) 获取(或编制)坏账准备明细表，审查账表勾稽关系。

(2) 审查坏账准备的计提。查明坏账准备采用的计提方法和比率是否符合制度规定，计提的数额是否恰当，会计处理是否正确，前后期是否一致。下列各种情况一般不能全额计提坏账准备：①当年发生的应收款项，以及未到期的应收款项；②计划对应收款项进行重组；③与关联方发生的应收款项；④其他逾期，但无确凿证据证明不能收回的应收款项。

(3) 检查坏账损失。对于被审单位在被审期间内发生的坏账损失，审计人员应检查其原因是否清楚，是否符合有关规定，有无授权批准，有无已作坏账处理后又重新收回的应收款项，相应的会计处理是否正确。对有确凿证据表明确实无法收回的应收款项，企业应根据管理权限，经有关部门批准作为坏账损失，冲销提取的坏账准备。

(4) 检查应收账款函证结果。对债务人回函中反映的例外事项及存在争议的应收账款余额，审计人员应查明原因，并相应调整坏账准备。

(5) 分析性复核。通过计算坏账准备余额占应收款项余额的比例、当年核销的坏账损失占营业收入的比例等指标，并和以前期间的相关比例核对，检查分析其重大差异，用以发现有重要问题的审计线索。

(6) 验明坏账准备在资产负债表上披露的恰当性。

3. 坏账准备证实测试中应注意的问题

(1) 应结合"应收账款"、"其他应收款"等的审计工作，测算本年度坏账准备的计提、冲销等是否合理。如果在审查"应收账款"和"其他应收款"项目时，确认有应调整数额的经济事项，同时应调整原已计提的坏账准备。

(2) 如果被审单位采用账龄分析法计提坏账准备，审计人员除应注明被审单位所执行的会计政策和计提方法外，还应按其计提方法相应取得有关资料，另行编制验算表。如果被审单位按账龄段采用不同计提比例，则应取得经验证的应收账款的账龄分析资料确认其各段的数额，然后验算确认。

对于当期有变动的应收账款，收到债务单位当期偿还的部分债务后，剩余的应收账款不应改变其账龄，仍应按原账龄加上本期应增加的账龄确定。存在多笔应收账款，且各笔应收账款账龄不同的情况下，收到债务人当期偿还的部分债务，应当逐笔确认收到的是哪一笔应收款项；如果无法确认，按照先发生先收回的原则确定，剩余应收款项的账龄按上述同一原则确定。

(3) 如果被审单位采取账龄分析法或余额百分比法的同时，针对具体情况结合采用个别确认法，审计人员应当在审计工作底稿中单列个别确认的坏账准备，并取得表明应收账款不能收回或收回可能性不大(如债务单位撤销、破产、资不抵债、现金流量不足、发生严重的自然灾害等导致而在短时间内无法偿付债务等,以及应收账款逾期 3 年以上)的有效证据。

(4) 检查被审单位与关联方之间发生的应收款项的坏账准备计提是否充分、适当。企业与关联方之间发生的应收款项一般不能全额计提坏账准备,但如果有确凿证据表明关联方(债务单位)已撤销、破产、资不抵债、现金流量严重不足等,并且不准备对应收款项进行重组或无其他收回方式的,则对预计无法收回的应收关联方的款项也可以全额计提坏账准备。

9.3.4 应收票据的证实测试

应收票据是企业在赊销业务中取得的、尚未到期兑现的商业票据,包括银行承兑汇票和商业承兑汇票。它是以书面形式表现的债权资产,其票面载有一定付款日期、付款地点、付款金额及付款人等内容,经持有人背书后可以提交银行贴现,具有货币特征的流动性和灵活性。审计人员应当结合赊销业务,重点关注对期末持有的应收票据的实物盘点、含息票据的账务处理以及应收票据转让或贴现对企业的影响。

9.3.4.1 应收票据的审计标准

应以银行系统有关票据的法律法规和企业会计准则作为审计标准。

9.3.4.2 应收票据的审计目标

应收票据的具体审计目标,一般包括:

(1) 确定资产负债表中记录的应收票据是否存在。

(2) 确定应收票据是否归被审单位所有。

(3) 确定应收票据增减变动的记录是否完整。

(4) 确定应收票据是否有效,可以收回。

(5) 确定应收票据年末余额是否正确。

(6) 确定应收票据在财务报表上的披露是否恰当。

9.3.4.3 应收票据证实测试的内容

1. 获取(或编制)应收票据明细表,审查账表勾稽关系 应收票据账表勾稽关系的特殊审查内容有:① 检查非记账本位币应收票据的折算汇率及折算是否正确;② 检查逾期票据是否已转为应收账款。

2. 取得被审计单位"应收票据备查簿"　核对其是否与账面记录一致。在应收票据明细表上标出至审计时已兑现或已贴现的应收票据，检查相关收款凭证等资料，以确认其真实性。

3. 监盘库存票据　监盘库存票据，并与"应收票据备查簿"的有关内容核对；检查库存票据，注意票据的种类、号数、签收的日期、到期日、票面金额、合同交易号、付款人、承兑人、背书人姓名或单位名称，以及利率、贴现率、收款日期、收回金额等是否与应收票据登记簿的记录相符；关注是否对背书转让或贴现的票据负有连带责任；注意是否存在已作质押的票据和银行退回的票据。

4. 对应收票据进行函证　函证内容可参考应收账款的函证，并对函证结果进行汇总、分析，同时对不符事项作出适当处理。

5. 对于大额商业承兑汇票的审查　对于大额商业承兑汇票，应取得相应销售合同或协议、销售发票和出库单等原始交易资料并进行核对，以证实是否存在真实交易。

6. 复核带息票据的利息计算　应注意复核带息票据的利息计算是否正确；并检查其会计处理是否正确。

7. 复核贴现票据的贴息的计算　对贴现的应收票据，复核其贴现息计算是否正确，会计处理是否正确。编制已贴现和已转让但未到期的商业承兑汇票清单，并检查是否存在贴现保证金，即：

$$贴现息=票据到期价值×贴现率×贴现期$$
$$贴现额=票据到期价值-贴现息$$

8. 评价针对应收票据计提的坏账准备的适当性

(1) 取得或编制坏账准备计算表，复核加计正确，与坏账准备总账数、明细账合计数核对相符；将应收票据坏账准备本期计提数与资产减值损失相应明细项目的发生额核对，并确定其是否相符。

(2) 检查应收票据坏账准备计提和核销的批准程序，取得书面报告等证明文件；评价坏账准备所依据的资料、假设及计提方法；复核应收票据坏账准备是否按经股东(大)会或董事会批准的既定方法和比例提取，其计算和会计处理是否正确。

(3) 实际发生坏账损失的，检查转销依据是否符合有关规定，会计处理是否正确。

(4) 已经确认并转销的坏账重新收回的，检查其会计处理是否正确。

(5) 通过比较前期坏账准备计提数和实际发生数，以及检查期后事项，评价应收票据坏账准备计提的合理性。

9. 注意对与关联方有关的应收票据的审查　标明应收关联方[包括持股 5%以上(含 5%)股东]的款项，执行关联方及其交易审计程序，并注明合并报表时应予抵销的金额；对关联企业、有密切关系的主要客户的交易事项作专门核查：① 了解交易事项目的、价格和条件，作比较分析；② 检查销售合同、销售发票、货运单证等相关文件资料；③ 检查收款凭证等货款结算单据；④ 向关联方、有密切关系的主要客户或其他注册会计师函证，以确认交易的真实性、合理性。

10. 列报财务报表　检查应收票据是否已按照企业会计准则的规定，在财务报表中作出恰当的列报。

9.3.5　预收账款的证实测试

预收账款是在企业销售业务成立之前，预先收取的全部或部分销售款项。

9.3.5.1　预收账款的审计目标

预收账款的具体审计目标，一般包括：

(1) 确定资产负债表中记录的预收款项是否存在；

(2) 确定所有应当记录的预收款项均已记录

(3) 确定记录的预收款项是否为被审单位应当履行的现时义务；

(4) 确定预收款项的发生及偿还记录是否完整；

(5) 确定预收款项是否以恰当的金额在财务报表中，与之相关的计价是否已恰当记录；

(6) 确定预收款项是否已按照企业会计准则的规定，在财务报表中作出恰当的列报。

9.3.5.2　预收账款证实测试的内容

预收账款证实测试的内容如下：

(1) 获取(或编制)预收账款明细表，审查账表勾稽关系。预收账款明细表勾稽关系的特殊审查内容有：① 以非记账本位币结算的预收账款，检查其采用的折算汇率及折算是否正确；② 检查是否存在借方余额，必要时进行重分类调整；③ 结合应收账款等往来款项目的明细余额，检查是否存在应收、预收两方挂账的项目，必要时做出调整；④ 标识重要客户。

(2) 检查预收账款长期挂账的原因，并作出记录，必要时提请被审计单位予以调整。

(3) 抽查预收账款有关的销货合同、仓库发货记录、货运单据和收款凭证，检查已实现销售的商品是否及时转销预收账款，确定预收账款期末余额的正确性和合理性。

(4) 对预收账款进行函证。对应收账款的函证，应着重选择下列项目：① 长期挂账的项目；② 有借方余额的明细账户；③ 业务频繁而期末余额小的明细账户；④ 很少(或没有)有增减变化的明细账户；⑤ 主要客户。

(5) 通过货币资金的期后测试，以确定预收账款是否已计入恰当期间。

(6) 标明预收关联方[包括持股 5%以上(含 5%)股东]的款项，执行关联方及其交易审计程序，并注明合并报表时应予抵销的金额。

(7) 检查预收款项是否已按照企业会计准则的规定，在财务报表中作出恰当的列报。

9.3.6　应交税费的证实测试

企业在一定时期内取得的营业收入和实现的利润，要按规定向国家缴纳相应的税费。这些应交税费按权责发生制原则预提计入有关账户，在尚未交纳之前形成企业的一项负债。

9.3.6.1　应交税费的审计标准

应交税费的审计，应以国家相关税收法律法规作为审计标准。

9.3.6.2　应交税费的审计目标

应交税费的具体审计目标，一般包括：
(1) 确定资产负债表中记录的应交税费是否存在。
(2) 确定所有应当记录的应交税费是否均已记录。
(3) 确定记录的应交税费是否为被审单位应当履行的偿还义务。
(4) 确定应交税费是否以恰当的金额包括在财务报表中，与之相关的计价调整是否已恰当记录。
(5) 确定应交税费是否已按照企业会计准则的规定，在财务报表中作出恰当的列报。

9.3.6.3　应交税费证实测试的内容

应交税费证实测试的内容如下：
(1) 获取(或编制)应交税费明细表，审查账表勾稽关系。应交税费勾稽关系的特殊审查内容有：① 注意印花税、耕地占用税以及其他不需要预计应缴数的税金有无误入应交税费项目；② 分析存在借方余额的项目，查明原因，判断是否由被审计单位预缴税款引起。

(2) 首次审计时，应特别审查的内容。应取得被审单位的纳税鉴定、纳税通知、减免税批准文件等，了解被审计单位适用的税种、附加税费、计税(费)基础、税(费)率，以及征、免、减税(费)的范围与期限。如果被审计单位适用特定的税基式优惠或税额式优惠、或减低适用税率的，且该项税收优惠需办理规定的审批或备案手续的，应检查相关的手续是否完整、有效。连续接受委托时，关注其变化情况。

(3) 核对期初未交税金与税务机关受理的纳税申报资料是否一致，检查缓期纳税及延期纳税事项是否经过有权税务机关批准。

(4) 取得税务部门汇算清缴或其他确认文件、有关政府部门的专项检查报告、税务代理机构专业报告、被审计单位纳税申报资料等，分析其有效性，并与上述明细表及账面数据进行核对。对于超过法定交纳期限的税费，应取得主管税务机关的批准文件。

(5) 检查应交增值税。① 获取或编制应交增值税明细表，加计复核其正确性，并与明细账核对相符；② 将应交增值税明细表与被审计单位增值税纳税申报表进行核对，比较两者是否总体相符，并分析产生差额的原因；③ 通过"原材料"等相关科目匡算进项税是否合理；④ 抽查一定期间的进项税抵扣汇总表，与应交增值税明细表相关数额合计数核对，如有差异，查明原因并作适当处理；⑤ 抽查重要进项税发票、海关完税凭证、收购凭证或运费发票，并与网上申报系统进行核对，并注意进口货物、购进的免税农产品或废旧物资、支付运费、接受投资或捐赠、接受应税劳务等应计的进项税额是否按规定进行了会计处理；因存货改变用途或发生非常损失应计的进项税额转出数的计算是否正确，是否按规定进行了会计处理；⑥ 根据与增值税销项税额相关账户审定的有关数据，复核存货销售，或将存货用于投资、无偿馈赠他人、分配给股东(或投资者)应计的销项税额，以及将自产、委托加工的产品用于非应税项目的计税依据确定是否正确以及应计的销项税额是否正确计算，是否按规定进行会计处理；⑦ 检查适用税率是否符合税法规定；⑧ 取得《出口货物退(免)税申报表》及办理出口退税有关凭证，复核出口货物退税的计算是否正确，是否按规定进行了会计处理；⑨ 对经主管税务机关批准实行核定征收率征收增值税的被审计单位，应检查其是否按照有关规定正确执行。如果申报增值税金额小于核定征收率计算的增值税金额，应注意超过申报额部分的会计处理是否正确；⑩ 抽查本期已交增值税资料，确定已交款数的正确性。

(6) 检查应交营业税。检查应交营业税的计算是否正确。结合营业税金及附加等项目的审计，根据审定的当期营业额，检查营业税的计税依据是否正确，适用税率是否符合税法规定，是否按规定进行了会计处理，并分项复核本期应交数；抽查本期已交营业税资料，确定已交数的正确性。

(7) 检查应交消费税。检查应交消费税的计算是否正确。结合营业税金及附加等项目，根据审定的应税消费品销售额(或数量)，检查消费税的计税依据是否正确。适用税率(或单位税额)是否符合税法规定，是否按规定进行了会计处理，并分项复核本期应交消费税税额；抽查本期已交消费税资料，确定已交数的正确性。

(8) 检查应交资源税。检查应交资源税的计算是否正确，是否按规定进行了会计处理。

(9) 检查应交土地增值税。检查应交土地增值税的计算是否正确，是否按规定进行了会计处理：① 根据审定的预售房地产的预收账款，复核预交税款是否准确；② 对符合项目清算条件的房地产开发项目，检查被审计单位是否按规定进行土地增值税清算；如果被审计单位已聘请中介机构办理土地增值税清算鉴证的，应检查、核对相关鉴证报告；③ 如果被审计单位被主管税务机关核定征收土地增值税的，应检查、核对相关的手续。

(10) 检查应交城市维护建设税。检查应交城市维护建设税的计算是否正确。结合营业税金及附加等项目的审计，根据审定的计税基础和按规定适用的税率，复核被审计单位本期应交城市维护建设税的计算是否正确，是否按规定进行了会计处理；抽查本期已交城市维护建设税资料，确定已交数的正确性。

(11) 检查应交车船使用税和房产税。检查应交车船使用税和房产税的计算是否正确。获取被审计单位自有车船数量、吨位(或座位)及自有房屋建筑面积、用途、造价(购入原价)、购建年月等资料，并与固定资产(含融资租入固定资产)明细账复核一致；了解其使用、停用时间及其原因等情况；通过审核本期完税单，检查其是否如实申报和按期缴纳，是否按规定进行了会计处理。

(12) 检查应交土地使用税。检查应交土地使用税的计算是否正确，是否按规定进行了会计处理。

(13) 检查应交所得税。获取或编制应交所得税测算表，结合所得税项目，确定应纳税所得额及企业所得税税率，复核应交企业所得税的计算是否正确，是否按规定进行了会计处理；抽查本期已交所得税资料，确定已交数的正确性。汇总纳税企业所得税汇算清缴，并按税法规定追加相应的程序。

(14) 检查教育费附加、矿产资源补偿费等。检查教育费附加、矿产资源补偿费等的计算是否正确，是否按规定进行了会计处理。

(15) 检查其他税项。检查除上述税项外的其他税项及代扣税项的计算是否正确，是否按规定进行了会计处理。

(16) 检查税收优惠。检查被审计单位获得税费减免或返还时的依据是否充分、合法和有效，会计处理是否正确。

(17) 抽查若干笔应交税费相关的凭证，检查是否有合法依据，会计处理是否正确。

(18) 确定应交税费是否已按照企业会计准则的规定，在财务报表中作出恰当的列报。

9.3.7 营业税金及附加的证实测试

营业税金及附加，是指企业由于销售商品或对外提供劳务而应负担的除增值税以外的营业税、资源税、消费税和城市维护建设税、土地增值税及教育费附加(不含其他业务收入应负担的税金及附加)。

9.3.7.1 营业税金及附加的审计标准

营业税金及附加的审计，也应以国家相关税收法律法规和规定作为审计标准。

9.3.7.2 营业税金及附加的审计目标

营业税金及附加的具体审计目标，一般包括：
(1) 确定利润表中记录的营业税金及附加是否已发生，且与被审单位有关。
(2) 确定所有应当记录的营业税金及附加是否均已记录。
(3) 确定与营业税金及附加有关的金额及其他数据是否已恰当记录。
(4) 确定营业税金及附加是否已记录于正确的会计期间。
(5) 确定营业税金及附加中的交易和事项是否已记录于恰当的账户。
(6) 确定营业税金及附加是否已按照企业会计准则的规定，在财务报表中作出恰当的列报。

9.3.7.3 营业税金及附加证实测试的内容

营业税金及附加证实测试的内容如下：
(1) 获取(或编制)营业税金及附加明细表，审查账表勾稽关系。
(2) 根据审定的本期应纳营业税的营业收入和其他纳税事项，按规定的税率，分项计算、复核本期应纳营业税税额，检查会计处理是否正确。
(3) 根据审定的本期应税消费品销售额(或数量)，按规定适用的税率，分项计算、复核本期应纳消费税税额，检查会计处理是否正确。
(4) 根据审定的本期应纳资源税产品的课税数量，按规定适用的单位税额，计算、复核本期应纳资源税税额，检查会计处理是否正确。
(5) 检查城市维护建设税、教育费附加等项目的计算依据是否和本期应纳增值税、营业税、消费税合计数一致，并按规定适用的税率或费率计算、复核本期应纳城建税、教育费附加等，检查会计处理是否正确。

(6) 结合应交税费科目的审计，复核其勾稽关系。

(7) 检查营业税金及附加是否已按照企业会计准则的规定在财务报表中作出恰当的列报。

9.3.8　销售费用的证实测试

销售费用是指企业在销售商品过程中发生的费用。

9.3.8.1　销售费用的审计标准

销售费用的审计，应以《企业所得税法》、《企业会计准则》和企业有关销售费用的预算制度作为审计标准。

9.3.8.2　销售费用的审计目标

销售费用的具体审计目标，一般包括：

(1) 确定利润表中记录的销售费用是否已发生，且与被审单位有关。

(2) 确定所有应当记录的销售费用是否均已记录。

(3) 确定与销售费用有关的金额及其他数据是否已恰当记录。

(4) 确定销售费用是否已记录于正确的会计期间。

(5) 确定销售费用是否已记录于恰当的账户。

(6) 确定销售费用是否已按照企业会计准则的规定，在财务报表中作出恰当的列报。

9.3.8.3　销售费用证实测试的内容

(1) 获取(或编制)销售费用明细表，审查账表勾稽关系。销售费用勾稽关系的特殊审查内容有：将销售费用中的工资、折旧等与相关的资产、负债科目核对，检查其勾稽关系的合理性。

(2) 对销售费用进行分析。① 计算分析各个月份销售费用总额及主要项目金额占主营业务收入的比率，并与上一年度进行比较，判断变动的合理性；② 计算分析各个月份销售费用中主要项目发生额及占销售费用总额的比率，并与上一年度进行比较，判断其变动的合理性。

(3) 检查各明细项目是否与被审计单位销售商品和材料、提供劳务以及专设的销售机构发生的各种费用有关。

(4) 检查销售佣金支出是否符合规定，审批手续是否健全，是否取得有效的原始凭证；如超过规定，是否按规定进行了纳税调整。

(5) 检查广告费、宣传费、业务招待费的支出是否合理，审批手续是否健全，是否取得有效的原始凭证；如超过规定限额，应在计算应纳税所得额时调整。

(6) 检查由产品质量保证产生的预计负债，是否按确定的金额进行会计处理。

(7) 选择重要或异常的销售费用，检查销售费用各项目开支标准是否符合有关规定，开支内容是否与被审计单位的产品销售或专设销售机构的经费有关，计算是否正确，原始凭证是否合法，会计处理是否正确。

(8) 抽取资产负债表日前后一定数量的凭证，实施截止测试，若存在异常迹象，应考虑是否有必要追加审计程序，对于重大跨期项目的应作必要调整。

(9) 检查销售费用是否已按照企业会计准则的规定，在财务报表中作出恰当的列报。

本章小结

实施财务报表审计，有两种思路：一是按财务报表项目，分项目进行审计，可称分项审计；二是将被审单位的经济业务，划分为若干个模块，即业务循环，对每个业务循环影响的相应财务报表项目，进行具有综合特征的审计，则称业务循环审计。

销售与收款循环的中心工作是销售收入和货款结算。销售与收款循环的关键控制是销售控制、发货控制和收款控制。销售与收款循环中的证实测试，首先要掌握本循环涉及的相关账表的勾稽关系，其次要重点把握对销售收入的核实和对赊销中的应收账款的函证。

10 采购与付款循环审计

10.1 采购与付款循环的业务内容

采购与付款循环，是物品采购与循环的简称。它也是企业的主要业务板块，是企业经营和盈利目标实现的基础。采购与付款循环的业务管理目标是"钱出货回"，即：将采购物品的货款按照相关法律的规定和契约的约定，交付给供应商；同时，顺利收回所购物品。

企业的采购与付款循环，按照采购物品的用途，分为商品(材料)采购和非商品(如固定资产、接受劳务等)采购；按照交货方式，分为购方自提采购和销方送货采购；按照购方与销方所处地域，分为本地采购和异地采购；按照结算与交货是否同步，分为预付货款采购、现款结算采购和赊销结算采购；按照结算工具的选择，分为票据结算、银行即时转账结算(主要)和现金结算；按照销售形成的方式，分为订单销售和非订单销售。

10.1.1 采购与付款循环中的业务环节和工作部门

企业采购与付款循环中涉及的业务环节和内部工作部门可参见表 10.1。

表 10.1 采购与付款循环中的业务环节和工作部门

序号	主要业务环节	工作部门与岗位(参考)
1	请购商品和劳务	物品使用部门(如工业的车间、商业的柜组)和仓储部门等
2	编制订货单、签订合同	生产管理部门、采购部门、内部审计部门
3	验收商品	质量检验部门、仓储部门保管岗
4	储存已验收的商品存货	仓储部门保管岗
5	编制付款凭单	采购部门、质量检验部门、仓储部门
6	确认与记录负债	采购部门与会计部门应付账款会计岗
7	支付负债	会计部门应付账款会计岗、出纳岗
8	记录现金、银行存款支出	会计部门出纳岗

10.1.2　采购与付款循环涉及的凭证和会计记录

采购与付款循环中涉及的凭证主要有：请购单；订购单(采购合同)；货物验收单(收货单)、质量检验报告；销售单位发货凭证、装箱单、运单；供应商销售发票；付款凭单；供应商对账单；银行结算凭证；记账凭证。

采购与付款循环中涉及的会计记录主要有：存货类、固定资产类、无形资产、开发支出、应付账款、应付票据、预付账款、库存现金、银行存款。

10.2　采购与付款循环的控制测试

10.2.1　采购与付款循环的内部控制目标

采购与付款循环内部控制的目标主要包括：

(1) 所记录的采购物品都已收到或已接受劳务，并符合采购方的最大利益。本项控制目标，是要保证采购业务已经真实发生(已收到采购的物品)，防止以下三类错误的发生：① 未曾收货却将采购业务登记入账；② 将已入账的采购业务重复入账；③ 向虚构的供应商付款，并作为采购业务登记入账。

(2) 已发生的采购业务均已登记入账。本项控制目标，是要保证采购业务得到完整的记录，收货凭证、供应商销售发票、有关采购物品的明细账、现金(或银行存款、应付票据、应付账款)日记账(或明细账)勾稽相符，防止遗漏事项的发生。

(3) 登记入账的采购数量确系已付(或应付)款的数量，并已正确开具收货单(付款凭单)并登记入账。本项控制目标，是要保证按订货数量收货，按收货数量准确地开具收货单(付款凭单)并准确地记账，保证采购业务得到正确的计价和正确地分摊相关费用。

(4) 登记入账的采购付款业务分类恰当。物品采购分为预购、现购和赊购。本项控制目标，是要保证物品采购付款业务得到正确的分类管理，既要注意防止现购时贷记应付账款，也要防止支付应付账款时重复列作采购物品增加。

(5) 采购付款业务的记录及时。本项控制目标，是要确保收货后应尽快开具收货单及付款凭单，并登记入账，以防止无意漏记采购业务，确保采购业务在正确的会计期间得到反映。

(6) 采购付款业务已正确地计入明细账并正确地汇总。本项控制目标，是要保证物品采购与付款业务会计记录的散、总相符。

10.2.2　采购与付款循环的关键内部控制

采购与付款循环的内部控制应划分为三个部分，即请购与审批控制；采购与验收控制；付款控制。其中关键的内部控制，一般包括：

(1) 采购(数量的确定和合同的拟定)按正确的级别批准。

(2) 采购价格和折扣均经一个以上的部门核查和批准。

(3) 请购单、订货单、验收单和供应商的销售发票一应俱全、内容相符，并附在付款凭单后面。

(4) 已收货物在索赔期内得到质量检验和报告，并做出适当的处理。

(5) 已收货物得到正确的保管。

(6) 订货单及验收单均经事先连续编号并已登记入账。

(7) 供应商提供的销售发票系合法的、连续编号的，并已登记入账。

(8) 采购付款金额的计算和支付，均得到内部核查和批准。

(9) 采购的物品得到适当的会计分类。

(10) 应付账款明细记录得到适当的内部核查。

(11) 采购货物的账务记录、货币资金的支付和应付账款的核算实行必要的职务分离。

10.2.3　采购与付款循环的控制测试

采购与付款循环通常是一个企业经营行为的起点，是企业盈利的基础，对企业的生产经营影响非常大。民间有"病从口入，乱从进始"的说法。这里的"进"，就是指采购与付款循环。有些企业，例如餐饮企业，由于商业竞争的激烈，采购与付款循环的控制状况甚至关系到企业的持续经营能力。

同被审单位采购与付款循环相对的，是其供应商的销售与收款循环。被审单位(采购方)的采购与付款循环与其供应商的销售与收款循环呈对立统一关系，相互影响、相互依存。采购与付款循环控制测试的内容，除考虑控制目标外，还可参考销售与收款循环的控制测试。

采购与付款循环的控制测试，可分为岗位设置测试、采购业务控制测试和付款业务控制测试三部分。

10.2.3.1　岗位设置的测试

适当的职责分离有助于防止各种有意或无意的错误。采购与付款循环中，应测试是否存在以下必要的岗位职责分离控制：

(1) 请购与审批职责分离。

(2) 询价与确定供应商职责分离。

(3) 采购合同的订立与内部审计职责分离。

(4) 采购与验收职责分离。

(5) 采购、验收与相关会计记录职责分离。

(6) 付款审批与付款执行职责分离。

10.2.3.2 采购业务的控制测试

采购业务的控制测试有两种方法：一是对会计凭证抽样测试，二是对仓库入库记录抽样测试。

会计凭证抽样测试是检查会计凭证的填制日期、编号、对应入库货物的对应(贷方)账户所附入库凭证单号、入库物资品名、规格、入库数量、入库日期、单价、金额填制的正确性。

仓库入库记录抽样测试，是检查登记入库的品种、规格、数量、金额，应与供应商开具的销售单(销售发票)内容核对一致；已入库物资是否办理质量检验，且已合格；扣除路途损耗数量后办理入库的，应检验扣除数量是否符合有关规定，有无内部控制制度授权批准人员的批准。

采购业务控制测试主要测试以下三方面的内容：所登记的采购都确已收到商品或接受劳务、发生的采购都已记录、采购交易的估价正确。

10.2.3.3 付款业务的控制测试

由于采购和付款业务同属一个交易循环，联系紧密，因此，付款业务的控制测试可安排在测试采购业务时一并进行。付款业务控制测试的内容，依据财政部颁布的《内部会计控制规范——货币资金(试行)》，中国人民银行等制定的《现金管理暂行条例》、《支付结算办法》等规范进行控制测试。

10.3 采购与付款循环的证实测试

10.3.1 应付账款的证实测试

应付账款是指企业因赊购材料、商品和接受劳务供应等经营活动而应付给供货商的款项。

10.3.1.1 应付账款的审计标准

主要依据财政部颁布的《企业会计准则——应用指南》的附录"会计科目和主要账务处理"。

10.3.1.2 应付账款的审计目标

应付账款的具体审计目标，一般包括：

(1) 确定资产负债表中记录的应付账款是否存在。

(2) 确定所有应当记录的应付账款是否均已记录。

(3) 确定记录的应付账款是否为被审单位应当履行的现时义务。

(4) 确定应付账款期末余额是否正确，应付账款是否以恰当的金额包括在财务报表中，与之相关的计价调整是否有恰当的记录。

(5) 确定应付账款是否已按照企业会计准则的规定，在财务报表中恰当列报。

10.3.1.3 应付账款证实测试的主要内容

应付账款证实测试的主要内容包括：

(1) 获取或编制应付账款明细表，审查账表勾稽关系。应付账款勾稽关系的特殊审查内容有：① 检查非记账本位币应付账款的折算汇率及折算是否正确；② 分析有借方余额的明细账项目，查明原因，必要时作重分类调整；③ 结合其他应付款、预付账款等往来明细账项目的余额，检查有无同一客户多处挂账、异常余额或与购货无关的其他款项(如员工账户、关联方账户)；④ 标识重要的应付账款项目，计算该债务合计数占应付账款余额的比例。

(2) 获取被审单位与其供应商之间的对账单。应从被审单位非财务部门(如采购部门)获取被审单位与其供应商之间的对账单，并将对账单和被审单位财务记录之间的差异进行调节(如在途款项、在途货物、付款折扣、未记录的负债等)，查找有无未入账的应付账款，确定应付账款金额的准确性。

(3) 检查债务形成的相关原始凭证。如供应商发票、验收报告或入库单等，查找有无未及时入账的应付账款，确定应付账款金额的准确性。

(4) 检查应付账款长期挂账的原因。检查长期挂账的应付账款明细项目，并作出记录，注意其是否可能无需支付；对确实无需支付的应付款的会计处理是否正确，依据是否充分；关注账龄超过 3 年的大额应付账款在资产负债表日后是否偿还，检查偿还记录及单据，并披露。

(5) 检查资产负债表日后付款的项目。针对资产负债表日后付款项目，检查银行对账单及有关付款凭证(如银行划款通知、供应商收据等)，询问被审计单位内部或外部的知情人员，查找有无未及时入账的应付账款。

(6) 复核截止审计现场工作日的全部未处理的供应商发票。并询问是否存在其他未处理的供应商发票，确认所有的负债都记录在正确的会计期间内。

(7) 抽样函证。选择应付账款的重要项目(包括零账户)，函证其余额和交易条款，对未回函的再次发函或实施替代的检查程序(检查原始凭单，如合同、发票、验收单)，核实应付账款的真实性。

(8) 抽查已付款的应付账款项目。针对已偿付的应付账款，追查至银行对账单、银行付款单据和其他原始凭证，检查其是否在资产负债表日前真实偿付。

(9) 检查资产负债表日后发生的应付账款。检查资产负债表日后应付账款明细账贷方发生额的相应凭证，关注其购货发票的日期，确认其入账时间是否合理。

(10) 检查应付账款入账时间的准确性。结合存货的监盘程序，检查被审计单位在资产负债日前后的存货入库资料(验收报告或入库单)，检查是否有大额料到单未到的情况，确认相关负债是否计入了正确的会计期间。

(11) 检查异常或大额及重大交易中的应付账款。针对异常或大额交易及重大调整事项(如大额的购货折扣或退回，会计处理异常的交易，未经授权的交易，或缺乏支持性凭证的交易等)，检查相关原始凭证和会计记录，以分析交易的真实性、合理性。

(12) 检查现金折扣。检查带有现金折扣的应付账款是否按发票上记载的全部应付金额入账，在实际获得现金折扣时再冲减财务费用。

(13) 检查债务重组。被审计单位与债权人进行债务重组的，检查不同债务重组方式下的会计处理是否正确。

(14) 检查应付关联款项的真实性、完整性。标明应付关联方(包括持股 5%及以上表决权股份的股东)的款项，执行关联方及其交易审计程序，并注明合并报表时应予抵销的金额。

(15) 检查应付账款的报表列示。检查应付账款是否已按照企业会计准则的规定，在财务报表中作出恰当的列报。

10.3.2　应付票据的证实测试

应付票据是企业在赊购业务中出具的、承诺在一定日期支付一定金额款项的商业汇票，包括银行承兑汇票和商业承兑汇票。应付票据一般构成企业的流动负债。企业出具承兑汇票数额的多少，能否按时承兑支付，反映了被审单位的财务状况和偿债能力。审计人员应当结合赊购业务，重点查验被审单位所出具的票据支付日期和数额，以确认其真实和完整性及其对被审单位的影响。

10.3.2.1　应付票据的审计标准

应以银行系统有关票据的法律法规和企业会计准则作为审计标准。

10.3.2.2　应付票据的审计目标

应收票据的具体审计目标，一般包括：

(1) 确定资产负债表中记录的应付票据是否存在。

(2) 确定所有应当记录的应付票据均已记录。

(3) 确定记录的应付票据是被审单位应履行的现实义务。

(4) 确定应付票据以恰当的金额包括在财务报表中，与之相关的计价调整已恰当的记录。

(5) 确定应付票据年末余额是否正确。

(6) 确定应付票据在财务报表上的披露是否恰当。

10.3.2.3　应付票据证实测试的主要内容

应付票据证实测试的主要内容包括：

(1) 获取或编制应付票据明细表，审查账表勾稽关系。应付票据勾稽关系的特殊审查内容有：① 与应付票据备查簿的有关的商业汇票的种类、号数、出票日期、到期日、票面金额、交易合同号、收款人姓名或单位名称以及付款日期和金额等内容核对相符；② 检查非记账本位币应收票据的折算汇率及折算是否正确；③ 检查逾期票据是否已转为应收账款；④ 标识重要项目。

(2) 检查应付票据备查簿。① 检查债务的合同、发票和收货单等资料，核实交易、事项交易真实性，复核其应存入银行的承兑保证金，并与其他货币资金科目勾稽；② 抽查资产负债表日后已偿付的应付票据，检查有无未入账的应付票据，核实其是否已付款并转销；③ 针对已注销的应付票据，确定是否已在资产负债表日前偿付；④ 询问管理人员，审查有关文件并结合购货截止测试，检查应付票据的完整性；⑤ 获取客户的贷款卡，打印贷款卡中全部信息，检查其中有关应付票据的信息与明细账合计数、总账数、报表数是否相符。

(3) 对应付票据抽样函证。选择应付票据的重要项目(包括零账户)，函证其余额和交易条款，对未回函的再次发函或实施替代的检查程序(检查原始凭单，如合同、发票、验收单，核实票据的真实性)。

(4) 审查逾期未兑付票据。查明逾期未兑付票据的原因，对于逾期的银行承兑汇票是否转入短期借款，对于逾期的商业承兑汇票是否已经转入应付账款，带息票据是否已经停止计息，是否存在抵押票据的情形。

(5) 审查带息票据的利息计算。复核带息应付票据利息是否足额计提，其会计处理是否正确。

(6) 审查与关联方的应付票据。检查与关联方的应付票据的真实性，执行关联方及其交易审计程序。

(7) 检查应付票据是否已按照企业会计准则的规定，在财务报表中作出恰当的列报。

10.3.3 预付账款的证实测试

预付账款核算被审单位按照采购合同规定预付给供应商的款项。审计人员应重点关注预付账款中是否隐藏着不属于正常交易的行为及其对企业的影响。

10.3.3.1 预付账款的审计目标

预付账款的具体审计目标，一般包括：

(1) 确定资产负债表中记录的预付账款是否存在。

(2) 确定所有应当记录的预付账款均已记录。

(3) 确定记录的预付账款是否为被审单位拥有或控制。

(4) 确定预付账款是否以恰当的金额包括在财务报表中，与之相关的计价调整是否已恰当记录。

(5) 确定预付账款是否已按照企业会计准则的规定，在财务报表中作出恰当的列报。

10.3.3.2 预付账款证实测试的主要内容

预付账款证实测试的主要内容包括：

(1) 获取或编制预付账款明细表，审查账表勾稽关系。预付账款勾稽关系的特殊审查内容有：① 结合应付账款明细账审计，检查是否存在重复付款或将同一笔已付清的账款在预付账款和应付账款两个账户同时挂账的情况；② 分析出现贷方余额的明细账，查明原因，必要时进行重分类调整；③ 对期末预付账款余额与上期期末余额进行比较，查明波动原因。

(2) 分析预付账款账龄及余额构成。确定：① 该笔款项是否根据有关购货合同支付；② 检查一年以上预付账款未核销的原因及发生坏账的可能性，检查不符合预付账款性质的或因供货单位破产、撤销等原因无法再收到所购货物的是否已转入其他应收款。

(3) 选择预付账款的重要项目函证其余额和交易条款，对未回函的再次发函或实施替代的检查程序(检查原始凭单,如合同、发票、验收单,核实预付账款的真实性)。

(4) 检查资产负债表日后的预付账款、存货及在建工程明细账,并检查相关凭证,核实期后是否已收到实物并转销预付账款,分析资产负债表日预付账款的真实性和完整性。

(5) 实施关联方及其交易的审计程序,检查对关联方的预付账款的真实性、合法性,检查其会计处理是否正确。

(6) 检查预付账款的坏账准备是否正确。

(7) 检查预付账款是否已按照企业会计准则的规定,在财务报表中作出恰当的列报。

10.3.4   固定资产的证实测试

固定资产是指同时具有下列特征的有形资产:① 为生产商品、提供劳务、出租或经营管理而持有的;② 使用寿命超过一个会计年度。

固定资产同时满足下列条件的,才能予以确认:① 与该固定资产有关的经济利益很可能流入企业;② 该固定资产的成本能够可靠地计量。

10.3.4.1   固定资产的审计标准

固定资产的审计,主要依据《企业会计准则第 4 号——固定资产》和《企业会计准则第 8 号——资产减值》。

10.3.4.2   固定资产的审计目标

固定资产的具体审计目标,一般包括:

(1) 确定资产负债表中记录的固定资产是否存在。

(2) 确定所有应当记录的固定资产均已记录。

(3) 确定记录的固定资产是否为被审单位拥有或控制。

(4) 确定固定资产是否以恰当的金额包括在财务报表中,与之相关的计价或分摊是否已恰当记录。

(5) 确定固定资产是否已按照企业会计准则的规定,在财务报表中作出恰当的列报。

10.3.4.3   固定资产证实测试的主要内容

固定资产证实测试的主要内容包括:

(1) 获取或编制固定资产明细表，审查账表勾稽关系。

(2) 对固定资产实施分析程序。① 基于对被审计单位及其环境的了解，通过进行以下比较，并考虑有关数据间关系的影响，建立有关数据的期望值：一是分类计算本期计提折旧额与固定资产原值的比率，并与上期比较；二是计算固定资产修理及维护费用占固定资产原值的比例，并进行本期各月、本期与以前各期的比较。② 确定可接受的差异额。③ 将实际情况与期望值相比较，识别需要进一步调查的差异。④ 如果其差额超过可接受的差异额，调查并获取充分的解释和恰当的佐证审计证据(如通过检查相关的凭证)。⑤ 评估分析程序的测试结果。

(3) 实地检查重要固定资产。实地检查重要的固定资产(如为首次接受审计，应适当扩大检查范围)，确定其是否存在，关注是否存在已报废但仍未核销的固定资产。

(4) 检查固定资产的所有权或控制权。对各类固定资产，获取、收集不同的证据，以确定其是否归被审单位所有。对外购的机器设备等固定资产，审核采购发票、采购合同等；对于房地产类固定资产，查阅有关的合同、产权证明、财产税单、抵押借款的还款凭据、保险单等书面文件；对融资租入的固定资产，检查有关融资租赁合同；对汽车等运输设备，检查有关运营证件等；对受留置权限制的固定资产，结合有关负债项目进行检查。

(5) 检查本期增加的固定资产。包括：

● 询问管理层。询问管理层当年固定资产的增加情况，并与获取或编制的固定资产明细表进行核对。

● 检查固定资产增加的账务处理。检查本年度增加固定资产的计价是否正确，手续是否齐备，会计处理是否正确：① 对于外购固定资产：通过核对采购合同、发票、保险单、发运凭证等资料，抽查测试其入账价值是否正确，授权批准手续是否齐备，会计处理是否正确；如果购买的是房屋建筑物，还应检查契税的会计处理是否正确；检查分期付款购买固定资产入账价值及会计处理是否正确；② 对于在建工程转入的固定资产：应检查固定资产确认时点是否符合会计准则的规定，入账价值与在建工程的相关记录是否核对相符，是否与竣工决算、验收和移交报告等一致；对已经达到预定可使用状态，但尚未办理竣工决算手续的固定资产，检查其是否已按估计价值入账，并按规定计提折旧；③ 对于投资者投入的固定资产：检查投资者投入的固定资产是否按投资各方确认的价值入账，并检查确认价值是否公允，交接手续是否齐全；涉及国有资产的，是否有评估报告并经国有资产管理部门评审备案或核准确认；④ 对于更新改造增加的固定资产：检查通过更新改造而增加的固定资产，增加的原值是否符合资本化条件，是否真实，会计处理是否正确；重新确定的剩余折旧年限是否恰当；⑤ 对于融资租赁增加的固定资产：获取融资租入固定资产的相关证明文件，检查融资租赁合同的主要内容，并结合长期应付款、未确认融资费用科目检查相关的会计处理是否正确；⑥ 对于企业合并、债务重组和非货币性资产交换增加的固定资产：检查产权过户手续是否齐备，检查固定资产入账价值及确认的损益和负债是否符合规定；⑦ 如果被审单位为外商投资企业：检查其采购国产设备获得的税款返还等优惠的会计处理是否正确；⑧ 对于通过其他途径增加的固定资产：应检查增加固定资产的原始凭证，核对其计价及会计处理是否正确，法律手续是否齐全。

- 检查固定资产是否存在弃置费用。如果存在弃置费用，检查弃置费用的估计方法和弃置费用现值的计算是否合理，会计处理是否正确。

(6) 检查本期减少的固定资产。① 结合固定资产清理科目，抽查固定资产账面转销额是否正确；② 检查出售、盘亏、转让、报废或毁损的固定资产是否经授权批准，会计处理是否正确；③ 检查因修理、更新改造而停止使用的固定资产的会计处理是否正确；④ 检查投资转出固定资产的会计处理是否正确；⑤ 检查债务重组或非货币性资产交换转出固定资产的会计处理是否正确；⑥ 检查其他减少固定资产的会计处理是否正确。

(7) 检查固定资产的后续支出 。检查固定资产有关的后续支出是否满足资产确认条件；如不满足，检查该支出是否在该后续支出发生时计入当期损益。

(8) 检查固定资产的租赁。审查：① 固定资产的租赁是否签订了合同、租约，手续是否完备，合同内容是否符合国家规定，是否经相关管理部门的审批；② 租入的固定资产是否确属企业必需，或出租的固定资产是否确属企业多余、闲置不用的；③ 租金收取是否签有合同，有无多收、少收现象；④ 租入固定资产有无久占不用、浪费损坏的现象；租出的固定资产有无长期不收租金、无人过问，是否有变相馈赠、转让等情况；⑤ 租入固定资产是否已登记备查簿；⑥ 如果被审单位的固定资产中融资租赁占有相当大的比例，复核新增加的租赁协议，检查租赁是否符合融资租赁的条件，会计处理是否正确(资产的入账价值、折旧、相关负债)，着重复核租赁的折现率是否合理，检查租赁相关税费、保险费、维修费等费用的会计处理是否符合企业会计准则的规定，检查融资租入固定资产的折旧方法是否合理，检查租赁付款情况，检查租入固定资产的成新程度；⑦ 向出租人函证租赁合同及执行情况；⑧ 租入固定资产改良支出的核算是否符合规定。

(9) 审查暂时闲置的固定资产。获取暂时闲置固定资产的相关证明文件，并观察其实际状况，检查是否已按规定计提折旧，相关的会计处理是否正确。

(10) 审查超期使用的固定资产。获取已提足折旧仍继续使用固定资产的相关证明文件，并作相应记录。

(11) 审查待售固定资产。获取持有待售固定资产的相关证明文件，并作相应记录，检查对其预计净残值调整是否正确、会计处理是否正确。

(12) 审查固定资产的投保情况。检查固定资产保险情况，复核保险范围是否足够。

(13) 审查与关联方有关的固定资产购售情况。检查有无与关联方的固定资产购售活动，是否经适当授权，交易价格是否公允。对于合并范围内的购售活动，记录应予合并抵销的金额。

(14) 审查与固定资产有关的借款费用。对应计入固定资产价值的借款费用，应根据企业会计准则的规定，结合长短期借款、应付债券或长期应付款的审计，检查借款费用资本化的计算方法和资本化金额，以及会计处理是否正确。

(15) 检查购置固定资产时是否存在与资本性支出有关的财务承诺。

(16) 审查固定资产的抵押担保情况。检查固定资产的抵押、担保情况。结合对银行借款等的检查，了解固定资产是否存在重大的抵押、担保情况。如存在，应取证，并作相应的记录，同时提请被审计单位作恰当披露。

(17) 检查累计折旧。① 获取或编制累计折旧分类汇总表，复核该表累计是否正确，并与总账数和明细账合计数核对；② 检查被审计单位制定的折旧政策和方法，审查是否符合相关会计准则的规定，确定其所采用的折旧方法能否在固定资产预计使用寿命内合理分摊其成本，前后期是否一致，预计使用寿命和预计净残值是否合理；③ 复核本期折旧费用的计提和分配：一是了解被审计单位的折旧政策是否符合规定，计提折旧范围是否正确，确定的使用寿命、预计净残值和折旧方法是否合理；如采用加速折旧法，是否取得批准文件；二是检查被审计单位折旧政策前后期是否一致；三是复核本期折旧费用的计提是否正确，尤其关注已计提减值准备的固定资产的折旧；四是检查折旧费用的分配方法是否合理，是否与上期一致；分配计入各项目的金额占本期全部折旧计提额的比例与上期比较是否有重大差异；五是注意固定资产增减变动时，有关折旧的会计处理是否符合规定，查明通过更新改造、接受捐赠或融资租入而增加的固定资产的折旧费用计算是否正确；六是将"累计折旧"账户贷方的本期计提折旧额与相应的成本费用中的折旧费用明细账户的借方相比较，检查本期所计提折旧金额是否已全部摊入本期产品成本或费用。若存在差异，应追查原因，并考虑是否应建议作适当调整；④ 审查累计折旧的减少，检查累计折旧的减少是否合理、会计处理是否正确。

(18) 检查固定资产的减值准备。① 获取或编制固定资产减值准备明细表，复核该表加计是否正确，并与总账数和明细账合计数核对相符；② 审查固定资产减值准备的计提，检查被审计单位计提固定资产减值准备的依据是否充分，会计处理是否正确；③ 审查资产组的认定，检查资产组的认定是否恰当，计提固定资产减值准备的依据是否充分，会计处理是否正确；④ 审查固定资产的质量状况(新旧程度),计算本期末固定资产减值准备占期末固定资产原值的比率,并与期初该比率比较,分析固定资产的质量状况;⑤ 审查处置固定资产原提减值准备的处理,检查被审单位处置固定资产时原计提的减值准备是否同时结转,会计处理是否正确;⑥ 审查转回固定资产减值准备的处理,检查是否存在转回固定资产减值准备的情况,确定减值准备在以后会计期间没有转回。

(19) 审查固定资产的财务报表列报。检查固定资产是否已按照企业会计准则的规定,在财务报表中恰当地列报下列内容:① 固定资产的确认条件、分类、计量基础和折旧方法;② 各类固定资产的使用寿命、预计净残值和折旧率;③ 各类固定资产的期初和期末原价、累计折旧额及固定资产减值准备累计金额;④ 当期确认的折旧费用;⑤ 对固定资产所有权的限制及其金额和用于担保的固定资产账面价值;⑥ 准备处置的固定资产名称、账面价值、公允价值、预计处置费用和预计处置时间等。

10.3.5 在建工程的证实测试

在建工程是在被审单位购入的待安装设备及未完工的工程项目等。在未安装或未完工之前,它还不完全具备固定资产的使用功能,不能投入使用,这是它与固定资产的主要区别。

10.3.5.1 在建工程的审计标准

在建工程的审计,要依据企业会计准则和国家相关基建方面的法律法规。

10.3.5.2 在建工程的审计目标

在建工程的具体审计目标,一般包括:
(1) 确定资产负债表中记录的在建工程是否存在。
(2) 确定所有应当记录的在建工程均已记录。
(3) 确定记录的在建工程是否为被审单位拥有或控制。
(4) 确定在建工程是否以恰当的金额包括在财务报表中,与之相关的计价调整是否已恰当记录。
(5) 确定在建工程是否已按照企业会计准则的规定,在财务报表中作出恰当的列报。

10.3.5.3 在建工程证实测试的主要内容

在建工程证实测试的主要内容包括:

(1) 获取或编制在建工程明细表，审查账表勾稽关系。

(2) 实施分析程序。基于对被审计单位及其环境的了解，通过进行以下比较，并考虑有关数据间关系的影响，建立有关数据的期望值：① 依据借款和工程建设情况计算借款费用资本化金额，并与被审计单位实际的借款费用资本化情况进行比较；② 确定可接受的差异额；③ 将实际情况与期望值相比较，识别需要进一步调查的差异；④ 如果其差额超过可接受的差异额，调查并获取充分的解释和恰当的佐证审计证据(如检查相关的凭证)；⑤ 评估分析程序的测试结果。

(3) 检查本期增加的在建工程。① 询问管理层当年在建工程的增加情况，并与获取或编制的在建工程的明细表进行核对；② 查阅公司资本支出预算、公司相关会议决议等，检查本年度增加的在建工程是否全部得到记录；③ 检查本年度增加的在建工程的原始凭证是否完整，如立项申请、工程借款合同、施工合同、发票、工程物资请购申请、付款单据、建设合同、运单、验收报告等是否完整，计价是否正确。

(4) 检查本期减少的在建工程。① 了解在建工程结转固定资产的政策，并结合固定资产审计，检查在建工程转销额是否正确，是否存在将已交付使用的固定资产挂列在建工程而少计折旧的情形；② 检查在建工程其他减少的情况，入账依据是否齐全，会计处理是否正确。

(5) 检查利息资本化是否正确。复核计算资本化利息的借款费用、资本化率、实际支出数以及资本化的开始和停止时间。

(6) 实施在建工程实地检查程序(全部或部分)。① 确定在建工程是否存在；② 观察工程项目的实际完工程度；③ 检查是否存在已达到预计可使用状态，但尚未办理竣工决算手续、未及时进行会计处理的项目。

(7) 检查在建工程的投保情况。查询在建工程项目保险情况，复核保险范围和金额是否足够。

(8) 检查长期挂账的在建工程。如被审单位存在长期挂账的在建工程，应了解挂账原因，关注是否可能发生损失，检查减值准备计提是否正确。

(9) 检查与关联方有关的在建工程。检查是否存在与关联方有关的在建工程，确定是否经过适当授权，交易价格是否公允。

(10) 检查在建工程减值准备。审查与在建工程有关的减值准备，关注停建工程：① 检查在建工程是否出现减值情形，是否应确认减值准备；② 检查减值计提所依据的确定可收回金额的方法。对以市价确定可收回金额的在建工程，复核管理层使用的市价的取得方法；对以现值确定的可收回金额，复核计算现值的假设、方法是否合理。

(11) 检查在建工程合同。确定是否存在与资本性支出有关的财务承诺。

(12) 检查在建工程是否已按照企业会计准则的规定在财务报表中作出恰当列报。

10.3.6　工程物资的证实测试

工程物资是指企业在工程建设方面所使用材料物资。工程物资在形态上与存货类似；在最终使用上与固定资产有紧密联系。

10.3.6.1　工程物资的审计标准

工程物资的审计，主要依据国家有关基建方面的法律法规和企业有关工程方面的管理规定。

10.3.6.2　工程物资的审计目标

工程物资的具体审计目标，一般包括：

(1) 确定资产负债表中记录的工程物资是否存在。

(2) 确定所有应当记录的工程物资均已记录。

(3) 确定记录的工程物资是否为被审单位拥有或控制。

(4) 确定工程物资是否以恰当的金额包括在财务报表中，与之相关的计价调整是否已恰当记录。

(5) 确定工程物资是否已按照企业会计准则的规定，在财务报表中作出恰当的列报。

10.3.6.3　工程物资证实测试的主要内容

工程物资证实测试的主要内容包括：

(1) 获取或编制工程物资明细表，审查账表勾稽关系。

(2) 实地检查工程物资。确定工程物资是否存在，并观察是否有呆滞、积压物资。

(3) 抽查合同与会计凭证。抽查若干工程物资采购合同、发票、货物验收单等原始凭证，检查其是否经过授权审批，会计处理是否正确。

(4) 检查工程物资的会计处理。结合在建工程审计，检查工程物资的领用手续是否齐全，会计处理是否正确。

(5) 检查工程物资的实物管理。检查被审计单位是否对工程物资定期盘点，对盘盈、盘亏的处理是否及时、是否符合规定，会计处理是否正确。

(6) 检查完工剩余工程物资的处理。检查工程完工后剩余的工程物资在转入存货时，是否将其所含的增值税进项税额进行了正确的分离。

(7) 检查与关联方有关的工程物资。检查有无与关联方的工程物资购销业务，是否经过适当授权，是否按正常交易价格结算。

(8) 审查工程物资的减值核算。检查当期计提的工程物资减值准备是否充分、合理，累计减值准备额是否以恰当的金额列示。

(9) 检查工程物资是否已按照企业会计准则的规定，在财务报表中作出恰当的列报。

10.3.7 固定资产清理的证实测试

10.3.7.1 固定资产清理的审计标准

固定资产清理的审计，主要依据被审单位制定的有关固定资产清理的管理制度。

10.3.7.2 固定资产清理的审计目标

固定资产清理的具体审计目标，一般包括：

(1) 确定资产负债表中记录的固定资产清理是否存在。

(2) 确定所有应当记录的固定资产清理均已记录。

(3) 确定记录的固定资产清理是否为被审单位拥有或控制。

(4) 确定固定资产清理是否以恰当的金额包括在财务报表中，与之相关的计价调整是否已恰当记录。

(5) 确定固定资产清理是否已按照企业会计准则的规定，在财务报表中作出恰当的列报。

10.3.7.3 固定资产清理证实测试的主要内容

固定资产清理证实测试的主要内容包括：

(1) 获取或编制固定资产清理明细表，审查账表勾稽关系。

(2) 审查固定资产常规清理的账务处理。检查固定资产清理的发生是否有正当理由，是否经有关技术部门鉴定，固定资产清理的发生和转销是否经授权批准，相应的会计处理是否正确：① 结合固定资产等账项的审计，检查固定资产、累计折旧和固定资产减值准备等账面转入额是否正确；② 检查固定资产清理收入和清理费用的发生是否真实，清理净损益的计算是否正确，会计处理是否正确。

(3) 审查特殊原因引起的固定资产清理。例如，由对外投资、非货币性资产

交换、债务重组等原因转出产生固定资产清理的，检查相关的合同协议以及股东
(大)会、董事会的决议，确定合同或协议约定的价值是否公允，检查其会计处理
是否正确。

(4) 审查长期挂账的固定资产清理。检查固定资产清理是否长期挂账，如有，
应作出记录，必要时建议作适当调整。

(5) 检查固定资产清理是否已按照企业会计准则的规定，在财务报表中作出
恰当的列报。

10.3.8　无形资产的证实测试

10.3.8.1　无形资产的审计标准

无形资产的审计，主要依据《企业会计准则第 6 号——无形资产》和国家有
关知识产权方面的法律法规。

10.3.8.2　无形资产的审计目标

无形资产的具体审计目标，一般包括：
(1) 确定资产负债表中记录的无形资产是否存在。
(2) 确定所有应当记录的无形资产均已记录。
(3) 确定记录的无形资产是否为被审单位拥有或控制。
(4) 确定无形资产是否以恰当的金额包括在财务报表中，与之相关的计价或
分摊是否已恰当记录。
(5) 确定无形资产是否已按照企业会计准则的规定，在财务报表中作出恰当
的列报。

10.3.8.3　无形资产证实测试的主要内容

无形资产证实测试的主要内容包括：
(1) 获取或编制无形资产明细表，审查账表勾稽关系。
(2) 审查无形资产的权属状况。检查无形资产的权属证书原件、非专利技术
的持有和保密状况等，并获取有关协议和董事会纪要等文件、资料，检查无形资
产的性质、构成内容、计价依据、使用状况和受益期限，确定无形资产是否存在，
并由被审计单位拥有或控制。
(3) 检查本期增加的无形资产。① 检查投资者投入的无形资产是否按投资各
方确认的价值入账，并检查确认价值是否公允，交接手续是否齐全；涉及国有资

产的，是否有评估报告并经国有资产管理部门评审备案或核准确认；② 对自行研发取得、购入或接受捐赠的无形资产，检查其原始凭证，确认计价是否正确，法律程序是否完备(如依法登记、注册及变更登记的批准文件和有效期)；会计处理是否正确；③ 对债务重组或非货币性资产交换取得的无形资产，检查有关协议等资料，确认其计价和会计处理是否正确；④ 检查本期购入土地使用权相关税费计算清缴情况，与购入土地使用权相关的会计处理是否正确。

(4) 检查本期减少的无形资产。① 取得无形资产处置的相关合同、协议，检查其会计处理是否正确；② 检查房地产开发企业取得的土地用于建造对外出售的房屋建筑物，相关的土地使用权是否转入所建造房屋建筑物的成本。在土地上自行开发建造厂房等建筑物的，土地使用权和地上建筑物是否分别进行摊销和计提折旧；③ 当土地使用权用于出租或增值目的时，检查其是否转为投资性房地产核算，会计处理是否正确。

(5) 审查无形资产的使用寿命。检查被审计单位确定无形资产使用寿命的依据，分析其合理性。

(6) 审查无形资产的后续支出。检查无形资产的后续支出是否合理，会计处理是否正确。

(7) 审查无形资产的实际功能。检查无形资产预计是否能为被审计单位带来经济利益，若否，检查是否将其账面价值予以转销，计入当期营业外支出。

(8) 审查无形资产对外提供担保等情况。结合长、短期借款等项目的审计，了解是否存在用于债务担保的无形资产。如有，应取证并记录，并提请被审计单位作恰当披露。

(9) 审查无形资产的摊销。① 获取或编制无形资产累计摊销明细表，复核加计正确，并与总账数和明细账合计数核对相符；② 检查无形资产各项目的摊销政策是否符合有关规定，是否与上期一致，若改变摊销政策，检查其依据是否充分。注意使用期限不确定的无形资产不应摊销，但应当在每个会计期间对其使用寿命进行复核；③ 检查被审计单位是否在年度终了，对使用寿命有限的无形资产的使用寿命和摊销方法进行复核，其复核结果是否合理；④ 检查无形资产的应摊销金额是否为其成本扣除预计残值和减值准备后的余额，检查其预计残值的确定是否合理；⑤ 复核本期摊销是否正确，与相关科目核对是否相符。

(10) 审查无形资产的减值核算。① 获取或编制无形资产减值准备明细表，复核加计正确，并与总账数和明细账合计数核对相符；② 检查无形资产减值准备计提和转销的批准程序，取得书面报告等证明文件；③ 检查被审计单位计提无形资产减值准备的依据是否充分，会计处理是否正确；④ 检查无形资产转让时，相应的减值准备是否一并结转，会计处理是否正确；⑤ 对于使用寿命有限的无形资产，逐项检查是否存在减值迹象，并作出详细记录；对于使用寿命不确定的无形资产，无论是否存在减值迹象，是否都进行减值测试；⑥ 通过检查期后事项，以及比较前期无形资产减值准备数与实际发生数，评价无形资产减值准备的合理性。

(11) 审查无形资产的财务报表列报。检查无形资产是否已按照企业会计准则的规定，在财务报表中作出下列恰当的列报：① 无形资产的期初和期末账面余额、累计摊销额及减值准备累计金额；② 使用寿命有限的无形资产，其使用寿命的估计情况；使用寿命不确定的无形资产，其使用寿命不确定的判断依据；③ 无形资产的摊销方法；④ 用于担保的无形资产账面价值、当期摊销额等情况；⑤ 计入当期损益和确认为无形资产的研究开发支出金额。

10.3.9   开发支出的证实测试

开发支出项目，是反映企业开发无形资产过程中，能够资本化、形成无形资产成本的支出部分。资产负债表中的开发支出项目，应当根据"研发支出"总账下"资本化支出"明细账期末余额填列。

10.3.9.1   开发支出的审计标准

开发支出的审计，主要依据《企业会计准则》、《企业所得税法》和国家关于高新技术企业及研究开发支出方面的规定。

10.3.9.2   开发支出的审计目标

开发支出的具体审计目标，一般包括：

(1) 确定资产负债表中记录的开发支出是否存在。

(2) 确定所有应当记录的开发支出均已记录。

(3) 确定记录的开发支出是否为被审单位拥有或控制。

(4) 确定开发支出是否以恰当的金额包括在财务报表中，与之相关的计价调整是否已恰当记录。

(5) 确定开发支出是否已按照企业会计准则的规定，在财务报表中作出恰当的列报。

10.3.9.3   开发支出证实测试的主要内容

开发支出证实测试的主要内容包括：

(1) 获取或编制研发支出明细表，审查账表勾稽关系。复核加计该表是否正确，并与研发支出总账数和明细账合计数核对是否相符，并将所属的"资本化支出"明细账期末余额与报表数核对是否相符。

(2) 检查增加的研发支出。① 获取有关协议和董事会纪要等文件、资料,检查开发支出的性质、构成内容、计价依据,检查其是否归被审计单位拥有或控制;② 索取相关会议纪要、无形资产研究开发的可行性研究报告等相关资料,确定研究开发项目处于研究阶段还是开发阶段;不同阶段的资本化和费用化处理是否正确,会计处理是否正确;③ 检查研发费用明细表,抽查若干月份支出中的职工薪酬、折旧等费用,并与相关科目核对是否相符。

(3) 检查减少的研发支出。① 检查研发费用明细表,结合管理费用科目的审计,检查费用化支出的结转处理是否正确;② 审查已经在用或已经达到预定用途的研究开发项目是否已结转至相关资产项目。

(4) 对研发支出实施截止测试。检查资产负债表日前后若干天内开发支出明细账和凭证,确定有无跨期现象。

(5) 检查开发支出是否已按照企业会计准则的规定,在财务报表中作出恰当列报。

本章小结

采购与付款循环的中心工作是采购资产和货款结算。

采购与付款循环的内部控制可分为三个部分:请购与审批控制;采购与验收控制;付款控制。

采购与付款循环中的证实测试,首先要掌握本循环涉及的相关账表的勾稽关系,其次要重点把握对采购资产的核实和对赊购中的应付账款的核实。

11 存货与生产循环审计

11.1 存货与生产循环的业务内容

存货与生产循环是采购与付款循环和销售与收款循环的桥梁与纽带。存货是资产负债表中的主要项目，也是流动资产中的最大项目。存货的流动性强、周转快，受市场因素和生产计划的影响很大。存货不仅对于生产制造业、批发业和零售行业十分重要，对于服务行业也具有重要性。通常，企业财务会计的重大错报多数表现为存货项目，或由存货项目引起；存货项目的重大错报则对于流动资产、营运资本、总资产、销售成本、毛利以及净利润都会产生直接的影响。存货的重大错报又对于其他某些项目，例如利润分配和所得税，产生间接影响。存货是企业利润的源泉，审计中的许多复杂和重大问题都与存货和生产循环有关。存货与生产循环涉及的内容主要是存货的管理及生产成本的计算等。

存货与生产循环业务，视企业的经营内容不同而有所不同。商业企业主要表现为存货循环，工业企业则表现为存货循环和生产循环。

商业企业的存货管理，有自有仓库的存货管理、租赁仓库的存货管理和寄存外仓的存货管理之分。工业企业的生产循环，则视产品工艺流程、管理要求和成本核算方法的不同，而有不同的业务内容。

11.1.1 存货与生产循环中的业务环节和工作部门

存货与生产循环中的业务环节和工作部门可参考表 11.1。

11.1.2 存货与生产循环涉及的凭证和会计记录

存货与生产循环涉及的凭证主要有：顾客订单(销售合同)与生产指令(生产任务通知单)；领料单；生产报告凭证(例如工作通知单、工序进程单、工作产量报告、产量明细表和废品通知单)；工薪汇总表即人工费用分配表；材料费用分配表；制造费用分配表；成本计算单；有关记账凭证。

存货与生产循环涉及的会计账户主要有：材料采购、原材料、材料成本差异、库存商品、发出商品、商品进销差价、委托加工物资、周转材料、生产成本、制造费用、营业成本/劳务成本、应付职工薪酬、存货跌价准备、应付职工薪酬等

表 11.1 存货与生产循环中的业务环节和工作部门

序号	主要业务环节		工作部门 (参考)
1	计划和安排生产		生产计划部门
2	发出原材料		仓库部门
3	生产产品		生产部门
4	核算产品成本	记录产量和工时	生产部门与仓储部门
		核算工薪(归集与分配)	生产部门与会计部门
		核算材料费用(归集与分配)	生产部门、仓储部门与会计部门
		核算制造费用(归集与分配)	生产部门与会计部门
		计算产品成本	会计部门
5	储存产成品		仓储部门与会计部门
6	发出产成品		仓储部门与会计部门

11.2　存货与生产循环的控制测试

存货与生产循环的内部控制包括存货的内部控制、成本会计制度及工薪的内部控制三项内容。

11.2.1　存货与生产循环的内部控制目标

11.2.1.1　存货的内部控制目标

(1) 请购货物或劳务、采购、验收、管理库存、记账等职责分离。

(2) 订购单(合同)仅在经批准的请购单的基础上编制。

(3) 采购记录(请购单、订购单、验收报告、记账凭证等)要连续编号，要经适当的复核与批准。

(4) 存货及其他有价值的动产要限制接触，资产与记录要固定监管责任。

(5) 内部审计部门要对原材料、产成品、配件、固定资产等，进行定期盘点并核对。

11.2.1.2　成本会计制度的内部控制目标

(1) 生产业务是根据企业管理机构一般或特定的授权进行的。

(2) 记录的成本为实际发生的而非虚构的。

(3) 所有耗费和物化劳动均已反映在成本中。

(4) 成本以正确的金额在恰当的会计期间及时记录于适当的会计账户。

(5) 对存货实施保护措施,保管人员与记录、批准人员相互独立。

(6) 账面存货与实际存货定期核对相符。

11.2.1.3 工薪的内部控制目标

(1) 工薪账务均经正确批准。

(2) 记录的工薪为实际发生的而非虚构的。

(3) 所有已发生的工薪支出均已记录。

(4) 工薪以正确的金额,在恰当的会计期间及时记录于适当的会计账户。

(5) 人事、考勤、工薪发放、记录之间相互分离。

11.2.2 存货与生产循环的关键内部控制

11.2.2.1 存货内部控制的关键控制程序

(1) 职务分离。存货的核发、记账、稽核、核对职务是否由不同的人员担任。

(2) 仓库管理。购入的货物,是否由质检部门、仓储部门先行点验和检查,然后签收。签收后,是否将实际入库货物的数量通知会计部门;是否根据存货的品质特征归类保管,并填制标签;退还的存货项目是否重新纳入存货记录;是否建立周密的安全保护制度。

(3) 领料管理。有关负责人是否审批领料单,领料单是否经过部门负责人签章,领料单是否连续编号并按顺序使用;仓储人员是否如实发出材料,是否在领料单上签章;领料单的签发是否根据授权发送的生产指令单(生产任务通知单)发出。

(4) 永续盘存制。企业是否采取永续盘存制对存货进行日常核算,会计部门是否设立各种有数量、有金额的存货明细账,是否根据有关凭证逐日逐笔及时登记各项存货的收发数量和金额,并定期结算结存数额。

(5) 会计记录。会计主管是否评价材料汇总表及所附原始凭证,会计人员是否根据经过复核的记账凭证登记相关材料账,总分类账是否由总账会计负责登记,稽核员是否核对仓储部门材料明细账与财务部门有关材料账,材料的有关误差处理是否经过授权批准,生产部门对月末剩余处理是否办理退库或"假退库"(是指月末将已被领用但并未实际使用的原材料等填制红字领料单,退回仓库;下月初填制相同内容的蓝字领料单等额领回,而实物不需移动的一种会计处理程序)手续。

(6) 定期核对制度。企业内部审计人员(或有关人员)是否定期对存货的盘存结果与账面记录进行核对，以检查账实是否相符；对总账、明细账、卡片账进行核对，以检查账账、账卡是否相符。若有差异，是否查明原因，明确责任，并对有关账户进行调整，使其符合实际存量。

11.2.2.2   成本会计制度内部控制的关键控制程序

(1) 必须实施的审批控制。对以下三个关键点，应通过恰当手续，经过特别审批或一般审批：① 生产指令的授权批准；② 领料单的授权批准；③ 工薪的授权批准。

(2) 成本核算依据。成本核算要以经过审核的生产通知单、领发料凭证、产量和工时记录、人工费用分配表、材料费用分配表、制造费用分配表为依据。上述原始凭证均须事先编号并已登记入账。

(3) 成本核算方法的选择。企业应根据生产工艺流程、成本管理要求和人员素质等因素，采用适当的成本核算方法、适当的费用分配方法，并且前后各期一致；采用适当的成本核算流程和账务处理流程。

(4) 存货保管人员与记录人员的职务必须分离。

(5) 定期进行存货盘点。

11.2.2.3   工薪内部控制的关键控制程序

(1) 人事管理。职工的招聘、录用和辞退是否经授权批准；考勤人员是否经过授权考察职工绩效，考勤表是否有签章；有无管理人员或职工的工薪关系与工作岗位分离的现象。

(2) 工薪管理。工薪核算范围是否符合规定；计时、计件工薪的原始记录是否健全；工薪表的计算依据是否与相关统计报表的数额相符；工时卡等原始工时记录是否经授权的业务主管批准；工薪是否通过银行代发；有关人员记录工时是否签章；人事、劳动部门是否具备独立、完整的工薪档案或台账。

(3) 会计记录。会计主管是否审核工薪表及所附原始凭证；原始工薪表是否经领取工薪的职工本人签章；会计人员是否将各种工薪支出进行了适当的会计处理；工薪表的编制是否由劳动部门办理；稽核人员是否定期稽核工时明细表与工时汇总表、工薪汇总表、工薪费用分摊表及有关结算原始凭证和代扣款原始凭证；工薪的有关扣款是否有欠缴、欠提的现象；离退休人员的各种离退费用支出是否合理。

(4) 必要的职位分离。人事、考勤、记账、稽核、结算职务是否由不同的工作人员担任。

(5) 内部审计。内部审计人员是否定期对工薪内部控制进行内部审计；是否定期或不定期对工薪内部控制进行评价和改进。

11.2.3　存货与生产循环的控制测试

由于各类企业的生产经营内容的不同，因而存货与生产循环控制测试的内容也有所不同。下面列示了存货与生产循环控制测试的一般内容，审计人员可视被审单位的具体情况、专业性判断来增加或减少相应控制测试的内容。

11.2.3.1　存货的控制测试

(1) 选择若干份购货合同(或其他购货凭证)，检查每份购货合同及请购单的货物名称、规格、型号、请购量，授权批准、批准采购量、采购限价，单价、合计金额等。

(2) 审核每份购货合同相关的供应商发票(复核发票的加计)、验收报告、入库单、付款结算凭证、记账凭证并追查至，明细账与总账。

(3) 选取一些已记录的交易，检查是否具有以下控制特征：① 记录完整，记录事先连续编号；② 记录经适当的授权与复核；③ 供应商发票上商品或劳务的类别、价格与订购单一致；④ 供应商发票上商品的类别、数量与验收报告一致；⑤ 账务处理正确。

(4) 选取一些完工产品，检查完工产品成本的原材料价格、工时、工资率、制造费用分配率的合理性，并通过记录和过账过程追查成本结转的准确性。

11.2.3.2　成本会计制度的控制测试

1. 直接材料成本的控制测试

(1) 采用定额单耗的企业。选择并获取某一成本报告期、若干种具有代表性的产品成本计算单，获取样本成本计算单的生产指令或产量统计记录及其直接材料单位消耗定额，根据材料明细账或采购业务中各直接材料的单位实际成本，计算直接材料的总消耗量和总成本，与该样本成本计算单中直接材料成本核对，并注意：① 生产指令是否经授权批准；② 单位消耗定额和材料成本计价方法是否适当，在当年有何重大变更。

(2) 未采用定额单耗的企业。可获取材料费用分配汇总表、材料发出汇总表(或领料单)、材料明细账中各项直接材料的单位成本，做如下检查：① 成本计算单中直接材料成本与材料费用分配汇总表中该产品 负担的直接材料费用是否相符，分配标准是否合理；② 抽取材料发出汇总表或领料单中若干种直接材料的发出总量与其实际单位成本的乘积，与材料费用分配汇总表中上述直接材料费用进行比较，并注意领料单的签发是否经过授权，材料发出汇总表是否经适当人员的复核，材料单位成本计价方法是否适当，在年内有何重大变更。

(3) 采用标准成本法的企业。获取样本的生产指令或材料统计记录、直接材料单位标准用量、直接材料标准单价及发出材料汇总表或领料单，检查下列事项：① 根据生产量、直接材料单位标准用量及标准单价计算的标准成本与成本计算单中的直接材料成本核对，看是否相符；② 直接材料成本差异的计算账务处理是否正确，并直接材料的标准成本在当年有何重大变更。

2. 直接人工成本的控制测试

(1) 采用计时工资制的企业。获取样本的实际工时统计记录、职工分类表和职工工资手册及人工费用分配汇总表，作如下检查：① 成本计算单中直接人工成本与人工费用分配汇总表中该样本的直接人工费用相核对，看是否相符；② 样本的实际工时统计记录与人工费用汇总表中该样本的实际工时相核对，看是否相符；③ 抽取生产部门若干天的工时台账，与实际工时统计记录核对，看是否相符；④ 当没有实际工时统计记录时，根据职工分类表及职工工资手册中的工资率，计算复核人工费用分配汇总表中该样本的直接人工费用，看是否合理。

(2) 采用计件工资制的企业。获取样本的产量统计报告、个人(小组)产量记录和经批准的单位工资标准或计件工资制度，检查下列事项：① 根据样本的统计产量和单位工资标准计算的人工费用与成本计算单中直接人工成本核对，看是否相符；② 抽取若干直接人工(小组)的产量记录，检查是否被汇总计入产量统计报告。

(3) 采用标准成本法的企业。获取样本的生产指令或产量统计报告、工时统计报告和经批准的单位标准工时、标准工时工资率、直接人工的工资汇总表等资料，检查下列项目：①根据产量和单位标准工时计算的标准工时总量与标准工时工资率的乘积，同成本计算单中直接人工成本核对，看是否相符；②直接人工成本差异的计算与账务处理是否正确，并注意直接人工的标准成本在本年度内有何重大变更。

3. 制造费用的控制测试　　获取样本的制造费用分配汇总表、按项目分列的制造费用明细账和与制造费用分配标准相关的统计报告及其原始记录，作如下检查：

(1) 制造费用分配汇总表中，样本分担的制造费用与成本计算单中的制造费用相核对，看是否相符。

(2) 制造费用分配汇总表中的合计数与样本所属成本报告期的制造费用明细账总计数核对，看是否相符。

(3) 制造费用分配汇总表选择的分配标准(机器工时数、直接人工工资、直接人工工时数、产量等)与相关的统计报告或原始记录核对，看是否相符，并对费用分配标准的合理性做出评估。

(4) 如企业采用预计费用分配率分配制造费用，则应针对制造费用分配过多或过少的差额，检查其是否做出适当的账务处理。

(5) 如果企业采用标准成本法，则应检查样本中标准制造费用的确定是否合理，计入成本计算单的数额是否正确，制造费用差异的计算与账务处理是否正确，并注意标准制造费用在当年度内有何重大变更。

4. 生产成本在当期完工产品与在产品之间分配的控制测试   审查：① 成本计算单中在产品数量与生产统计报告或产品盘存表中的数量是否一致；② 在产品当期产量计算或其他分配标准是否合理。

5. 评价   计算复核样本的总成本和单位成本，最终对当年采用的成本会计制度做出评价。

11.2.3.3   工薪的控制测试

(1) 检查工薪(资)汇总表。应选择若干月份工薪(资)汇总表，检查如下内容：① 计算复核每一月份工薪(资)汇总表；② 检查每一份工薪(资)汇总表是否业经授权批准；③ 检查应付工薪(资)总额与人工费用分配汇总表中合计数是否相符；④ 检查代扣款项的财务处理是否正确；⑤ 检查实发工薪(资)总额与银行付款凭单及银行存款对账单是否相符，并正确过入相关账户。

(2) 检查工薪(资)单。从不同类型员工的工薪(资)单中，选取若干样本：① 实地抽查部分职工，证明其确在被审单位工作，如已离开企业，需管理机构证实；② 检查职工工薪(资)卡或人事档案，确保工薪(资)发放有依据；③ 检查职工工薪(资)率及实发工薪(资)额的计算；④ 检查实际工时统计记录(或产量统计报告)与职工个人钟点卡(或产量记录)是否相符；⑤ 检查职工加班加点记录与主管人员签证的月份加班费汇总表是否相符；⑥ 检查职工扣款依据是否正确。

11.3   存货与生产循环的证实测试

存货与生产循环证实测试的重点是存货的监盘、存货的计价测试、有关成本的测试和分析性复核的运用等

11.3.1   存货与生产循环的审计目标和审计标准

对存货与生产循环各项目的审计，基本目标和审计标准是一致的。

11.3.1.1   存货与生产循环的审计目标

(1) 确定资产负债表中记录的存货是否存在。
(2) 确定所有应当记录的存货均已记录。

(3) 确定记录的存货是否为被审单位拥有或控制。

(4) 确定存货是否以恰当的金额包括在财务报表中，与之相关的计价调整是否已恰当记录。

(5) 确定存货是否已按照企业会计准则的规定，在财务报表中作出恰当的列报。

11.3.1.2 存货与生产循环的审计标准

存货与生产循环的审计标准，主要依据《企业会计准则第 1 号——存货》和被审单位内部有关存货的财务管理制度。注册会计师审计则还依赖《中国注册会计师审计准则第 1131 号——存货监盘》。

11.3.2 存货的监盘

存货监盘，是存货审计的一项核心审计程序，是指审计人员观察被审单位存货的盘点，并对已盘点存货进行适当检查。审计人员监盘存货，主要针对被审单位有关存货的存在认定、完整性认定以及权利和义务的认定；存货监盘的主要目的在于获取有关存货数量和质量状况的审计证据，确证被审单位记录的所有存货确实存在，继而确定存货账实之间的勾稽关系，并已经反映了被审单位拥有的全部存货，并属于被审单位的合法资产。

11.3.2.1 存货监盘前的准备工作

审计人员在实施存货监盘程序前，应获取有关资料，以编制存货监盘计划。

(1) 索取《期末存货盘点计划》；

(2) 索取该仓库《存货收发存月报表》。

(3) 索取存货的《盘点清单》。

(4) 索取盘点前该仓库收料、发料的最后一张单证。

(5) 确定存货是否已停止流动。

(6) 确定废品、毁损物品是否已分开堆放。

(7) 确定货到单未到的存货是否已暂估入账。

(8) 确定发票未开，客户已提去的存货是否已单独记录。

(9) 确定发票已开，客户未提去的存货是否已单独记录(或单独堆放)。

(10) 存货是否已按存货的型号、规格排放整齐。

(11) 确定外单位寄存的货物是否已分开堆放。

(12) 确定代外单位保管的货物是否已分开堆放。

(13) 确定外单位代销的货物是否已分开堆放。

(14) 确定其他非本公司的货物是否已分开堆放。

(15) 确定委托外单位加工的存货、存放外单位的存货，是否收到外单位的书面确认书。

(16) 确定最近一次盘点存货的日期。

(17) 确定最近一次对计量用具(地秤、秤量器和其他计量器)的校对。

(18) 确定是否有存货的记录位置或存放图。

(19) 查阅以前年度的存货监盘工作底稿。

(20) 若存在特殊存货，考虑是否需要利用专家的工作或其他审计人员的工作。

(21) 编制存货监盘计划,并将计划传达给每一位监盘人员。

11.3.2.2 存货监盘中应实施的观察和检查程序

(1) 在被审单位盘点存货前，观察盘点现场。① 确定应纳入盘点范围的存货是否已经适当整理和排列；② 确定存货是否附有盘点标识。对未纳入盘点范围的存货，查明未纳入的原因。

(2) 检查所有权不属于被审单位的存货。① 取得其规格、数量等有关资料；② 确定这些存货是否已分别存放、标明；③ 确定这些存货未被纳入盘点范围。

(3) 在被审单位盘点人员盘点时进行观察。① 确定被审单位盘点人员是否遵守盘点计划;② 确定被审单位盘点人员是否准确地记录存货的数量和状况；③ 关注存货发送和验收场所，确定这里的存货应包括在盘点范围之内还是排除在外；④ 关注存货所有权的证据,如货运单据以及商标等；⑤ 关注所有应盘点的存货是否均已盘点。

(4) 检查已盘点的存货。① 从存货盘点记录中选取项目追查至存货实物，以测试盘点记录的准确性；② 从存货实物中选取项目追查至存货盘点记录，以测试存货盘点的完整性。

(5) 对以包装箱等封存的存货，考虑要求打开箱子或挪开成堆的箱子。

(6) 当发现重大盘点错误时，应考虑扩大对存货监盘的范围。

(7) 对于那些没有盘点的其他项目，复印或列出明细信息，以便它们能与存货清单一致。

(8) 对检查发现的差异，进行适当处理。① 查明差异原因；② 及时提请被审单位更正；③ 如果差异较大，应当扩大检查范围或提请被审单位重新盘点。

(9) 特别关注存货的移动情况，防止遗漏或重复盘点。

(10) 特别关注存货的状况，观察被审单位是否已经恰当区分所有毁损、陈旧、过时及残次的存货。

(11) 对特殊类型的存货，考虑实施追加的审计程序。

(12) 获取盘点日前后存货收发及移动的凭证，检查库存记录与会计记录期末截止是否正确：

● 存货采购截止测试：① 查盘点日前最后的与盘点日后最前的若干张入库单或验收报告，确定截止是否正确；② 如有必要,选择重要存货项目，核对其在盘点汇总记录和会计记录中的数量，确定是否一致，截止是否恰当；③ 如果被审单位期末存货明细记录可以依赖，将从验收报告中选取的样本与永续盘存明细记录核对一致。

● 存货销售截止测试：① 检查盘点日前最后的与盘点日后最前的若干张出库单或发运报告，确定截止是否正确；② 如有必要，选择重要存货项目，核对其在盘点汇总记录和会计记录中的数量，确定范围是否一致，截止是否恰当；③ 如果期末存货明细记录可以信赖，将从发运报告中选取的样本与永续盘存明细记录保持一致。

● 在途货物及部门间流动截止测试：① 检查盘点日前后一段时期的文件样本，包括截止期前最后的和截止期后最前的若干份文件；② 如有必要，选择重要存货项目，核对其在盘点汇总记录和会计记录中的数量，确定范围是否一致，截止是否恰当。

11.3.2.3 存货监盘后的审计工作

审计人员实施存货监盘后，应复核盘点结果，完成存货监盘报告。

(1) 在被审单位存货盘点结束前，再次观察盘点现场，以确定所有应纳入盘点范围的存货是否均已盘点。

(2) 在被审单位存货盘点结束前，取得并检查已填用、作废及未使用的盘点表单及号码记录。① 确定其是否连续编号；② 如盘点表未预先编号，记录已使用盘点表的数量或进行复印；③ 提请被审单位划去盘点表上所有空白部分；④ 查明已发放的表单是否均已收回；⑤ 与存货盘点汇总记录进行核对；⑥ 必要时，将盘点表上的事项与检查记录进行核对

(3) 取得并复核盘点结果汇总记录，形成存货盘点报告(记录)，完成存货监盘报告。① 评估其是否正确地反映了实际盘点结果；② 确定盘点结果汇总记录中未包括所有权不属于被审单位的货物；③ 选择盘点结果汇总记录中的项目，查至原始盘点表，以确定没有混入不应包括在内的存货项目；④ 选择价值较大的存货项目，和上期相同项目的库存数量比较，获取异常变动的信息。

(4) 如果盘点日与资产负债表日一致，且被审单位使用永续盘存记录来确定期末数，应当考虑对永续记录实施适当的审计程序，并作必要的监盘。

(5) 如果存货盘点日(简称盘点日)不是资产负债表日(简称报表日)，应当实施适当的审计程序，确定盘点日报表日之间存货的变动是否已作出正确的记录；编制存货抽盘核对表，将盘点日的存货调整为报表日的存货，并分析差异。

① 盘点日在报表日前的调整：

盘点日实盘数＋盘点日至报表日入库数－盘点日至报表日发出数=报表日结存数

② 盘点日在报表日后的调整：

盘点日实盘数＋报表日至盘点日发出数－报表日至盘点日入库数=报表日结存数

(6) 在永续盘存制下，如果永续盘存记录与存货盘点结果之间出现重大差异，应当实施追加的审计程序，查明原因并检查永续盘存记录是否已作出适当的调整。

(7) 如果认为被审单位的盘点方式及其结果无效，审计人员应当提请被审单位重新盘点。

11.3.2.4 特殊情况的处理

(1) 如果由于被审单位存货的性质或位置等原因导致无法实施存货监盘，审计人员应当考虑能否实施下列替代审计程序：① 检查进货交易凭证或生产记录以及其他相关资料；② 检查资产负债表日后发生的销货交易凭证；③ 向顾客或供应商函证。

(2) 如果因不可预见的因素导致无法在预定日期实施存货监盘，或接受委托时被审单位的期末存货盘点已经完成，审计人员应当实施下列审计程序：① 评估与存货相关的内部控制的有效性；② 对存货进行适当检查或提请被审单位另择日期重新盘点；③ 测试在该期间发生的存货交易，以获取有关期末存货数量和状况的充分、适当的审计证据。

(3) 对被审单位委托其他单位保管的或已作质押的存货，审计人员应当实施下列审计程序：① 向保管人或债权人函证；② 如果此类存货的金额占流动资产或总资产的比例较大，还应当考虑实施存货监盘或利用其他审计人员的工作。

(4) 当首次接受委托未能对上期期末存货实施监盘，且该存货对本期财务报表存在重大影响时，应当实施下列一项或多项审计程序：① 查阅前任审计人员的工作底稿；② 复核上期存货盘点记录及文件；③ 检查上期存货交易记录；④ 运用毛利百分比法等进行分析。

(5) 确定存货监盘的审计结论。将存货监盘确定的数额与账面记录的数额进行比较，确定存货监盘的审计结论。

11.3.3 材料采购(在途物资)的证实测试

(1) 获取(或编制)材料采购(在途物资)明细表，审查账表勾稽关系。

(2) 检查材料采购或在途物资。① 对大额材料采购或在途物资，追查至相关的购货合同及购货发票，复核采购成本的正确性，并抽查期后入库情况，必要时发函询证；② 检查期末材料采购或在途物资，核对有关凭证，查看是否存在不属于材料采购(在途物资)核算的交易或事项；③ 检查月末转入原材料等科目的会计处理是否正确。

(3) 查阅资产负债表日前后若干天材料采购(在途物资)增减变动的有关账簿记录和收料报告单等资料，检查有无跨期现象，若有，则应作出记录，必要时作出调整。

(4) 如原材料采用计划成本核算，审核材料采购账项有关材料成本差异发生额的计算是否正确。

(5) 检查材料采购是否存在长期挂账事项，如有，应查明原因，必要时提出建议调整。

11.3.4 原材料的证实测试

(1) 获取(或编制)原材料明细表，审查账表勾稽关系。

(2) 必要时，对原材料进行实质性分析程序。

• 针对已识别需要运用分析程序的有关项目，并基于对被审计单位及其环境的了解，通过进行以下比较，同时考虑有关数据间关系的影响，以建立审计人员有关数据的期望值：① 比较当年度及以前年度原材料成本占生产成本百分比的变动，并对异常情况作出解释；② 比较原材料的实际用量与预算用量的差异，并分析其合理性；③ 核对仓库记录的原材料领用量与生产部门记录的原材料领用量是否相符，并对异常情况作出解释；④ 根据标准单耗指标，将原材料收发存情况与投入产出结合比较，以分析本期原材料领用、消耗、结存的合理性。

• 确定可接受的差异额。

• 将实际的情况与期望值相比较，识别需要进一步调查的差异。

• 如果其差额超过可接受的差异额，调查并获取充分的解释和恰当的佐证审计证据(例如：通过检查相关的凭证)。

• 评估分析程序的测试结果。

(3) 对原材料的截止测试。

• 原材料入库的截止测试：① 在原材料明细账的借方发生额中选取资产负债表日前后若干张、一定金额以上的凭证，并与入库记录(如入库单，或购货发票，或运输单据)核对，以确定原材料入库被记录在正确的会计期间；② 在入库记录(如入库单或购货发票或运输单据)选取资产负债表日前后若干张、一定金额以上的凭据，与原材料明细账的借方发生额进行核对，以确定原材料入库被记录在正确的会计期间。

- 原材料出库的截止测试：① 在原材料明细账的贷方发生额中选取有资产负债表日前后若干张、一定金额以上的凭证，并与出库记录(如出库单，或销货发票，或运输单据)核对，以确定原材料出库被记录在正确的会计期间；② 在出库记录(如出库单，或销货发票，或运输单据)中选取资产负债表日前后若干张、一定金额以上的凭据，与原材料明细账的贷方发生额进行核对，以确定原材料出库被记录在正确的会计期间。

(4) 原材料计价方法的测试。

- 检查原材料的计价方法前后期是否一致。

- 检查原材料的入账基础和计价方法是否正确，自原材料明细表中选取适量品种：① 以实际成本计价时，将其单位成本与购货发票核对，并确认原材料成本中不包含增值税；② 以计划成本计价时，将其单位成本与材料成本差异明细账及购货发票核对。同时关注被审计单位计划成本制定的合理性；③ 检查进口原材料的外币折算是否正确，检查相关的关税、增值税及消费税的会计处理是否正确。

- 检查原材料发出计价的方法是否正确：① 了解被审计单位原材料发出的计价方法，前后期是否一致，并抽取主要材料复核其计算是否正确；若原材料以计划成本计价，还应检查材料成本差异的发生和结转的金额是否正确。② 编制本期发出材料汇总表，与相关科目勾稽核对，并复核月发出材料汇总表的正确性。

- 结合原材料的盘点检查，期末有无料到单未到情况，如有，应查明是否已暂估入账，其暂估价是否合理。

(5) 检查非货币购进增加的原材料。① 对于通过非货币性资产交换、债务重组、企业合并以及接受捐赠等取得的原材料，检查其入账的有关依据是否真实、完备，入账价值和会计处理是否符合相关规定；② 检查投资者投入的原材料是否按照投资合同或协议约定的价值入账，并检查约定的价值是否公允、交接手续是否齐全；③ 检查与关联方的购销业务是否正常，关注交易价格、交易金额的真实性及合理性，检查对合并范围内购货记录应予合并抵销的数据是否正确。

(6) 审查长期挂账的原材料。审核有无长期挂账的原材料，如有，应查明原因，必要时作调整。

(7) 审查对外用于担保的原材料。结合银行借款等科目，了解是否有用于债务担保的原材料，若有，则应取证并作相应的记录，同时提请被审计单位作恰当披露。

11.3.5 材料成本差异的证实测试

(1) 获取(或编制)材料成本差异明细表，审查账表勾稽关系。

(2) 对材料成本差异率进行分析，检查是否有异常波动，注意是否存在调节成本现象。

(3) 结合以计划成本计价的原材料、包装物等的入账基础测试，比较计划成本与供货商发票或其他实际成本资料，检查材料成本差异的发生额是否正确。

(4) 抽查若干月发出材料汇总表，检查材料成本差异的分配是否正确，并注意分配方法前后期是否一致。

11.3.6　库存商品的证实测试

(1) 获取(或编制)库存商品明细表，审查账表勾稽关系。

(2) 对库存商品的实质性分析程序。

● 针对已识别需要运用分析程序的有关项目，并基于对被审计单位及其环境的了解，同时通过进行以下比较，并考虑有关数据间关系的影响，以建立注册会计师有关数据的期望值：① 按品种分析库存商品各月单位成本的变动趋势，以评价是否有调节生产成本或销售成本的因素；② 比较前后各期的主要库存商品的毛利率(按月、按生产线、按地区等)、库存商品周转率和库存商品账龄等，评价其合理性并对异常波动作出解释、查明异常情况的原因；③ 比较库存商品库存量与生产量及库存能力的差异，并分析其合理性；④ 核对仓库记录的库存商品入库量与生产部门记录的库存商品生产量是否一致，并对差异作出解释；⑤ 核对发票记录的数量是否与发货量、订货量、主营业务成本记录的销售量是否一致，并对差异作出解释；⑥ 比较库存商品销售量与生产量或采购量的差异，并分析其合理性；⑦ 比较库存商品销售量和平均单位成本之积与账面库存商品销售成本的差异，并分析其合理性。

● 确定可接受的差异额。

● 将实际的情况与期望值相比较，识别需要进一步调查的差异。

● 如果其差额超过可接受的差异额，调查并获取充分的解释和恰当的佐证审计证据(例如：通过检查相关的凭证)。

● 评估分析程序的测试结果。

(3) 对库存商品的截止测试。

● 库存商品入库的截止测试：① 在库存商品明细账的借方发生额中，选取资产负债表日前后若干张、一定金额以上的凭证，并与入库记录(如入库单，或购货发票，或运输单据)核对，以确定库存商品入库被记录在正确的会计期间；② 在入库记录(如入库单，或购货发票，或运输单据)选取资产负债表日前后若干张、一定金额以上的凭据，与库存商品明细账的借方发生额进行核对，以确定库存商品入库被记录在正确的会计期间。

● 库存商品出库的截止测试：① 在库存商品明细账的贷方发生额中选取有资

产负债表日前后若干张、一定金额以上的凭据，并与出库记录(如出库单，或销货发票，或运输单据)核对，以确定库存商品出库被记录在正确的会计期间；② 在出库记录(如出库单，或销货发票，或运输单据)中选取资产负债表日前后若干张、一定金额以上的凭证，与库存商品明细账的贷方发生额进行核对，以确定库存商品出库被记录在正确的会计期间。

(4) 库存商品计价方法的测试。

• 检查库存商品的计价方法是否前后期一致。

• 检查库存商品的入账基础和计价方法是否正确。自库存商品明细表中选取适量品种：① 自制库存商品：以实际成本计价时，将其单位成本与成本计算单核对；以计划成本计价时，将其单位成本与相关成本差异明细账及成本计算单核对。② 外购库存商品：以实际成本计价时，将其单位成本与购货发票核对；以计划成本计价时，将其单位成本与相关成本差异明细账及购货发票核对。③ 抽查库存商品入库单：核对库存商品的品种、数量与入账记录是否一致；并将入库库存商品的实际成本与相关科目(如生产成本)的结转额核对并作交叉索引。

• 检查外购库存商品的发出计价是否正确。① 了解被审计单位对库存商品发出的计价方法，并抽取主要库存商品，检查其计算是否正确；若库存商品以计划成本计价，还应检查产品成本差异的发生和结转金额是否正确。② 编制本期库存商品发出汇总表，与相关科目勾稽核对，并复核若干月库存商品发出汇总表的正确性。

• 结合库存商品的盘点，检查期末有无库存商品已到而相关单据未到的情况，如有，应查明是否暂估入账，其暂估价是否合理。

(5) 检查非货币购进增加的库存商品。① 对于通过非货币性资产交换、债务重组、企业合并以及接受捐赠取得的库存商品，检查其入账的有关依据是否真实、完备，入账价值和会计处理是否符合相关规定；② 检查投资者投入的库存商品是否按照投资合同或协议约定的价值入账，并同时检查约定的价值是否公允，交接手续是否齐全；③ 检查与关联方的商品购销交易是否正常，关注交易价格、交易金额的真实性与合理性，对合并范围内购货记录应予合并抵销的数据是否抵消。

(6) 审查长期挂账的库存商品。审阅库存商品明细账，检查有无长期挂账的库存商品，如有，应查明原因并作适当处理

(7) 审查对外担保的库存商品。结合银行借款等科目，了解是否有用于债务担保的库存商品，如有，则应取证并作相应的记录，同时提请被审计单位作恰当披露。

11.3.7　发出商品的证实测试

(1) 获取(或编制)发出商品明细表，审查账表勾稽关系。

(2) 检查账务处理。检查发出商品有关的合同、协议和凭证，分析交易实质，检查其会计处理是否正确。

(3) 将发出商品记录于库存商品记录交叉核对。检查发出商品品种、数量和金额与库存商品的结转额核对一致，并作交叉索引。

(4) 检查发出商品的计价。了解被审计单位对发出商品结转的计价方法，并抽取主要发出商品，检查其计算是否正确；若发出商品以计划成本计价，还应检查产品成本差异发生和结转金额是否正确。

(5) 审查发出商品汇总记录。编制本期发出商品发出汇总表与相关科目勾稽核对，并复核若干月发出商品发出汇总表的正确性。

(6) 审查长期挂账的发出商品。审核有无长期挂账的发出商品事项，如有，应查明原因，必要时作调整。

(7) 检查发出商品退回的会计处理是否正确。

(8) 审查资产负债表日前后的发出商品记录。查阅资产负债表日前后若干天发出商品增减变动的有关账簿记录和有关的合同、协议和凭证、出库单、货运单等资料，检查有无跨期现象，如有，则应作出记录，必要时作调整。

11.3.8 商品进销差价的证实测试

(1) 获取(或编制)商品进销差价明细表，审查账表勾稽关系。

(2) 对商品进销差价的分析性程序。对每月商品进销差价率进行分析，检查是否有异常波动，计算方法前后期是否一致，注意是否存在调节成本现象。

(3) 审查商品进销差价的发生额。结合以售价核算的库存商品入账基础的测试，检查商品进销差价的发生额是否正确。

(4) 审查商品进销差价的分配。抽查若干月商品发出汇总表，检查商品进销差价的分配是否正确，并注意分配方法前后期是否一致。

(5) 审查商品溢缺时的商品进销差价的账务处理。检查库存商品发生盈余或损失时商品进销差价及增值税进项税的会计处理方法是否正确。

(6) 审查年末商品进销差价的核实调整。检查被审计单位是否在年度终了时对商品进销差价进行一次核实调整。

11.3.9 委托加工物资的证实测试

(1) 获取(或编制)委托加工物资明细表，审查账表勾稽关系。

(2) 审查委托加工物资的账务处理。抽查若干份委托加工业务合同，检查有关发料凭证、加工费、运费结算凭证，关注所有权归属，核对成本计算是否正确，会计处理是否正确。

(3) 审查完工入库的加工物资。抽查加工完成物资的验收入库手续是否齐全,会计处理是否正确。

(4) 审查委托加工物资的发料。编制本期委托加工物资发出汇总表,与相关科目勾稽核对,并复核若干月委托加工物资发出汇总表的正确性。

(5) 审查长期挂账的委托加工物资。审核有无长期挂账的委托加工物资事项如有查明原因必要时作调整。

(6) 审查资产负债表日前后的委托加工物资的增减变动。查阅资产负债表日前后若干天委托加工物资增减变动的有关账簿记录和有关的合同、协议和凭证、出库单、入库单、货运单、验收单等资料,检查有无跨期现象,如有,则应作出记录,必要时作调整。

11.3.10 周转材料(低值易耗品、包装物)的证实测试

(1) 获取(或编制)周转材料(低值易耗品、包装物)明细表,审查账表勾稽关系。

(2) 检查周转材料(低值易耗品、包装物)的入库和领用的手续是否齐全,会计处理是否正确。

(3) 检查周转材料的转销或摊销方法是否复核企业会计准则的规定,前后期是否一致(例如,包装物和低值易耗品,应当采用一次转销法或者五五摊销法进行摊销;钢模板、木模板、脚手架和其他周转材料等,可以采用一次转销法、五五摊销法或者分次摊销法进行摊销)。

(4) 检查周转材料(低值易耗品、包装物)与固定资产的划分是否符合规定。

(5) 对周转材料(低值易耗品、包装物)的截止测试。

• 入库的截止测试:① 在周转材料(低值易耗品、包装物)明细账的借方发生额中,选取资产负债表日前后若干张、一定金额以上的凭证,并与入库记录(如入库单或购货发票或运输单据)核对,以确定周转材料(低值易耗品、包装物)入库被记录在正确的会计期间;② 在入库记录(如入库单,或购货发票,或运输单据)中选取有资产负债表日前后若干张、一定金额以上的凭证,与周转材料(低值易耗品、包装物)明细账的借方发生额进行核对,以确定周转材料(低值易耗品、包装物)入库被记录在正确的会计期间;

• 出库的截止测试:① 在周转材料(低值易耗品、包装物)明细账的贷方发生额中选取有资产负债表日前后若干张、一定金额以上的证据,并与出库记录(如出库单,或销货发票,或运输单据)核对,以确定周转材料(低值易耗品、包装物)出库被记录在正确的会计期间;② 在出库记录(如出库单,或销货发票,或运输单

据)中选取资产负债表日前后若干张、一定金额以上的凭据，与周转材料(低值易耗品、包装物)明细账的贷方发生额进行核对，以确定周转材料(低值易耗品、包装物)出库被记录在正确的会计期间。

(6) 周转材料计价的测试。检查周转材料的计价方法是否正确，前后期是否一致；自周转材料明细表中选取适量品种：① 以实际成本计价时，将其单位成本与购货发票核对；② 计划成本计价时，将其单位成本与被审计单位制定的计划成本核对，同时关注被审单位计划成本制定的合理性；③ 检查进口周转材料(低值易耗品、包装物)的外币折算是否正确，检查相关的关税、增值税及消费税的会计处理是否正确；④ 检查周转材料(低值易耗品、包装物)摊销方法是否正确，前后期是否一致，验证发出周转材料(低值易耗品、包装物)汇总表的正确性；⑤ 结合周转材料(低值易耗品、包装物)的盘点，检查期末有无料到单未到情况，如有，应查明是否已暂估入账，其暂估价是否合理。

(7) 审查与关联方之间的周转材料的购销业务。检查与关联方的购销交易是否正常，关注交易价格、交易金额的真实性与合理性，检查对合并范围内购货记录应予合并抵销的金额是否抵销。

(8) 检查出租、出借周转材料的会计处理是否正确。

(9) 审查周转材料中的押金。询问被审计单位是否存在周转材料押金，若有，结合相关科目的审计查明周转材料押金的收取情况是否合理，有无合同，是否存在逾期周转材料押金，相应税金处理是否正确，必要时作调整。

(10) 审查长期挂账周转材料。审核有无长期挂账周转材料(低值易耗品、包装物)事项，如有，查明原因，必要时作调整。

(11) 审查对外担保的周转材料。结合银行借款等科目，了解是否有用于债务担保的周转材料，如有，则应取证并作相应的记录，同时提请被审计单位作恰当披露。

11.3.11　生产成本(在产品)的证实测试

(1) 获取(或编制)生产成本明细表，审查账表勾稽关系。

(2) 对生产成本的实质性分析程序。

• 针对已识别需要运用分析程序的有关项目，审计人员基于对被审单位及其环境的了解，通过进行以下比较，并考虑有关数据间关系的影响，以建立审计人员有关数据的期望值：① 对生产成本进行分析性复核，检查各月及前后期同一产品的单位成本是否有异常波动，注意是否存在调节成本现象；② 分别比较前后各期及本年度各个月份的生产成本项目，以确定成本项目是否有异常变动以及是否存在调节成本的现象；③ 比较当年度及以前年度直接材料、直接人工、制造费用占生产成本的比例，并查明异常情况的原因；④ 核对下列相互独立部门的数据，并查明异常情况的原因：仓库记录的材料领用量与生产部门记录的材料领用量；工资部门记录的人工成本与生产部门记录的工时和工资标准之积；

- 确定可接受的差异额。
- 将实际的情况与期望值相比较，识别需要进一步调查的差异。
- 如果其差额超过可接受的差异额，调查并获取充分的解释和恰当的佐证审计证据(例如：通过检查相关的凭证)。
- 评估分析程序的测试结果。

(3) 生产成本计价方法的测试。

- 了解被审计单位的生产工艺流程和成本核算方法，检查成本核算方法与生产工艺流程是否匹配，前后期是否一致并作出记录；
- 抽查成本计算单，检查直接材料、直接人工及制造费用的计算和分配是否正确，并与有关佐证文件(如领料记录、生产工时记录、材料费用分配汇总表、人工费用分配汇总表等)相核对：① 获取并复核生产成本明细汇总表的正确性，将直接材料与材料耗用汇总表、直接人工与职工薪酬分配表、制造费用总额与制造费用明细表及相关账项的明细表核对，并作交叉索引；② 检查车间在产品盘存资料，与成本核算资料核对；检查车间月末余料是否办理假退料手续；③ 获取直接材料、直接人工和制造费用的分配标准和计算方法，评价其是否合理和适当，以确认在产品中所含直接材料、直接人工和制造费用是合理的；
- 获取完工产品与在产品的生产成本分配标准和计算方法，检查生产成本在完工产品与在产品之间、以及完工产品之间的分配是否正确，分配标准和方法是否适当，与前期比较是否存在重大变化，该变化是否合理；
- 对采用标准成本或定额成本核算的，检查标准成本或定额成本在本期有无重大变动，分析其是否合理；检查本期材料成本差异的计算、分配和会计处理是否正确，库存商品期末余额是否已按实际成本进行调整

(4) 生产能力利用情况的审查。获取关于现有设备生产能力的资料，检查产量是否与现有生产能力相匹配；若产量超过设计生产能力，应提请被审单位说明原因，并提供足够的依据及技术资料。

(5) 审查废品损失和停工损失。检查废品损失和停工损失的核算是否符合有关规定。

(6) 审查应计入生产成本的借款费用。对应计入生产成本的借款费用，结合对长短期借款、应付债券或长期应付款的审计，检查借款费用(借款利息、折溢价摊销、汇兑差额、辅助费用)资本化的计算方法和资本化金额以及会计处理是否正确。

11.3.12 制造费用的证实测试

(1) 获取(或编制)制造费用明细表，审查账表勾稽关系。

(2) 对制造费用的分析比较。① 比较当年度和以前年度，以及当年度各月制造费用的增减变动，询问并分析异常波动的原因；② 分别比较前后各期及本年度各个月份的制造费用项目，以确定成本项目是否有异常变动，以及是否存在调节成本的现象。

(3) 审查制造费用发生额的对应关系。将制造费用明细表中的材料发生额与材料耗用汇总表、人工费用发生额与职工薪酬分配表、折旧发生额与折旧分配表、资产摊销发生额与各项资产摊销分配表及相关账项明细表核对一致，并作交叉索引。

(4) 审查重要或异常的制造费用项目。选择重要或异常的制造费用项目，检查其原始凭证是否齐全，会计处理是否正确。

(5) 审查制造费用的分配。① 分析各项制造费用的性质，结合生产成本科目的审计，抽查成本计算单，检查制造费用的分配是否合理、正确，检查制造费用的分配方法前后期是否一致；② 对采用标准成本核算的，应抽查标准制造费用及分配率的确定是否合理，计入成本计算单的数额是否正确，制造费用差异的计算、分配和会计处理是否正确，并检查标准成本在本期有无重大变动，变动是否合理；③ 检查计入生产成本的制造费用是否已扣除非正常消耗的制造费用(如非正常的低生产量、闲置设备等产生的费用)；④ 检查制造费用中有无资本性支出，必要时作调整。

(6) 审查制造费用的截止测试。必要时，对制造费用实施截止测试，检查资产负债表日前后若干天内一定张数和一定金额以上的制造费用明细账和凭证，确定有无跨期现象。

(7) 审查制造费用中的季节性停工损失。检查季节性停工损失的核算是否符合有关规定。

11.3.13 营业成本的证实测试

11.3.13.1 主营业务成本的证实测试

(1) 获取(或编制)营业成本明细表，审查账表勾稽关系。

(2) 实质性分析程序(必要时)。

- 针对已识别需要运用分析程序的有关项目，审计人员基于对被审计单位及其环境的了解，通过进行以下比较，并考虑有关数据间关系的影响，以建立审计人员有关数据的期望值：① 比较当年度与以前年度不同品种产品的主营业务成本和毛利率，并查明异常情况的原因；② 比较当年度与以前年度各月主营业务成本的波动趋势，并查明异常情况的原因；③ 比较被审计单位与同行业的毛利率，并查明异常情况的原因；④ 比较当年度及以前年度主要产品的单位产品成本，并查明异常情况的原因。

• 确定可接受的差异额。

• 将实际的情况与期望值相比较，识别需要进一步调查的差异。

• 如果其差额超过可接受的差异额，调查并获取充分的解释和恰当的佐证审计证据。例如，通过检查相关的凭证。

• 评估分析程序的测试结果。

(3) 检查主营业务成本的内容和计算方法是否符合会计准则规定，前后期是否一致。

(4) 编制生产成本与主营业务成本倒轧表，并与相关科目交叉核对。生产成本与主营业务成本倒轧表的格式，参见表 11.2。

(5) 抽查若干月主营业务成本结转明细清单，比较计入主营业务成本的品种、规格、数量和主营业务收入的口径是否一致，是否符合配比原则。

(6) 针对主营业务成本中重大调整事项(如销售退回)、非常规项目，检查相关原始凭证，评价真实性和合理性，检查其会计处理是否正确。

(7) 在采用计划成本、定额成本、标准成本或售价核算存货的条件下，应检查产品成本差异或商品进销差价的计算、分配和会计处理是否正确。

(8) 结合期间费用的审计，判断被审计单位是否通过将应计入生产成本的支出计入期间费用，或将应计入期间费用的支出计入生产成本等手段调节生产成本，从而调节主营业务成本。

11.3.13.2 其他业务成本的证实测试

(1) 获取(或编制)其他业务成本明细表，审查账表勾稽关系。

(2) 与上期其他业务收入/成本比较，检查是否有重大波动，如有，应查明原因。

(3) 检查其他业务成本内容是否真实，计算是否正确，会计处理是否正确，择要抽查原始凭证予以核实。

(4) 检查除主营业务活动以外的其他经营活动发生的相关税费是否计入本科目。

表 11.2 生产成本与主营业务成本倒轧表

被审单位:		索引号:	
项目:		财务报表截止日/期间:	
编制:		复核:	
日期:		日期:	

存货种类	未审数	审定数	索引号
期初原材料余额			
加：本期购货净额			
减：期末原材料余额			
减：其他原材料发出额			
直接材料成本			
加：直接人工成本			
加：制造费用			
产品生产成本			
加：在产品期初余额			
减：在产品期末余额			
减：其他在产品发出额			
库存商品成本			
加：库存商品期初余额			
减：库存商品期末余额			
减：其他库存商品发出额			
主营业务成本			

审计说明：

11.3.14 劳务成本的证实测试

劳务成本，是指企业提供劳务作业而发生的成本，相对于公司劳务收入而言，可以是公司内也可以是公司外。如提供修理、搬运、服务等，相应的人工工资、福利、劳保、相关费用等就是劳务成本。

(1) 获取(或编制)劳务成本明细表，审查账表勾稽关系。

(2) 对劳务成本的分析比较。① 比较当年度和以前年度，以及当年度各月劳务成本的增减变动，询问并分析异常波动的原因；② 分别比较前后各期及本年度各个月份的劳务成本项目，以确定成本项目是否有异常变动以及是否存在调节成本的现象。

(3) 审查劳务成本与劳务合同的对应关系。检查部分劳务合同，核对实际发生的劳务项目、金额、进度与合同内容是否一致。

(4) 审查劳务成本发生额的对应关系。将劳务成本明细表中的材料发生额与材料耗用汇总表、人工费用发生额与职工薪酬分配表、折旧发生额与折旧分配表、资产摊销发生额与各项资产摊销分配表及相关账项明细表核对一致，并作交叉索引。

(5) 审查重要或异常的劳务成本项目。选择重要或异常的劳务成本项目，检查其原始凭证是否合法会计处理是否正确。

(6) 审查劳务成本的计算和分配。抽查成本计算单，检查劳务成本的计算和分配是否合理、正确。

(7) 检查劳务成本中有无资本性支出。

(8) 对劳务成本实施截止测试。必要时，对劳务成本实施截止测试，检查资产负债表日前后若干天内、若干张、一定金额以上的劳务成本明细账和凭证，确定有无跨期现象。

(9) 审查劳务成本与劳务收入的匹配关系。检查劳务成本的结转是否与对应的劳务收入相互配比，是否合理。

11.3.15　应付职工薪酬的证实测试

职工薪酬，是企业支付给职工的劳动报酬，其主要核算方式有计时制和计件制两种。职工薪酬可能采用现金的形式支付，因而相对于其他业务更容易发生错弊行为，如虚报冒领、重复支付和贪污等。

11.3.15.1　应付职工薪酬的审计标准

应付职工薪酬审计，主要依据国家有关劳动、保险等方面的法律法规，《企业会计准则第 9 号——职工薪酬》和企业内部制定的有关职工薪酬方面的管理制度等。

11.3.15.2　应付职工薪酬的审计目标

应付职工薪酬的具体审计目标，一般包括：

(1) 确定资产负债表中记录的应付职工薪酬是否存在；

(2) 确定所有应当记录的应付职工薪酬是否均已记录；

(3) 确定记录的应付职工薪酬是否为被审单位应当履行的现时义务；

(4) 确定应付职工薪酬期末余额是否正确，是否以恰当的金额包括在财务报表中，与之相关的计价调整是否有恰当的记录；

(5) 确定应付职工薪酬是否已按照企业会计准则的规定，在财务报表中作出恰当的列报。

11.3.15.3　应付职工薪酬的证实测试

(1) 获取(或编制)应付职工薪酬明细表，审查账表勾稽关系。

(2) 对应付职工薪酬的分析性程序。

• 针对已识别需要运用分析程序的有关项目，并基于对被审计单位及其环境的了解，通过进行以下比较，同时考虑有关数据间关系的影响，以建立有关数据的期望值：① 比较被审计单位员工人数的变动情况，检查被审计单位各部门各月工资费用的发生额是否有异常波动，若有，则查明波动原因是否合理；② 比较本期与上期工资费用总额，要求被审计单位解释其增减变动原因，或取得公司管理当局关于员工工资标准的决议；③ 结合员工社保缴纳情况，明确被审计单位员工范围，检查是否与关联公司员工工资混淆列支；④ 核对下列相互独立部门的相关数据：工资部门记录的工资支出与出纳记录的工资支付数和工资部门记录的工时与生产部门记录的工时；⑤ 比较本期应付职工薪酬余额与上期应付职工薪酬余额，是否有异常变动。

• 确定可接受的差异额。

• 将实际的情况与期望值相比较，识别需要进一步调查的差异。

• 如果其差额超过可接受的差异额，调查并获取充分的解释和恰当的佐证审计证据(如通过检查相关的凭证)。

• 评估分析程序的测试结果。

(3) 检查工资、奖金、津贴和补贴。

• 计提是否正确，依据是否充分，将执行的工资标准与有关规定核对，并对工资总额进行测试；被审计单位如果实行工效挂钩的，应取得有关主管部门确认的效益工资发放额认定证明，结合有关合同文件和实际完成的指标，检查其计提额是否正确，是否应作纳税调整；

• 检查分配方法与上年是否一致，除因解除与职工的劳动关系给予的补偿直接计入管理费用外，被审计单位是否根据职工提供服务的受益对象，分别下列情况进行处理：① 应由生产产品、提供劳务负担的职工薪酬，计入产品成本或劳务成本；② 应由在建工程、无形资产负担的职工薪酬，计入建造固定资产或无形资产；③ 其他职工薪酬，计入当期损益。

- 检查发放金额是否正确，代扣的款项及其金额是否正确。
- 检查是否存在属于拖欠性质的职工薪酬，并了解拖欠的原因。

(4) 检查社会保险支出。检查社会保险费(包括医疗、养老、失业、工伤、生育保险费)、住房公积金、工会经费和职工教育经费等计提(分配)和支付(或使用)的会计处理是否正确，依据是否充分

(5) 检查辞退福利项目。① 对于职工没有选择权的辞退计划，检查按辞退职工数量、辞退补偿标准计提辞退福利负债金额是否正确；② 对于自愿接受裁减的建议，检查按接受裁减建议的预计职工数量、辞退补偿标准(该标准确定)等计提辞退福利负债金额是否正确；③ 检查实质性辞退工作在一年内完成，但付款时间超过一年的辞退福利，是否按折现后的金额计量，折现率的选择是否合理；④ 检查计提辞退福利负债的会计处理是否正确，是否将计提金额计入当期管理费用；⑤ 检查辞退福利支付凭证是否真实正确。

(6) 检查非货币性福利。① 检查以自产产品发放给职工的非货币性福利，检查是否根据受益对象，按照该产品的公允价值，计入相关资产成本或当期损益，同时确认应付职工薪酬；对于难以认定受益对象的非货币性福利，是否直接计入当期损益和应付职工薪酬；② 检查无偿向职工提供住房的非货币性福利，是否根据受益对象，将该住房每期应计提的折旧计入相关资产成本或当期损益，同时确认应付职工薪酬。对于难以认定受益对象的非货币性福利，是否直接计入当期损益和应付职工薪酬；③ 检查租赁住房等资产供职工无偿使用的非货币性福利，是否根据受益对象，将每期应付的租金计入相关资产成本或当期损益，并确认应付职工薪酬。对于难以认定受益对象的非货币性福利，是否直接计入当期损益和应付职工薪酬。

(7) 检查以现金与职工结算的股份支付。① 检查授予后立即可行权的以现金结算的股份支付，是否在授予日以承担负债的公允价值计入相关成本或费用；② 检查完成等待期内的服务或达到规定业绩条件以后才可行权的以现金结算的股份支付，在等待期内的每个资产负债表日，是否以可行权情况的最佳估计为基础，按照承担负债的公允价值金额，将当期取得的服务计入成本或费用。在资产负债表日，后续信息表明当期承担债务的公允价值与以前估计不同的，是否进行调整，并在可行权日，调整至实际可行权水平；③ 检查可行权日之后，以现金结算的股份支付当期公允价值的变动金额，是否借记或贷记"公允价值变动损益"；④ 检查在可行权日，实际以现金结算的股份支付金额是否正确，会计处理是否恰当。

(8) 检查应付职工薪酬的期后付款情况。检查应付职工薪酬的期后付款情况，并关注在资产负债表日至财务报表批准报出日之间，是否有确凿证据表明需要调

整资产负债表日原确认的应付职工薪酬事项。

(9) 检查应付职工薪酬的报表披露。检查应付职工薪酬是否已按照企业会计准则的规定，在财务报表中作出恰当的列报：

• 检查是否在附注中披露与职工薪酬有关的下列信息：① 应当支付给职工的工资、奖金、津贴和补贴，及其期末应付未付金额；② 应当为职工缴纳的医疗、养老、失业、工伤和生育等社会保险费，及其期末应付未付金额；③ 应当为职工缴存的住房公积金，及其期末应付未付金额；④ 为职工提供的非货币性福利，及其计算依据；⑤ 应当支付的因解除劳动关系给予的补偿，及其期末应付未付金额；⑥ 其他职工薪酬。

• 检查因自愿接受裁减建议的职工数量、补偿标准等不确定而产生的预计负债(应付职工薪酬)，是否按照《企业会计准则第 13 号——或有事项》进行披露。

11.3.16 存货跌价准备的证实测试

(1) 获取(或编制)存货跌价准备明细表，审查账表勾稽关系。

(2) 审查计提存货跌价准备的依据。检查分析存货是否存在减值迹象以判断被审计单位计提存货跌价准备的合理性：① 将存货余额与现有的订单、资产负债表日后各期的销售额和下 年度的预测销售额进行比较，以评估存货滞销和跌价的可能性；② 比较当年度及以前年度存货跌价准备占存货余额的比例，并查明异常情况的原因；③ 结合存货监盘，对存货的外观形态进行检视，以了解其物理形态是否正常；检查期末结存库存商品和在产品针对型号陈旧、产量下降、生产成本或售价波动、技术或市场需求的变化情形，以及期后销售情况考虑是否需进一步计提准备：对于残次、冷背、呆滞的存货查看永续盘存记录，销售分析等资料，分析当年实际使用情况，确定是否已合理计提跌价准备；将上年度残次、冷背、呆滞存货清单与当年存货清单进行比较，确定是否需补提跌价准备。

(3) 审查计提存货跌价准备方法的一贯性。检查计提存货跌价准备的依据、方法是否前后一致。

(4) 审查可变现净值的合理性。根据成本与可变现净值孰低的计价方法，评价存货跌价准备所依据的资料、假设及计提方法，考虑是否有确凿证据为基础计算确定存货的可变现净值，检查其合理性。

(5) 审查可变现净值的计算。考虑不同存货的可变现净值的确定原则，复核其可变现净值计算正确性(即：充足但不过度)：① 对于用于生产而持有的原材料检查是否以所生产的产成品的估计售价减去至完工时估计将要发生的成本、估计的销售费用和相关税费后的金额作为其可变现净值的确定基础；② 库存商品和用于出售而持有的原材料等直接用于出售的存货检查是否以该存货的估计售价减去估计的销售费用和相关税费后的金额作为其可变现净值的确定基础;③ 检查为执行销售合同而持有的库存商品等存货,是否以合同价格作为其可变现净值的确定基础;如果被审计单位持有库存商品的数量多于销售合同订购数量,超出部分的库存商品可变现净值是否以一般销售价格为计量基础。

(6) 审查存货的期后售价与原始成本。抽查计提存货跌价准备的项目,其期后售价是否低于原始成本。

(7) 审查计提存货跌价准备的会计处理。检查存货跌价准备的计算和会计处理是否正确,本期计提或转销是否与有关损益科目金额核对一致。

(8) 审查来自关联方存货的跌价准备的计提。对从合并范围内部购入存货计提的跌价准备,关注其在合并时是否已作抵销。

(9) 审查非货币购入存货的跌价准备的计提。检查债务重组、非货币性资产交换和企业合并等涉及存货跌价准备的会计处理是否正确

11.3.17 存货列报的审查

检查存货是否已按照企业会计准则的规定,在财务报表中作出下列恰当的列报:① 各类存货的期初和期末账面价值;② 确定发出存货成本所采用的方法;③ 存货可变现净值的确定依据,存货跌价准备的计提方法,当期计提的存货跌价准备的金额,当期转回的存货跌价准备的金额,以及计提和转回的有关情况;④ 用于担保的存货账面价值。

本章小结

存货与生产循环是采购与付款循环和销售与收款循环的桥梁与纽带,共同构成企业盈利和发展的基础,是企业持续经营能力的标志。

存货与生产循环的内部控制包括:存货的内部控制;成本会计制度;工薪的内部控制。

存货与生产循环证实测试的重点是存货的监盘、存货的计价测试、有关成本的测试和分析性复核的运用等。

12 筹资与投资循环审计

12.1 筹资与投资循环的业务内容

筹资与投资循环，由筹资活动和投资活动的交易事项构成。筹资活动，是指被审单位为满足生存和发展的需要，通过改变企业资本及债务规模和构成而筹集资本的活动，主要由借款交易和股东权益组成。投资活动，是指被审单位为享有被投资企业分配的利润，或为谋求其他利益，将资产让渡给其他单位而获得另一项资产的活动，主要由权益性投资交易和债权性投资交易组成。

12.1.1 筹资与投资循环的业务特征

与企业其他业务循环相比，筹资与投资循环具有以下特征：

(1) 交易数量较少，但每笔交易的金额较大。

(2) 交易必须遵守国家的法律法规和相关契约。例如，投资活动中的对上市公司的投资，必须遵守《证券法》、《证券交易法》等法律法规；筹资活动中的借款活动，除遵守国家的法律法规外，还要遵守相关债务契约的规定。

(3) 不正确的会计处理会对企业产生极大的负面影响。例如，漏记或不恰当地对一笔筹资或投资业务进行会计处理，将会导致重大错误，从而对企业财务报表的公允性产生较大的影响。

12.1.2 筹资与投资循环中的主要业务环节和工作部门

筹资与投资循环中,筹资活动涉及的业务环节和内部工作部门可参考表 12.1。

12.1.3 筹资与投资循环涉及的主要凭证和会计记录

筹资与投资循环中筹资活动涉及的凭证主要有：汇款通知书或银行贷项通知单；债务工具(债券、股票、债券契约、租赁协议等)的副本；授权支付利息或本金的付款凭证；每月利息的计提标准；有关记账凭证；董事会纪要；汇款通知书、付款凭证和支票存根；券商的通知、存款回单；股票或债券；债券契约；企业的章程及投资协议；有关记账凭证等。

筹资与投资循环中筹资活动涉及的会计记录主要有：短(长)期借款、应付债券、长期股权投资、交易性金融资产(负债)、应收(付)利息、应收(付)股利、可供出售金融资产、持有至到期投资、实收资本、资本公积、盈余公积、未分配利润等。

表 12.1 筹资与投资循环中的业务环节和工作部门

序号		主要业务环节	工作部门与岗位(参考)
1	筹资活动	确定筹资需要及规模	生产经营管理部门、证券部门、财务部门
2		审批授权	企业最高管理部门、董事会、股东大会
3		签订合同或协议	证券部门、财务部门
4		取得资金	财务部门
5		计算应付利息或股利	财务部门
6		偿还本息或发放股利	证券部门、财务部门
7	投资活动	选择确定投资对象及规模	证券部门、财务部门
8		审批授权	企业最高管理部门、董事会、股东大会
9		取得证券或其他投资	证券部门、财务部门
10		取得投资收益	证券部门、财务部门
11		转让证券或收回投资	证券部门、财务部门

12.2 筹资与投资循环的控制测试

12.2.1 筹资与投资循环的内部控制目标

1. 筹资活动的内部控制目标 包括：

(1) 借款(包括应付债券)和所有者权益的计价方法正确，资产负债表日余额确实存在,借款利息费用和已支付的股利是由被审期间实际发生的交易事项引起的。

(2) 借款和所有者权益的增减变动及其应付利息和股利已登记入账。

(3) 借款均为被审单位承担的债务，所有者权益代表所有者的法定求偿权。

(4) 借款和所有者权益的期末余额正确。

(5) 借款和所有者权益在资产负债表上的披露正确。

2. 投资活动的内部控制目标 包括：

(1) 投资账面余额为资产负债表日确实存在的投资,投资收益(损失)在被审期间已发生,且与被审单位有关。

(2) 投资增减变动及其收益(或损失)均已登记入账。

(3) 投资均为被审单位所有。

(4) 投资的计价方法正确，期末余额正确。

(5) 投资在资产负债表上的披露正确。

12.2.2 筹资与投资循环的关键内部控制

12.2.2.1 筹资活动的关键内部控制

筹资活动由借款交易和股东权益交易组成。被审单位的借款交易涉及短期借款、长期借款和应付债券，这些内部控制基本类似。股东权益增减变动的业务较少而金额较大，审计人员可直接进行证实测试。筹资活动内部控制的主要内容为：

(1) 债券的发行要有正式的授权程序，每次均要由最高管理当局(如董事会)或股东大会授权。

(2) 申请发行债券时，应履行审批手续，向有关债券监管机构递交相关文件。

(3) 应付债券的发行要有受托管理人行使保护发行人和持有人合法权益的权利。

(4) 每种债券的发行都必须签订债券契约。

(5) 债券的承销或包销必须签订有关协议。

(6) 记录应付债券业务的会计人员不得参与债券发行。

(7) 如果企业保存债券持有人明细分类账，应同总账核对相符，若这些记录由外部机构保存，则须定期同外部机构核对。

(8) 未发行的债券必须有专人负责。

(9) 债券的购回要有正式的授权程序。

12.2.2.2 投资活动的内部控制

(1) 合理的职责分工。合法的投资业务，应在投资业务的授权、业务的执行、业务的会计记录以及投资资产的保管等方面都有明确的分工，不得由一人同时负责上述任何两项工作。

(2) 健全的投资资产保管制度。企业对投资资产(指股票和债券资产)一般有两种保管方式：委托独立的专门机构(银行、证券公司、信托投资公司等)保管；企业自行保管。在企业自行保管方式下，必须建立严格的联合控制制度，即至少要由两名以上人员共同控制，不得一人单独接触证券。对于任何证券的存入和取出，都要将证券名称、数量、价值及存取的日期等详细记录于证券登记簿内，并由所有在场的经手人签章确认。

(3) 详尽的会计核算制度。应对每一种投资资产设立明细分类账，进行详细的会计核算。

(4) 严格的记名制度。除无名证券外，企业在购入股票或债券时，应在购入的当日尽快登记于企业名下，切忌登记于经办人员名下。

(5) 完善的定期盘点制度。对于企业所拥有的投资资产，应由企业内部审计人员或不参与投资业务的其他人员进行定期盘点，检查是否确为企业所拥有，并将盘点记录于账面记录相互核对，以确认账实勾稽关系的一致性。

12.2.3 筹资与投资循环的控制测试

12.2.3.1 筹资活动的控制测试

1. 了解筹资活动的内部控制 审计人员在了解被审单位筹资活动的内部控制时，应注意以下问题：

(1) 检查筹资业务内部控制制度的遵循情况。

(2) 公司债券和股票交易是否均经董事会人员办理，属巨额交易的，是否对被授权者规定明确的限额，超过限额是否获得董事会的批准，是否履行审批手续。

(3) 借款是否均签订合同，抵押担保是否获得授权批准。

(4) 是否按照债券契约的规定及时支付债券利息，利息支出是否按期入账，是否划清资本性支出和收益性支出。

(5) 债券持有人明细账是否定期核对，是否指定转让妥善保管。

(6) 债券的偿还和购回是否根据董事会授权办理。

(7) 实收资本是否经会计师事务所的审计验证并作会计处理。

(8) 是否将筹资活动计入恰当的账户。

如果被审单位上一年度已经过审计，审计人员应将调查了解的重点放在企业内部控制的变动部分。

2. 对筹资活动内部控制的测试 审计人员在了解被审企业筹资活动内部控制后，可运用一定的方法测试健全、有效程度。

(1) 取得债券发行的法律文件，检查债券发行是否经董事会授权、是否履行了适当的审批手续、是否符合法律的规定。

(2) 检查企业发行债券的资金收入是否立即存入银行。

(3) 取得债券契约，检查企业是否根据契约的规定支付利息。

(4) 检查债券入账的会计处理是否正确。

(5) 检查债券溢(折)价的会计处理是否正确。

(6) 取得债券偿还和购回时的董事会决议，检查债券的偿还和购回是否按董事会的授权进行。

12.2.3.2 投资活动的控制测试内容

1. 了解投资活动的内部控制　包括：
(1) 投资项目是否经授权批准，对外投资金额是否及时入账。
(2) 是否与被投资单位签订投资合同、协议，是否获得被投资单位出具的投资证明。
(3) 投资的核算方法是否符合《企业会计准则》的规定，相关投资收益的会计处理是否正确，手续是否齐全。
(4) 有价债券的买卖是否经恰当的授权，是否妥善保管并定期盘点核对。
2. 对投资活动内部控制测试的内容　包括：
(1) 审查投资业务的会计记录，了解相关内部控制是否得到了有效的执行。
(2) 审阅内部盘点报告。
(3) 分析企业投资业务管理报告。

12.3　筹资与投资循环的证实测试

12.3.1　借款相关项目的证实测试

12.3.1.1 短期借款(长期借款)的证实测试

短期借款(长期借款)通常是指企业向银行借入的使用期限在一年以内(一年以上)的款项。

1. 短期借款(长期借款)的审计标准　短期借款(长期借款)审计的主要依据，是《银行法》、银行关于贷款方面的规定和《企业会计准则第 17 号——借款费用》等法律法规。

2. 短期借款(长期借款)的审计目标　一般包括：
(1) 确定资产负债表中记录的短期借款(长期借款)是否存在。
(2) 确定所有应当记录的短期借款(长期借款)是否均已记录。
(3) 确定记录的短期借款(长期借款)是否为被审单位应当履行的现时义务。
(4) 确定短期借款(长期借款)期末余额是否正确，是否以恰当的金额包括在财务报表中，与之相关的计价调整是否有恰当的记录。

(5) 确定短期借款(长期借款)是否已按照企业会计准则的规定,在财务报表中作出恰当的列报。

3. 短期借款(长期借款)证实测试的主要内容 包括:

(1) 获取(或编制)短期借款(长期借款)明细表,审查账表勾稽关系。

(2) 检查被审计单位贷款卡,核实账面记录是否完整。对被审计单位贷款卡上列示的信息与账面记录核对的差异进行分析,并关注贷款卡中列示的被审计单位对外担保的信息。

(3) 对短期借款(长期借款)进行函证。

(4) 检查短期借款(长期借款)的增加。对年度内增加的短期借款(长期借款),检查借款合同,了解借款数额、借款用途、借款条件、借款日期、还款期限、借款利率,并与相关会计记录相核对。

(5) 检查短期借款(长期借款)的减少。对年度内减少的短期借款(长期借款),应检查相关记录和原始凭证,核实还款数额,并与相关会计记录相核对。

(6) 审查短期借款(长期借款)利息的计算与会计处理。根据短期借款(长期借款)的利率和期限,检查被审计单位短期借款(长期借款)的利息计算是否正确;如有未计利息和多计利息,应做出记录,必要时提请进行调整。

(7) 检查借款费用的会计处理是否正确,是否正确计入财务费用、在建工程、研发支出、制造费用等相关账户,借款费用资本化的时点和期间、资产范围、目的和用途等是否符合资本化条件;

(8) 检查借款抵押物的所有权。检查被审计单位用于短期借款(长期借款)的抵押资产的所有权是否属于企业,其价值和实际状况是否与契约中的规定相一致

(9) 检查被审计单位与贷款人之间所发生的债务重组。检查债务重组协议,确定其真实性、合法性,并检查债务重组的会计处理是否正确

(10) 检查期末逾期借款,至审计外勤工作日是否归还或办理了展期手续。同时关注逾期借款对被审计单位财务状况的影响,如罚息、诉讼事项、查封资产等。

(11) 检查短期借款(长期借款)的报表列报。检查短期借款(长期借款)是否已按照企业会计准则的规定,在财务报表中作出恰当的列报:① 检查被审计单位短期借款(长期借款)是否按信用借款、抵押借款、质押借款、保证借款分别披露;② 检查期末逾期借款是否按贷款单位、借款金额、逾期时间、年利率、逾期未偿还原因和预期还款期等进行披露。

12.3.1.2 应付债券的证实测试

1. 应付债券的审计标准 应付债券审计的主要依据,是《证券法》和证券监管部门有关债券交易方面的法律法规。

2. 应付债券的审计目标　一般包括:

(1) 确定资产负债表中记录的应付债券是否存在。

(2) 确定所有应当记录的应付债券是否均已记录。

(3) 确定记录的应付债券是否为被审单位应当履行的现时义务。

(4) 确定应付债券期末余额是否正确,是否以恰当的金额包括在财务报表中,与之相关的计价调整是否有恰当的记录。

(5) 确定应付债券是否已按照企业会计准则的规定,在财务报表中作出恰当的列报。

3. 应付债券证实测试的主要内容　包括:

(1) 获取(或编制)应付债券明细表,审查账表勾稽关系。

(2) 检查应付债券的增加。审阅债券发行申请和审批文件,检查发行债券所收入现金的收据、汇款通知单、送款登记薄及相关的银行对账单,核实其会计处理是否正确。

(3) 对应付债券向证券承销商或包销商函证。

(4) 检查债券利息费用的会计处理是否正确,资本化的处理是否符合规定。① 对于分期付息、一次还本的债券,检查资产负债表日,是否按摊余成本和实际利率计算确定债券利息费用,并正确计入在建工程、制造费用、财务费用、研发费用等科目,是否按票面利率计算确定应付未付利息,计入应付利息科目,是否按其差额调整应付债券——利息调整。② 对于一次还本付息的债券,检查资产负债表日,是否按摊余成本和实际利率计算确定债券利息费用,并正确计入在建工程、制造费用、财务费用、研发费用等科目,是否按票面利率计算确定应付未付利息,计入应付债券——应计利息,是否按其差额调整应付债券——利息调整。

(5) 检查到期债券的偿还。检查偿还债券的支票存根等相关会计记录,检查其会计处理是否正确。

(6) 审查可转换公司债券。检查可转换公司债券持有人行使转换权利,将其持有的债券转为股票时,其会计处理是否正确。

(7) 如发行债券时已作抵押或担保,应检查相关契约的履行情况。

(8) 检查应付债券是否已按照企业会计准则的规定,在财务报表中作出恰当的列报。① 一年内到期的应期债券是否列为一年内到期的非流动负债;② 期末到期未偿付的债券金额及逾期原因是否充分披露。

12.3.1.3　财务费用的证实测试

1. 财务费用的审计标准　财务费用的审计标准主要依据银行的有关规定、证券监管部门的行政规章、被审单位有关筹资的合同协议和相关财务管理制度。

2. 财务费用的审计目标　一般包括:

(1) 确定利润表中记录的财务费用已发生,且与被审单位有关。

(2) 确定所有应当记录的财务费用均已记录。

(3) 确定与财务费用有关的金额及其他数据已恰当地记录。

(4) 确定财务费用已记录于正确的会计期间。

(5) 确定财务费用已记录于恰当的账户。

(6) 确定财务费用已按照企业会计准则的规定,在财务报表中作出恰当的列报。

3. 财务费用证实测试的主要内容　包括:

(1) 获取(或编制)财务费用明细表,审查账表勾稽关系。

(2) 对财务费用实施实质性分析程序。

● 针对已识别需要运用分析程序的有关项目,并基于对被审计单位及其环境的了解,通过进行以下比较,同时考虑有关数据间关系的影响,以建立有关数据的期望值:① 将本期财务费用各明细项目与上期进行对比,必要时比较本期各月份财务费用,如有重大波动和异常情况应追查原因;② 计算借款、应付债券平均实际利率并同以前年度及市场平均利率相比较;③ 根据借款、应付债券平均余额、平均利率测算当期利息费用和应付利息,并与账面记录进行比较;④ 根据银行存款平均余额和存款平均利率复核利息收入。

● 确定可接受的差异额。

● 将实际的情况与期望值相比较,识别需要进一步调查的差异。

● 如果其差额超过可接受的差异额,调查并获取充分的解释和恰当的佐证审计证据(如通过检查相关的凭证)。

● 评估分析程序的测试结果。

(3) 检查财务费用明细项目的设置。检查财务费用明细项目的设置是否符合规定的核算内容与范围,是否划清财务费用与其他费用的界限。

(4) 检查利息支出明细账。① 审查各项借款期末应计利息有无预计入账;② 审查现金折扣的会计处理是否正确;③ 结合长短期借款、应付债券等的审计,检查财务费用中是否包括为购建或生产满足资本化条件的资产发生的应予资本化的借款费用;④ 检查融资租入的固定资产、购入有关资产超过正常信用条件延期支付价款、实质上具有融资性质的,采用实际利率法分期摊销未确认融资费用时计入财务费用数是否正确;⑤ 检查应收票据贴现息的计算与会计处理是否正确;⑥ 检查存在资产弃置费用义务的固定资产或油气资产,在其使用寿命内,是否按期计算确定应负担的利息费用。

(5) 检查利息收入明细账。① 确认利息收入的真实性及正确性;② 检查从其他企业或非银行金融机构取得的利息收入有否按规定计缴营业税;③ 检查采用递延方式分期收款、实质上具有融资性质的销售商品或提供劳务,采用实际利率法按期计算确定的利息收入是否正确。

(6) 检查汇兑损益明细账。检查汇兑损益计算方法是否正确,核对所用汇率是否正确,前后期是否一致。

(7) 检查"财务费用——其他"明细账。注意检查大额金融机构手续费的真实性与正确性。

(8) 实施截止测试。抽取资产负债表日前后若干天的若干张会计凭证,实施截止测试,若存在异常迹象,应考虑是否有必要追加审计程序,对于重大跨期项目应作必要调整。

(9) 检查财务费用是否已按照企业会计准则的规定,在财务报表中作出恰当的列报。

12.3.2 所有者权益相关项目的证实测试

所有者权益,是企业投资者对企业净资产的所有权。企业有关所有者权益的增减变动业务,通常发生次数较少,但金额较大。所以,对所有者权益项目,宜采用详细审查。

12.3.2.1 实收资本的证实测试

实收资本,是指被审单位实际收到股东按公司章程的规定实际投入的资本。实收资本是企业承担民事法律责任的最高数额,而且除非在符合增资条件并经有关部门批准增资和按法定程序报经批准减少注册资本,其数额在会计期间不会发生变化。审计人员在对实收资本实施审计时,应重点关注实收资本数额的真实性以及增减变化的合法性。

1. **实收资本的审计标准** 实收资本的审计标准,主要依据《公司法》、公司章程和《企业基本会计准则》等规定。此外,注册会计师审计还要依据《中国注册会计审计准则第 1602 号——验资》的相关规定。

2. **实收资本的审计目标** 包括:

(1) 确定资产负债表中记录的实收资本(股本)是存在的。

(2) 确定所有应当记录的实收资本(股本)均已记录,实收资本(股本)的增减变动符合法律、法规和合同、章程的规定。

(3) 确定实收资本(股本)以恰当的金额包括在财务报表中。

(4) 确定实收资本(股本)已按照企业会计准则的规定,在财务报表中作出恰当的列报。

3. 实收资本的证实测试

(1) 获取(或编制)实收资本明细表,审查账表勾稽关系。

(2) 首次审查实收资本的内容。首次接受委托的客户,取得历次验资报告,将其所载明的投资者名称、投资方式、投资金额、到账时间等内容与被审计单位历次实收资本(股本)变动的账面记录、会计凭证及附件等核对。

(3) 审查实收资本的依据。审阅公司章程、股东(大)会、董事会会议记录中有关实收资本(股本)的规定。收集与实收资本(股本)变动有关的董事会会议纪要、股东(大)会决议、合同、协议、公司章程及营业执照,公司设立批文、验资报告等法律性文件,并更新永久性档案。

(4) 审查股东的出资情况。检查投入资本是否真实存在,审阅和核对与投入资本有关的原始凭证、会计记录,必要时向投资者函证实缴资本额,对有关财产和实物价值进行鉴定,以确定投入资本的真实性。① 审查股票的发行,对于发行在外的股票,应检查股票的发行活动。检查的内容包括已发行股票的登记簿、募股清单、银行对账单、会计账面记录等。必要时,可向证券交易所和金融机构函证股票发行的数量。② 审查股票发行费用,对于发行在外的股票,应检查股票发行费用的会计处理是否符合有关规定。

(5) 审查股东的出资期限和出资方式。检查出资期限和出资方式、出资额,检查投资者是否按合同、协议、章程约定的时间和方式缴付出资额,是否已经注册会计师验证。若已验资,应审阅验资报告。

(6) 审查实收资本增减变动的原因。检查实收资本是否与董事会纪要、补充合同、协议及其他有关法律性文件的规定一致,逐笔追查至原始凭证,检查其会计处理是否正确。注意有无抽资或变相抽资的情况,如有,应取证核实,作恰当处理。对首次接受委托的客户,除取得验资报告外,还应检查并复印记账凭证及进账单。① 对于股份有限公司,应检查股票收回的交易活动。检查的内容包括已发行股票的登记簿、收回的股票、银行对账单、会计账面记录等;② 以发放股票股利增资的,检查股东(大)会决议,检查相关增资手续是否办理,会计处理是否正确;③ 对于以资本公积、盈余公积和未分配利润转增资本的,应取得股东(大)会等资料,并审核是否符合国家有关规定,会计处理是否正确;④ 以权益结算的股份支付行权时增资,取得相关资料,检查是否符合相关规定,会计处理是否正确;⑤ 以回购股票以及其他法定程序报经批准减资的,检查股东(大)会决议以及相关的法律文件,手续是否办理,会计处理是否正确。

(7) 审查股东持股的合规性。根据证券登记公司提供的股东名录,检查被审计单位及其子公司、合营企业与联营企业是否有违反规定的持股情况。

(8) 审查股东认股权证及其交易的合规性。检查认股权证及其有关交易,确定委托人及认股人是否遵守认股合约或认股权证中的有关规定。

(9) 审查实收资本中的异常情况。审计人员可结合其他应收款等项目的审计，关注是否存在抽资或变相抽资的情况，如有，应取证核实，作恰当处理。

(10) 检查实收资本(股本)是否已按照企业会计准则的规定，在财务报表中作出恰当的列报。

12.3.2.2 资本公积的证实测试

资本公积是由非经营性因素或非公允的关联方交易形成的，不能计入收入和实收资本，但由所有者享有的权益。资本公积包括投资者实际缴付的出资额超过其资本份额的差额(及股本溢价)、接受现金和非现金资产捐赠、外币资本折算差额、关联交易差额和其他资本公积。审计人员应重点关注资本公积的提取和使用情况及其对企业的影响。

资本公积的审计标准和审计目标与实收资本基本类似。资本公积证实测试的主要内容如下：

(1) 获取(或编制)资本公积明细表，审查账表勾稽关系。

(2) 首次审查资本公积的内容。首次接受委托的单位，应对期初的资本公积进行追溯查验，检查原始发生的依据是否充分。

(3) 收集资本公积变动的依据。收集与资本公积变动有关的股东(大)会决议、董事会会议纪要、资产评估报告等文件资料，更新永久性档案。

(4) 对"资本(股本)溢价"的审查。根据资本公积明细账，对"资本(股本)溢价"的发生额逐项审查至原始凭证：① 对股本溢价，应取得董事会会议纪要、股东(大)会决议、有关合同、政府批文，追查至银行收款等原始凭证，结合相关科目的审计，检查会计处理是否正确，注意发行股票溢价收入的计算是否已扣除股票发行费用；② 对资本公积转增资本的，应取得股东(大)会决议、董事会会议纪要、有关批文等，检查资本公积转增资本是否符合有关规定，会计处理是否正确；③ 若有同一控制下企业合并，应结合长期股权投资科目，检查被审计单位(合并方)取得的被合并方所有者权益账面价值的份额与支付的合并对价账面价值的差额计算是否正确，是否依次调整本科目、盈余公积和未分配利润；④ 股份有限公司回购本公司股票进行减资的，检查其是否按注销的股票面值总额和所注销的库存股的账面余额，冲减资本公积；⑤ 检查与发行权益性证券直接相关的手续费、佣金等交易费用的会计处理是否正确，是否将与发行权益性证券间接相关的手续费计入本账户，若有，判断是否需要被审计单位调整。

(5) 对"其他资本公积"的审查。根据资本公积明细账，对"其他资本公积"的发生额逐项审查至原始凭证：① 检查以权益法核算的被投资单位除净损益以外所有者权益的变动,被审计单位是否已按其享有的份额入账,会计处理是否正确;处置该项投资时,应注意是否已转销与其相关的资本公积。② 以自用房地产或存货转换为采用公允价值模式计量的投资性房地产,转换日的公允价值大于原账面价值的,检查其差额是否计入资本公积。处置该项投资性房地产时,原计入资本公积的部分是否已转销。③ 将持有至到期投资重分类为可供出售金融资产,或将可供出售金融资产重分类为持有至到期投资的,是否按相关规定调整资本公积,检查可供出售金融资产的后续计量是否相应调整资本公积。④ 以权益结算的股权支付,取得相关资料,检查在权益工具授予日和行权日的会计处理是否正确。

(6) 审查资本公积对所得税的影响。检查资本公积各项目,考虑对所得税的影响。

(7) 记录资本公积中不能转增资本的项目。

(8) 检查资本公积是否已按照企业会计准则的规定,在财务报表中作出恰当的列报。

12.3.2.3　盈余公积的证实测试

资本公积是企业按照规定从税后利润中提取的积累资金,是具有特定用途的留存收益,主要用于弥补亏损和转增资本,也可以按规定用于分配股利。盈余公积包括法定盈余公积和任意盈余公积

盈余公积的审计标准和审计目标与实收资本基本类似。盈余公积证实测试的主要内容如下:

(1) 获取(或编制)盈余公积明细表,审查账表勾稽关系。

(2) 对形成盈余公积依据的审查。收集与盈余公积变动有关的董事会会议纪要、股东(大)会决议以及政府主管部门、财政部门批复等文件资料,进行审阅,并更新永久性档案。

(3) 对盈余公积发生额的审查。对法定盈余公积和任意盈余公积的发生额,应逐项审查至原始凭证:① 审查法定盈余公积和任意盈余公积的计提顺序、计提基数、计提比例是否符合有关规定,会计处理是否正确;② 审查盈余公积的减少是否符合有关规定,取得董事会会议纪要、股东(大)会决议,予以核实,检查有关会计处理是否正确。

(4) 检查盈余公积的列报是否已按照企业会计准则的规定,在财务报表中作出恰当的列报。

12.3.2.4　未分配利润的证实测试

未分配利润是指企业未作分配的净利润,即这部分净利润没有分配给投资者,

也未指定用途，即：

$$未分配利润 = 企业当年税后利润 - 弥补以前年度亏损 - 提取公积金(公益金) + 上年年末未分配利润 - 当年向所有者分配的股利$$

未分配利润的审计标准和审计目标，与实收资本也基本类似。未分配利润证实测试的主要内容如下：

(1) 获取(或编制)未分配利润明细表，审查账表勾稽关系。

(2) 审查未分配利润的期初余额。将未分配利润年初数与上年审定数核对是否相符，检查涉及损益的上年审计调整是否正确入账。

(3) 审查未分配利润依据的合法性。① 获取与未分配利润有关的董事会会议纪要、股东(大)会决议、政府部门批文及有关合同、协议、公司章程等文件资料，并更新永久性档案；② 检查董事会会议纪要、股东(大)会决议、利润分配方案等资料，对照有关规定确认利润分配的合法性。

(4) 审查未分配利润的会计处理。检查未分配利润变动的相关凭证，结合所获取的文件资料，确定其会计处理是否正确。

(5) 审查弥补以前年度亏损。了解本年利润弥补以前年度亏损的情况，确定本期末未弥补亏损金额。如果已超过弥补期限，且已因为抵扣亏损而确认递延所得税资产的，应当进行调整。

(6) 审查未分配利润在本期的变动。检查本期未分配利润变动除净利润转入以外的全部相关凭证，结合所获取的文件资料，确定其会计处理是否正确。

(7) 审查以前年度损益调整。结合以前年度损益科目的审计，检查以前年度损益调整的内容是否真实、合理，注意对以前年度所得税的影响。对重大调整事项应逐项核实其发生原因、依据和有关资料，复核数据的正确性。

(8) 检查未分配利润是否已按照企业会计准则的规定，在财务报表中作出恰当的列报，检查对资产负债表日后至财务报告批准报出日之间由董事会或类似机构所制定利润分配方案中拟分配的股利，是否在财务报表附注中单独披露。

12.3.2.5 应付股利的证实测试

1. 应付股利的审计标准　主要依据《公司法》、公司章程和被审企业相关财务管理制度。

2. 应付股利的审计目标　一般包括：

(1) 确定资产负债表中记录的应付股利是否存在。

(2) 确定所有应当记录的应付股利是否均已记录。

(3) 确定记录的应付股利是否为被审单位应当履行的现时义务。

(4) 确定应付股利期末余额是否正确，是否以恰当的金额包括在财务报表中，与之相关的计价调整是否有恰当的记录。

(5) 确定应付股利是否已按照企业会计准则的规定，在财务报表中作出恰当的列报。

3. 应付股利证实测试的主要内容

(1) 获取(或编制)应付股利明细表，审查账表勾稽关系。

(2) 审查股利政策的依据。审阅公司章程、股东会(或股东大会)和董事会会议纪要中有关股利的规定，了解股利分配标准和发放方式是否符合有关规定并经法定程序批准。

(3) 审查应付股利的计提。检查应付股利的计提是否根据董事会或股东会(或股东大会)决定的利润分配方案，从税后可供分配利润中计算确定，并复核应付股利计算和会计处理的正确性。

(4) 审查股利的支付。检查股利支付的原始凭证的内容、金额和会计处理是否正确。检查现金股利是否按公告规定的时间、金额予以发放

(5) 审查未付股利。向主要股东函证，以确定未付股利的真实性和完整性。

(6) 审查拟分配的股利。检查董事会或类似机构通过的利润分配方案中拟分配的现金股利或利润，是否按规定未做账务处理，并已在附注中披露。

(7) 检查应付股利是否已按照企业会计准则的规定，在财务报表中作出恰当的列报，是否按主要投资者列示欠付的应付股利金额并说明原因。

12.3.3　投资相关项目的证实测试

12.3.3.1　交易性金融资产的证实测试

交易性金融资产是指企业为了近期出售而持有的金融资产。

1. 交易性金融资产的审计标准　主要依据国家关于金融资产交易方面的法律法规、《企业会计准则第 22 号——金融工具确认和计量》、《企业会计准则第 23 号——金融资产转移》和被审单位有关金融资产方面的财务管理制度。

2. 交易性金融资产的审计目标　一般包括：

(1) 确定资产负债表中记录的交易性金融资产是否存在。

(2) 确定所有应当记录的交易性金融资产均已记录。

(3) 确定记录的交易性金融资产是否为被审单位拥有或控制。

(4) 确定交易性金融资产是否以恰当的金额包括在财务报表中，与之相关的计价调整是否已恰当记录。

(5) 确定交易性金融资产是否已按照企业会计准则的规定，在财务报表中作

出恰当的列报。

3. 交易性金融资产证实测试的主要内容

(1) 获取(或编制)交易性金融资产明细表,审查账表勾稽关系。交易性金融资产账表勾稽关系的特殊审查内容有:①检查非记账本位币交易性金融资产的折算汇率及折算是否正确;②与被审单位讨论以确定划分为交易性金融资产是否符合企业会计准则的规定。

(2) 审查划分交易性金融资产的情况。就被审计单位管理层将投资确定划分为交易性金融资产的意图获取审计证据,并考虑管理层实施该意图的能力。应向管理层询问,并通过下列方式对管理层的答复予以印证:① 考虑管理层以前所述的对于划分为交易性金融资产的意图的实际实施情况;② 复核包括预算、会议纪要等在内的书面计划和其他文件记录;③ 考虑管理层选择划分为交易性金融资产的理由;④ 考虑管理层在既定经济环境下实施特定措施的能力。

(3) 审查交易性金融资产的期末余额的正确性。① 获取股票、债券、基金等账户对账单,与明细账余额核对,作出记录或进行适当调整;② 被审计单位人员盘点交易性金融资产,编制交易性金融资产盘点表,审计人员实施监盘并检查交易性金融资产名称、数量、票面价值、票面利率等内容,同时与相关账户余额进行核对;如有差异,查明原因。作出记录或进行适当调整;③ 如交易性金融资产在审计工作日已售出或兑换,则追查至相关原始凭证,以确认其在资产负债表日存在;④ 在外保管的交易性金融资产等应查阅有关保管的文件,必要时可向保管人函证,复核并记录函证结果。了解在外保管的交易性金融资产实质上是否为委托理财,如是,则应详细记录,分析资金的安全性和可收回性,提请被审计单位重新分类,并充分披露。

(4) 审查交易性金融资产的会计记录。确定交易性金融资产的会计记录是否完整,并确定所购入交易性金融资产,归被审计单位所拥有:① 取得有关账户流水单,对照检查账面记录是否完整。检查购入交易性金融资产是否为被审计单位拥有;② 向相关机构发函,并确定是否存在变现限制,同时记录函证过程。

(5) 审查交易性金融资产的计价。确定交易性金融资产的计价是否正确:① 复核交易性金融资产计价方法,检查其是否按公允价值计量,前后期是否一致;② 复核公允价值取得依据是否充分。公允价值与账面价值的差额是否计入公允价值变动损益科目。

(6) 审查交易性金融资产的会计凭证和处理。抽取交易性金融资产增减变动的相关凭证,检查其原始凭证是否完整合法,会计处理是否正确:① 抽取交易性金融资产增加的记账凭证,注意其原始凭证是否完整合法,成本、交易费用和相关利息或股利的会计处理是否符合规定;② 抽取交易性金融资产减少的记账凭证，检查其原始凭证是否完整合法，会计处理是否正确；注意出售交易性金融资产时其成本结转是否正确。

(7) 审查受限的交易性金融资产。检查有无变现存在重大限制的交易性金融资产，如有，则查明情况，并做适当调整。

(8) 检查交易性金融资产是否已按照企业会计准则的规定，在财务报表中作出恰当的列报。

12.3.3.2　可供出售金融资产的证实测试

可供出售金融资产，是指初始确认时即被指定为可供出售的非衍生金融资产，以及除下列各类资产以外的金融资产：① 贷款和应收账款；② 持有至到期投资；③ 以公允价值计量且其变动计入当期损益的金融资产。

可供出售金融资产的审计标准和审计目标与交易性金融资产基本相同。可供出售金融资产证实测试的主要内容如下：

(1) 获取(或编制)可供出售金融资产明细表，审查账表勾稽关系。可供出售金融资产账表勾稽关系的特殊审查内容有：① 检查非记账本位币可供出售金融资产的折算汇率及折算是否正确；② 与被审单位讨论以确定划分为可供出售金融资产是否符合企业会计准则的规定；③ 与上年明细项目进行比较，确定与上年分类相同。

(2) 审查可供出售金融资产的分类是否正确。根据被审单位管理层的意图和能力，判断可供出售金融资产的分类是否正确。

(3) 审查可供出售金融资产的期末余额。确定可供出售金融资产的余额正确并存在：① 对于没有划分为以公允价值计量且其变动记入当期损益的金融资产。获取股票、债券、基金等账户对账单，与明细账余额核对，需要时，向证券登记公司等发函询证，以确认其存在。如有差异，查明原因，作出记录或进行适当调整。② 对可供出售金融资产实施监盘。被审单位的主管会计人员盘点库存可供出售金融资产，编制可供出售金融资产盘点表，审计人员实施监盘并检查可供出售金融资产名称、数量、票面价值、票面利率等内容，并与相关账户余额进行核对；如有差异，查明原因。作出记录或进行适当调整。③ 对已出售可供出售金融资产的审查。例如，可供出售金融资产在审计工作日已售出或兑换，则追查至相关原始凭证，以确认其在审计截止日存在。④ 对在外保管的可供出售金融资产的审查。在外保管的可供出售金融资产等应查阅有关保管的文件，必要时可向保管人函证，复核并记录函证结果。了解在外保管的可供出售金融资产是否实质上为委托理财，如是，则应详细记录，分析资金的安全性和可收回性，提请被审计单位重新分类，并充分披露。

(4) 审查可供出售金融资产的会计记录。分别自本期增加、本期减少中选择适量项目，确定可供出售金融资产的会计记录是否完整，是否由被审计单位拥有：① 追查至原始凭证，检查其是否经授权批准，确认有关可供出售金融资产的购入、售出、兑换及投资收益金额正确，记录完整。并确认所购入可供出售金融资产是否归被审计单位所拥有；② 检查可供出售金融资产的处置时，是否将原直接计入资本公积的公允价值变动累计额对应处置部分的金额转出，计入投资收益。

(5) 确定可供出售金融资产的计价是否正确。① 复核可供出售金融资产的计价方法。检查其是否按公允价值计量，前后期是否一致，公允价值取得依据是否充分。② 审核实际利率。与被审计单位讨论以确定实际利率确定依据是否充分，非本期新增投资，复核实际利率是否与前期一致。③ 重新计算持有期间的利息收入和投资收益。按票面利率计算确定当期应收利息，按可供出售金融资产摊余成本和实际利率计算确定当期投资收益，差额作为利息调整。与应收利息和投资收益中的相应数字核对无误。④ 复核可供出售金融资产的期末价值计量是否正确，会计处理是否正确。可供出售金融资产期末公允价值的变动应计入资本公积。但应关注按实际利率法计算确定的利息、减值损失、外币货币性金融资产形成的汇兑损益应确认为当期损益。与财务费用、资产减值损失等科目中的相应数字核对无误。

(6) 对可供出售金融资产减值的审查。期末，对可供出售金融资产进行如下逐项检查，以确定可供出售金融资产是否已经发生减值：① 核对可供出售金融资产减值准备本期与以前年度计提方法是否一致。如有差异，查明政策调整的原因，并确定政策变更对本期损益的影响，提请被审计单位做适当披露。② 确定可供出售金融资产是否已经发生减值。如果可供出售金融资产的公允价值发生较大幅度下降，或在综合考虑各种相关因素后，预期这种下降趋势属于非暂时性的，可认定该项可供出售金融资产已发生减值，应当确认减值损失。并与被审计单位已计提数相核对，如有差异，应查明原因。③ 将本期减值准备计提(或转回)金额与利润表中资产减值损失的相应数字核对无误。④ 审查可供出售金融资产减值准备的计提。可供出售金融资产减值准备按单项资产(或包括在具有类似信用风险特征的金融资产组)计提，计提依据充分，得到适当批准。

(7) 检查非货币性资产交换、债务重组的会计处理是否正确。

(8) 审查可供出售金融资产的抵押担保情况。结合银行借款等的检查，了解可供出售金融资产是否存在质押、担保的情况。如有，则应详细记录，并提请被审计单位进行充分披露。

(9) 审查受限的可供出售金融资产。检查有无变现存在重大限制的可供出售金融资产，如有，则查明情况，并做适当调整。

(10) 检查可供出售金融资产是否已按照企业会计准则的规定，在财务报表中作出下列恰当的列报：① 各类可供出售金融资产期初、期末价值；② 确定可供出售金融资产的依据；③ 可供出售金融资产利得和损失的计量基础；④ 可供出售金融资产减值的判定依据。

12.3.3.3 持有至到期投资金融资产的证实测试

持有至到期投资金融资产，是指到期日固定、回收金额固定或可确定，且企业有明确意图和能力持有至到期的非衍生金融资产。

持有至到期投资金融资产的审计标准和审计目标与交易性金融资产基本相同。持有至到期投资金融资产证实测试的主要内容如下：

(1) 获取(或编制)持有至到期投资金融资产明细表，审查账表勾稽关系。持有至到期投资金融资产账表勾稽关系的特殊审查内容有：① 检查非记账本位币持有至到期投资金融资产的折算汇率及折算是否正确；② 与被审单位讨论以确定划分为持有至到期投资金融资产是否符合企业会计准则的规定；③ 与上年明细项目进行比较，确定与上年分类相同。

(2) 审查持有至到期金融资产的列账是否正确。就被审单位管理层将投资确定划分为持有至到期投资的意图获取审计证据，并考虑管理层实施该意图的能力。应向管理层询问，并通过下列方式对管理层的答复予以印证：① 考虑管理层以前所述的对于划分为持有至到期投资的实际实施情况；② 复核包括预算、会议纪要等在内的书面计划和其他文件记录；③ 考虑管理层将某项资产划分为持有至到期投资的理由；④ 考虑管理层在既定经济环境下实施特定措施的能力。

(3) 确定持有至到期投资金融资产的余额正确和持有至到期投资的存在。① 被审计单位的主管会计人员盘点库存持有至到期投资金融资产，编制持有至到期投资金融资产盘点表。审计人员实施监盘并检查持有至到期投资金融资产名称、数量、票面价值、票面利率等内容，并与相关账户余额进行核对；如有差异，查明原因，作出记录或进行适当调整。② 审查已出售或兑换的持有至到期投资金融资产。如持有至到期投资在审计工作日已售出或兑换，则追查至相关原始凭证，以确认其在资产负债表日存在。③ 审查在外保管的持有至到期金融资产。在外保管的持有至到期投资等应查阅有关保管的文件，必要时可向保管人函证。询证函由审计人员直接收发。复核并记录函证结果。了解在外保管的持有至到期投资实质上是否为委托理财，如是，则应详细记录、分析资金的安全性和可收回性，提请被审单位重新分类，并充分披露。④ 如可以向证券公司等获取对账单的，应取得对账单，并与明细账余额核对，需要时，向其等发函询证，以确认其存在。如有差异，查明原因，作出记录或进行适当调整。

(4) 审查持有至到期投资金融资产会计记录的完整性。确定持有至到期投资金融资产的会计记录完整，并确定所购入持有至到期投资金融资产归被审单位拥有：① 分别自本期增加、本期减少中选择适量项目；② 追查至原始凭证，检查其是否经授权批准，确认有关持有至到期投资金融资产的购入、售出、处置及投资收益金额正确、记录完整，并确认所购入持有至到期投资金融资产归被审单位拥有。

(5) 审查确定持有至到期投资金融资产的计价正确性。① 检查持有至到期投资金融资产初始计量正确；复核其计价方法，检查是否按摊余成本计量，前后期是否一致。② 与被审计单位讨论确定实际利率确定依据是否充分，非本期新增投资，复核实际利率是否与前期一致。③ 重新计算持有期间的利息收入和投资收益。按票面利率计算确定当期应收利息，按持有至到期投资金融资产摊余成本和实际利率计算确定当期投资收益，差额作为利息调整。与应收利息(分期付息)或应计利息(到期付息)和投资收益中的相应数字核对无误。

(6) 检查持有至到期投资金融资产与可供出售金融资产相互重分类的依据是否充分，会计处理是否正确。

(7) 审查持有至到期投资金融资产的减值情况。期末，对成本计量的持有至到期投资金融资产进行如下逐项检查，以确定是否已经发生减值：① 核对持有至到期投资金融资产减值准备本期与以前年度计提方法是否一致，如有差异，查明政策调整的原因，并确定政策改变对本期损益的影响，提请被审计单位做适当披露。② 对持有至到期投资金融资产逐项进行检查，以确定是否已经发生减值。确有出现导致其预计未来现金流量现值低于账面价值的情况，将预计未来现金流量现值低于账面价值的差额作为持有至到期投资金融资产减值准备予以计提。并与被审计单位已计提数相核对，如有差异，查明原因。③ 将本期减值准备计提(或转回)金额与利润表资产减值损失中的相应数字核对。④ 持有至到期投资金融资产减值准备按单项资产(或包括在具有类似信用风险特征的金融资产组)计提，计提依据充分，得到适当批准。持有至到期投资金融资产价值得以恢复的，原确认的减值损失应予以转回，复核转回后的账面价值不超过假设不计提减值准备情况下该持有至到期投资金融资产在转回日的摊余成本，会计处理是否正确。

(8) 检查非货币性资产交换、债务重组时取得或转出持有至到期投资金融资产的会计处理是否正确。

(9) 审查持有至到期金融资产的抵押担保情况。结合银行借款等的检查，了解持有至到期投资是否存在质押、担保情况。如有，则应详细记录，并提请被审单位进行充分披露。

(10) 检查持有至到期投资金融资产是否已按照企业会计准则的规定，在财务报表中作出下列恰当的列报：① 各类持有至到期投资金融资产期初、期末价值；② 确定持有至到期投资金融资产的依据；③ 持有至到期投资金融资产利得和损失的计量基础。

12.3.3.4　长期股权投资的证实测试

资产负债表中的长期股权投资项目，核算企业持有的采用权益法或成本法核算的长期股权投资，具体包括：① 企业持有的能够对被投资单位实施控制的权益性投资，即对子公司的投资；② 企业持有的能够与其他合营方一同对被投资单位实施共同控制权的权益性投资，即对合营企业的投资；③ 企业持有的能够对被投资企业施加重大影响的权益性投资，即对联营企业的投资；④ 企业对被投资企业不具有控制、共同控制或重大影响，且在活跃市场中没有报价、公允价值不能可靠计量的权益性投资。

长期股权投资的审计标准和审计目标与交易性金融资产基本相同。长期股权投资证实测试的主要内容如下：

(1) 获取(或编制)长期股权投资明细表，审查账表勾稽关系。

(2) 审查确定长期股权投资是否存在，并归被审计单位所有、分类及核算方法是否正确。① 取得投资合同协议、被投资单位章程、营业执照、组织机构代码证等资料；关注长期股权投资的股权比例和时间，检查长期股权投资核算方法是否正确。② 分析被审计单位管理层的意图和能力，检查长期股权投资分类的正确性(分为对子公司、联营企业、合营企业和其他企业的投资四类)，检查是否包括应由《企业会计准则第22号——金融工具确认和计量》规范的投资项目。如有，提请被审单位调整。

(3) 审查采用权益法核算的长期股权投资。① 获取被投资单位已经审计的年度财务报表。如果未经审计，则应考虑对被投资单位的财务报表实施适当的审计或审阅程序。② 复核投资损益。根据重要性原则，以取得投资时被投资单位各项可辨认资产的公允价值为基础，检查被投资权益法核算是否正确。被投资单位采用的会计政策及会计期间与被审单位不一致的，检查是否按照被审单位的会计政策及会计期间对被投资单位的财务报表进行调整，按权益法确认投资损益。③ 将重新计算的投资损益与被审单位计算的投资损益相核对。如有重大差异，查明原因，并做适当调整。④ 关注被审单位在其被投资单位发生净亏损或以后期间实现盈利时的会计处理是否正确。⑤ 检查除净损益以外被投资单位所有者权益的其他变动，是否调整计入所有者权益。

(4) 审查采用成本法核算的长期股权投资。检查股利分配的原始凭证及分配决议等资料，确定会计处理是否正确。

(5) 审查成本法和权益法相互转换的长期股权投资。检查其投资成本的确定是否正确。

(6) 确定长期股权投资增减变动的记录是否完整。① 检查本期增加的长期股权投资。追查至原始凭证及相关的文件或决议及被投资单位验资报告或财务资料等,确认长期股权投资是否符合投资合同、协议的规定,会计处理是否正确(根据企业合并形成、企业合并以外其他方式取得的长期股权投资分别确定初始投资成本)。② 检查本期减少的长期股权投资。追查至原始凭证,确认长期股权投资的处理有合理的理由及授权批准手续,会计处理是否正确。

(7) 审查长期股权投资的抵押担保情况。结合银行借款等的检查,了解长期股权投资是否存在质押、担保情况。如有,则应详细记录,并提请被审计单位进行充分披露。

(8) 与被审单位人员讨论确定是否存在被投资单位由于所在国家和地区及其他方面的影响,其向被审单位转移资金的能力受到限制的情况。如存在,应详细记录受限情况,并提请被审单位充分披露。

(9) 审查长期股权投资是否发生减值,计提减值准备是否适当。① 核对长期股权投资减值准备本期与以前年度计提方法是否一致。如有不一致,应查明会计政策变更的原因,变更是否符合《企业会计准则》的规定,并确定会计政策变更对本期损益的影响,提请被审单位做适当披露。② 根据被投资单位盈利能力、财务状况,并结合被投资单位经营规模、市场竞争等变化,判断长期股权投资是否存在减值迹象。③ 检查长期股权投资减值准备计提依据是否充分,是否得到适当批准。当长期股权投资可收回金额低于账面价值时,按可收回金额低于账面价值的差额与被审单位计提数核对,如果有差异,应查明原因。

(10) 检查长期股权投资是否已按照企业会计准则的规定,在财务报表中作出包括下列内容的恰当列报:① 子公司、合营企业和联营企业清单,包括企业名称、注册地、业务性质、投资企业的持股比例和表决权比例;② 合营企业和联营企业当期的主要财务信息,包括资产、负债、收入、费用等的合计金额;③ 被投资单位向投资企业转移资金的能力受到严格限制的情况;④ 当期及累计未确认的投资损失金额;⑤ 与对子公司、合营企业及联营企业投资相关的或有负债。

12.3.3.5 投资性房地产的证实测试

投资性房地产,是指为了赚取租金或资本增值,或者两者兼有而持有的房地产。

投资性房地产的审计标准和审计目标与交易性金融资产基本相同。投资性房地产证实测试的主要内容如下:

(1) 获取(或编制)投资性房地产明细表，审查账表勾稽关系。

(2) 审查投资性房地产与列作固定资产的房地产的分类的正确性。应与被审计单位讨论以确定划分为投资性房地产的建筑物、土地使用权是否符合会计准则的规定。

(3) 审查确定投资性房地产是否存在，期末余额是否正确。① 获取本期投资性房地产增加和减少的明细表以及投资性房地产登记簿，投资性房地产增加、减少明细表和投资性房地产登记簿中的本期增减累计数应与投资性房地产变动表中的本期增减累计数相等；会计处理是否正确。② 依据投资性房地产增加明细表和期初投资性房地产成本分别选取适量项目。如果选取的所有项目在期末仍存在，安排对其进行实地检查，复核该资产是否真实存在；如果挑选的样本在期末已清理或处理，需确认清理或处理的资产已经办理审批手续，其清理的收益或损失已正确的计算，并进行正确的会计处理。

(4) 审查投资性房地产的增减情况。审查确定投资性房地产增加计价是否恰当，并确定其是否归被审单位所有，增减变动的记录是否完整、正确：① 对于所选取的本期新增加的项目，追查至购买协议(合同)、原始发票、验收报告等以确认其有效性、金额的正确性以及新增投资性房地产是否经过有效的批准，并归被审计单位所有；② 检查建筑物权证、土地使用权证等证明文件，确定建筑物、土地使用权是否归被审单位所有；③ 对于所选取的本期增加和期初的投资性房地产项目，追查至会计截止日的投资性房地产备查簿以确认挑选的样本是否已清理；④ 对于所选取的本期减少的项目，需确认处置的资产已经办理审批手续，其处置的收益或损失已正确的计算，并进行正确的会计处理

(5) 审查投资性房地产后续计量模式选用的依据的是否充分。应与被审单位讨论以确定投资性房地产后续计量模式选用的依据是否充分。与上期政策进行比较，确定后续计量模式的一致性，如果不一致，则详细记录变动原因。

(6) 对被审单位投资性房地产后续计量选用公允价值计量模式的审查：① 应审查确定投资性房地产后续计量选用公允价值模式的政策是否恰当，有关公允价值是否持续可靠取得，计算复核期末计价是否正确。② 被审单位投资性房地产的后续计量采用公允价值模式计价的。期末，应逐项检查公允价值的确定依据是否充分，重点检查公允价值能持续可靠取得的确凿证据，检查公允价值变动损益计算是否正确，会计处理是否正确。与利润表公允价值变动损益中的相应数字核对无误。③ 询问并获取相关资料，评价被审单位确定公允价值采用方法的适当性。公允价值选用的合理性，包括被审单位的决策程序、公允价值的确定方法、估值模型的选择、披露的充分性等。④ 考虑利用专家的工作程度，对专家的胜任能力和客观性或工作结果适当性进行评价。

(7) 对被审单位投资性房地产后续计量选用成本计量模式的审查：① 投资性房地产累计摊销(折旧)政策是否恰当，计算复核本期摊销(折旧)的计提是否正确。② 了解被审单位所使用的建筑物折旧率和土地使用权摊销率，确定其制定是否恰当。③ 确认被审单位除已提足折旧或摊销的投资性房地产外，其他投资性房地产均已计提折旧和摊销。④ 根据投资性房地产的平均水平测算整个会计期间的摊销(折旧)额。与投资性房地产中的折旧和摊销本期增加数相核对，如有差异，查明原因。⑤ 将本期折旧和摊销金额与"其他业务支出"项目中的相应数字核对无误。

(8) 对投资性房地产价值的审查。期末，对成本模式计量的投资性房地产进行如下检查，以确定投资性房地产是否已经发生减值：① 核对投资性房地产减值准备本期与以前年度计提方法是否一致，如有差异，查明政策调整的原因，并确定政策变更对本期损益的影响，提请被审单位做适当披露。② 对以成本模式计量的投资性房地产逐项进行检查，以确定是否已经发生减值。确有出现导致其可收回金额低于账面价值的情况，将可收回金额低于账面价值的差额作为投资性房地产减值准备予以计提。并与投资性房地产中的减值准备本期增加数相核对，如有差异，查明原因。③ 将本期减值准备计提金额与利润表中"资产减值损失"项目的相应数字核对无误。④ 投资性房地产减值准备按单项资产(或资产组)计提，计提依据充分，且得到适当批准。

(9) 审查确定投资性房地产后续计量模式的转换是否恰当：① 检查董事会等决议文件，确定后续计量模式改变的适当性，会计处理的正确性，并提请被审单位进行充分披露；② 审查投资性房地产成本计量模式转为公允价值计量模式是否作为会计政策变更进行追溯调整期初留存收益处理。

(10) 审查投资性房地产与其他资产转换的正确性。如果被审单位投资性房地产与其他资产发生相互转换的，应审查转换依据是否充分，是否经过有效批准；转换日房地产成本计量是否正确，会计处理是否正确：① 复核在成本模式下，是否将房地产转换前的账面价值作为转换后的入账价值。复核采用公允价值模式计量的投资性房地产转换为自用房地产时，是否以其转换当日的公允价值作为自用房地产的账面价值，公允价值与原账面价值的差额计入当期损益。② 自用房地产或存货转换为采用公允价值模式计量的投资性房地产时，投资性房地产按照转换当日的公允价值计价，转换当日的公允价值小于原账面价值的，其差额计入当期损益；转换当日的公允价值大于原账面价值的，其差额计入资本公积。

(11) 审查投资性房地产产生的租金。获取租赁合同等文件，重新计算租金收入，检查投资性房地产的租金收入计算是否正确、会计处理是否正确，租金收入是否计入其他业务收入。

(12) 审查本期对投资性房地产进行改良或装修的会计处理是否正确。

(13) 审查有无与关联方的投资性房地产购售活动，交易价格是否公允。

(14) 审查非货币性资产交换、债务重组时取得或转出投资性房地产的会计处理是否正确。

(15) 审查投资性房地产的处置目的，检查凭证是否齐全、合法，会计处理是否正确。

(16) 审查投资性房地产对外担保情况。结合银行借款等的检查，了解建筑物、土地使用权是否存在抵押、担保情况。如有，则应详细记录，并提请被审计单位进行充分披露，检查投资性房地产的保险情况。

(17) 检查长期股权投资是否已按照企业会计准则的规定，在财务报表中作出包括下列内容的恰当列报：① 投资性房地产的种类、金额和计量模式；② 采用成本模式的，投资性房地产的折旧或摊销，以及减值准备的计提情况；③ 采用公允价值模式的，说明公允价值的确定依据和方法，以及公允价值变动对损益的影响；④ 房地产转换情况、理由，以及对损益或所有者权益的影响；⑤ 当期处置的投资性房地产及其对损益的影响。

12.3.3.6 应收利息的证实测试

应收利息的审计标准主要依据各类对外投资的相关合同或协议；应收利息的审计目标也与前述各对外投资基本类似。应收利息证实测试的主要内容如下：

(1) 获取(或编制)应收利息明细表，审查账表勾稽关系。应收利息勾稽关系的审查中还应特别关注到期一次还本付息债券投资的应收利息是否包含在应收利息明细表中，如果有，则调整至持有至到期投资科目。

(2) 审查应收利息增减变动：① 与金融资产(如交易性金融资产、持有至到期投资、可供出售金融资产等)的相关审查相结合，验证确定应收利息的计算是否充分、正确，检查会计处理是否正确；② 对于重大的应收利息项目。应审阅相关文件,复核其计算的准确性。必要时，向相关单位函证并记录；③ 检查应收利息减少有无异常。

(3) 检查期后收款情况：① 对至审计时已收回金额较大的款项进行常规检查，如核对收款凭证、银行对账单、发票等；② 关注长期未收回及金额较大的应收利息，询问被审计单位管理人员及相关职员，确定应收利息的可收回性。必要时，向被投资单位函证利息支付情况，复核并记录函证结果。

(4) 检查应收利息的坏账准备是否正确。

(5) 对标明针对关联方的应收利息，执行关联方及其交易审计程序。

(6) 检查应收利息是否已按照企业会计准则的规定，在财务报表中作出恰当的列报。

12.3.3.7 投资收益的证实测试

1. **投资收益的审计标准** 投资收益的审计标准主要依据各类对外投资的相关合同或协议、被投资企业的盈利情况和核算方法。

2. **投资收益的审计目标** 一般包括:

(1) 确定利润表中记录的投资收益已发生,且与被审单位有关。

(2) 确定所有应当记录的投资收益均已记录。

(3) 确定与投资收益有关的金额及其他数据已恰当地记录。

(4) 确定投资收益已记录于正确的会计期间。

(5) 确定投资收益已记录于恰当的账户。

(6) 确定投资收益已按照企业会计准则的规定,在财务报表中作出恰当的列报。

3. **投资收益证实测试的主要内容** 包括:

(1) 获取(或编制)投资收益明细表,审查账表勾稽关系。

(2) 审查确定投资收益的金额是否准确、变化是否正常:① 与交易性金融资产、可供出售金融资产、持至到期投资、长期股权投资、交易性金融负债等的相关审查结合,验证确定投资收益的记录是否充分、准确;② 对于重大的投资收益项目,审阅相关文件,复核其计算的准确性。并确定其应为投资收益;③ 与以前年度投资收益比较,结合各类投资本期的变动情况,分析本期投资收益是否存在异常现象。如有,应查明原因,并做出适当的调整。

(3) 审查投资收益入账时间的正确性。结合投资和银行存款等的审查,确定投资收益被记入正确的会计期间。

(4) 审查投资收益的变现是否受到限制。检查投资协议等文件,确定国外的投资收益汇回是否存在重大限制,若存在重大限制,应说明原因,并作出恰当披露。

(5) 检查投资收益是否已按照企业会计准则的规定,在财务报表中作出恰当的列报。

12.3.3.8 应收股利的证实测试

应收股利的审计标准主要依据对外股权性投资的相关合同或协议;应收股利的审计目标也与前述各对外投资基本类似。应收股利证实测试的主要内容如下:

(1) 获取(或编制)应收股利明细表,审查账表勾稽关系。

(2) 审查应收股利的增减变动:① 审查应收股利的增加。与投资(如长期股权投资、交易性金融资产、可供出售金融资产等)的相关审计结合,验证确定应收股利的计算是否充分、正确,检查会计处理是否正确。② 审查重大的应收股利项目。对于重大的应收股利项目,审阅相关文件,测试其计算的准确性。必要时,向被投资单位函证并记录。③ 审查应收股利的减少。检查应收股利减少有无异常。

(3) 检查期后收款情况。① 对至审计时已收回金额较大的款项进行常规检查。如核对收款凭证、银行对账单、股利分配方案等。② 关注长期未收回且金额较大的应收股利。询问被审单位管理人员及相关职员或者查询被投资单位的情况，确定应收股利的可收回性。必要时，向被投资单位函证股利支付情况，复核并记录函证结果。

(4) 审查境外投资应收股利汇回是否存在限制。结合投资审计，确定境外投资应收股利汇回不存在重大限制，如果存在，已充分披露。

(5) 检查应收股利是否已按照企业会计准则的规定，在财务报表中作出恰当的列报。

12.3.3.9 交易性金融负债的证实测试

交易性金融负债，是指企业为了近期回购而持有的金融负债。在会计科目设置上，企业持有的直接指定为以公允价值计量且其变动计入当期损益的金融负债，也通过该科目核算。

1. 交易性金融负债的审计目标 一般包括：

(1) 确定资产负债表中记录的交易性金融负债是否存在。

(2) 确定所有应当记录的交易性金融负债是否均已记录。

(3) 确定记录的交易性金融负债是否为被审单位应当履行的现时义务。

(4) 确定交易性金融负债期末余额是否正确，是否以恰当的金额包括在财务报表中，与之相关的计价调整是否有恰当的记录。

(5) 确定交易性金融负债是否已按照企业会计准则的规定，在财务报表中作出恰当的列报。

2. 交易性金融负债证实测试的主要内容

(1) 获取(或编制)交易性金融负债明细表，审查账表勾稽关系。

(2) 审查金融负债的分类是否正确，依据是否充分。检查交易性金融负债核算是否包括交易性金融负债、被审计单位持有的直接指定为以公允价值计量且其变动计入当期损益的金融负债；交易性金融负债是否符合以公允价值计量且其公允价值变动计入当期损益的金融负债的确认条件，对直接指定为以公允价值计量且其变动计入当期损益的金融负债，应关注其指定条件是否符合规定。

(3) 审查交易性金融负债的初始确认是否正确。检查被审计单位承担的交易性金融负债初始确认是否按照公允价值计量，相关交易费用是否直接计入当期损益。

(4) 审查交易性金融负债在资产负债表日的计量是否正确：①检查在资产负债表日，交易性金融负债是否按票面利率计算利息(限于分期付息的交易性金融负债),检查会计处理是否正确;②检查交易性金融负债在资产负债表日的公允价值的确定是否合理,取得有关交易性金融负债的收盘价,并与之核对;③检查资产负债表日是否按公允价值对交易性金融负债进行计量,公允价值变动形成的利得或损失是否计入当期损益。特别关注是否存在利用公允价值调节利润的情况。

(5) 审查处置交易性金融负债的原始凭证。核实处置交易性金融负债原始凭证的内容、金额和会计处理是否正确。

(6) 对交易性金融负债进行函证。

(7) 检查交易性金融负债是否已按照企业会计准则的规定,在财务报表中作出恰当的列报。

12.3.4 预计负债的证实测试

会计上的预计负债账户,是核算被审单位各项预计的负债,包括对外提供担保、商业承兑贴现、未决诉讼、产品质量保证、重组义务、亏损性合同等可能产生的负债。预计负债的审计是或有事项审计的一部分。

1. 预计负债的审计标准   预计负债审计标准主要依据《企业会计准则第 13 号——或有事项》、相关民事及合同方面的法律法规和企业在相关业务中的合同、契约规定。

2. 预计负债的审计目标   一般包括:

(1) 确定资产负债表中记录的预计负债是否存在。

(2) 确定所有应当记录的预计负债是否均已记录。

(3) 确定财务报表中的预计负债是被审单位很可能履行的现时偿还义务。

(4) 确定预计负债以恰当的金额包括在财务报表中,与之相关的计价调整已恰当的记录。

(5) 确定预计负债是否已按照企业会计准则的规定,在财务报表中作出恰当的列报。

3. 预计负债证实测试的主要内容

(1) 获取(或编制)预计负债明细表,审查账表勾稽关系。

(2) 了解预计负债形成的原因。了解形成预计负债的原因,并与管理层就预计负债的完整性和充分计提进行讨论,以确定金额估计是否合理,相关的会计处理是否正确。

(3) 审核、评价预计负债的形成依据。向被审计单位管理层索取下列资料,作出必要的审核和评价:① 被审计单位有关或有事项的全部文件和凭证;② 被审计单位与银行之间的往来函件,以查找有关票据贴现、应收账款抵借、票据背书和对其他债务的担保；③ 被审计单位的债务说明书，其中，除其他债务说明外，还应包括对或有事项的说明，即说明已知的或有事项均已在财务报表中作了适当反映。

(4) 审查预计负债形成的条件。向被审计单位的法律顾问和律师进行函证，以获取法律顾问和律师对被审计单位资产负债表日业已存在的，以及资产负债日至复函日期间存在的或有事项的确认证据.检查其是否满足预计负债确认的条件，如是，会计处理是否正确。

(5) 对债务担保中产生的预计负债的审查。向被审计单位询问、了解为其他单位的银行借款或其他债务提供的担保事项(性质、金额、时间)，以及存在或有损失的可能性，检查其是否满足预计负债确认的条件，如是，会计处理是否正确。

(6) 对商业票据贴现中产生的预计负债的审查。就商业票据贴现、应收账款保理、通融票据背书和其他债务的担保等或有事项，向银行寄发审计询证函，检查其是否满足预计负债确认的条件，如是，会计处理是否正确。

(7) 对产品质量保证方面产生的预计负债的审查。询问有关销售人员并获取被审计单位对产品质量保证方面的记录、被审计单位销售和实际维修费用支付情况，检查其是否满足预计负债确认的条件，如是，会计处理是否正确。

(8) 对亏损合同产生预计负债的审查。检查被审计单位资产负债表日已经签订的待执行合同、合同各方往来信函等，以识别亏损合同，检查其是否满足预计负债确认的条件，如是，会计处理是否正确。

(9) 对环保整治产生预计负债的审查。复核被审计单位环保政策和程序，查阅与环保监管部门的往来信函、相应账户，识别需要反映的环保整治义务，检查其是否满足预计负债确认的条件，如是，会计处理是否正确。

(10) 对重组义务产生预计负债的审查。检查在资产负债表日被审计单位是否因对外公告详细和正式的重组计划而承担了重组义务，检查其是否满足预计负债确认的条件，如是，会计处理是否正确。

(11) 对投资合同可能产生预计负债的审查。检查被审计单位是否因在投资合同中约定对被投资单位的超额亏损承担额外损失，检查其是否满足预计负债确认的条件，如是，会计处理是否正确。

(12) 对其他可能出现的预计负债的审查。检查其他可能出现预计负债的情况，检查其是否满足预计负债确认的条件，如是，会计处理是否正确。

(13) 对预计负债计量的审查。根据预计负债确认的条件，确定企业预计负债的计量是否合理，会计处理是否正确。

(14) 对预计负债实际发生的审查.检查预计负债得以证实时(即损失实际发生时)，对实际发生的损失与原预计负债的差额的会计处理是否正确。

(15) 对预计负债账面价值的审查。检查被审计单位是否在资产负债表日对预计负债的账面价值进行复核。有确凿证据表明该账面价值不能真实反映资产负债日的最佳估计数时，应检查被审计单位是否按照资产负债表日的最佳估计数对该账面价值进行调整。

(16) 确定预计负债是否已按照企业会计准则的规定，在财务报表中作出包括下列内容的恰当列报：① 预计负债的种类、形成原因以及经济利益流出不确定性的说明；② 各类预计负债的期初、期末余额和本期变动情况；③ 与预计负债有关的预期补偿金额和本期已确认的预期补偿金额。

本章小结

筹资与投资循环既是企业经营的条件，又是企业资本运作的产品，深受国家的法律法规和相关契约的制约，强调交易的合法、合规性。

筹资与投资循环的内部控制，分为筹资和投资两个部分。

筹资与投资循环证实测试的重点是对各具体筹资与投资项目和预计负债的核实。

13 货币资金和特殊项目审计

13.1 货币资金审计

货币资金是企业资产负债表的重要项目，是企业资产中流动性最强的一种资产，在企业全部生产经营活动中起着媒介作用。货币资金是财富的直接表现形式，获得增量货币资金是企业财务管理的目标之一，同时也是不良企图觊觎的对象。因此，货币资金是审计工作的重点，甚至在实施审计时，通常将货币资金项目的审计在时间安排上作为优先审计的工作内容。

13.1.1 货币资金业务的特点

货币资金分为库存现金、银行存款和其他货币资金，它们也是货币资金涉及的会计科目的名称。各单位发生的货币资金业务具有以下特点：

(1) 货币资金与各交易循环直接相关，有时甚至是各业务循环顺利进行的前提条件。

(2) 货币资金的业务主要分为货币资金收入和支出两方面。

(3) 货币资金业务通常由企业财务会计部门担当。

(4) 货币资金涉及的会计凭证主要是现金盘点表、银行对账单、银行存款余额调节表和各种货币资金结算方式下的结算凭证。

13.1.2 货币资金的内部控制

一般情况下，企业货币资金内部控制应达到以下几点要求：

(1) 货币资金收支与记账的岗位分离。

(2) 货币资金收支要有合理、合法的凭据。

(3) 货币资金的全部收支要及时准确入账，并且要有核准手续。

(4) 控制现金坐支，当日现金收入要及时送存银行。

(5) 货币资金要做到账实相符，即现金做到日清月结，按月盘点；银行存款则要按月编制银行存款余额调节表。

(6) 加强对货币资金收支业务的内部审计。

货币资金内部控制的详细内容,可参阅财政部于 2001 年 7 月 12 日发布的《内部会计控制规范——货币资金(试行)》,不再赘述。

13.1.3 货币资金的审计目标

货币资金的具体审计目标,一般包括:

(1) 确定资产负债表中记录的货币资金是否存在。

(2) 确定所有应当记录的货币资金均已记录。

(3) 确定记录的货币资金是否为被审单位拥有或控制。

(4) 确定货币资金是否以恰当的金额包括在财务报表中,与之相关的计价调整是否已恰当记录。

(5) 确定货币资金是否已按照企业会计准则的规定,在财务报表中作出恰当的列报。

13.1.4 货币资金的审计标准

货币资金的审计标准,主要依据国务院颁发的《现金管理暂行条例》、财政部发布的《内部会计控制规范——货币资金(试行)》、人民银行制定的《支付结算办法》、相关商业银行有关结算的规定和企业内部货币资金的财务管理制度等。

13.1.5 现金的审计

13.1.5.1 现金的控制测试

各企业的现金管理可能存在些许不同,但审计人员在审查现金项目时,可考虑进行包含以下内容的现金控制测试。

(1) 了解现金的内部控制:① 现金的收支是否按规定的程序和权限办理;② 是否存在与本单位经营无关款项的收支情况;③ 是否存在出租、出借银行账户的情况;④ 出纳与会计的职责是否严格分离,即"钱账分管";⑤ 现金是否妥善保管,是否定期盘点、核对。

(2) 抽取并检查收款凭证。可抽取适量的收款凭证,作如下检查:① 核对现金日记账的收入金额是否正确;② 核对收款凭证与应收账款明细账的有关记录是否相符;③ 核对实收金额与销售发票是否一致。

(3) 抽取并检查付款凭证。可抽取适量的付款凭证，作如下检查：① 检查现金付款的授权批准手续是否符合规定；② 核对现金日记账的付出金额是否正确；③ 核对付款凭证与应付账款明细账的记录一致；④ 核对实付金额与采购发票是否相符。

13.1.5.2 现金的证实测试

(1) 获取(或编制)现金明细表，审查账账勾稽关系。

(2) 监盘库存现金。监盘库存现金是证实现金账实勾稽关系的一项重要程序。

盘点库存现金，通常包括对已收到但未入账的现金、零用金、找换金等的盘点。盘点库存现金的时间和人员应视被审单位的具体情况而定，但必须有被审单位出纳员和财务会计主管人员参加，并由审计人员亲自进行盘点。盘点库存现金的步骤和方法主要有：① 制定库存现金盘点程序，确定盘点时间。对库存现金的监盘，最好实施突击性的检查，时间宜选择在上午上班前或下午下班时，盘点的范围一般包括被审单位各部门经管的现金。在进行现金盘点前，应由出纳员将现金集中起来存入保险柜，必要时可加以封存。然后，由出纳员把已办妥现金收付手续的收付款凭证，登入现金日记账。如果企业现金存放部门有两处或两处以上，应同时进行盘点。② 审阅现金日记账并同时与现金收付凭证相核对。一方面检查现金日记账的记录与现金收付凭证的内容和金额是否相符；另一方面是了解现金收付凭证日期与现金日记账日期是否相符或相近。③ 由出纳员根据现金日记账加计累计数额，结出现金余额。④ 分币种、面值盘点保险柜中的现金实存数，由审计人员编制"库存现金监盘表"。库存现金监盘表的格式，见表13.1。⑤ 将现金盘点余额与现金日记账余额进行核对。如有差异，应要求被审单位查明原因并作适当调整，如无法查明原因，应要求被审单位按内部管理权限批准后做出调整。⑥ 若有冲抵库存现金的借条、未提现支票、未作报销的原始凭证，应在"库存现金监盘表"中注明或做出必要的调整。⑦ 资产负债表日后进行的监盘，应将盘点日的金额调整至资产负债表日的金额。

(3) 抽查大额库存现金收支。应检查大额现金收支的原始凭证是否齐全、原始凭证内容是否完整、有无授权批准、记账凭证与原始凭证是否相符、账务处理是否正确、是否记录于恰当的会计期间等项内容。

(4) 检查现金收支的正确截止。被审单位资产负债表中货币资金项目中库存现金数额，应以结账日实有数额为准。可考虑对结账日前后一段时期内现金收支凭证进行审查，以确定是否存在跨期事项。

(5) 检查外币现金的折算方法是否符合规定，是否与上年保持一致。

(6) 确定库存现金账户的期末余额是否恰当，进而确定库存现金是否在资产负债表上得到恰当列报。

表 13.1　库存现金监盘表

被审计单位：＿＿＿＿＿＿＿　　　索引号：＿＿＿＿＿＿＿

项　　目：＿＿＿＿＿＿＿　　　财务报表截止日/期间：＿＿＿＿＿＿＿

编　　制：＿＿＿＿＿＿＿　　　复　核：＿＿＿＿＿＿＿

日　　期：＿＿＿＿＿＿＿　　　日　　期：＿＿＿＿＿＿＿

检查盘点记录				实有库存现金盘点记录				
项目	项次	人民币	外币	面额	人民币		外币	
					张	金额	张	金额
上一日账面库存余额	①							
盘点日未记账传票收入金额	②			100 元				
盘点日未记账传票支出金额	③			50 元				
盘点日账面应有金额	④=①+②-③			20 元				
盘点实有库存现金数额	⑤			10 元				
盘点日应有与实有差异	⑥=④-⑤			5 元				
差异原因分析 白条抵库(张)				2 元				
				1 元				
				0.5 元				
				0.2 元				
				0.1 元				
				合计				
追溯调整 报表日至审计日库存现金付出总额	-							
报表日至审计日库存现金收入总额								
报表日库存现金应有余额								
报表日账面汇率								
报表日余额折合本位币金额								
本位币合计								

出纳员：　　会计主管人员：　　　监盘人：　　　检查日期：

审计说明：

13.1.6 银行存款的审计

13.1.6.1 银行存款的控制测试

(1) 了解银行存款的内部控制。对银行存款内部控制的了解可与了解现金的内部控制同时进行。审计人员应当注意的内容包括：① 银行存款的收支是否按规定的程序和权限办理；② 银行账户是否存在与本单位经营无关款项的收支情况；③ 是否存在出租、出借银行账户的情况；④ 出纳与会计的职责是否严格分离；⑤ 是否定期取得银行对账单并编制银行存款余额调节表。

(2) 抽取并审查银行存款的收款凭证。① 核对收款凭证与存入银行账户的日期和金额是否相符；② 核对银行存款日记账的收入金额是否正确；③ 核对收款凭证与银行对账单是否相符；④ 核对收款凭证与应收账款明细账的有关记录是否相符；⑤ 核对实收金额是否与销售发票是否一致。

(3) 抽取并审查银行存款的付款凭证。可抽取适量的付款凭证，作如下检查：① 检查银行存款付款的授权批准手续是否符合规定；② 核对银行存款日记账的付出金额是否正确；③ 核对付款凭证与银行对账单是否相符；④ 核对付款凭证与应付账款明细账的记录是否一致；⑤ 核对银行存款实付金额与采购发票是否相符。

(4) 抽取一定期间银行存款余额调节表，查验其是否按期正确编制并经复核。

(5) 检查外币银行存款的折算方法是否符合有关规定，是否与上年度一致。

13.1.6.2 银行存款的证实测试

(1) 获取(或编制)银行存款明细表，审查账账勾稽关系。

(2) 对银行存款实施分析程序。计算银行存款累计余额应收利息收入，分析比较被审单位银行存款应收利息收入与实际收入的差异是否恰当，评估利息收入的合法性，检查是否存在高息资金拆借，确认银行存款余额是否存在，利息收入是否已经完整记录。

(3) 取得并检查银行存款余额对账单和调节表。取得并检查银行存款余额对账单和调节表是证实资产负债表中所列银行存款是否存在的重要程序。具体审查内容有：

• 将被审单位资产负债表日的银行存款余额对账单与银行询证函回函核对，确认是否一致，抽查核对账面记录的已付票据金额及存款金额是否与对账单记录一致。

• 检查资产负债表日的银行存款余额调节表中加计数是否正确，调节后银行存款日记账余额与银行对账单余额是否一致。

● 检查调节事项的性质和范围是否合理。① 编制跨行转账业务明细表，检查是否存在跨期收支和跨行转账的调节事项，检查跨行转账业务是否同时对应转入和转出，未在同一期间完成的转账业务是否反映在银行存款余额调节表的调整事项中；② 检查大额在途存款的日期，查明发生在途存款的具体原因，追查期后银行对账单存款记录日期，确定被审单位与银行记账时间差异是否合理，在资产负债表日是否需建议作审计调整；③ 检查被审单位的未付票据明细清单，查明被审单位未及时入账的原因，确定账簿记录时间晚于银行对账单的日期是否合理；④ 检查被审单位未付票据明细清单中金额较大的未付票据，检查被审单位未付票据明细清单中有记录，但截止资产负债表日银行对账单无记录且金额较大的未付票据，获取票据领取人的书面说明，确认资产负债表日是否需要建议作审计调整；⑤ 检查资产负债表日后银行对账单是否完整地记录了调节事项中银行未付票据金额。

● 检查是否存在未入账的利息收入和利息支出。

● 检查是否存在其他跨期收支事项。

● 检查是否存在经常性违规支付现象。如果被审单位未经授权或授权不清支付货币资金的现象比较突出，应检查银行存款余额调节表中的异常支出(包括没有载明收款人)、签字不全、收款地址不清、金额较大票据的调整事项，确认是否存在舞弊。

(4) 函证银行存款余额，编制银行函证结果汇总表，检查银行回函。银行存款函证，是指审计人员在执行审计业务过程中，需要以被审单位名义向有关单位发函询证，以验证被审单位的银行存款是否真实、合法、完整。

注册会计师审计中的银行询证函格式，见表13.2。

函证银行存款余额，是证实资产负债表所列银行存款是否存在的重要程序。通过向往来银行函证，审计人员不仅可了解企业资产的存在，还可了解企业账面反映所欠银行债务的情况，有助于发现企业未入账的银行借款和未披露的或有负债。

银行存款函证的控制要求，与应收账款函证控制的要求基本类似。具体工作程序为：① 向被审单位在本期存过款的银行发函，包括零账户和账户已结清的银行；② 确定被审单位账面余额与银行函证的差异，对不符事项作出适当处理。

(5) 检查银行存单。编制银行存单检查表，检查是否与账面记录金额一致，是否被质押或限制使用，存单是否为被审单位所拥有。① 对已质押的定期存款，应检查定期存单，并与相应的质押合同核对，同时关注定期存单对应的质押借款有无入账；② 对未质押的定期存款，应检查开户证实书原件；③ 对审计外勤工作结束日前已提取的定期存款，应核对相应的兑付凭证、银行对账单和定期存款复印件。

表 13.2　银行询证函

编号:

××(银行):

本公司聘请的××会计师事务所正在对本公司 20×7 年度财务报表进行审计,按照中国注册会计师审计准则的要求,应当询证本公司与贵行相关的信息。下列信息出自本公司记录,如与贵行记录相符,请在本函下端"信息证明无误"处签章证明;如有不符,请在"信息不符"处列明不符项目及具体内容;如存在与本公司有关的未列入本函的其他重要信息,也请在"信息不符"处列出其详细资料。回函请直接寄至××会计师事务所。

回函地址:　　　　　　　　　　邮编:

电话:　　　　传真:　　　　联系人:

截至 20×7 年 12 月 31 日止,本公司与贵行相关的信息列示如下:

1. 银行存款

账户名称	银行账号	币种	利率	余额	起止日期	是否被质押、用于担保或存在其他使用限制	备注

除上述列示的银行存款外,本公司并无在贵行的其他存款。

注:"起止日期"一栏仅适用于定期存款,如为活期或保证金存款,可只填写"活期"或"保证金"字样。

2. 银行借款

借款人名称	币种	本息余额	借款日期	到期日期	利率	借款条件	抵(质)押品/担保人	备注

除上述列示的银行借款外,本公司并无自贵行的其他借款。

注:此项仅函证截至资产负债表日本公司尚未归还的借款。

3. 截至函证日之前 12 个月内注销的账户

账户名称	银行账号	币　　种	注销账户日

除上述列示的账户外,本公司并无截至函证日之前 12 个月内在贵行注销的其他账户。

4. 委托存款

账户名称	银行账号	借款方	币种	利率	余额	存款起止日期	备注

除上述列示的委托存款外,本公司并无通过贵行办理的其他委托存款。

5. 委托贷款

账户名称	银行账号	资金使用方	币种	利率	本金	利息	贷款起止日期	备注

除上述列示的委托贷款外，本公司并无通过贵行办理的其他委托贷款。

6. 担保

(1) 本公司为其他单位提供的、以贵行为担保受益人的担保

被担保人	担保方式	担保金额	担保期限	担保事由	担保合同编号	被担保人与贵行就担保事项往来的内容(贷款等)	备注

除上述列示的担保外，本公司并无其他以贵行为担保受益人的担保。

注: 如采用抵押或质押方式提供担保的，应在备注中说明抵押或质押物情况。

(2) 贵行向本公司提供的担保

被担保人	担保方式	担保金额	担保期限	担保事由	担保合同编号	备注

除上述列示的担保外，本公司并无贵行提供的其他担保。

7. 本公司为出票人且由贵行承兑而尚未支付的银行承兑汇票

银行承兑汇票号码	票面金额	出票日	到期日

除上述列示的银行承兑汇票外，本公司并无由贵行承兑而尚未支付的其他银行承兑汇票。

8. 本公司向贵行已贴现而尚未到期的商业汇票

商业汇票号码	付款人名称	承兑人名称	票面金额	票面利率	出票日	到期日	贴现日	贴现率	贴现净额

除上述列示的商业汇票外，本公司并无向贵行已贴现而尚未到期的其他商业汇票。

9. 本公司为持票人且由贵行托收的商业汇票

商业汇票号码	承兑人名称	票面金额	出票日	到期日

除上述列示的商业汇票外，本公司并无由贵行托收的其他商业汇票。

10. 本公司为申请人、由贵行开具的、未履行完毕的不可撤销信用证

信用证号码	受益人	信用证金额	到期日	未使用金额

除上述列示的不可撤销信用证外，本公司并无由贵行开具的、未履行完毕的其他不可撤销信用证。

11. 本公司与贵行之间未履行完毕的外汇买卖合约

类　　别	合约号码	买卖币种	未履行的合约买卖金额	汇率	交收日期
贵行卖予本公司					
本公司卖予贵行					

除上述列示的外汇买卖合约外,本公司并无与贵行之间未履行完毕的其他外汇买卖合约。

12. 本公司存放于贵行的有价证券或其他产权文件

有价证券或其他产权文件名称	产权文件编号	数量	金额

除上述列示的有价证券或其他产权文件外,本公司并无存放于贵行的其他有价证券或其他产权文件。

13. 其他重大事项

注:此项应填列注册会计师认为重大且应予函证的其他事项,如信托存款等;如无则应填写"不适用"。

(公司盖章)
××××年×月×日

以下仅供被询证银行使用

结论:

1. 信息证明无误。 （银行盖章） 　　　　　　年　月　日 经办人:	2. 信息不符,请列明不符项目及具体内容(对于在本函前述第 1 项至第 13 项中漏列的其他重要信息,请列出详细资料)。 （银行盖章） 　　　　　　年　月　日 经办人:

(6) 检查银行存款账户存款人是否为被审计单位。若存款人非被审计单位,应获取该账户户主和被审单位的书面声明,确认资产负债表日是否需要调整。

(7) 关注是否存在质押、冻结等对变现有限制或存在境外的款项。是否已做必要的调整和披露。

(8) 对不符合现金及现金等价物条件的银行存款在审计工作底稿中予以列明,以考虑对现金流量表的影响。

(9) 抽查大额银行存款收支的原始凭证。检查原始凭证是否齐全、记账凭证与原始凭证是否相符、账务处理是否正确、是否记录于恰当的会计期间等项内容。检查是否存在非营业目的的大额货币资金转移,并核对相关账户的进账情况;如有与被审单位生产经营无关的收支事项,应查明原因并作相应的记录。

(10) 检查银行存款收支的截止是否正确。选取资产负债表日前后若干张、一定金额以上的凭证实施截止测试,关注业务内容及对应项目,如果有跨期收支事项，应考虑是否应进行调整。

(11) 检查外币银行存款的折算是否符合有关规定，是否与上年度一致。

(12) 检查银行存款的列表是否恰当。

13.1.7　其他货币资金的证实测试

(1) 获取(或编制)其他货币资金明细表，审查账表勾稽关系。

(2) 取得并检查其他货币资金余额调节表。

• 取得被审计单位银行对账单，检查被审单位提供的银行对账单是否存在涂改或修改的情况，确定银行对账单金额的正确性，并与银行回函结果核对是否一致，抽样核对账面记录的已付款金额及存款金额是否与对账单记录一致：①应将保证金户对账单与相应的交易进行核对。检查保证金与相关债务的比例和合同约定是否一致。特别关注是否存在有保证金发生，而被审单位账面无对应的保证事项的情形；② 若信用卡持有人是被审单位职员，应取得该职员提供的确认书，并应考虑进行调整。

• 获取资产负债表日的其他货币资金存款余额调节表，检查调节表中加计数是否正确，调节后其他货币资金日记账余额与银行对账单余额是否一致；

• 检查调节事项的性质和范围是否合理，如存在重大差异应作审计调整。

(3) 函证银行汇票存款、银行本票存款、信用卡存款、信用证保证金存款、存出投资款、外埠存款等期末余额，编制其他货币资金函证结果汇总表，检查银行回函。

(4) 检查其他货币资金存款账户存款人是否为被审单位，若存款人非被审单位，应获取该账户户主和被审单位的书面声明，确认资产负债表日是否需要调整。

(5) 关注是否有质押、冻结等对变现有限制、或存放在境外、或有潜在回收风险的款项。

(6) 选取资产负债表日前后若干张、一定金额以上的凭证，对其他货币资金收支凭证实施截止测试，如有跨期收支事项，应考虑是否进行调整。

(7) 抽查大额其他货币资金收付记录。检查原始凭证是否齐全、记账凭证与原始凭证是否相符、账务处理是否正确、是否记录于恰当的会计期间等项内容。

(8) 检查货币资金，是否已按照企业会计准则的规定，在财务报表中作出恰当的列报。

财务报表附注是否按库存现金、银行存款、其他货币资金分别列示货币资金情况。因质押或冻结等对使用有限制、存放在境外、有潜在回收风险的款项应单独说明。

13.2 部分损益项目审计

利润表中部分项目的审计，已在前面几个循环中做了介绍。本节仅就其他常用的损益项目的审计做些介绍。

13.2.1 损益项目的审计标准

利润表中的损益项目，其审计标准多是相同或近似的，主要依据国家立法机构、财政部门、税务部门和相关政府管理部门制定的法律法规；企业主管部门和企业制定的相关财务管理制度。

13.2.2 损益项目的审计目标

损益项目的审计目标也多是相同或近似的，主要有：

(1) 确定利润表中记录的相关损益已发生，且与被审单位有关。

(2) 确定所有应当记录的相关损益均已记录。

(3) 确定与相关损益有关的金额及其他数据已恰当地记录。

(4) 确定相关损益已记录于正确的会计期间。

(5) 确定相关损益已记录于恰当的账户。

(6) 确定相关损益已按照企业会计准则的规定，在财务报表中作出恰当的列报。

13.2.3 管理费用的证实测试

(1) 获取(或编制)管理费用明细表，审查账表勾稽关系。

管理费用勾稽关系的特殊审查内容有：将管理费用中的职工薪酬、无形资产摊销、长期待摊费用摊销额等项目与各有关账户进行核对，分析其勾稽关系的合理性，并作出相应记录。

(2) 检查管理费用的明细项目的设置是否符合规定的核算内容与范围，结合成本费用的审计，检查是否存在费用分类错误，若有，应提请被审计单位调整。

(3) 对管理费用实施分析程序。① 计算分析管理费用中各项目发生额及占费用总额的比率，将本期、上期管理费用各主要明细项目作比较分析，判断其变动的合理性；② 将管理费用实际金额与预算金额进行比较；③ 比较本期各月份管理费用，对有重大波动和异常情况的项目应查明原因，必要时作适当处理。

(4) 选择管理费用中的重要明细项目作重点审查，注意：① 检查公司经费(包括行政管理部门职工薪酬、物料消耗、低值易耗品摊销、办公费和差旅费)是否系经营管理中发生或应由公司统一负担，检查相关费用报销内部管理办法，是否有合法原始凭证支持；② 检查董事会费(包括董事会成员津贴、会议费和差旅费等)，检查相关董事会及股东会决议，是否在合规范围内开支费用；③ 检查聘请中介机构费、咨询费(含顾问费)，检查是否按合同规定支付费用，有无涉及诉讼及赔偿款项支出；④ 检查诉讼费用并结合或有事项审计，检查涉及的相关重大诉讼事项是否已在附注中进行披露，还需进一步关注诉讼状态，判断有无或有负债，或是否存在损失已发生而未入账的事项；⑤ 检查业务招待费支出是否合理，如超过规定限额，应在计算应纳税所得额时调整；⑥ 复核本期发生的矿产资源补偿费、房产税、土地使用税、印花税等税费是否正确；⑦ 结合相关资产的检查，核对筹建期间发生的开办费(包括人员工资、办公费、培训费、差旅费、印刷费、注册登记费以及不计入固定资产成本的借款费用等)是否直接计入管理费用；⑧ 针对特殊行业，检查排污费等环保费用是否合理计提。

(5) 选择重要或异常的管理费用，检查费用的开支标准是否符合有关规定，计算是否正确，原始凭证是否合法，会计处理是否正确。

(6) 抽取资产负债表日前后一定数量的凭证，实施截止性测试，若存在异常迹象，并考虑是否有必要追加审计程序，对于重人跨期项目，应作必要调整。

(7) 确定管理费用是否已按照企业会计准则的规定，在财务报表中作出恰当的列报。

13.2.4 资产减值损失的证实测试

(1) 获取(或编制)资产减值损失明细表，审查账表勾稽关系。

(2) 检查资产减值损失核算内容是否符合规定。

(3) 对本期资产减值损失增减变动情况的审查。① 对本期增加及转回的资产减值损失，与坏账准备、固定资产减值准备等科目进行交叉勾稽；② 对本期转销的资产减值损失，结合相关科目的审计，检查会计处理是否正确。

(4) 检查资产减值损失是否已按照企业会计准则的规定，在财务报表中作出包括下列内容的恰当列报：① 当期确认的各项资产减值损失金额；② 上期确认的各项资产减值损失金额。

13.2.5 公允价值变动收益的证实测试

公允价值变动收益包括交易性金融资产、交易性金融负债，以及采用公允价值模式计量的投资性房地产、衍生金融工具、套期保值业务等公允价值变动形成的应计入当期损益的利得或损失。在审计公允价值变动收益时,公允价值的确定是关键。应结合相关金融资产和金融负债公允价值的审计,确定公允价值变动收益。

公允价值变动收益证实测试的主要内容有:

(1) 获取(或编制)公允价值变动收益明细表,审查账表勾稽关系。

(2) 根据公允价值变动收益明细账,对交易性金融资产(负债)、衍生金融工具、套期保值业务和投资性房地产等各明细账发生额逐项检查。① 在资产负债表日,被审单位是否将交易性金融资产(负债)的公允价值与其账面价值的差额确认为公允价值变动损益,记入本账户;处置交易性金融资产(负债)时,是否将原已记入本账户的公允价值变动金额转让投资收益。② 在资产负债表日被审单位是否将衍生金融工具的公允价值与其账面价值的差额确认为公允价值变动损益,记入本账户;终止确认衍生金融工具时,检查其会计处理是否正确。③ 对于在资产负债表日,满足运用套期会计方法条件的现金流量套期和境外经营净投资套期产生的利得和损失,是否进行了正确的会计处理。④ 以公允价值模式计量的投资性房地产的公允价值变动收益,应结合相关对应科目的审计,检查其初始成本确定是否正确,期末公允价值确定是否合理;处置时,原公允价值变动(含计入本账户和资本公积)有无正确结转至其他业务成本。

(3) 检查公允价值变动收益是否已按照企业会计准则的规定,在财务报表中作出恰当的列报。

13.2.6 营业外收入的证实测试

(1) 获取(或编制)营业外收入明细表,审查账表勾稽关系。

(2) 检查营业外收入的核算内容是否符合会计准则的规定。

(3) 检查营业外收入中金额较大或性质特殊的项目,审核其内容的真实性和依据的充分性。

(4) 对营业外收入中的各项目,包括非流动资产处理利得、非货币性资产交换利得、债务重组利得、政府补助、盘盈利得、接受捐赠利得等相关账户记录核对相符,并追查至相关原始凭证。

(5) 检查营业外收入是否已按照企业会计准则的规定,在财务报表中作出恰当的列报。

13.2.7 营业外支出的证实测试

(1) 获取(或编制)营业外支出明细表,审查账表勾稽关系。

(2) 检查营业外支出的核算内容是否符合会计准则的规定。

(3) 对营业外支出中的各项目，包括非流动资产处理损失、非货币性资产交换损失、债务重组损失、盘亏损失、公益性捐赠支出等，与固定资产、无形资产等相关账户记录核对相符，并追查至相关原始凭证。

(4) 检查是否存在非公益性捐赠支出、税收滞纳金、罚金、罚款支出、各种赞助会费支出，必要时进行应纳税所得额调整。

(5) 对非常损失应详细检查有关资料、被审单位实际损失和保险理赔情况及审批文件，检查有关会计处理是否正确。

(6) 检查营业外支出是否已按照企业会计准则的规定，在财务报表中作出恰当的列报。

13.2.8　所得税费用的证实测试

现行所得税的会计处理实行权责发生制，采用纳税影响会计法。在纳税影响会计法下，需要将一笔经济业务和其对纳税的影响一并考虑，本期应纳所得税额不一定就是本期利润表上的所得税费用金额，需要引入递延所得税资产和递延所得税负债账户，记录因资产负债的账面价值与纳税基数之间存在差异引起的未来少交(多交)所得税的权利(义务)。因此，需要将所得税费用、递延所得税资产、递延所得税负债及应交税金——应交所得税四个账户的审计结合起来。

所得税费用的审计标准，主要依据《企业所得税法》和《企业会计准则第18号——所得税》。所得税费用证实测试的主要内容有：

(1) 获取(或编制)所得税费用明细表、递延所得税资产明细表、递延所得税负债明细表，核对与明细账合计数、总账及报表数是否相符。

(2) 根据审计结果和税法规定，核实当期的纳税调整事项，确定应纳税所得额，计算当期所得税费用。

(3) 根据期末资产及负债的账面价值与其计税基础之间的差异，以及未作为资产和负债确认的项目的账面价值与按照税法的规定确定的计税基础的差异，计算递延所得税资产、递延所得税负债期末应有余额，并根据递延所得税资产、递延所得税负债期初余额、倒轧递延所得税费用(收益)。

(4) 将当前所得税费用与递延所得税费用之和，与利润表上的"所得税"项目金额相核对。

(5) 检查所得税费用是否已在财务报表中恰当的列报。

13.2.9　递延所得税资产的证实测试

(1) 获取(或编制)递延所得税资产明细表，审查账表勾稽关系。

(2) 检查被审单位采用的会计政策是否为资产负债表债务法，前后期是否一致。

(3) 复核被审单位的各项资产、负债项目的计税基础与账面价值的差异，分析是否为可抵扣暂时性差异。

(4) 检查是否以未来期间很可能取得用来抵扣可抵扣暂时性差异的应纳税所得额为限，确认由可抵扣暂时性差异产生的递延所得税资产，并检查提供的证据是否充分。

(5) 检查被审单位用于确认递延所得税资产的税率是否符合税法规定，按照预期收回该资产期间的适用税率计量,应特别注意预计转销期间的税率是否适当。

(6) 检查是否同时存在具有下列特征的交易因资产或负债的初始确认而产生的递延所得税资产不应予以确认，而被审计单位予以确认的情况：① 该项交易不是企业合并；② 交易发生时既不影响会计利润也不影响应纳税所得额(或可抵扣亏损)。

(7) 检查被审单位对子公司、联营企业及合营企业投资相关的可抵扣暂时性差异，在同时满足下列条件时，是否确认相应的递延所得税资产：① 暂时性差异在可预见的未来很可能转回;② 未来很可能获得用来抵扣可抵扣暂时性差异的应纳税所得额。

(8) 复核可用于以后年度应纳税所得额弥补的亏损及税款抵减所形成的可抵扣暂时性差异，检查其会计处理是否正确。

(9) 检查被审单位是否在资产负债表日对递延所得税资产的账面价值进行复核，如果预计未来期间很可能无法获得足够的应纳税所得额用以抵扣递延所得税资产，检查是否减记递延所得税资产的账面价值。

(10) 检查预期收回递延所得税资产期间的税率发生变动时，被审单位是否对递延所得税资产进行重新计算，对其影响数的会计处理是否正确。

(11) 检查递延所得税资产是否已在财务报表中恰当的列报。

13.2.10　递延所得税负债的证实测试

(1) 获取(或编制)递延所得税负债明细表，审查账表勾稽关系。

(2) 检查被审单位采用的会计政策是否为资产负债表债务法，前后期是否一致。

(3) 检查被审单位用于确认递延所得税负债的税率是否符合税法规定，按照预期清偿该债务期间的适用税率计量。

(4) 检查递延所得税负债增减变动记录，及应纳税暂时性差异的形成原因，确定除明确规定不得确认递延所得税负债的情况外被审单位是否对所有应纳税暂时性差异均已确认为递延所得税负债；确定是否符合有关规定，计算是否正确，预计转销期是否适当；并特别关注以下事项：

- 检查是否存在下列交易中产生的递延所得税负债不应予以确认，而被审单位予以确认的情况：一是商誉的初始确认。二是检查是否存在下列交易中产生的递延所得税负债不应予以确认,而被审单位予以确认的情况:① 商誉的初始确认；② 同时具有下列特征的交易中产生的资产或负债的初始确认：该项交易不是企业合并；交易发生时既不影响会计利润也不影响应纳税所得额(或可抵扣亏损)；

- 检查是否存在被审单位对子公司、联营企业及合营企业投资相关的应纳税暂时性差异，在同时满足下列条件时，不应确认相应的递延所得税负债，而被审计单位予以确认的情况：① 被审计单位能够控制暂时性差异转回的时间；② 该暂时性差异在可预见的未来很可能不会转回

(5) 重新计算本期其他应纳税暂时性差异形成的递延所得税负债，检查会计处理是否正确。

(6) 检查递延所得税负债是否有现行税法的确定性支持，是否符合被审单位主管税务机关征管制度的要求，是否属于一项现时义务。

(7) 检查预期收回递延所得税负债期间的税率发生变动时，是否对递延所得税负债进行重新计算，对其影响数的会计处理是否正确。

(8) 检查递延所得税资产是否已在财务报表中恰当的列报。

13.3　特殊项目审计

特殊项目审计，是指相对于单个财务报表项目审计而言的项目审计。例如，期初余额的审计、资产负债表的审计、利润表的审计、现金流量表的审计、合并报表的审计、关联方及其交易的审计等等。特殊项目的审计内容，不仅分散于各个循环，而且在企业的会计核算中占有重要位置，它们有的牵涉到多个财务报表项目，有的更侧重于财务报表附注披露和审计报告评价。因此，审计人员往往会在前述各循环审计之外，再次单独考虑这些项目或事项对财务报表的影响，以期获取进一步的审计证据，提高审计质量。

13.3.1　对期初余额的审计

13.3.1.1　期初余额的含义

期初余额，是指期初已存在的账户余额。期初余额以上期期末余额为基础，

反映了以前期间的交易和上期采用的会计政策的结果。正确理解期初余额，需把握以下三点：

(1) 期初余额是期初已存在的账户余额。期初已存在的账户余额是由上期结转至本期的金额，或是上期期末余额根据《企业会计准则第 28 号——会计政策、会计估计变更和差错更正》的规定调整后的金额。

(2) 期初余额反映了以前期间的交易和上期采用的会计政策的结果。

(3) 期初余额与审计人员首次担当被审单位的审计工作有关。

13.3.1.2　期初余额的审计目标

对于首次担当被审单位财务报表审计工作，审计期初余额，应当获取充分、适当的审计证据，以确定：

(1) 期初余额不存在对本期财务报表产生重大影响的错报；

(2) 上期期末余额已正确结转至本期，或在适当的情况下已作出重新表述；

(3) 被审单位一贯运用恰当的会计政策，或对会计政策的变更作出正确的会计处理和恰当的列报。

13.3.1.3　期初余额可供选择的审计程序

(1) 审查被审计单位财务报表期初余额是否反映上期运用恰当会计政策的结果。

(2) 审查上期会计政策是否在本期财务报表中得到一贯运用，如果会计政策发生变更，考虑这些变更是否恰当、会计处理是否正确、列报是否恰当。

(3) 考虑前任审计人员是否具备独立性和专业胜任能力。

(4) 如果上期财务报表由前任审计人员审计，征得被审单位书面同意，经前任审计人员许可后，查阅前任审计人员的工作底稿。

- 前任审计人员工作底稿中的所有重要审计领域。
- 考虑前任审计人员是否已实施下列审计程序，评价资产负债表重要账户期初余额的合理性：① 函证货币资金余额，测试调节表，执行截止测试；② 函证并测试投资，确认账面价值的合理性；③ 函证应收账款(且函证覆盖面适当)，测试坏账准备计提的适当性，执行销售截止测试；④ 实施存货监盘；执行存货计价测试；确定是否存在存货积压、流动过慢或陈旧的情况；检查运输记录和收入记录，执行截止测试；考虑存货计价是否低于或高于市场价格；⑤ 测试固定资产，考虑是否存在重大增加、减少，考虑折旧方法、使用年限和减值准备计提的适当性；⑥ 测试递延资产、无形资产和其他资产，考虑资产余额的合理性；⑦ 检查是否存在未记录负债,测试预计负债的有效性和充分性;⑧ 分析所得税相关账户,确定是否符合企业会计准则的规定；⑨ 函证负债余额及期限，测试利息费用的合理性；⑩ 检查权益变动的授权和支持文件，包括发行股票、撤资和发放股利等。

• 复核前任审计人员建议调整分录和未更正错报汇总，并评价其对当期审计的影响。

基于执行上述审计程序的结果，评价是否可信赖前任审计人员的工作。

(5) 如果上期财务报表未经审计，或在实施上述第 4 项所述的审计程序后对期初余额不能得出满意结论，实施下列程序：① 对流动资产和流动负债，通过本期实施的审计程序获取部分审计证据；② 对于存货，通过复核上期存货盘点记录及文件、检查上期存货交易记录或运用毛利百分比法等进行分析，获取有关本期期初存货余额的充分、适当的审计证据；③ 对非流动资产和非流动负债，检查形成期初余额的会计记录和其他信息，还可考虑向第三方函证期初余额，或实施追加的审计程序。

(6) 考虑账户的性质和本期财务报表中的重大错报风险。期初余额涉及的各财务报表项目的性质不同,对本期财务报表中的重大错报风险的影响程度也不同。应重点关注期初余额中性质重要、对本期财务报表中的重大错报风险产生较大影响的财务报表项目。

(7) 考虑期初余额对于本期财务报表的重要程度。如果期初余额本身并不重要，或者虽然对于上期财务报表时重要的，但由于本期被审单位资产规模和经营规模的迅速扩大，期初余额对于本期财务报表已经变得不重要，则无须对其予以特别关注。只有当期初余额对于本期财务报表重要时，才需要予以特别关注并实施专门的审计程序。

13.3.1.4 期初余额审计对审计报告的影响

(1) 审计后无法获取有关期初余额的充分、适当的审计证据时。应当出具保留意见或无法表示意见的审计报告。

(2) 期初余额存在重大错报时，如果期初余额存在对本期财务报表产生重大影响的错报，应告知管理层；如果上期财务报表由前任审计人员审计，还应考虑提请管理层告知前任审计人员；如果错报的影响未能得到正确的会计处理和恰当的列报，应出具保留意见或否定意见的审计报告。

(3) 会计政策变更对审计报告的影响。如果与期初余额相关的会计政策未能在本期得到一贯运用，并且会计政策的变更未能得到正确的会计处理和恰当的列报，应出具保留意见或否定意见的审计报告。

(4) 前任审计人员对上期财务报表出具了非标准审计报告。如果前任审计人员对上期财务报表出具了非标准审计报告，应考虑该审计报告对本期财务报表的影响程度。如果导致出具非标准审计报告的事项对本期财务报表仍然相关和重大，且被审单位未予消除或者仍然存在，应当对本期财务报表出具非标准审计报告。

13.3.2　对期后事项的审计

13.3.2.1　期后事项的含义及类型

　　财务报表审计通常是在资产负债表日后进行的。因此，在资产负债表日与审计报告日之间就会发生一些对被审财务报表产生影响的事项，这些事项可称为期后事项。期后事项中的"期"，指被审资产负债表日；"后"指被审资产负债表日至审计报告日之间的期间。期后事项按与被审资产负债表日的关系，可分为资产负债表日后调整事项和资产负债表日后非调整事项。

　　1. 资产负债表日后调整事项　资产负债表日后调整事项，是指对资产负债表日已经存在的情况提供了新的或进一步证据的事项。这类事项影响被审财务报表的金额，需提请被审单位管理层调整财务报表及与之相关的披露信息。

　　从因果关系的角度，资产负债表日后调整事项的"因"，产生在资产负债表日前；"果"则在资产负债表日后至审计报告日期间出现；"调整"，是指由于"因"在资产负债表日前，基于审计的功能和公众对完整财务信息的需要，调整资产负债表日的相关数额(信息)。资产负债表日后调整事项可能有如下情况：

　　(1) 资产负债表日前的诉讼案件，在资产负债表日后结案，法院判决证实了企业在资产负债表日已经存在的现时义务，需要调整原先确认的与该诉讼案件相关的预计负债，或确认一项新负债。

　　(2) 资产负债表日后取得确凿证据，证明某项资产在资产负债表日发生了减值或者需要调整该项资产原先确认的减值金额。

　　(3) 资产负债表日后进一步确定了资产负债表日前购入资产的成本或售出资产的收入。例如，被审单位在资产负债表日前购入一项固定资产，并投入使用。由于购入时尚未确定准确的购买价款，故先以估计的价格并考虑相关因素暂估入账，并按暂估价计提折旧。如果在资产负债表日后商定了购买价款，取得了采购发票，被审单位就应据此调整该固定资产的原始成本。

　　(4) 资产负债表日后发现了资产负债表日前发生的舞弊或差错。

　　2. 资产负债表日后非调整事项　资产负债表日后非调整事项，是指对资产负债表日后发生的事项。这类事项虽不影响被审财务报表金额，但可能影响公众或相关利益人对财务报表的正确理解，需提请被审单位管理层在财务报表的附注中作适当披露。

　　从因果关系的角度，资产负债表日后非调整事项的"因"和"果"都发生在资产负债表日后，所以不需要调整资产负债表的数额。被审单位在资产负债表日后发生的，需要在财务报表附注上披露而非调整的事项，通常包括：

(1) 资产负债表日后发生的重大诉讼、仲裁、承诺。

(2) 资产负债表日后资产价格、税收政策、外汇汇率发生重大变化。

(3) 资产负债表日后因自然灾害导致资产发生重大损失。

(4) 资产负债表日后发行股票和债券以及其他巨额举债。

(5) 资产负债表日后资本公积转增资本。

(6) 资产负债表日后发生的巨额亏损。

(7) 资产负债表日后发生企业合并或处置子公司。

(8) 资产负债表日后，企业利润分配方案中拟分配的以及经审议批准宣告发放的股利或利润。

根据上述期后事项的含义，可将期后事项划分为三段，见图 13.1。

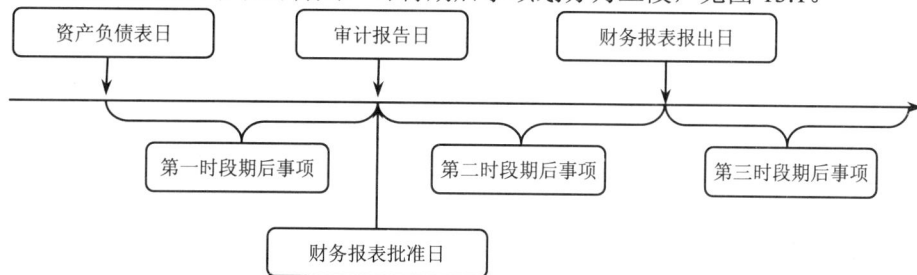

图 13.1　前后事项分段示意图

在图 13.1 中，资产负债表日，是指被审单位财务报表涵盖的最近期间的截止日期；财务报表批准日(通常与审计报告日相同)，是指被审单位董事会或类似机构批准财务报表报出的日期；财务报表报出日，是指被审单位对外披露已审财务报表的日期。从图 13.1 中可以看出，广义的期后事项分为三个时段，而狭义的期后事项，通常指第一时段发生的期后事项。对于第一时段发生的期后事项，审计人员承担审计义务；第二时段发生的期后事项，被审单位管理当局承担披露的义务；第三时段发生的前后事项，则是下次审计的对象。

13.3.2.2　主动识别第一时段期后事项的审计程序

对于第一时段的期后事项，审计人员负有主动识别的义务，应当设计专门的审计程序来识别这些期后事项，并根据这些事项的性质判断其对被审财务报表的影响，进而确定是对被审财务报表项目进行调整，还是在附注中予以披露。

1. **期后事项的审计目标**

(1) 确定期后事项是否存在和完整。

(2) 确定期后事项的会计处理是否符合企业会计准则的规定。

(3) 确定期后事项的列报是否恰当。

2. 对第一时段期后事项的审计程序　用以识别第一时段期后事项可供选择的审计程序有：

(1) 了解被审单位建立的、用于识别期后事项的政策和程序。

(2) 获取并审阅股东大会、董事会和管理当局的会议记录以及涉及诉讼的相关文件等,查明识别资产负债表日后发生的对本期会计报表产生重大影响的事项。

(3) 在尽量接近审计报告日时,查阅股东会、董事会及其专门委员会在资产负债表日后举行的会议的纪要,并在不能获取会议纪要时询问会议讨论的事项。

(4) 在尽量接近审计报告日时,查阅最近的中期财务报表、主要会计科目、重要合同和会计凭证;如认为必要和适当,还应当查阅预算、现金流量预测及其他相关管理报告。

(5) 在尽量接近审计报告日时,查阅被审计单位与客户、供应商、监管部门等的往来信函。

(6) 在尽量接近审计报告日时,向被审单位律师或法律顾问询问有关诉讼和索赔事项。

(7) 在尽量接近审计报告日时,就以下内容(但不限于)向管理层询问可能影响财务报表的期后事项: ① 根据初步或尚无定论的数据,作出会计处理的项目的现状; ② 是否发生新的担保、借款或承诺; ③ 是否出售或购进资产,或者计划出售或购进资产; ④ 是否已发行或计划发行新的股票或债券,是否已签订或计划签订合并或清算协议; ⑤ 资产是否被政府征用或因不可抗力而遭受损失; ⑥ 在风险领域和或有事项方面是否有新进展; ⑦ 是否已作出或考虑作出异常的会计调整; ⑧ 是否已发生或可能发生影响会计政策适当性的事项。

(8) 结合期末账户余额的审计,对应予调整的资产负债表日后事项进行审计,着重查明资产负债表日后的重大购销业务和重大的收付款业务,有无不寻常的转账交易或调整分录。

(9) 查询被审单位在资产负债表日或审计期间已存在的重大财务承诺,并向被审单位管理层询问,确定是否存在导致需调整或披露的期后事项。

(10) 在财务报表报出后,如果知悉在审计报告日已存在的、可能导致修改审计报告的事实,也应当考虑是否需要修改财务报表,并与管理层讨论,同时根据具体情况采取适当措施。

(11) 确定期后事项是否已按照企业会计准则的规定,在财务报表中作出包括下列内容的恰当列报: ① 每项重要的资产负债表日后非调整事项的性质、内容,及其对财务状况和经营成果的影响;无法做出估计的,应当说明原因; ② 资产负债表日后,企业利润分配方案中拟分配的以及经审议批准宣告发放的股利或利润。

3. 识别期后事项的要求

(1) 期后事项的审计程序至少在两个时点执行:即将完成外勤工作时和提交审计报告时。两个时点间的间隔时间越长,审计人员对期后事项的审计就需要越多时间和精力。

(2) 期后事项的审计程序取决于审计人员的专业判断,可根据被审单位的具体情况予以增减。

(3) 期后事项应与销售确认、应付款项等的期后测试程序结合考虑,尤其是要对舞弊迹象保持警觉。例如,记录虚假销售的会计分录很可能在资产负债表日后转回,审计人员在审计期后销售退回、应收账款贷方记录等时就应保持警觉。再比如缺乏商业实质的交易也往往是舞弊的迹象。

(4) 查阅会计记录应重点关注的项目:① 与借款、固定资产销售相关的收款记录;② 与异常开支有关的付款记录;③ 销售和应收账款中的大额退货、折让或贷项记录;④ 异常的会计分录。

13.3.3 对或有事项的审计

13.3.3.1 或有事项的含义

或有事项,是指过去的交易或事项形成的,其结果须由某些未来事项的发生或不发生才能决定的不确定事项。常见的或有事项主要包括:未决诉讼或仲裁、债务担保、产品质量保证(含产品安全保证)、承诺、亏损合同、重组义务、环节污染整治等。

13.3.3.2 或有事项与第一时段期后事项的关系

从因果关系的角度,或有事项与第一时段期后事项既有区别,又有相同点。

(1) 或有事项与第一时段期后事项的相同点。或有事项与第一时段期后事项相同的地方,在于两者的"因"都处在资产负债表日前。

(2) 或有事项与第一时段期后事项的区别。第一时段期后事项的"果",在审计报告日前已发生,且已被审计人员识别。其中有的需调整被审财务报表,有的则只需在财务报表附注中予以披露。而或有事项的"果",虽然存在发生的概率,但直到审计报告日,仍然未发生。

13.3.3.3 或有事项的审计目标

审计人员实施对或有事项审计的目的，主要是基于提高审计效率和效果方面的考量，其具体审计目标主要有：

(1) 确定或有事项是否存在和完整；

(2) 确定或有事项的会计处理是否符合企业会计准则的规定；

(3) 确定或有事项的列报是否恰当。

13.3.3.4 对或有事项的审计程序

对或有事项可供选择的审计程序有：

(1) 向被审单位管理层询问其确定、评价与控制或有事项方面的有关方针政策和工作程序。

(2) 向被审单位管理层了解、索取并审阅有关或有事项的全部文件和凭证(包括董事会纪要等)，就或有事项获取管理层书面声明。重点关注未决诉讼、未决索赔、税务纠纷、债务担保、产品质量保证、重大重组、资本支出、融资租赁、不可撤销财务承诺等事项。

(3) 与治理层就遵循法律法规的情况进行讨论，更新与遵循法律法规有关的永久性档案，复核与监管部门的往来信函以发现违反法律法规的迹象，确定需要包括在管理层声明书中的声明事项。

(4) 就可能导致或有事项的下列事项，实施下列审计程序：① 向被审单位的法律顾问和律师进行函证。以获取法律顾问和律师对被审单位资产负债表日业已存在的，以及资产负债日至复函日期间存在的或有事项的确认证据。分析被审单位在审计期间所发生的法律费用，从法律顾问和律师处复核发票，视其是否足以说明存在或有事项，特别是未决诉讼或未决税款估价等方面的问题。② 复核上期和税务机构的税收结算报告。了解被审期间有关纳税方面可能发生的争执之处。如果税款拖延时间较久，发生税务纠纷的可能性就较大。③ 向与被审单位有业务往来的银行寄发含有要求银行提供被审单位或有事项的询证函。④ 询问有关销售人员并获取被审单位对产品质量保证方面的记录，确定存在损失的可能性。⑤ 检查被审单位资产负债表日已经签订的待执行合同、合同各方往来信函等，以识别亏损合同。⑥ 复核被审单位环保政策和程序，查阅与环保监管部门的往来信函、相应账户，识别需要反映的环保整治义务。⑦ 检查在资产负债表日被审单位是否承担了重组义务。⑧ 检查被审单位是否因在投资合同中约定对被投资单位的超额亏损承担额外损失。⑨ 审查被审单位对未来事项和协议的财务承诺。⑩ 其他相关程序。

(5) 与管理层就或有事项的完整性和充分披露进行讨论，以确定或有事项的损失金额是否可以合理估计，是否存在预期可获得的补偿以及相关的会计处理。

(6) 确定或有事项是否已按照企业会计准则的规定，在财务报表中作出恰当的列报。

13.3.4 对持续经营能力的审计

持续经营能力是指被审单位在编制财务报表时，假定其经营活动在可预见的将来会继续下去，不拟也不必终止经营或破产清算，可以在正常的经营过程中变现资产、清偿债务的能力。可预见的将来，通常是指资产负债表结账日后一年内或超过一年的一个营业周期。

持续经营假设是会计确认和计量的四项基本假设之一，审计人员应重点关注影响被审单位持续经营能力的事项是否危及持续经营假设。

13.3.4.1 企业管理层的责任

《企业会计准则第30号——财务报表列报》第4条规定：企业应当以持续经营为基础，根据实际发生的交易和事项，按照《企业会计准则——基本准则》和其他各项会计准则的规定进行确认和计量，在此基础上编制财务报表……以持续经营为基础编制财务报表不再合理的，企业应当采用其他基础编制财务报表，并在附注中披露这一事实。

按照企业会计准则的规定，企业管理层应当对持续经营能力做出评估，考虑运用持续经营假设编制财务报表的合理性。如果认为以持续经营假设为基础编制财务报表不再合理时，管理层应当采用其他基础编制财务报表，如清算基础。

13.3.4.2 持续经营能力的审计目标

持续经营能力审计的具体目标是：考虑管理层在编制财务报表时运用持续经营假设的适当性，并考虑是否存在需要在财务报表中披露的有关持续经营能力的重大不确定性。

13.3.4.3 持续经营能力影响因素的分析

(1) 财务方面的迹象。分析被审单位在财务方面是否存在下列影响持续经营能力的迹象：① 无法偿还到期债务，无法偿还即将到期且难以展期的借款，无法继续履行重大借款合同中的有关条款，过度依赖短期借款筹资；② 无法获得供应商的正常商业信用，难以获得开发必要新产品或进行必要投资所需资金；③ 存在大额的逾期未缴税金，累计经营性亏损数额巨大；④ 存在大量长期未作处理的不良资产，营运资金出现负数，经营活动产生的现金流量净额为负数，资不抵债；⑤ 大股东长期占用巨额资金；⑥ 重要子公司无法持续经营且未进行处理；⑦ 存在因对外巨额担保等或有事项引发的或有负债。

(2) 经营方面的迹象。分析被审单位在经营方面是否存在下列影响持续经营能力的迹象：① 关键管理人员离职且无人替代；② 人力资源短缺；③ 重要原材料短缺；④ 失去主要市场；⑤ 失去主要供应商；⑥ 失去关键特许权、专利权或许可权；⑦ 主导产品不符合国家产业政策。

(3) 其他方面的迹象。分析被审单位在财务、经营以外的其他方面是否存在下列影响持续经营能力的迹象：① 严重违反有关法律法规或政策；② 异常原因导致停工、停产；③ 有关法律法规或政策的变化可能造成重大不利影响；④ 经营期限即将到期且无意继续经营；⑤ 投资者未履行协议、合同、章程规定的义务，并有可能造成重大不利影响；⑥ 因自然灾害、战争等不可抗力因素遭受严重损失。

13.3.4.4　评价管理层对持续经营能力作出的评估

(1) 如果管理层没有对持续经营作出初步评估，应与管理层讨论运用持续经营假设的理由，是否存在上述事项或情况，并提请管理层对持续经营能力作出评估。如果管理层已作出评估，确定管理层评估持续经营能力涵盖的期间是否符合企业会计准则的规定。

(2) 评价管理层作出的评估，包括考虑管理层作出评估的过程、依据的假设以及应对计划。

(3) 询问管理层，是否存在超出评估期间对持续经营存在重大影响的事项。

13.3.4.5　审计程序

如果有情况或事项导致对被审计单位在一定合理期限内的持续经营假设产生重大疑虑，应当取得有关管理层依据持续经营能力评估结果提出的应对计划的资料和证据，执行以下程序：

1. 了解应对计划的性质与内容

(1) 如果管理层计划变卖资产，考虑：① 变卖资产是否受到限制，例如贷款合同、其他类似协议或资产的留置权对此类交易的限制；② 管理层决定变卖的资产的变现能力；③ 资产的处置可能带来的直接或间接影响；④ 其他影响因素。

(2) 如果管理层计划借款，考虑：① 借款融资的可能性，包括被审计单位在财务困境时期的融资记录，现有的和已经承诺的借款协议；② 借款融资的可行性，包括新增借款条件对其融资可能产生的影响，例如被审计单位是否还有可被用于银行借款担保的资产；③ 其他影响因素。

(3) 如果管理层计划重组债务，考虑：① 现有的或已承诺的债务重组协议；② 履行债务重组协议的可行性；③ 其他影响因素。

(4) 如果管理层计划削减或延缓开支，考虑：① 削减管理费用、延缓维修项目或研发项目、或以租赁资产代替外购资产的可行性；② 削减或延缓开支可能带来直接或间接影响；③ 其他影响因素。

(5) 如果管理层计划增加所有者权益，考虑：① 现有的或已承诺的新增投资协议；② 现有的或已承诺的减少股利支付协议或加速投资方现金交款协议；③其他影响因素。

2. 判断应对计划的可行性　判断管理层提出的应对计划是否可行，以及应对计划的结果是否能够改善持续经营能力，执行以下程序：

(1) 如果存在相关的预测性财务信息，复核并评价这些信息，包括编制预测信息的基本假设：① 考虑被审计单位生成相关信息的信息系统的可靠性；② 考虑管理层作出现金流量预测所依赖的假设是否存在充分的依据；③ 将最近若干期间的预测性财务信息与实际结果进行比较；④ 将本期的预测性财务信息与截至目前的实际结果进行比较。

(2) 与管理层分析和讨论最近的中期财务报表。

(3) 复核借款协议条款并确定是否存在违约情况。

(4) 阅读股东会会议、董事会会议以及相关委员会会议有关财务困境的记录。

(5) 向被审计单位的律师询问是否存在针对被审计单位的诉讼或索赔，并向其询问管理层对诉讼或索赔结果及其财务影响的估计是否合理。

(6) 确认财务支持协议的存在性、合法性和可行性，并对提供财务支持的关联方或第三方的财务能力作出评价：① 检查与财务支持协议的文件和资料，如关联方或第三方与被审计单位签订的协议、与财务支持有关的信函往来等；② 获取关联方或第三方向被审计单位提供财务支持的批准文件；③ 取得被审计单位律师的书面声明，证明关联方或第三方提供的财务支持协议具有法律效力；④ 检查关联方或第三方的财务报表、关联方或第三方作出的除向被审计单位提供财务支持以外的其他财务承诺等，分析关联方或第三方是否有足够的能力以履行财务支持义务；⑤ 询问关联方或第三方管理层，了解其是否同意被审计单位在年度报表中详细披露财务支持计划。

(7) 考虑被审计单位准备如何处理尚未履行的被审计单位订单。

(8) 复核期后事项并考虑其是否可能改善或影响持续经营能力。

(9) 如果现金流量分析对考虑事项或情况的未来结果是重要的，应当实施下列审计程序：① 考虑被审计单位生成相关信息的信息系统的可靠性；② 考虑管理层作出现金流量预测所依赖的假设是否存在充分的依据；③ 将最近若干期间的预测性财务信息与实际结果进行比较;④ 将本期的预测性财务信息与截至目前的实际结果进行比较。

3. 获取应对计划　向管理层获取有关应对计划的书面声明。

13.3.4.6　出具审计报告的考虑

应当根据获取的审计证据,确定可能导致对持续经营能力产生重大疑虑的事项或情况是否存在重大不确定性,并根据取得的审计证据考虑其对审计报告的影响,确定审计报告的意见的类型。

13.3.5　对关联方及其交易的审计

一方控制、共同控制另一方或对另一方施加重大影响,以及两方或两方以上同受一方控制、共同控制或重大影响的,构成关联方。关联方交易,是指关联方之间发生转移资源或义务的事项,而不论是否收取价款。审计人员应当获取充分、适当的审计证据,以确定被审单位是否按照企业会计准则的要求识别和披露关联方及其交易。

13.3.5.1　关联方及其交易的审计标准

关联方及其交易的审计,主要依据《企业会计准则第 36 号——关联方披露》和《企业所得税法》及其他有关规定。

13.3.5.2　关联方及其交易的审计目标

关联方及其交易的具体审计目标是:获取充分、适当的审计证据,确定管理层是否按照企业会计准则的规定识别、披露关联方和关联方交易。

13.3.5.3　关联方及其交易审计中可供选择的审计程序

(1) 询问被审单位的治理层、管理层和其他人员,获取关联方及其交易清单。

(2) 实施下列审计程序,确定关联方及其交易清单信息的完整性:① 复核以前年度工作底稿,确认已识别的关联方名称;② 复核被审单位识别关联方的程序;③ 询问治理层和关键管理人员是否与其他单位存在隶属关系;④ 复核投资者记录以确定主要投资者的名称;在适当情况下,从股权登记机构获取主要投资者的名单;⑤ 查阅股东会和董事会的会议纪要,以及其他相关的法定记录;⑥ 复核被审单位向监管机构报送的所得税申报表和其他信息;⑦ 向前任审计人员或其他审计人员发函询问其知悉的关联方,以及管理层在重大关联方交易中涉及的程度;

⑧ 复核应收或应付账款询证函，关注是否存在担保。如果存在担保迹象，确定其性质以及保证人与被审单位之间的关系；⑨ 询问涉及特殊目的实体的账外安排或交易的性质、条款和财务安排；⑩ 向董事、主要股东和高级管理人员获取利益冲突声明，并实施复核程序；⑪ 向审计项目组成员提供或及时更新关联方和关联方交易信息。

(3) 实施下列审计程序，以识别关联方交易：

• 关注下列可能导致关联方交易的情形：① 缺乏持续经营所必需的资金；② 为达到支撑股价、融资等目的而试图保持良好盈利记录；③ 过于乐观的盈利预测；④ 过于依赖单一或较少的产品、客户或交易事项；⑤ 出现产业危机；⑥ 生产能力过剩；⑦ 发生重大诉讼，尤其是股东与管理层之间发生诉讼；⑧ 所在行业技术淘汰风险较高。

• 在审计过程中，对下列交易保持警惕，考虑是否存在以前尚未识别出的关联方：① 价格、利率、担保和付款等条件异常的交易；② 商业理由明显不合乎逻辑的交易；③ 实质与形式不符的交易；④ 处理方式异常的交易；⑤ 与某些顾客或供货商进行的大量或重大交易；⑥ 未予记录的交易。

• 关注下列可能表明治理层和管理层没有识别出关联方交易的情形：① 被审单位与关联方之间关系复杂，安排的交易复杂；② 关联方交易是非正式的；③ 被审单位的信息系统不能对关联方交易进行确认和汇总；④ 关联方交易偶尔发生，没有被纳入日常的业务中；⑤ 其他重大交易。

(4) 在执行下列常规程序时，关注关联方交易：① 执行交易和余额的细节测试；② 查阅股东大会和董事会的会议纪要；③ 复核大额或异常的交易、账户余额的会计记录，特别关注接近报告期末或在报告期末确认的交易；④ 复核对债权债务关系的询证函回函以及来自银行的询证函回函，以发现担保关系和其他关联方交易；⑤ 复核投资交易。

(5) 如果识别出以前未识别或未披露的关联方交易，应考虑实施下列追加审计程序：① 立即将这一情况传达给审计项目组的其他成员，使其确定该情况是否影响到已实施审计程序所得出的结果；② 要求管理层在最新识别的关联方的基础上识别与该关联方的交易，以便于进行进一步的评价；③ 了解被审单位对于关联方和关联方交易的控制，并调查被审单位在以前没有识别或没有披露关联方关系及其交易的原因；④ 如果发现未被识别或者未被披露的关联方或关联方交易是有意的，应将该情况告知被审单位的治理层，并评价这一情况对审计其他方面的影响，尤其应当考虑管理层向审计人员提供的有关关联方信息的声明的可靠性。

(6) 针对已识别的关联方交易，实施下列审计程序：① 复核被审单位授权、确认关联方交易，并对其进行会计处理和披露的程序，确定交易是否已经适当层级的管理层批准,是否已进行恰当的会计处理;② 了解交易的经济目的,如必要,咨询律师或专家意见;③ 检查证实交易的支持性文件(例如,发票、合同、协议及入库和运输单据等相关文件);④ 如果必要,审查关联方之间的账户余额,检查特殊交易;⑤ 检查关联方之间的抵押品或对其实施函证,获取关于其价值和可转让性的充分的审计证据;⑥ 如果存在主审人员,向其询问可能影响子公司资产或负债的母公司的所有计划。

(7) 了解被审单位与关联方交易相关的内部控制:① 是否建立了针对某些具体类型的关联方交易的内部控制制度,相关员工是否了解这些控制制度,这些控制是否得到有效执行;② 是否存在相关的政策和程序,以便能够及时披露管理层和治理层在关联方交易中所得到的利益;③ 被审单位是否就识别、记录关联方交易的职责进行合理分配;④ 针对重大、异常的关联方交易,管理层和治理层之间是否及时进行讨论,并予以披露;⑤ 对于存在利益冲突的关联方交易,是否存在明确的指导方案和解决办法;⑥ 在披露关联方和关联方交易方面,如果遇到问题,管理层是否有积极寻求帮助的意识;⑦ 针对关联方和关联方交易,是否存在预警性政策和程序。

(8) 如果可获取与关联方交易相关的审计证据有限,考虑实施下列审计程序:① 向关联方函证交易的条件和金额,包括担保和其他重要信息;② 检查关联方拥有的信息;③ 向与交易相关的人员和机构(例如银行、律师)函证或与其讨论有关信息。

(9) 如果存在下列情况,考虑向治理层和主要管理人员获取关联方询证函:① 被审单位用于确认关联方交易的控制和程序不充分;② 如果不实施函证,审计人员对关联方交易获取的审计证据不满意。

(10) 考虑关联方交易对被审单位预计纳税金额的影响,并将这些交易告知税收业务项目组,由其复核税费和纳税申报表。

(11) 评价涉及特殊目的的实体的账外安排和交易是否为关联方交易,并实施下列审计程序:① 贷款发放人、持有的投资或债务担保的主要债务人,是否存在涉及特殊项目实体的迹象;② 复核所有涉及特殊项目实体的性质和结构化财务安排;③ 复核与涉及特殊项目实体有关的重大交易的重要文件和协议;④ 询问当期对现存涉及特殊项目实体的所有变动,以及可能影响交易日会计处理的情况;⑤ 修改管理层声明书,使之包含关于涉及特殊项目实体交易的重大问题和假设的特定陈述,并确定管理层已提供所有相关信息和文件;⑥ 考虑对涉及特殊项目实体的账务记录实施进一步审计程序;⑦ 考虑利用专家评价涉及特殊项目实体的构造和相关交易,保证其会计处理和披露的适当性。

(12) 考虑关联方和关联方交易对舞弊风险评估的影响,是否有必要实施下列审计程序：① 复核重大现金支出、款项和投资，考虑被审单位是否向关联方提供资金；② 与曾向被审单位提供服务的税务和咨询人员讨论，了解其已知的关联方的背景和被审单位与关联方之间的关系；③ 与第三方(例如，律师、前任审计人员和向被审单位提供服务的机构和人员)讨论，了解其已知的重大交易主要涉及方的身份和背景。

(13) 就被审单位提供的关于识别关联方信息的完整性，以及财务报表中关联方和关联方交易披露的充分性，向管理层获取书面声明。

(14) 实施下列审计程序，评价管理层披露关联方交易是公平交易是否恰当：① 管理层证明关联方交易是公平交易的方法的恰当性；② 验证支持该证明的内部或外部信息的来源，确定其正确性、完整性和相关性；③ 当该证明是建立在假设的基础上时，考虑管理层采用的假设与其证明的相关性。

(15) 确定被审单位是否已按企业会计准则的要求披露关联方和关联方交易。

13.3.6　比较数据

比较数据是指作为本期财务报表组成部分的上期对应数和相关披露。比较数据本身不构成完整的财务报表，应当与本期相关的金额和披露联系起来阅读。

13.3.6.1　比较数据的审计目标

比较数据的审计目标是获取充分、适当的审计证据，确定比较数据是否符合企业会计准则的规定。

13.3.6.2　可供选择的审计程序

(1) 如果是连续审计，执行下列审计程序：① 审查比较数据采用的会计政策与本期数据采用的会计政策是否一致；如不一致，是否已经作出适当调整和充分披露；② 审查比较数据与上期财务报表反映的金额和相关披露是否一致；如不一致，是否已经作出适当调整和充分披露。

(2) 如果上期财务报表由前任审计人员审计，或未经审计，执行下列审计程序：① 上述第 1 项列示的两个审计程序；② 按照首次接受委托时对期初余额的审计程序，获取充分、适当的审计证据。

(3) 当以前针对上期财务报表出具了非无保留意见的审计报告时，出具审计报告的考虑：

● 如果导致非无保留意见的事项仍未解决，分别下列两种情况予以处理：① 如果未解决的事项导致对本期数据出具非无保留意见的审计报告，应当在审计报告中对比较数据和本期数据发表非无保留意见;② 如果未解决的事项不导致对本期数据出具非无保留意见的审计报告,应当在审计报告中对比较数据发表非无保留意见。

- 如果导致非无保留意见的事项已经解决,并已在本期财务报表中得到恰当处理,分别下列两种情况予以处理: ① 导致非无保留意见的事项对本期不重要,在针对本期财务报表出具的审计报告中不再提及该事项;② 导致非无保留意见的事项对本期仍很重要,在审计报告中增加强调事项段提及这一情况。

(4) 当注意到影响上期财务报表的重大错报,而以前未就该重大错报出具非无保留意见的审计报告时,出具审计报告的考虑:① 如果上期财务报表已经更正,并已重新出具审计报告,应当获取充分、适当的审计证据,以确定比较数据与更正的财务报表是否一致;② 如果上期财务报表未经更正,也未重新出具审计报告,且比较数据未经恰当重述和充分披露,应当对本期财务报表出具非无保留意见的审计报告,说明比较数据对本期财务报表的影响;③ 如果上期财务报表未经更正,也未重新出具审计报告,但比较数据已在本期财务报表中恰当重述和充分披露,可以在审计报告中增加强调事项段,说明这一情况。

(5) 如果识别出比较数据存在重大错报,应当要求管理层更正比较数据。如果管理层拒绝更正,应当出具恰当的非无保留意见的审计报告。

13.3.7　对现金流量表的的审计

13.3.7.1　现金流量表审计的目标

现金流量表审计的具体目标为:
(1) 确定现金流量表及现金等价物确认的合理性和一贯性;
(2) 确定现金流量表的内容、分类、性质和金额是否正确、合理、完整;
(3) 确定现金流量表有关项目金额与其他报表及附注勾稽关系是否正确;
(4) 确定现金流量表各项目的披露是否恰当。

13.3.7.2　现金流量表的审计程序

(1) 获取现金流量表的基础资料。① 复核加计是否正确;② 将基础资料中的有关数据和财务报表及附注、账册凭证、辅助账簿、审计工作底稿等核对相符,并进行详细分析,检查数额是否正确、完整、现金流量表分类是否合理;③ 根据审计调整分录,对基础资料的有关数额作相应调整。

(2) 检查对现金及现金等价物的界定是否符合规定,界定范围在前后会计期间是否保持一致。

(3) 了解现金流量表的编制方法。如果被审单位未利用计算机程序编制现金流量表，应查明是否专门为编制现金流量表设置辅助账簿记录，并取得现金流量表编制底稿；如果被审单位利用计算机程序编制现金流量表编制现金流量表，应对其计算机程序进行了解分析，必要时可聘请专家协助工作。

(4) 检查合并现金流量表编制方法。关注集团内部往来及购销业务是否已作抵销。对本期存在收购子公司或部门以及出售子公司或部门情况的，检查是否已作正确处理。

(5) 对现金流量表进行复核，并检查：① 主表与补充资料之"现金及现金等价物净增加额"是否一致；② 主表与补充资料之"经营活动产生的现金流量净额"的勾稽关系是否合理；③ 补充资料之货币资金期末、期初余额与资产负债表的勾稽关系是否合理；④ 现金流量表有关数据与审计后财务报表及附注的勾稽关系是否合理；⑤ 是否存在金额异常的现金流量表项目，并作追索调整。例如：

● 若以净额为基础分析经营性其他应收款、其他应付款时，其本期增减变动金额是否已正确列入"收到的其他与经营活动有关的现金"或"支付的其他与经营活动有关的现金"；

● 是否出现金额异常的项目，如"支付的其他与经营活动有关的现金"的金额大大低于本期管理费用和营业费用的合计数；

● 是否存在某项现金流量未发生，而现金流量表对应项目却有发生额的情形，或某项现金流量有发生额，而现金流量表对应项目却无发生额的情形；

● 比较个别现金流量表和合并现金流量表相同项目金额，分析是否存在异常。

(6) 检查现金流量表补充资料中不涉及现金收支的投资和筹资活动各项目金额是否正确、合理、完整。

(7) 检查现金流量表各项目的披露是否恰当。

本章小结

我国财政部对企事业单位货币资金的内部控制，已颁布了具体规范，它既是会计核算的依据，也是货币资金审计的标准。货币资金的证实测试，既要确定货币资金的实存数，又要核实收支内容的合法、合规性。

对部分损益项目的证实测试，主要是审查核实相应项目：账表勾稽关系；损益金额的准确性；报表列报的正确性。

特殊项目审计，是对被审单位本期财务信息是否存在重大错报，能够产生影响的非直接审计对象的审计。

14　终结审计与审计报告

审计工作过程按工作内容和场所，可划分为计划准备、外勤审计和终结审计与审计报告三个阶段。外勤审计的工作地点多在被审单位；而终结审计与审计报告的工作，则主要在审计机构所在地进行。终结审计与审计报告阶段的主要工作是：取得被审单位管理当局的书面声明(该工作也可在外勤审计阶段进行)，必要时索取被审单位律师的书面声明；汇总和评价审计差异，并与被审单位沟通；全面复核审计工作；撰写并签发审计报告。

14.1　获取管理层声明

由于现代财务报表审计多采用抽样审计，管理层提供的资料是否充分、正确，配合的程度，就会直接影响审计工作的质量和效率。为此，审计人员为厘清审计责任与会计责任，需要向被审单位管理层索取管理层声明。

14.1.1　管理层声明的内容

管理层声明是指被审单位管理层向审计人员提供的关于财务报表的各项陈述。

14.1.1.1　管理层声明的基本要素

管理层声明书一般包括下列内容：

(1) 标题。管理层声明书。

(2) 收件人。即接受委托和制定的审计单位及签署 审计报告的审计人员。

(3) 声明内容。根据审计约定事项的具体情况、财务报表编制检查等因素，由审计人员列出各项声明的内容。但下列内容需考虑列入：① 管理层认可其设计和实施内部控制以防止或发现并纠正错报的责任；② 管理层认为审计人员在审计过程中发现的未更正错报，无论是单独还是汇总起来考虑，对财务报表整体均不具有重大影响。未更正错报项目的概要应当包含在书面声明中或附于书面声明后。

(4) 签章。由被审单位及其会计机构主要负责人签署，并加盖被审单位公章。

(5) 日期。管理层声明书的日期通常应与审计报告的日期一致，以防日期不一致而可能发生的误解，但某些交易事项的声明书日期，可以是审计人员获取该声明书的日期。

14.1.1.2　管理层声明书正文的主要内容

管理层书面一般包括以下内容：

(1) 关于财务报表。① 管理层认可其对财务报表的编制责任；② 管理层认可其设计、实施和维护内部控制以防止或发现并纠正错报的责任；③ 管理层认为审计人员在审计过程中发现的未更正错报，无论是单独还是汇总起来考虑，对财务报表整体均不具有重大影响。

(2) 关于信息的完整性。① 所有财务信息和其他数据的可获得性；② 所有股东会和董事会会议记录的完整性和可获得性；③ 就违反法规行为这一事项，被审单位与监管机构沟通的书面文件的可获得性；④ 与未记录交易相关的资料的可获得性；⑤ 涉及下列人员舞弊行为或舞弊嫌疑的信息的可获得性：管理层、对内部控制产生重大影响的雇员、对财务报表的编制具有重大影响的其他人员。

(3) 关于确认、计量和列报。① 对资产或负债的确认或列报具有重大影响的计划或意图；② 关联方交易，以及涉及关联方的应收或应付款项；③ 需要在财务报表中披露的违反法规行为；④ 需要确认或披露的或有事项，对财务报表具有重大影响的承诺事项和需要偿付的担保等；⑤ 对财务报表具有重大影响的合同的遵循情况；⑥ 对财务报表具有重大影响的重大不确定事项；⑦ 被审单位对资产的拥有或控制情况，以及抵押、质押或留置资产；⑧ 持续经营假设的合理性；⑨ 需要调整或披露的期后事项。若上述个别内容显得非常复杂和重要，审计人员可将其全部列入管理层声明书，也可就此向管理层获取专项声明。

14.1.2　管理层声明的参考格式

国家审计和内部审计均可参考中国注册会计师协会提供的下列管理层声明书的模板。

管理层声明书

××会计师事务所并××注册会计师：

本公司已委托贵事务所对本公司20×7年×月×日的资产负债表，20×7年度的利润表、现金流量表和股东权益变动表以及财务报表附注进行审计，并出具审计报告。

为配合贵事务所的审计工作，本公司就已知的全部事项作出如下声明：

1. 本公司承诺，按照企业会计准则和《××会计制度》的规定编制财务报表是我们的责任。

2. 本公司已按照企业会计准则和《××会计制度》的规定编制20×7年度财务报表，财务报表的编制基础与上年度保持一致，本公司管理层对上述财务报表的真实性、合法性和完整性承担责任。

3. 设计、实施和维护内部控制，保证本公司资产安全和完整，防止或发现并纠正错报，是本公司管理层的责任。

4. 本公司承诺财务报表符合适用的会计准则和相关会计制度的规定，公允反映本公司的财务状况、经营成果和现金流量情况，不存在重大错报，包括漏报。贵事务所在审计过程中发现的未更正错报，无论是单独还是汇总起来，对财务报表整体均不具有重大影响。未更正错报汇总表附后。

5. 本公司已向贵事务所提供了：

(1) 全部财务信息和其他数据；

(2) 全部重要的决议、合同、章程、纳税申报表等相关资料；

(3) 全部股东会和董事会的会议记录。

6. 本公司所有经济业务均已按规定入账，不存在账外资产或未计负债。

7. 本公司认为所有与公允价值计量相关的重大假设是合理的，恰当地反映了本公司的意图和采取特定措施的能力；用于确定公允价值的计量方法符合企业会计准则的规定，并在使用上保持了一贯性；本公司已在财务报表中对上述事项作出恰当披露。

8. 本公司不存在导致重述比较数据的任何事项。

9. 本公司已提供所有与关联方和关联方交易相关的资料，并已根据企业会计准则和《××会计制度》的规定识别和披露了所有重大关联方交易。

10. 本公司已提供全部或有事项的相关资料。除财务报表附注中披露的或有事项外，本公司不存在其他应披露而未披露的诉讼、赔偿、承兑、担保等或有事项。

11. 除财务报表附注披露的承诺事项外，本公司不存在其他应披露而未披露的承诺事项。

12. 本公司不存在未披露的影响财务报表公允性的重大不确定事项。

13. 本公司已采取必要措施防止或发现舞弊及其他违反法规行为，未发现：

(1) 涉及管理层的任何舞弊行为或舞弊嫌疑的信息；

(2) 涉及对内部控制产生重大影响的员工的任何舞弊行为或舞弊嫌疑的信息；

(3) 涉及对财务报表的编制具有重大影响的其他人员的任何舞弊行为或舞弊嫌疑的信息。

14. 本公司严格遵守了合同规定的条款，不存在因未履行合同而对财务报表产生重大影响的事项。

15. 本公司对资产负债表上列示的所有资产均拥有合法权利，除已披露事项外，无其他被抵押、质押资产。

16. 本公司编制财务报表所依据的持续经营假设是合理的，没有计划终止经营或破产清算。

17. 本公司已提供全部资产负债表日后事项的相关资料，除财务报表附注中披露的资产负债表日后事项外，本公司不存在其他应披露而未披露的重大资产负债表日后事项。

18. 本公司管理层确信：

(1) 未收到监管机构有关调整或修改财务报表的通知；

(2) 无税务纠纷。

19. 其他事项

【注册会计师认为重要而需声明的事项，或者管理层认为必要而声明的事项。例如：

1. 本公司在银行存款或现金运用方面未受到任何限制。

2. 本公司对存货均已按照企业会计准则的规定予以确认和计量；受托代销商品或不属于本公司的存货均未包括在会计记录内；在途物资或由代理商保管的货物均已确认为本公司存货。

3. 本公司不存在未披露的大股东及关联方占用资金和担保事项。】

被审公司(盖章)

法定代表人：(签名)

财务负责人：(签名)

××××年×月×日

14.1.3   管理层声明的作用

管理层声明具有以下两个基本作用:

(1) 明确管理层对财务报表的责任。被审单位管理层在声明书中对提供给审计人员的有关资料的真实性、合法性和完整性做出正面陈述,并明确对财务报表负责。

(2) 提供审计证据。被审单位管理层书面书把管理层对审计人员的询问所做的答复以书面方式予以记录,可作为书面证据。

审计人员应当获取审计证据,以确定管理层认可其按照适用的会计准则和相关会计制度的规定编制财务报表的责任,并且已经批准财务报表。向管理层获取书面声明是获取此类审计证据的一种方法。

14.1.4   对管理层声明书的分析利用

管理层声明书不是一种独立来源的书面证据,它的可靠性是相对而言的。它只是提供了审计人员要求被审单位管理层回答某些问题的证据,以澄清管理层对财务报表的责任,从而在一定程度上保护审计人员,但并不能解除或减轻审计人员的审计责任。获取管理层声明只是其他审计程序的补充,但不能代替审计人员应当采用的其他审计程序,管理层声明书不能使审计人员免于收集足够的审计证据。

从用途的角度,管理层声明可能从心理上给审计人员降低审计风险,提供一种心理支持。因为对于审计报告的保证作用,利益相关者和社会公众希望提供绝对"保证功能",而审计职业界只能提供"合理保证"。"绝对保证"和"合理保证"之间的距离有时是很难定义的,审计人员获取管理层声明,从心理上是希望缩小这一距离,提高"合理保证"的程度。

14.1.5   管理层拒绝提供声明的措施

如果管理层拒绝提供审计人员必要的声明,审计人员应当将其视为审计范围受到限制,出具保留意见或无法表示意见的审计报告。

14.2   审计差异的汇总和评价

在终结外勤审计工作以后,审计机构应当组织专人对审计中发现的差异进行总结和评价,形成审计结果,对被审单位财务报表和审计工作底稿进行最终复核,以按照审计标准和审计准则的要求,提出恰当的审计意见。

14.2.1　审计差异的种类

审计差异是指审计人员在审计中发现的被审单位与企业会计准则的规定不一致的会计处理。审计差异通常表现为被审单位会计核算中的错弊。审计差异的内容，按是否需要调整账户记录，可分为：

(1) 核算错误：是因企业对经济业务进行了不正确的会计核算而引起的错误，即会计分录存在错弊。

(2) 重分类错误：是因企业未按企业会计准则列报财务报表而引起的错误。例如，企业在应付账款项目中反映的预付账款、在应收账款中反映的预收账款等。

14.2.2　编制审计差异调整表和试算平衡表

14.2.2.1　编制审计差异调整表

无论是核算错误还是重分类错误，在审计工作底稿中通常都是以会计分录的形式反映的。由于审计中发现的错误可能较多，需要将这些错报分别汇总至账项调整分录汇总表、重分类调整分录汇总表和未更正错报汇总表。这三张汇总表的参考格式见表 14.1、表 14.2 和表 14.3。

审计人员确定核算错误和重分类错误后，应以书面方式及时征求被审单位的意见，若被审单位予以采纳，应取得其同意调整的书面确认；若被审单位不予采纳，应分析原因，并根据错报的性质和重要程度，确定是否在审计报告中予以反映，以及如何反映。

14.2.2.2　汇总审计差异的要求

汇总审计差异时，应注意三方面的因素，即审计差异：① 在性质上是否重要，即是否涉及舞弊或违法行为；② 在金额上是否重要，即是否超过重要性水平；③ 产生的原因是主观故意，还是工作疏忽。

14.2.2.3　编制试算平衡表

试算平衡表是审计人员在被审单位提供的未审财务报表的基础上，考虑账项调整分录、重分类分录等内容以确定审定数与报表披露数的表式。资产负债表试算平衡表和利润表试算平衡表的格式见表 14.4 和表 14.5。试算平衡表的说明：① 表中"期末未审数"和"未审数"栏，应根据被审单位提供的未审财务报表填列；② 在编制完试算平衡表后，应注意核对相对应的勾稽关系。

表 14.1 账项调整分录汇总表

被审计单位：　　　　　　　　　　　索引号：
项目：　　　　　　　　　　　　　　财务报表截止日/期间：
编制：　　　　　　　　　　　　　　复核：
日期：　　　　　　　　　　　　　　日期：

序号	内容及说明	索引号	调整内容				影响利润表+(-)	影响资产负债表+(-)
			借方项目	借方金额	贷方项目	贷方金额		

与被审单位的沟通：
参加人员：
被审单位：＿＿＿＿＿＿＿＿＿＿＿＿＿＿＿＿＿＿＿＿＿＿
审计项目组：＿＿＿＿＿＿＿＿＿＿＿＿＿＿＿＿＿＿＿＿
被审单位的意见：

＿＿＿＿＿＿＿＿＿＿＿＿＿＿＿＿＿＿＿＿＿＿＿＿＿＿
＿＿＿＿＿＿＿＿＿＿＿＿＿＿＿＿＿＿＿＿＿＿＿＿＿＿

结论：
是否同意上述审计调整：＿＿＿＿＿＿＿＿＿＿＿＿＿＿＿＿
被审单位授权代表签字：＿＿＿＿＿＿＿＿＿＿＿日期：＿＿＿＿

表 14.2 重分类调整分录汇总表

被审计单位：　　　　　　　　　　　索引号：
项目：　　　　　　　　　　　　　　财务报表截止日/期间：
编制：　　　　　　　　　　　　　　复核：
日期：　　　　　　　　　　　　　　日期：

序号	内容及说明	索引号	调整项目和金额			
			借方项目	借方金额	贷方项目	贷方金额

与被审计单位的沟通：
参加人员：
被审计单位：＿＿＿＿＿＿＿＿＿＿＿＿＿＿＿＿＿＿＿＿
审计项目组：＿＿＿＿＿＿＿＿＿＿＿＿＿＿＿＿＿＿＿
被审计单位的意见：

＿＿＿＿＿＿＿＿＿＿＿＿＿＿＿＿＿＿＿＿＿＿＿＿＿＿
＿＿＿＿＿＿＿＿＿＿＿＿＿＿＿＿＿＿＿＿＿＿＿＿＿＿

结论：
是否同意上述审计调整：＿＿＿＿＿＿＿＿＿＿＿＿＿＿＿＿
被审计单位授权代表签字：＿＿＿＿＿＿＿＿＿＿日期：＿＿＿

表 14.3   未更正错报汇总表

被审计单位：   索引号：
项目：   财务报表截止日/期间：
编制：   复核：
日期：   日期：

序号	内容及说明	索引号	未调整内容				备注
			借方项目	借方金额	贷方项目	贷方金额	

未更正错报的影响：
        项目   金额   百分比   计划百分比
        1. 总资产
        2. 净资产
        3. 销售收入
        4. 费用总额
        5. 毛利
        6. 净利润
结论：
被审单位授权代表签字：_____   日期：

表 14.4   资产负债表试算平衡表

被审计单位：   索引号：
项目：   财务报表截止日/期间：
编制：   复核：
日期：   日期：

项目	期末未审数	账项调整借方	贷方	重分类调整借方	贷方	期末审定数	项目	期末未审数	账项调整借方	贷方	重分类调整借方	贷方	期末审定数
因页面的原因，省略了资产负债表中资产类的具体项目							因页面的原因，省略了资产负债表中负债类和所有者权益类的具体项目						
合计							合计						

表 14.5   利润表试算平衡表

被审计单位：   索引号：EE-2
项目：   财务报表截止日/期间：
编制：   复核：
日期：   日期：

项　目		未审数	调整金额		审定数	索引号
			借方	贷方		
一	营业收入					
	减：营业成本					
	营业税金及附加					
	销售费用					
	管理费用					
	财务费用					
	资产减值损失					
	加：公允价值变动损益					
	投资收益					
二	营业利润					
	加：营业外收入					
	减：营业外支出					
三	利润总额					
	减：所得税费用					
四	净利润					

14.2.3   对财务报表总体合理性实施分析程序

　　审计人员在编制完成试算平衡表后，要对财务报表进行总体复核，评价财务报表总体合理性。如果识别出以前未识别的重大错报风险，应重新考虑对全部或部分交易、账户余额、列报评估的风险是否恰当，并在此基础上重新评价之前实施的审计程序是否充分，是否有必要追加审计程序。

14.2.4   评价审计结果

　　审计人员评价审计结果，主要是为了确定将要发表的审计意见的类型，以及在整个审计工作中是否遵循了审计准则。为此，要做好下列两个方面的工作：

14.2.4.1 对审计重要性和审计风险进行最终评价

对审计重要性和审计风险进行最终评价，确定是否需要追加审计程序或提请被审计单位做出必要调整。

(1) 按财务报表项目确定可能的错报金额。可能的错报金额包括已识别的具体错报金额和抽样审计中推断的错报金额。

(2) 确定财务报表项目可能错报金额的汇总数(即可能错报总额)对财务报表层次重要性水平的影响程度：① 财务报表层次的重要性水平是指审计计划阶段确定的重要性水平，如果该重要性水平在审计过程中已作修正，则应按修正后的财务报表层次重要性水平进行比较；② 这里的可能错报总额一般是指各财务报表项目可能的错报金额的汇总数，但也可能包括上一期间的任何未更正可能错报对本期财务报表的影响。

14.2.4.2 对被审单位已审财务报表形成审计结论并草拟审计报告

(1) 在对审计差异汇总后，应将可能错报的总额与重要性水平进行比较分析，根据分析结论初步形成审计结论。

(2) 将初步形成的审计结论与被审单位管理层进行沟通。审计人员应将审计所发现的问题、建议被审单位应做的必要调整或表外披露的事项和初步形成的审计结论与被审单位管理层进行沟通。沟通的主要内容有：① 在财务报表方面的分歧，例如对被审单位采用的会计政策和会计估计、财务报表的信息披露等事项，审计人员与管理层的不同看法。② 重大审计调整事项。即财务报表可能产生较大影响的事项，例如对期初余额的调整、固定资产计价的调整、利润的调整等。③ 会计政策和会计信息披露中存在的可能导致修改审计报告的重大问题。例如期后事项和或有事项等会计信息都会对年度财务报表产生重大影响。审计人员通常会建议被审单位加以披露。④ 审计过程中注意到的舞弊或可能违反法规的行为。审计人员无须就管理层舞弊和违反法规行为实施专门的审计程序，但对审计中发现的舞弊或可能违反法规的行为(例如生产经营假冒伪劣商品)有责任以适当的方式向管理层告知。同时，审计人员还应向管理层说明舞弊或可能违反法规的行为对审计意见类型的影响。⑤ 被审单位所面临的可能危及其持续经营能力的重大风险。⑥ 拟提出的关于内部控制等方面的建议。⑦ 审计意见的类型，特别应说明出具非标准审计意见的原因。⑧ 其他需要沟通的事项。

(3) 倾听管理层的意见。在与被审单位管理层的沟通中，审计人员应注意倾听管理层对初步审计结论的意见。

(4) 形成审计意见、草拟审计报告。对于审计人员提出的应予调整或披露的事项,双方可能会取得一致意见,也可能会有分歧。如果管理层关于接收审计调整或披露事项的审计建议,可形成标准审计报告。否则,审计人员可能不得不发表其他类型的审计意见。

14.2.5 与企业主管部门(或治理层)沟通

14.2.5.1 与企业主管部门(治理层)沟通的目的

企业主管部门(治理层)通常不参见企业日常管理,但他们是企业最大的利益相关群体。与企业主管部门(治理层)沟通的基本目的是为了借助企业内部之间的权力平衡和制约关系,保证财务信息的质量。审计人员与企业主管部门(治理层)沟通的具体目的如下:

(1) 就审计范围和时间以及审计人员、企业主管部门(治理层)和管理层等各方面在财务报表审计和沟通中的责任,取得相互了解;

(2) 及时向企业主管部门(治理层)告知审计中发现的与其相关的事项;

(3) 共享有助于审计人员获取审计证据和企业主管部门(治理层)履行责任的其他信息。

14.2.5.2 与企业主管部门(治理层)沟通的内容

与企业主管部门(治理层)沟通的内容主要有:

(1) 审计人员的责任。即审计人员、被审单位主管部门(治理层)对财务报表各自所承担的责任,以及审计人员与企业主管部门(治理层)沟通的责任。

(2) 计划的审计范围和时间。

(3) 审计中发现的问题。

(4) 审计人员的独立性。

14.2.5.3 与企业主管部门(治理层)沟通的书面格式

与企业主管部门(治理层)沟通内容的书面格式,可参考中国注册会计师协会提供的下列参考格式。

与治理层的沟通函

××公司董事会(审计委员会):

根据《中国注册会计师审计准则第 1151 号——与治理层的沟通》的规定,在上市公司审计中,注册会计师应当就自身的独立性与治理层进行书面沟通。此外,注册会计师还应就与财务报表审计相关且根据职业判断认为与治理层责任相关的重大事项,以适当的方式及时与治理层沟通。保持有效的双向沟通关系,有利于注册会计师与治理层履行各自的职责。

必须特别强调的是，除法律法规和审计准则另有规定的情形之外，这份书面沟通文件仅供贵公司治理层使用，我们对第三方不承担任何责任，未经我们事先书面同意，沟通文件不得被引用、提及或向其他人披露。

一、独立性问题

现就独立性问题声明如下：

(一) 参与贵公司审计工作的审计项目组成员、本会计师事务所其他相关人员以及本会计师事务所按照法律法规和职业道德规范的规定保持了独立性；

(二) 根据职业判断，我们认为本会计师事务所与贵公司之间不存在可能影响独立性的关系和事项；

(三) 我们已经根据法律法规和职业道德规范的规定采取了必要的防护措施，以防止可能出现的对独立性的威胁。

二、重大事项

以下内容是与我们对贵公司 20×7 年度财务报表进行审计相关的、按规定应予沟通的重大事项：

(一) 对贵公司所采用的会计政策、会计估计和财务报表披露的看法

(二) 审计工作中遇到的重大困难

(三) 未更正错报

我们发现，贵公司……

我们已于 20×8 年×月×日就上述事项与贵公司管理层沟通并提请更正，但至今尚未得到更正。如不更正，将会导致少计费用，从而虚增年度利润的后果。根据该笔业务的性质和重要程度，我们对贵公司 20×7 年度的财务报表将不能出具标准无保留意见的审计报告。现再次提请贵公司予以更正。

……

(四) 其他事项

……

××会计师事务所(盖章)

中国注册会计师: (签名并盖章)

××××年×月×日

贵公司的意见：

结论：

是否同意上述本所就独立性问题所做的声明以及就上述重大事项所作的说明：

贵公司授权代表签字：_____日期：

14.3 审计工作的复核

在汇总和评价审计差异并且和被审单位沟通后，为保证审计工作的质量，应在签发审计报告前，由富有专业知识与丰富经验的审计人员认真复核所有的审计工作底稿，对全部审计工作按照审计准则的要求和审计业务约定书的要求进行复核。审计工作的复核，除了需按照审计指令(或审计业务约定书)和审计准则的规

定，对审计工作的完成情况进行核对外，还须对审计工作的质量进行复核，建立审计工作的三级复核机制，即：① 由审计项目负责人实施项目组内部复核；② 由审计项目负责合伙人(或审计质量监管部门实施)实施内部独立的项目质量控制复核；③ 由审计机构负责人实施最后质量控制复核。

14.3.1　审计项目负责人实施的复核

审计项目负责人，可以在外勤审计和终结审计阶段对审计项目的工作质量，按照既定审计计划和审计准则进行常规复核。复核的内容主要有：

(1) 是否已复核已审计计划，以及导致审计计划作出重大修改的事项？

(2) 是否已复核重要的财务报表项目？

(3) 是否已复核特殊交易或事项，包括债务重组、关联方交易、非货币性交易、或有事项、期后事项、持续经营能力等？

(4) 是否已复核重要会计政策、会计估计的变更？

(5) 是否已复核重大事项概要？

(6) 是否已复核建议调整事项？

(7) 是否已复核管理层声明书,股东大会、董事会相关会议纪要,与客户的沟通记录及重要会谈记录,律师询证函复函？

(8) 是否已复核已审财务报表和拟出具的审计报告？

(9) 实施上述复核后，是否可以确定下列事项：① 审计工作底稿提供了充分、适当的记录,作为审计报告的基础？ ② 已按照审计准则的规定执行了审计工作？ ③ 对重大错报风险的评估及采取的应对措施是恰当的,针对存在特别风险的审计领域，设计并实施了针对性的审计程序，且得出了恰当的审计结论？ ④ 作出的重大判断恰当合理？ ⑤ 提出的建议调整事项恰当，相关调整分录正确？ ⑥ 未更正错报无论是单独还是汇总起来对财务报表整体均不具有重大影响？ ⑦ 已审计财务报表的编制符合企业会计准则的规定，在所有重大方面公允反映了被审单位的财务状况、经营成果和现金流量？ ⑧ 拟出具的审计报告措辞恰当，已按照审计准则的规定发表了恰当的审计意见？

14.3.2　审计项目负责合伙人实施的质量控制复核

审计项目负责合伙人，在终结审计阶段对审计项目的工作质量，按照既定审计计划和审计准则实施质量控制复核。复核的内容主要有：

(1) 是否已复核审计计划，以及导致对审计计划作出重大修改的事项？

(2) 是否已复核重大事项概要？

(3) 是否已复核存在特别风险的审计领域，以及项目组采取的应对措施？

(4) 是否已复核项目组作出的重大判断？

(5) 是否已复核建议调整事项？

(6) 是否已复核管理层声明书，股东大会、董事会相关会议纪要，与客户的沟通记录及重要会谈记录，律师询证函复函？

(7) 是否已复核已审计财务报表和拟出具的审计报告？

(8) 实施上述复核后，是否可以确定：① 对项目负责经理实施的复核结果满意？② 对重大错报风险的评估及采取的应对措施是恰当的，针对存在特别风险的审计领域，设计并实施了针对性的审计程序，且得出了恰当的审计结论？③ 项目组作出的重大判断恰当合理？④ 提出的建议调整事项恰当合理，未更正错报无论是单独还是汇总起来对财务报表整体均不具有重大影响？⑤ 已审财务报表的编制符合企业会计准则的规定，在所有重大方面公允反映了被审单位的财务状况、经营成果和现金流量？⑥ 拟出具的审计报告措辞恰当，已按照审计准则的规定发表了恰当的审计意见？

14.3.3　审计机构负责人实施的质量控制复核

审计机构负责人如认为必要，在终结审计阶段，可亲自或委托审计机构内专职的质量控制复核人员，对审计项目的工作质量实施下列质量控制复核：

(1) 项目质量控制复核之前进行的复核是否均已得到满意的执行？

(2) 是否已复核项目组针对本业务对本审计机构独立性作出的评价，并认为该评价是恰当的？

(3) 是否已复核项目组在审计过程中识别的特别风险以及采取的应对措施，包括项目组对舞弊风险的评估及采取的应对措施，认为项目组作出的判断和应对措施是恰当的？

(4) 是否已复核项目组作出的判断，包括关于重要性和特别风险的判断，认为这些判断恰当合理？

(5) 是否确定项目组已就存在的意见分歧、其他疑难问题或争议事项进行适当咨询，且咨询得出的结论是恰当的？

(6) 是否已复核项目组与管理层和治理层沟通的记录以及拟与其沟通的事项，对沟通情况表示满意？

(7) 是否认为所复核的审计工作底稿反映了项目组针对重大判断执行的工作，能够支持得出的结论？

(8) 是否已复核已审计财务报表和拟出具的审计报告，认为已审计财务报表符合企业会计准则的规定，拟出具的审计报告已按照审计准则的规定发表了恰当的审计意见？

14.4　审计报告

14.4.1　审计报告的概念

14.4.1.1　审计报告的含义

审计报告是指审计人员根据审计准则的要求，在实施审计工作的基础上对被审单位年度财务报表发表意见的书面文件。审计报告是审计人员在完成审计工作后，按照审计约定，向委托人提交的最终产品，具有法定证明效力。

审计主体、目的和内容不同，导致审计报告有所不同。本章所指的审计报告，是指注册会计师实施财务报表审计状态下的审计报告。国家审计和内部审计实施财务报表审计时，可予参考。

14.4.1.2　审计报告的主要使用人

一般说来，审计报告的使用人主要有：政府有关部门、投资人、债权人、被审单位管理层、金融保险机构及其他利益相关者。

14.4.1.3　审计报告的质量特征

审计报告应具有以下质量特征：

(1) 审计人员约定按照审计准则的规定执行审计工作。

(2) 审计人员应在实施审计工作的基础上才能出具审计报告。

(3) 审计人员通过对财务报表发表审计意见来履行审计业务约定书(或审计指令)约定(或规定)的责任。

(4) 审计人员应当以书面形式出具真实、合法的审计报告。

(5) 审计人员应当在审计报告中清楚地表达对财务报表的意见，并对出具的审计报告负责。

(6) 审计人员应当将已审计的财务报表附于审计报告后。

14.4.1.4　审计报告的作用

1. 鉴证作用　注册会计师由于超然独立的地位，使得其签发的审计报告，能够对被审地位财务报表的合法性、公允性，发表具有签证作用的审计意见。各审计报告的使用人能够根据独立的审计报告，做出恰当的判断，从而进行相关决策。

2. 保护作用　注册会计师通过审计，可以对被审地位财务报表出具不同类型审计意见的审计报告，以提高或降低财务报表信息使用人对财务报表的信赖程度，能够在一定程度上对被审地位的财产、债权和股东的权益及企业利害关系人的利益起到保护作用。

3. 证明作用　审计报告时对审计人员完成审计任务及其结果所做的总结，它可以表明审计工作的质量并明确审计人员的审计责任。因此，审计报告可以对审计工作质量和审计人员的审计责任起到证明作用。

14.4.2　审计意见的形成

审计报告的核心是审计意见。审计意见的形成应满足下列要求：

(1) 审计人员应当评价根据审计证据得出的结论，以作为对财务报表形成审计意见的基础。

(2) 在对财务报表形成审计意见时，审计人员应当根据已获取的审计证据，评价是否已对财务报表整体不存在重大错报获取合理保证。

(3) 在评价财务报表是否按照适用的会计准则和相关会计制度的规定编制时，注审计人员应当考虑下列内容：① 选择和运用的会计政策是否符合适用的会计准则和相关会计制度，并适合于被审单位的具体情况；② 管理层作出的会计估计是否合理；③ 财务报表反映的信息是否具有相关性、可靠性、可比性和可理解性；④ 财务报表是否作出充分披露，使财务报表使用者能够理解重大交易和事项对被审计单位财务状况、经营成果和现金流量的影响。

(4) 在评价财务报表是否作出公允反映时，审计人员应当考虑下列内容：① 经过管理层调整后的财务报表，是否与审计人员对被审单位及其环境的了解一致；② 财务报表的列报、结构和内容是否合理；③ 财务报表是否真实地反映了交易和事项的经济实质。

14.4.3　审计报告的类型

1. 按审计报告的性质　按照审计报告的性质，审计报告可分为标准审计报告和非标准审计报告。

标准审计报告是指审计人员出具无保留意见，且不附加说明段、强调事项段或任何修饰性用语的审计报告。

非标准审计报告是指标准审计报告以外的其他审计报告，包括带强调事项段的无保留意见的审计报告和非无保留意见的审计报告。非无保留审计意见的审计报告又包括保留意见的审计报告、否定意见的审计报告和无法表示意见的审计报告。

2. **按审计报告使用的目的** 按照审计报告使用的目的，审计报告可分为公布目的的审计报告和非公布目的的审计报告。

公布目的的审计报告一般是用于对企业股东、投资人、债权人等非特定利益关系者公布的附送财务报表的审计报告。

非公布目的的审计报告一般是用于经营管理、合并或业务转让、融通资金等特定目的而实施的审计报告。这类审计报告是分发给特定使用者的，如经营者、合并或业务转让的关系人、提供信用的金融机构等。

3. **按照财务报表的详略程度** 按照财务报表的详略程度，审计报告可分为简式审计报告和详式审计报告。

简式审计报告又称短式审计报告，是指审计人员对应公布的财务报表进行审计后所编制的简明摘要的审计报告。简式审计报告反映的内容是非特定多数的利害关系人共同认为的必要审计事项，它具有记载事项为法令或审计准则所规定的特征，具有标准格式。因而，简式审计报告一般适用于公布目的，具有标准审计报告的特点。

详式审计报告又称长式审计报告，是指审计对象所有重要的经济业务和情况要做详细说明和分析的审计报告。详式审计报告主要用于指出企业经营管理存在的问题和帮助企业改善经营管理，故内容较简式审计报告丰富得多、详细得多。详式审计报告一般适用于非公布目的，具有非标准审计报告的特点。

审计报告的分类，可参见表 14.6。

表 14.6 审计报告的类型

审计报告分类依据			审计报告的类型
审计意见类型	无保留意见	不附加说明段、强调事项段或任何修饰性用语	标准审计报告
		附加说明段、强调事项段或修饰性用语	非标准审计报告
	保留意见		非标准审计报告
	否定意见		
	无法表示意见		
使用目的	对外公布，针对非特定利益群体		公布目的审计报告
	不对外公布，针对特定财务信息使用人		非公布目的审计报告
详略程度	针对非特定利害关系人、法定事项和应公布的财务报表		简式审计报告
	针对特定利害关系人认为的重要经济业务和情况		详式审计报告

14.4.4 审计报告的基本内容

审计报告应当包括下列要素：

1. 标题 审计报告的标题，应当统一规范为"审计报告"。

2. 收件人 审计报告的收件人，是指审计人员按照业务约定书的要求致送审计报告的对象，一般是指审计业务的委托人。审计报告应当载明收件人的全称。

3. 引言段 审计报告的引言段，应当说明被审单位的名称和财务报表已经过审计，并包括下列内容：

(1) 指出构成整套财务报表的每张财务报表的名称。

(2) 提及财务报表附注。

(3) 指明财务报表的日期和涵盖的期间。

4. 管理层对财务报表的责任段 管理层对财务报表的责任段，应当说明按照适用的会计准则和相关会计制度的规定编制财务报表是管理层的责任，这种责任包括：

(1) 设计、实施和维护与财务报表编制相关的内部控制，以使财务报表不存在由于舞弊或错误而导致的重大错报。

(2) 选择和运用恰当的会计政策。

(3) 作出合理的会计估计。

5. 审计人员的责任段 审计人员的责任段应当说明下列内容：

(1) 审计人员的责任是在实施审计工作的基础上对财务报表发表审计意见。审计人员按照审计准则的规定执行了审计工作。审计准则要求审计人员遵守职业道德规范,计划和实施审计工作以对财务报表是否不存在重大错报获取合理保证。

(2) 审计工作涉及实施审计程序，以获取有关财务报表金额和披露的审计证据。选择的审计程序取决于审计人员的判断，包括对由于舞弊或错误导致的财务报表重大错报风险的评估。在进行风险评估时，审计人员考虑与财务报表编制相关的内部控制，以设计恰当的审计程序，但目的并非对内部控制的有效性发表意见。审计工作还包括评价管理层选用会计政策的恰当性和作出会计估计的合理性，以及评价财务报表的总体列报。

(3) 审计人员相信已获取的审计证据是充分、适当的，为其发表审计意见提供了基础。

如果接受委托，结合财务报表审计对内部控制有效性发表意见，审计人员应当省略本条第2项中"但目的并非对内部控制的有效性发表意见"的术语。

6. 审计意见段 审计意见段应当说明财务报表是否按照适用的会计准则和

相关会计制度的规定编制,是否在所有重大方面公允反映了被审单位的财务状况、经营成果和现金流量。

(1) 无保留意见的审计报告。如果认为财务报表符合下列所有条件,审计人员应当出具无保留意见的审计报告:① 财务报表已经按照适用的会计准则和相关会计制度的规定编制,在所有重大方面公允反映了被审计单位的财务状况、经营成果和现金流量;② 审计人员已经按照中国审计人员审计准则的规定计划和实施审计工作,在审计过程中未受到限制。当出具无保留意见的审计报告时,审计人员应当以"我们认为"作为意见段的开头,并使用"在所有重大方面"、"公允反映"等术语。

(2) 标准审计报告。当审计人员出具的无保留意见的审计报告不附加说明段、强调事项段或任何修饰性用语时,该报告称为标准审计报告。

注册会计师审计中,注册会计师出具非标准审计报告时,应当遵守《中国注册会计师审计准则第 1502 号——非标准审计报告》和《中国注册会计师审计准则第 1501 号——审计报告》的相关规定。

7. 审计人员的签名和盖章　审计报告应当由审计人员签名并盖章。

8. 会计师事务所的名称、地址及盖章　审计报告应当载明会计师事务所的名称和地址,并加盖会计师事务所公章。

9. 报告日期　审计报告应当注明报告日期。审计报告的日期不应早于审计人员获取充分、适当的审计证据(包括管理层认可对财务报表的责任且已批准财务报表的证据),并在此基础上对财务报表形成审计意见的日期。

14.4.5　标准审计报告的参考格式

中国注册会计师协会提供了下列标准审计报告的参考格式。

审计报告(标题)

ABC 股份有限公司全体股东**(收件人)**:

我们审计了后附的 ABC 股份有限公司(以下简称 ABC 公司)财务报表,包括20×1 年 12 月31 日的资产负债表,20×1 年度的利润表、股东权益变动表和现金流量表以及财务报表附注。(引言段)

一、管理层对财务报表的责任**(管理层对财务报表的责任段)**

按照企业会计准则和《××会计制度》的规定编制财务报表是 ABC 公司管理层的责任。这种责任包括: (1) 设计、实施和维护与财务报表编制相关的内部控制,以使财务报表不存在由于舞弊或错误而导致的重大错报; (2) 选择和运用恰当的会计政策; (3) 作出合理的会计估计。

二、注册会计师的责任**(审计人员的责任段)**

我们的责任是在实施审计工作的基础上对财务报表发表审计意见。我们按照中国注册会计师审计准则的规定执行了审计工作。中国注册会计师审计准则要求我们遵守职业道德规范,计划和实施审计工作以对财务报表是否不存在重大错报获取合理保证。

审计工作涉及实施审计程序,以获取有关财务报表金额和披露的审计证据。选择的审计程序取决于注册会计师的判断，包括对由于舞弊或错误导致的财务报表重大错报风险的评估。在进行风险评估时，我们考虑与财务报表编制相关的内部控制，以设计恰当的审计程序，但目的并非对内部控制的有效性发表意见。审计工作还包括评价管理层选用会计政策的恰当性和作出会计估计的合理性，以及评价财务报表的总体列报。

我们相信，我们获取的审计证据是充分、适当的，为发表审计意见提供了基础。

三、审计意见(审计意见段)

我们认为，ABC 公司财务报表已经按照企业会计准则和《××会计制度》的规定编制，在所有重大方面公允反映了 ABC 公司 20×1 年 12 月 31 日的财务状况以及 20×1 年度的经营成果和现金流量。

××会计师事务所	中国注册会计师：×××
(盖章)	(签名并盖章)
	中国注册会计师：×××
	(签名并盖章)
	中国××市
	20×2 年×月×日

14.4.6 非标准审计报告

14.4.6.1 带强调事项段的无保留意见的审计报告

审计报告的强调事项段，是指审计人员在审计意见段之后，增加的对重大事项予以强调的段落。

1. **强调事项的条件**   强调事项应当同时符合的两个条件：

(1) 可能对财务报表产生重大影响，但被审单位进行了恰当的会计处理，且在财务报表中作出充分披露。

(2) 不影响审计人员发表无保留的审计意见。

2. **增加强调事项段的情形**   主要有：

(1) 对持续经营能力产生重大疑虑。当存在可能导致对持续经营能力产生重大疑虑的事项或情况、但不影响已发表的无保留审计意见时，审计人员应当在审计意见段之后，增加强调事项段对此予以强调。

(2) 重大不确定事项。不确定事项，是指其结果依赖于未来行动或事项，不受被审单位的直接控制，但可能影响财务报表的事项。当存在可能对财务报表产生重大影响的不确定事项(持续经营问题除外)、但不影响已发表的无保留审计意见时，审计人员应当考虑在审计意见段之后，增加强调事项段对此予以强调。

(3) 其他审计准则规定增加强调事项段的情形。除上述两种情形以及其他审计准则规定的增加强调事项段的情形(主要有持续经营、期后事项、比较数据、含有已审计财务报表的文件中的其他信息等)外，审计人员不应在审计报告的审计意见段之后增加强调事项段或任何解释性段落，以免财务报表使用者产生误解。

3. **强调事项段中的提示**　审计人员应当在强调事项段中指明,该段内容仅用于提醒财务报表使用者关注,并不影响已发表的审计意见。

4. **带强调事项段的无保留意见的审计报告的参考格式**　带强调事项段的无保留意见的审计报告是在前述标准审计报告中的审计意见段后,增加带强调事项段落,其参考格式如下:

……

三、审计意见(**审计意见段**)(略)

四、强调事项(**强调事项段**)

我们提醒财务报表使用者关注,如财务报表附注×所述,ABC 公司在 20×1 年发生亏损×万元,在 20×1 年 12 月 31 日,流动负债高于资产总额×万元。ABC 公司已在财务报表附注×充分披露了拟采取的改善措施,但其持续经营能力仍然存在重大不确定性。本段内容不影响已发表的审计意见。

……

14.4.6.2　非无保留意见审计报告

非无保留意见包括三种:保留意见、否定意见和无法表示意见。

1. **影响发表非无保留意见的情形**　当存在下列情形之一时,如果认为对财务报表的影响是重大的或可能是重大的,审计人员应当出具非无保留意见的审计报告:

(1) 审计人员与管理层的分歧。审计人员与管理层在被审单位会计政策的选用、会计估计的作出或财务报表的披露方面存在分歧。

(2) 审计范围受到限制。审计范围可能受到下列两方面的限制:①客观环境造成的限制。例如,由于被审单位存货的性质或位置特殊等因素导致审计人员无法实施存货监盘等。在客观环境造成限制的情况下,审计人员应当考虑是否可能实施替代审计程序,以获取充分、适当的审计证据。②管理层造成的限制。例如,管理层不允许审计人员观察存货盘点,或者不允许对特定账户余额实施函证等。在管理层造成限制的情况下,审计人员应当提醒管理层放弃限制。如果管理层不配合,审计人员应当考虑这一事项对风险评估的影响以及是否可能实施替代审计程序,以获取充分、适当的审计证据。

2. **发表非无保留审计意见时的说明**　发表非无保留审计意见时,应在审计报告中增加说明段。审计报告的说明段是指审计报告中位于审计意见段之前用于描述审计人员对财务报表发表保留意见、否定意见或无法表示意见理由的段落。当出具非无保留意见的审计报告时,审计人员应当在审计人员的责任段之后、审计意见段之前增加说明段,清楚地说明导致所发表意见或无法发表意见的所有原因,并在可能情况下,指出其对财务报表的影响程度。

3. **保留意见的审计报告**

(1) 保留意见的适用范围。如果认为财务报表整体是公允的,但还存在下列情形之一，审计人员应当出具保留意见的审计报告：①会计政策的选用、会计估计的作出或财务报表的披露不符合适用的会计准则和相关会计制度的规定，虽影响重大，但不至于出具否定意见的审计报告；②因审计范围受到限制，不能获取充分、适当的审计证据，虽影响重大，但不至于出具无法表示意见的审计报告。

(2) 审计意见段中保留意见的提示。当出具保留意见的审计报告时，审计人员应当在审计意见段中使用"除……的影响外"等术语。如果因审计范围受到限制，审计人员还应当在审计人员的责任段中提及这一情况。

(3) 保留意见审计报告的参考格式。保留意见的审计报告是在前述标准审计报告中的注册会计师的责任段与审计意见段之间，增加说明段。说明段的主要意图，是说明发表保留意见的事项(原因)。当审计范围受到限制时，发表保留意见的说明段的参考格式如下：

......

二、注册会计师的责任(**审计人员的责任段**)(略)
三、导致保留意见的事项(**说明段**)

ABC 公司 20×1 年 12 月 31 日的应收账款余额×万元，占资产总额的×%.由于 ABC 公司未能提供债务人地址，我们无法实施函证以及其他审计程序，以获取充分、适当的审计证据。

四、审计意见(**审计意见段**)(略)

......

4. 否定意见的审计报告

(1) 否定意见的适用范围.如果认为财务报表没有按照适用的会计准则和相关会计制度的规定编制，未能在所有重大方面公允反映被审计单位的财务状况、经营成果和现金流量，审计人员应当出具否定意见的审计报告。

否定意见的审计报告是一种极端的审计报告。出具否定意见的审计报告时，审计人员应持慎重的态度，严格按照审计准则的规定，实施必要的审计程序，收集充分、有效的审计证据，以便支持否定意见。只有当审计人员认为被审单位财务报表存在重大错报、且会误导使用者，以至于财务报表的编制不符合适用的会计准则和相关会计制度的规定，未能从整体上公允反映被审单位的财务状况、经营成果和现金流量，审计人员才可出具否定意见的审计报告。

(2) 审计意见段中否定意见的提示。当出具否定意见的审计报告时，审计人员应当在审计意见段中使用"由于上述问题造成的重大影响"、"由于受到前段所述事项的重大影响"等术语。

(3) 否定意见审计报告的参考格式。否定意见的审计报告是在前述标准审计报告中的注册会计师的责任段与审计意见段之间，增加说明段。说明段的主要意图，是说明发表否定意见的事项(原因)。发表否定意见的说明段的参考格式如下：

......

二、注册会计师的责任(**审计人员的责任段**)(略)

三、导致否定意见的事项(说明段)

如财务报表附注×所述，ABC 公司的长期股权投资未按企业会计准则的规定采用权益法核算。如果按权益法核算，ABC 公司的长期投资账面价值将减少×万元，净利润将减少×万元，从而导致 ABC 公司由盈利×万元变为亏损×万元。

四、审计意见(审计意见段)(略)

……

5. 无法表示意见的审计报告

(1) 无法表示意见的适用范围。如果审计范围受到限制可能产生的影响非常重大和广泛，不能获取充分、适当的审计证据，以至于无法对财务报表发表审计意见，审计人员应当出具无法表示意见的审计报告。

(2) 审计报告中删除审计人员责任段。当出具无法表示意见的审计报告时，审计人员应当删除审计人员责任段。

(3) 审计意见段中无法表示意见的提示。审计人员应在审计意见段中使用"由于审计范围受到限制可能产生的影响非常重大和广泛"、"我们无法对上述财务报表发表意见"等术语。

(4) 无法表示意见审计报告的参考格式。无法表示意见的审计报告是在前述标准审计报告中的管理层对财务报表的责任段与审计意见段之间，增加说明段。说明段的主要意图，是说明无法表示审计意见的事项(原因)。无法表示意见的说明段的参考格式如下：

……

一、管理层对财务报表的责任(管理层对财务报表的责任段)(略)

二、导致无法表示意见的事项(说明段)

ABC 公司未对 20×1 年 12 月 31 日的存货进行盘点，金额为×万元，占期末资产总额的 40%。我们无法实施存货监盘，也无法实施替代审计程序，以对期末存货的数量和状况获取充分、适当的审计证据。

三、审计意见(审计意见段)(略)

……

14.5 审计档案

审计工作结束后，审计人员应对审计工作底稿及其有关文件和资料进行分类整理，形成审计档案。

14.5.1 审计档案的作用

收集、整理和保管好审计档案对于提高审计效果和效率具有重要作用，是审计过程中不可或缺的组成部分。审计档案在审计工作中的作用，主要表现在以下方面：

(1) 为审计结束后进行查考提供依据，有助于分清审计责任。

(2) 为审计工作规范化积累资料。

(3) 为下一次审计工作提供可供参考的资料。

(4) 出现审计诉讼时，提供证明资料。

(5) 是审计行业管理和质量控制的重要环节。

14.5.2　审计档案的类型

审计档案按其使用期限的长短和作用的大小可分为永久性档案和当期档案。

(1) 永久性档案：永久性档案是指那些记录内容相对稳定，具有长期使用价值，并对以后审计工作具有重要影响的审计档案。永久性档案分为两类：审计行业组织规定必须永久保管的档案；审计机构自行确定需永久保管的档案。

(2) 当期档案：当期档案是指那些记录内容经常变化，只提供当期审计使用和下期审计参考的审计档案。当期档案的具体内容，多由审计机构在审计行业组织规定的永久性档案目录以外的档案中确定。

14.5.3　审计档案的保管与查阅

审计机构及有关部门除了应当妥善保管审计档案，还应建立审计档案的保密制度，对审计档案中涉及的商业秘密保密。

对于国家审计机关所保存的审计档案，由于包括了被审单位的详细情况，一般不宜对外公开，在一定期限内审计档案仅供审计人员调阅。有关方面调阅审计档案，要经过审批，并做好借阅记录。

对于注册会计师审计而言，会计师事务所对于下列情况，通常允许查阅审计档案，而不属于泄密：

(1) 法院、检察院及其他部门(如税务机关、银行等)依法查阅，并按规定办理了必要的手续。

(2) 注册会计师协会对执业情况进行的审查。

(3) 不同会计师事务所的注册会计师，因审计工作的需要，并经委托人的同意，办理了有关手续，可以查阅有关审计档案。

应予强调的是，即使委托人同意，不同会计师事务所之间调阅审计工作底稿通常限于以下情况：① 被审单位更换会计师事务所；② 审计合并财务报表；③ 联合审计。

拥有审计工作底稿的会计师事务所应当对要求查阅者提供适当的协助。查阅者因误用审计工作底稿而造成的后果,与拥有审计工作底稿的会计师事务所无关。

本章小结

　　审计人员为厘清审计责任与会计责任,需要向被审单位管理层索取管理层声明。它既是审计准则的要求,又有利于降低审计风险和发现审计线索。

　　在终结外勤审计工作以后,应当对审计中发现的差异进行总结和评价,以形成审计结果、提出恰当的审计意见,并与被审单位进行沟通。然后,审计机构在正式形成审计报告前,应对全部审计工作进行复核。

　　不同审计主体和客体的审计工作,有着不同的审计报告。在注册会计师实施的财务报表审计中,适用公布目的的,通常采用规范格式的简式审计报告;适用非公布目的的,通常采用非规范格式的详式审计报告。财务报表审计报告中的审计意见类型有:无保留意见(分为不附加说明段和附加说明段两种);保留意见;否定意见;无法表示意见。

　　审计工作结束后,审计人员应对审计工作底稿及其有关文件和资料进行分类整理,形成审计档案。

15 其他审计鉴证工作简介

1996 年美国最大的六家[1]会计师事务所的收入结构，如表 15.1 所示。

表 15.1 1996 年美国六大会计师事务所的收入结构[2]

美元单位：亿

排序	事务所名称	在美国的收入结构			
		净收入	会计与审计收入占比	税务服务收入占比	管理咨询服务收入占比
1	安达信	38.60	32%	16%	52%
2	安永	29.74	43%	22%	35%
3	德勤	25.70	44%	20%	36%
4	毕马威	22.89	45%	19%	36%
5	永道	19.05	45%	20%	35%
6	普华	17.70	40%	24%	36%

　　从表 15.1 中可以看出，会计师事务所的业务涵盖四个领域：会计服务业务；审计服务业务；税务服务业务；管理咨询服务业务。可能基于审计服务与会计服务在业务属性上的关联性，该表将会计服务的收入与审计服务的收入合并计算。审计服务主要从事鉴证服务，而鉴证服务的领域，可以分为历史财务信息审计业务、历史财务信息审阅业务和其他鉴证业务时。基于最初审计是从事历史财务信息鉴证服务的史实，可以将对历史财务信息审计业务以外的鉴证服务称为其他审计鉴证工作。或者说，其他审计鉴证工作，是指审计机构从事的除历史财务信息审计业务以外的鉴证服务工作。

　　表 15.1 还说明，在大型会计师事务所的收入中，纯粹的审计服务收入并不高，而非审计服务收入的比重则较高，也说明大型会计师事务所的盈利领域主要是非审计服务。这也可以说明为什么美国电影业奥斯卡金像奖选票的统计工作委托普华永道会计师事务所担当的原因。

---

　　1 1998 年，普华和永道合并成为普华永道会计师事务所；2002 年 8 月 31 日，安达信会计师事务所因在安然公司财务欺诈事件中的非法作为，宣布正式退出其从事了 89 年的审计行业。所以，现在美国(或称全球)最大的会计师事务所由六家缩为四家。
　　2 表中的数据引自：(美)阿尔文·阿伦斯、詹姆斯·K·洛布贝克，审计学——整合方法研究，北京：中国审计出版社，2001：19

其他审计鉴证工作的领域是很难界定边界的，它实际上是审计职业界顺应经济社会变化的产物。可以说，各个国家的经济发展到一定阶段，各经济利益相关群体需要审计职业界提供什么服务，而审计职业界能够、愿意提供这种服务，相关服务的供需平衡就形成了，审计职业界也就得到了相应的发展。其他审计鉴证工作在各个国家的发展可能有所不同，也很难穷尽。本章介绍目前中国注册会计师审计行业开展的一些其他审计鉴证工作。

15.1　对特殊目的审计业务出具审计报告

15.1.1　特殊目的审计业务的含义

特殊目的审计业务，是指审计人员接受委托，对下列财务信息进行审计并出具审计报告的业务：

(1) 按照企业会计准则和相关会计制度以外的其他基础(简称特殊基础)编制的财务报表；特殊基础通常包括计税基础、收付实现制基础和相关政府监管监管的特殊报告要求等。

(2) 财务报表的组成部分，包括财务报表特定项目、特定账户或特定账户的特定内容。

(3) 合同的遵守情况。

(4) 简要财务报表。

15.1.2　特殊目的审计业务中审计人员发表审计的依据

审计人员应当复核和评价在执行特殊目的审计业务过程中获取的审计证据和由此得出的结论，以作为发表审计意见的基础。

审计人员应当以书面报告的形式清晰地表达审计意见。

15.1.3　特殊目的审计业务的总体要求

15.1.3.1　承接特殊目的审计业务的一般要求

在执行特殊目的审计业务时，审计人员实施的审计程序的性质、时间和范围因业务具体情况的不同而存在差异。在承接特殊目的审计业务前，审计人员应当与委托人就业务性质、审计报告的格式和内容等达成一致意见。

15.1.3.2　了解所审计信息的用途及可能的使用者

为了尽可能地降低审计风险，在计划审计工作时，审计人员应当清楚了解所审计信息的用途及可能的使用者。

特殊目的审计业务所审财务信息一般是为了满足特定使用者的特定需要，具有特定用途。例如，破产清算中，破产企业按非持续经营基础(清算基础)编制财务报表。法院在企业破产诉讼中，常常会委托审计机构进行破产清算审计。此时，审计报告的主要用途是满足破产清算诉讼；审计报告的特定使用者主要是法院和破产清算中的利益相关者。

15.1.3.3　说明审计报告分发和使用的限制

为了避免审计报告被用于非预定目的，审计人员可以在审计报告中说明出具审计报告的目的，以及在分发和使用上的限制。

15.1.3.4　特殊目的审计报告的要素

除对简要财务报表出具的审计报告外，对其他特殊目的审计业务出具的审计报告应当包括下列要素：

(1) 标题。标题中应当包含表明审计业务性质的"审计"一词，也可将"审计报告"作为统称。例如，"×××领导同志××××年度经济责任审计报告"。

(2) 收件人。特殊目的审计报告的收件人，是指审计人员按照特殊目的审计业务约定书(或委托书)的要求致送审计报告的对象，一般是特殊目的审计业务的委托人。特殊审计报告应载明收件人的全称。

(3) 引言段。引言段应当说明下列内容：① 所审计的财务信息。应当详细说明所审计信息的编制基础和所包括的全部内容；② 被审计单位管理层的责任和审计人员的责任。应当说明，编制所审计的财务信息是被审单位管理层的责任；审计人员的责任是在实施审计工作的基础上对这些财务信息发表审计意见。

(4) 范围段。在范围段应当说明执行特殊目的审计业务依据的审计准则和审计人员已实施的工作。对已实施的工作的说明应当包括：① 审计要求：审计人员遵守职业道德规范，计划和实施审计工作以对财务信息是否不存在重大错报获取合理保证。② 审计工作涉及实施审计程序，以获取有关财务信息金额和披露的证据。审计人员选择的审计程序取决于其专业判断，包括对由于舞弊或错误导致的财务信息的重大错报风险的评估。③ 审计人员相信，已获取的审计证据是充分、适当的，为其发表审计意见提供了基础。

(5) 审计意见段。应当清楚地说明对财务信息发表的审计意见。

(6) 审计报告用途限制段。应当清楚地说明审计报告的用途。

(7) 审计人员的签名和盖章。

(8) 审计机构的名称、地址及盖章。

(9) 报告日期。特殊目的审计报告的日期不应早于审计人员获取充分、适当的审计证据，并在此基础上形成审计意见的日期。

15.1.3.5 审计报告格式被指定时的处理

审计报告格式被指定，是指在确定特殊目的审计业务时，委托人(例如：税务机关、银行、法院等)基于其专业(工作)的特殊性，要求审计机构按其指定的格式出具审计报告。

如果委托人要求按照指定格式出具审计报告，审计人员应当考虑指定格式报告的实质要求及措辞。必要时，应当修改指定格式报告的措辞，或另附一份报告，以符合审计准则的规定。

15.1.3.6 所审计信息是基于某项合同条款的考虑

如果所审计的信息基于某项合同的条款，审计人员应当考虑管理层在编制信息时是否已对所依据的合同作出重要解释。如果采用另一合理的解释将会对所编制财务信息产生重大差异，则该项解释就是重要的。同时，审计人员应当考虑对合同作出的重要解释是否已在财务信息中得到清晰的披露，并考虑是否有必要在审计报告中提醒信息使用者注意财务信息附注中对这些解释的描述。

15.1.4 对特殊基础编制的财务报表出具审计报告

15.1.4.1 特殊基础的主要类型

特殊基础是指除企业会计准则规定以外的其他基础。按照企业会计准则编制的财务报表，是为了满足财务信息一般使用者的共同信息需求；而按照特殊基础编制的财务报表是为了满足特定使用者的财务信息需求。这些特定使用者的信息需求决定了适用的财务报告框架，即特殊基础。特殊基础通常包括：

(1) 计税基础。是指按照税法的规定编制财务报表。税法和企业会计准则及相关会计制度是存在差异的。按照计税基础编制的财务报表通常用于企业向税务部门进行纳税申报，其特定使用者为被审单位管理层和商务部门。

(2) 收付实现制基础。是以款项的实际收付为标准来处理经济业务、确定本期收入和费用、计算本期盈亏的会计处理基础。而会计准则规定，企业的会计处理遵守权责发生制基础。按收付实现制基础编制的财务报表通常提供给企业的贷款人,以满足他们了解企业的现金流量信息,其特定使用者为被审单位管理层和被审单位贷款人。

(3) 政府监管机构的报告要求。政府监管机构可能对企业报送的财务报表提出特殊要求。按照政府监管机构的报告要求编制的财务报表通常提供给特定的政府监管部门,以满足他们对企业进行某方面监管的需要,其特定使用者为被审单位管理层和相应的监管机构。

15.1.4.2　出具审计报告的特殊考虑

1. 对审计报告引言段的特殊考虑　对按照特殊基础编制的财务报表,审计人员应当在出具的审计报告中指明财务报表编制的基础,或提醒财务报表使用者注意财务信息附注中对编制基础作出的说明。

2. 对审计意见段的特殊考虑　审计意见应当说明财务报表是否按照指定的特殊基础编制。

15.1.4.3　对财务报表标题或附注的考虑

审计人员应当考虑财务报表的标题或附注是否清楚表明,该财务报表并非按照企业会计准则和相关会计制度的规定编制。

如果按照特殊基础编制的财务报表未能冠以适当的标题,或特殊基础未得到充分披露,审计人员应当出具恰当的非无保留意见的审计报告。

15.1.4.4　对按照特殊基础编制的财务报表出具的审计报告参考格式

在注册会计师审计中,对按照特殊基础编制的财务报表出具的审计报告,一般采用下列参考格式:

(1) 对按照计税基础编制的财务报表出具审计报告(无保留意见)的参考格式。

审计报告(标题)

ABC 合伙企业全体合伙人(收件人):
　　我们审计了后附的 ABC 合伙企业按照所得税基础编制的财务报表,包括 200×年 12 月 31 日的所得税基础资产负债表,200×年度的所得税基础收入和费用表以及财务报表附注。这些财务报表的编制是 ABC 合伙企业管理层的责任,我们的责任是在实施审计工作的基础上对这些财务报表发表审计意见。**(引言段)**
　　我们按照中国注册会计师审计准则的规定执行了审计工作。中国注册会计师审计准则要求我们遵守职业道德规范,计划和实施审计工作以对财务报表是否不存在重大错报获取合理保证。审计工作涉及实施审计程序,以获取有关财务报表金额和披露的审计证据。选择的审计程序取决于注册会计师的判断,包括对由于舞弊或错误导致的财务报表重大错报风险的评估。在进行风险评估时,我们考虑与财务报表编制相关的内部控制。以设计恰当的审计程序,但目的并非对内部控制的有效性发表意见。审计工作还包括评价管理层选用会计政策的恰当性和做出会计估计的合理性，以及评价财务报表的总体列报。我们相信，我们获取的审计证据是充分、恰当的，为发表审计意见提供了基础。(范围段)

我们认为，ABC 合伙企业上述财务报表已经按照所得税基础编制，在所有重大方面公允反映了 ABC 合伙企业 200×年 12 月 31 日的财务状况以及 200×年度的收入和费用情况。(审计意见段)

ABC 合伙企业上述报表是为了满足纳税申报的需要按照所得税基础编制的，不适用于其他目的。因此，本报告仅供 ABC 合伙企业以及税务机关使用，不得用于其他目的。(审计报告用途限制段)

×× 会计师事务所　　　　　　　　　　中国注册会计师：×××
　(盖章)　　　　　　　　　　　　　　　(签名并盖章)
　　　　　　　　　　　　　　　　　　中国注册会计师：×××
　　　　　　　　　　　　　　　　　　　(签名并盖章)
　　　　　　　　　　　　　　　　　　中国·××市
　　　　　　　　　　　　　　　　　　200×年×月×日

(2) 对按照收付实现制基础编制的财务报表出具审计报告(无保留意见)的参考格式。可参考按照计税基础编制的财务报表出具审计报告(无保留意见)。主要区别，是审计意见段和审计报告用途限制段的内容有所不同。参考格式如下：

……

我们认为，ABC 公司的现金流入和支出表已经按照收付实现制基础编制，在所有重大方面公允反映了 ABC 公司 200×年度的收入和支出情况。(审计意见段)

正如附注×所述，ABC 公司上述财务报表是为了向××银行申请贷款需要提供现金流量信息而按照收付实现制基础编制的，可能不适用其他目的。因此，本报告仅供 ABC 公司以及××银行使用，不得用于其他目的。(审计报告用途限制段)

……

15.1.5 对财务报表组成部分出具审计报告

15.1.5.1 承接业务的要求

审计人员可能应委托人的要求对财务报表的一个或多个组成部分发表审计意见。这种类型的业务可以作为一项独立的业务予以承接，也可以连同财务报表审计一起承接。

财务报表的组成部分相对于整套财务报表而言，可能是指：① 单个财务报表，如股东权益变动表等；② 财务报表中的特定项目，如应收账款、存货等；③ 特定账户，如库存商品、银行存款等；④ 特定账户的特定内容，如对某一具体客户的应收账款、营业收入中的某产品的销售收入等。

15.1.5.2 确定审计报告范围应当考虑的因素

在确定财务报表组成部分的审计范围时，审计人员应当考虑与所审计的财务报表组成部分相互关联，且可能对其具有重大影响的其他财务报表项目。例如，销售与应收款项、存货与应付款项。

15.1.5.3 重要性概念的应用

审计人员应当从对财务报表组成部分出具审计报告的角度,考虑重要性概念。

由于仅对财务报表的单个项目进行审计，因此，与对整套财务报表进行审计相比，在确定的重要性商品时运用的判断基础不同，相关利益人允许的审计风险也较低，因而所确定的重要性水平也较低。由此，审计人员要实施更广泛的审计程序，一般不宜采用抽样的方式进行审计。

15.1.5.4 出具审计报告的特殊考虑

1. 审计报告不应后附整套财务报表　为避免信息使用者误认为对财务报表组成部分出具的审计报告与整套财务报表相关，审计人员应当提请委托人不应将整套财务报表附于审计报告后。

2. 对引言段的特殊考虑　对财务报表组成部分出具审计报告时，审计人员应当在审计报告中指明财务报表组成部分是否按照指定的编制基础编制，或提及规定编制基础的协议(规定)。

3. 对审计意见的特殊考虑　审计意见应当说明财务报表组成部分是否按照指定的编制基础编制。

4. 已对财务报表整体出具审计报告的特殊考虑　如果已对整套财务报表出具否定意见或无法表示意见的审计报告，只有在组成部分并不构成财务报表的主要部分时，审计人员才可以对组成部分出具审计报告。否则，会对整体财务报表的审计报告产生影响。

15.1.5.5 对财务报表组成部分出具的审计报告的参考格式

在注册会计师审计中，对财务报表组成部分出具的审计报告，一般采用下列参考格式:

(1) 对特定账户出具审计报告(应收账款明细表)的参考格式。对应收账款明细表的审计出具的审计报告，其引言段和审计意见段的内容可参考以下格式，其他内容可参考前述对按照计税基础编制的财务报表出具审计报告。

　……

我们审计了后附的 ABC 股份有限公司(以下简称 ABC 公司)按照企业会计准则和《××会计制度》的规定编制的 200×年 12 月 31 日的应收账款明细表及其附注(以下简称应收账款明细表)。应收账款明细表的编制是 ABC 公司管理层的责任，我们的责任是在实施审计工作的基础上对应收账款明细表发表审计意见。(引言段)

……

我们认为，ABC 公司应收账款明细表已经按照企业会计准则和《××会计制度》的规定编制，在所有重大方面公允反映了 ABC 公司 200×年 12 月 31 日的应收账款情况。(审计意见段)

……

(2) 对特定帐户的特定内容出具审计报告(M 产品销售收入及毛利明细表)的参考格式。对 M 产品销售收入及毛利明细表的审计出具的审计报告，其引言段、审计意见段和审计报告用途限制段的内容可参考以下格式，其他内容可参考前述对按照计税基础编制的财务报表出具审计报告。

……

我们审计了后附的 ABC 股份有限公司(以下简称 ABC 公司)按照 200×年 11 月 28 日与 XYZ 技术开发有限公司(以下简称 XYZ 公司)签订的《专利技术转让协议》约定的基础编制的 200×年度的 M 产品销售收入及毛利明细表及其附注(以下简称销售收入及毛利明细表)。销售收入及毛利明细表的编制是 ABC 公司管理层的责任，我们的责任是在实施审计工作的基础上对销售收入及毛利明细表发表审计意见。(引言段)

……

我们认为，ABC 公司销售收入及毛利明细表已经按照 200×年 11 月 28 日签订的《专利技术转让协议》约定的基础编制，在所有重大方面公允反映了 ABC 公司 200×年度的 M 产品的销售收入及毛利情况。(审计意见段)

正如附注×所述，ABC 公司销售收入及毛利明细表是为了向 XYZ 公司提供 M 产品销售收入及毛利信息而按照双方于 200×年 11 月 28 日签订的《专利技术转让协议》约定的基础编制的，可能不适用其他目的。因此，本报告仅供 ABC 公司和 XYZ 公司使用，不得用于其他目的。(审计报告用途限制段)

……

15.1.6 对合同遵守情况出具审计报告

15.1.6.1 合同遵守情况的业务类型

审计人员可能应委托人的要求对合同的遵守情况出具审计报告。常见的合同遵守情况包括(但不限于)：贷款合同遵守情况、专利技术转让协议遵守情况、特许商品销售分区经销合同遵守情况等。

例如，在专利技术使用权转让合同或协议中，签约双方可能约定专利技术使用人不仅应当提交经审计的财务报表，还应聘请审计人员对其遵守合同中约定的有关财务与会计事项的情况进行审计，并根据审计依据评价客户遵守合同的情况。

15.1.6.2 承接合同遵守情况审计业务的要求

只有当合同遵守情况的总体方面与会计和财务事项相关，且在审计人员专业胜任能力范围内时，审计人员才能承接该项业务。如果该业务的某些方面超越审计人员的专业胜任能力，审计人员应当考虑利用专家的工作。

15.1.6.3　出具审计报告的特殊考虑

1. 对审计报告引言段的特殊考虑　审计人员应当在出具的审计报告中指明已经对合同所涉及的财务与会计事项的遵守情况进行了审计。

2. 对审计意见段的特殊考虑　审计意见应当说明被审单位是否遵守了合同的特定条款。

3. 审计报告的使用规定　为防审计报告被滥用，审计人员应当在审计意见段之后增加对审计报告使用规定的强调事项段，指明审计报告仅供被审单位与签订合同的另一方使用，不得作为其他用途。

15.1.6.4　对合同遵守情况出具审计报告的参考格式

在注册会计师审计中，对合同遵守情况出具的审计报告的参考格式，一般采用下列参考格式：

(1) 对贷款合同遵守情况出具审计报告的参考格式。对贷款合同遵守情况出具的审计报告中的引言段、范围段、审计意见段和审计报告用途限制段的参考格式如下：

……

我们审计了 ABC 股份有限公司(以下简称 ABC 公司)200×年×月×日与××银行××分行签订的贷款合同所涉及的财务与会计方面的规定的遵循情况。遵循这些财务与会计规定是 ABC 公司管理层的责任，我们的责任是在实施审计工作的基础上对 ABC 公司是否遵循了上述贷款合同所涉及的财务与会计规定发表审计意见。(引言段)

我们按照中国注册会计师审计准则的规定执行了审计工作。中国注册会计师审计准则要求我们遵守职业道德规范，计划和实施审计工作以对 ABC 公司遵循该贷款合同所涉及的财务与会计规定的情况获取合理保证。审计工作涉及实施审计程序，以获取 ABC 公司是否遵循了有关财务与会计规定的审计证据。我们相信，我们获取的审计证据是充分、恰当的，为发表审计意见提供了基础。(范围段)

我们认为，截至 200×年 12 月 31 日，ABC 公司在所有重大方面遵循了 200×年×月×日与××银行××分行签订的贷款合同所涉及的财务与会计的规定。(审计意见段)

本报告仅供 ABC 公司与××银行××分行使用，不得用于其他目的。(审计报告用途限制段)

……

(2) 对专利技术转让合同遵守情况出具审计报告的参考格式。对专利技术转让合同遵守情况出具的审计报告，可增加审计标准段。其中引言段、范围段、审计标准段、审计意见段和审计报告用途限制段的参考格式如下：

……

我们审计了 ABC 股份有限公司(以下简称 ABC 公司)200×年×月×日与 EFG 技术咨询服务有限公司(以下简称 EFG 公司)签订的《专利技术转让合同》所涉及的财务与会计规定的遵循情况。遵循这些财务与会计规定是 ABC 公司的责任，我们的责任是在实施审计工作的基础上对 ABC 公司是否遵循了上述《专利技术转让合同》所涉及的财务与会计规定发表审计意见。(引言段)

　　我们按照中国注册会计师审计准则的规定执行了审计工作。中国注册会计师审计准则要求我们遵守职业道德规范，计划和实施审计工作以对 ABC 公司遵循该《专利技术转让合同》所涉及的财务与会计规定的遵循情况获取合理保证。审计工作涉及实施审计程序，以获取 ABC 公司遵循有关财务与会计规定的审计证据。我们相信，我们获取的审计证据是充分、恰当的，为发表审计意见提供了基础。**(范围段)**

　　根据 ABC 公司与 EFG 公司签订的《专利技术转让合同》的约定，我们获悉，ABC 公司应当按当年 W 产品销售收入总额的 8%向 EFG 公司支付专利技术使用费。**(审计标准段)**

　　我们认为，截至 200×年 12 月 31 日，ABC 公司在所有重大方面遵守了 200×年×月×日与 EFG 公司签订的《专利技术转让合同》所涉及的财务与会计规定。**(审计意见段)**

　　本报告仅供 ABC 公司与 EFG 公司使用，不得用于其他目的。**(审计报告用途限制段)**

　　……

15.1.7　对简要财务报表出具审计报告

15.1.7.1　对简要财务报表出具审计报告的前提条件

　　为了满足某些财务报表使用者对被审计单位财务状况和经营成果主要情况的了解，被审计单位可能依据年度已审计财务报表编制一份简要财务报表。

　　只有对简要财务报表所依据的财务报表发表了审计意见，审计人员才可对简要财务报表出具审计报告。也就是说，如未对简要财务报表所依据的财务报表整体发表审计意见，则不应对简要财务报表出具审计报告。

15.1.7.2　简要财务报表的标题

　　简要财务报表应当冠以适当的标题，以指明其所依据的已审计财务报表。如"根据以 20×9 年度 12 月 31 日为会计期间截止日的已审计财务报表编制的简要财务报表"、"简要资产负债表"等。

15.1.7.3　出具简要财务报表审计报告的术语限制

　　因为简要财务报表并未包含年度已审计财务报表中的所有信息，所以审计人员在对简要财务报表发表审计意见时，不应使用"在所有重大方面"、"公允反映"等术语。

15.1.7.4　简要财务报表的审计程序

　　简要财务报表的审计，一般应采用下列程序：

　　(1) 评价简要财务报表是否充分披露其简化性质，并指出其所依据的财务报表。

　　(2) 当简要财务报表不是依附于其所依据的财务报表之后时，评价简要财务报表是否清楚地说明了可从哪些途径获得其所依据的财务报表；

(3) 比较简要财务报表和其所依据的财务报表中的相关信息，确定简要财务报表是否与其所依据的财务报表中的相关信息一致，或者能够从所依据的财务报表中的相关信息重新计算得到；

(4) 评价简要财务报表是否包括了必要的信息，以使其在特定环境中不会产生误导。

15.1.7.5 简要财务报表审计报告的要素

对简要财务报表出具的审计报告应当包括下列要素：

(1) 标题。

(2) 收件人。

(3) 引言及范围段。要指出简要财务报表所依据的已审计财务报表，提及对已审计财务报表出具的审计报告的日期和意见类型。

(4) 审计意见段。审计意见段，应当说明简要财务报表中的信息是否在所有重大方面与其依据的已审财务报表一致。如果对已审财务报表出具了非无保留意见的审计报告，即使对简要财务报表的编制表示满意，审计人员仍应在对简要财务报表出具的审计报告中指出，简要财务报表依据的已审财务报表已被审计人员出具非无保留意见的审计报告。

(5) 强调事项段。审计报告的强调事项段应当指出，为了更好地理解被审计单位的财务状况、经营成果以及审计人员实施审计工作的范围，简要财务报表应当与已审计财务报表以及审计报告一并阅读；或提醒财务报表使用者注意财务信息附注中对上述事项的说明。

(6) 审计人员的签名和盖章。

(7) 审计机构的名称、地址及盖章。

(8) 报告日期。

15.1.7.6 对简要财务报表出具的审计报告的参考格式

在注册会计师审计中，对简要财务报表出具的审计报告，一般采用下列参考格式：

(1) 已审财务报表为无保留意见审计报告(审计报告日期相同)的参考格式。

审计报告(标题)

ABC 股份有限公司全体股东(收件人)：

后附的 ABC 股份有限公司(以下简称 ABC 公司)简要财务报表所依据的是以 20×8 年 12 月 31 日为会计期间截止日的财务报表。简要财务报表包括 20×8 年 12 月 31 日简要资产负债表及 20×8 年度的简要利润表、简要股东权益变动表、简要现金流量表及其附注。我们于 20×8 年 4

月 10 日对简要财务报表所依据的财务报表出具了无保留意见的审计报告。(引言及范围段)

我们认为,ABC 公司简要财务报表中的信息在所有重大方面与其依据的已审计财务报表一致。(审计意见段)

为了更好地理解 ABC 公司的财务状况、经营成果以及我们实施审计工作的范围,上述简要财务报表应当与已审计财务报表及其审计报告一并阅读。(强调事项段)

......

(2) 已审财务报表为保留意见(审计报告日期相同)的参考格式。已审财务报表为保留意见(审计报告日期相同)审计报告中,要在引言及范围段和审计意见段中间增加说明段。其中引言及范围段、说明段、审计意见段和强调事项段的参考格式如下:

......

后附的 ABC 股份有限公司(以下简称 ABC 公司)简要财务报表所依据的是以 20×8 年 12 月 31 日为会计期间截止日的财务报表。简要财务报表包括 20×8 年 12 月 31 日简要财产负债表及 20×8 年度的简要利润表、简要股东权益变动表、简要现金流量表及其附注。由于下段所述原因,我们于 20×8 年 4 月 10 日对简要财务报表所依据的财务报表出具了保留意见的审计报告。(引言及范围段)

经审计,我们发现 ABC 公司于 20×8 年 10 月 5 日预付的下年度产品广告费××万元,全部作为当月费用处理。按照《企业会计准则》的规定,预付的产品广告费应作为待摊费用处理。该事项使 ABC 公司 20×8 年 12 月 31 日流动资产减少××万元,该年度利润总额减少××万元。(说明段)

我们认为,ABC 公司简要财务报表中的信息在所有重大方面与其依据的已审计财务报表一致。(审计意见段)

为了更好地理解 ABC 公司的财务状况、经营成果以及我们实施审计工作的范围,上述简要财务报表应当与已审计财务报表及其审计报告一并阅读。(强调事项段)

......

(3) 已审财务报表为无保留意见(简要财务报表的审计报告日期晚于所依据财务报表的审计报告日期)的参考格式。已审财务报表为无保留意见(简要财务报表的审计报告日期晚于所依据财务报表的审计报告日期)时的引言及范围段、审计意见段和强调事项段的参考格式如下:

......

后附的 ABC 股份有限公司(以下简称 ABC 公司)简要财务报表所依据的是以 20×8 年 12 月 31 日为会计期间截止日的财务报表。简要财务报表包括 20×8 年 12 月 31 日简要资产负债表及 20×8 年度的简要利润表、简要股东权益变动表、简要现金流量表及其附注。我们于 20×9 年 2 月 4 日对简要财务报表所依据的财务报表出具了无保留意见的审计报告。简要财务报表及其所依据的财务报表无法反映 20×9 年 4 月 10 日之后所发生事项的影响,这些事项可能要求调整财务报表或者在财务报表中进行披露。(引言及范围段)

我们认为,ABC 公司简要财务报表中的信息在所有重大方面与其依据的已审计财务报表一致。(引言及范围段)

为了更好地理解 ABC 公司的财务状况、经营成果以及我们实施审计工作的范围,上述简要财务报表应当与已审计财务报表及其审计报告一并阅读。(强调事项段)

......

15.2 对财务报表的审阅业务

对历史财务信息进行鉴证,除了审计业务以外,还有审阅业务。相对审计业务而言,审阅业务的成本较低。为了降低成本,小企业可能聘请审计人员对年度财务报表进行审阅。此外,有些国家的证券监管部门可能要求上市公司聘请注册会计师对中期财务报表进行审阅,以提高季度财务报表中披露信息的可信度,或者提高年报中披露的季度信息的可靠性。

15.2.1 财务报表审计业务与审阅业务的关系

财务报表审计业务和审阅业务都是对历史财务信息的鉴证业务。审计业务要求审计人员通过实施必要审计程序,在对财务报表所有重大方面是否都具有合法性和公允性发表具有合理保证(程度)的审计意见;审阅业务要求审计人员通过实施审阅程序,对财务报表在具有合法性和公允性方面发表具有有限保证(程度)审计意见。

通俗点说,审计业务是以积极的方式提出审计结论,提供的是一种高水平的保证,即合理保证财务报表是合法、公允的。审阅业务以消极的方式提出审计结论,提供的是一种低水平的保证,即有限保证(程度),只是有限保证没有发现到证据说明报表是不合法不公允的(没发现不保证没有)。此外,审阅业务相较审计业务,实施的程序有限,审计成本较低,提供的保证程度也低。

15.2.2 财务报表审阅的总体要求

15.2.2.1 财务报表审阅的目标

财务报表审阅的目标,是审计人员在实施审阅程序的基础上,说明是否注意到某些事项,使其相信财务报表没有按照适用的会计准则和相关会计制度的规定编制,未能在所有重大方面公允反映被审阅单位的财务状况、经营成果和现金流量。

15.2.2.2 财务报表审阅业务中的职业道德要求

审计人员应当遵守相关的职业道德规范,恪守独立、客观、公正的原则,保持专业胜任能力和应有的关注,并对执业过程中获知的信息保密。

15.2.2.3 财务报表审阅业务中的执业要求

(1) 审计人员应当按照《中国注册会计师审阅准则第 2101 号——财务报表审

阅》的规定执行财务报表审阅业务。

(2) 在计划和实施审阅工作时，审计人员应当保持职业怀疑态度，充分考虑可能存在导致财务报表发生重大错报的情形。

(3) 审计人员主要通过询问和分析程序获取充分、适当的证据，作为得出审阅结论的基础。

15.2.3　审阅范围和保证程度

15.2.3.1　审阅范围

审阅范围，是指为实现财务报表的审阅目标，审计人员根据审阅准则和职业判断实施的恰当的审阅程序的总和。

审计人员应当根据审阅准则确定执行财务报表审阅业务所要求的程序。必要时，还应当考虑业务约定条款的要求。

15.2.3.2　保证程度

与审计业务相比，审阅业务在证据收集程序的性质、时间、范围等方面是有意识地加以限制的。审计人员通常无须执行在审计业务中执行的某些程序，例如对存货的监盘、对应收款项实施的函证等，只是对财务报表实施以询问和分析程序为主的程序。只有在有理由相信财务报表可能存在重大错报的情况下，审计人员才会实施追加的或更为广泛的程序。

由于审阅程序有限，审计人员通过实施审阅程序，通常不能获取足以支持较高程度保证(即合理保证)的证据，而只能获取支持有限保证的证据。但审计人员实施的证据收集程序至少应当足以获取有意义的保证水平，作为以消极方式提出结论的基础。

15.2.4　审阅业务约定书

审计机构应当与被审阅单位就业务约定条款达成一致意见，并签订业务约定书。

审阅业务约定书应当包括(但不限于)下列主要内容：

(1) 审阅业务的目标。

(2) 管理层对财务报表的责任。

(3) 审阅范围。其中应提及按照审阅准则的规定执行审阅工作；

(4) 审计人员不受限制地接触审阅业务所要求的记录、文件和其他信息、

(5) 预期提交的报告样本。为了便于委托人理解审阅业务与审计业务的区别，审计人员应当在审阅业务约定书中加入预定的报告格式，或者将预定的报告格式作为审阅业务约定书的附件。

(6) 说明不能依赖财务报表审阅揭示错误、舞弊和违反法规行为。审计人员执行财务报表审阅业务，并非是为了揭示错误、舞弊和违反法规行为。由于审阅业务实施的程序有效，提供的保证程度相对较低，因此，委托人不能依赖财务报表审阅揭示错误、舞弊和违反法规行为。

(7) 说明没有实施审计，因此审计人员不发表审计意见，不能满足法律法规或第三方对审计的要求。

15.2.5 审阅程序和审阅证据

15.2.5.1 确定审阅程序应考虑的因素

在确定审阅程序的性质、时间和范围时，注册会计师应当运用职业判断，并考虑下列因素：

(1) 以前期间执行财务报表审计或审阅所了解的情况。

(2) 对被审阅单位及其环境的了解，包括适用的会计准则和相关会计制度、行业惯例。

(3) 会计信息系统。

(4) 管理层的判断对特定项目的影响程度。

(5) 各类交易和账户余额的重要性。

15.2.5.2 审阅业务中对重要性水平的考虑

虽然审阅业务提供的保证程度很低，但基于降低审计风险的考虑，在考虑重要性水平时，审计人员应当采用与执行财务报表审计业务相同的标准。

15.2.5.3 审阅业务中常用的程序

审阅准则规定财务报表审阅业务通常可实施的程序，包括：

(1) 了解被审阅单位及其环境。

(2) 询问被审阅单位采用的会计准则和相关会计制度、行业惯例。

(3) 询问被审阅单位对交易和事项的确认、计量、记录和报告的程序。

(4) 询问财务报表中所有重要的认定。

(5) 实施分析程序，以识别异常关系和异常项目。

(6) 询问股东会、董事会以及其他类似机构决定采取的可能对财务报表产生影响的措施。

(7) 阅读财务报表，以考虑是否遵循指明的编制基础。

(8) 获取其他审计人员对被审阅单位组成部分财务报表出具的审计报告或审阅报告。

(9) 审计人员应当向负责财务会计事项的人员特别询问的事项：① 所有交易是否均已记录；② 财务报表是否按照指明的编制基础编制；③ 被审阅单位业务活动、会计政策和行业惯例的变化；④ 在实施第(1)项至第(8)项程序时所发现的问题。

(10) 必要时，审计人员应当获取管理层书面声明。

(11) 审计人员应当询问在资产负债表日后发生的、可能需要在财务报表中调整或披露的期后事项。审计人员没有责任实施程序以识别审阅报告日后发生的事项。

15.2.5.4 财务报表可能存在重大错报时的处理

如果有理由相信所审阅的财务报表可能存在重大错报，审计人员应当实施追加的或更为广泛的程序，以便能够以消极方式提出结论或确定是否出具非无保留结论的报告；

15.2.5.5 利用其他审计人员或专家的工作

在利用其他审计人员或专家的工作时，审计人员应当考虑其工作是否满足财务报表审阅的需要。

15.2.5.6 审计记录方面的要求

审计人员应当记录为审阅报告提供证据的重大事项，以及按照审阅准则的规定执行审阅业务的证据。

15.2.6 审阅结论和报告

15.2.6.1 审阅结论

(1) 审阅报告应当清楚地表达有限保证的结论。

(2) 审计人员应当复核和评价根据审阅证据得出的结论，以此作为表达有限保证的基础。

(3) 根据已实施的工作，审计人员应当评估在审阅过程中获知的信息是否表明财务报表没有按照适用的会计准则和相关会计制度的规定编制，未能在所有重大方面公允反映被审阅单位的财务状况、经营成果和现金流量。

15.2.6.2　审阅报告的要素

对被审单位财务报表进行审阅后，出具的审阅报告应当包括下列要素：

(1) 标题。应当统一规范为"审阅报告"。

(2) 收件人。应当为审阅业务的委托人。审阅报告应当载明收件人的全称。

(3) 引言段。应当说明下列内容：① 所审阅财务报表的名称；② 管理层的责任和审计人员的责任。

(4) 范围段。应当说明审阅的性质，包括下列内容：① 审阅业务所依据的准则；② 审阅主要限于询问和实施分析程序，提供的保证程度低于审计；③ 没有实施审计，因而不发表审计意见。

(5) 结论段。审阅报告的结论分为四种类型：① 无保留结论的适用情况。根据审计人员的审阅，如果没有注意到任何事项使其相信财务报表没有按照适用的会计准则和相关会计制度的规定编制，未能在所有重大方面公允反映被审阅单位的财务状况、经营成果和现金流量，审计人员应当提出无保留的结论。② 保留结论的适用情况。如果注意到某些事项使其相信财务报表没有按照适用的会计准则和相关会计制度的规定编制，未能在所有重大方面公允反映被审阅单位的财务状况、经营成果和现金流量，审计人员应当在审阅报告的结论段前增设说明段，说明这些事项对财务报表的影响，并提出保留结论。③ 否定结论适用的情况。如果这些事项对财务报表的影响非常重大和广泛，以至于认为仅提出保留结论不足以揭示财务报表的误导性或不完整性，审计人员应当对财务报表提出否定结论，即财务报表没有按照适用的会计准则和相关会计制度的规定编制，未能在所有重大方面公允反映被审阅单位的财务状况、经营成果和现金流量。④无法提供任何保证的适用情况。如果存在重大的范围限制，审计人员应当在审阅报告中说明，假定范围不受限制，审计人员可能发现需要调整财务报表的事项，因而提出保留结论。如果范围限制的影响非常重大和广泛，以至于审计人员认为不能提供任何程度的保证时，不应提供任何保证。

(6) 审计人员的签名和盖章。

(7) 审计机构的名称、地址及盖章。

(8) 报告日期。审阅报告应当注明报告日期。审阅报告的日期是指注册会计师完成审阅工作的日期，不应早于管理层批准财务报表的日期。

15.2.6.3　审阅报告的参考格式

《中国注册会计师审阅准则第 2101 号——财务报表审阅》提供了如下审阅报

告的参考格式：

(1) 无保留结论审阅报告的参考格式。

审阅报告(标题)

ABC 股份有限公司全体股东(标题):

我们审阅了后附的 ABC 股份有限公司(以下简称 ABC 公司)财务报表，包括 20×8 年 12 月 31 日的资产负债表，20×8 年度的利润表、股东权益变动表和现金流量表以及财务报表附注。这些财务报表的编制是 ABC 公司管理层的责任，我们的责任是在实施审阅工作的基础上对这些财务报表出具审阅报告。**(引言段)**

我们按照《中国注册会计师审阅准则第 2101 号——财务报表审阅》的规定执行了审阅业务。该准则要求我们计划和实施审阅工作，以对财务报表是否不存在重大错报获取有限保证。审阅主要限于询问公司有关人员和对财务数据实施分析程序，提供的保证程度低于审计。我们没有实施审计，因而不发表审计意见。**(范围段)**

根据我们的审阅，我们没有注意到任何事项使我们相信财务报表没有按照企业会计准则和《××会计制度》的规定编制，未能在所有重大方面公允反映被审阅单位的财务状况、经营成果和现金流量。**(结论段)**

......

(2) 保留结论审阅报告的参考格式。保留结论的审阅报告，是在无保留结论审阅报告的基础上，在范围段和结论段之间增加说明段。保留结论审阅报告的说明段和结论段的参考格式如下：

......

ABC 公司管理层告知我们，存货以高于可变现净值的成本计价。由 ABC 公司管理层编制并经过我们审阅的计算表显示，如果根据企业会计准则规定的成本与可变现净值孰低法计价，存货的账面价值将减少×元，净利润和股东权益将减少×元。**(说明段)**

根据我们的审阅，除了上述存货价值高估所造成的影响外，我们没有注意到任何事项使我们相信财务报表没有按照适用的会计准则和相关会计制度的规定编制，未能在所有重大方面公允反映被审阅单位的财务状况、经营成果和现金流量。**(结论段)**

......

(3) 否定结论审阅报告的参考格式否定结论的审阅报告，是在无保留结论审阅报告的基础上，在范围段和结论段之间增加说明段。否定结论审阅报告的说明段和结论段的参考格式如下：

......

如财务报表附注×所述，ABC 公司在编制财务报表时未将各子公司纳入合并范围，且对这些子公司的长期股权投资以成本法核算。根据企业会计准则的规定，ABC 公司应当对子公司的长期股权投资采用权益法核算，并将子公司纳入合并范围。**(说明段)**

根据我们的审阅，由于受到前段所述事项的重大影响，财务报表未能按照企业会计准则和《××会计制度》的规定编制。**(结论段)**

......

(4) 无法提供任何保证审阅报告的参考格式。

审阅报告

ABC 股份有限公司全体股东:

我们接受委托，对后附的 ABC 股份有限公司(以下简称 ABC 公司)财务报表(包括 20×8 年 12 月 31 日的资产负债表，20×1 年度的利润表、股东权益变动表和现金流量表以及财务报表附注)进行审阅。这些财务报表的编制是 ABC 公司管理层的责任。

为了审阅的需要，我们向 ABC 公司管理层及有关人员就若干重大事项进行了询问，但 ABC 公司管理层及有关人员拒绝对我们的询问做出回答。我们的审阅范围受到了严重限制，我们无法确定该事项对 ABC 公司财务报表整体合法性的影响程度。

由于受到前段所述事项的重大影响，我们无法对财务报表提供任何保证。

……

15.3　对预测性财务信息的审核

企业在进行经济决策时，除了依赖历史财务信息外，还经常需要面向未来的预测性信息。历史财务信息的可靠性，可通过财务报表审计予以合理保证。预测性信息本身具有不确定性，为降低不确定性的程度，提高预测性信息的可靠性，企业也可能会委托审计人员对预测性信息实施审核并出具报告。预测性信息的内容非常广泛，本节仅限于预测性财务信息。

15.3.1　预测性财务信息的概念

1. 预测性财务信息的含义　预测性财务信息，是指被审核单位依据对未来可能发生的事项或采取的行动的假设而编制的财务信息。

2. 预测性财务信息的表现形式　预测性财务信息可以表现为预测、规划或两者的结合，可能包括财务报表或财务报表的一项或多项要素。

(1) 预测。是指管理层在最佳估计假设的基础上编制的预测性财务信息。最佳估计假设是指截至编制预测性财务信息日，管理层对预期未来发生的事项和采取的行动作出的假设。

(2) 规划。是指管理层基于推测性假设，或同时基于推测性假设和最佳估计假设编制的预测性财务信息。推测性假设是指管理层对未来事项和采取的行动作出的假设，该事项或行动预期在未来未必发生。

15.3.2　预测性财务信息审核的总体要求

1. 对审计证据的要求　在执行预测性财务信息审核业务时，审人员应当就下列事项获取充分、适当的证据：

(1) 管理层编制预测性财务信息所依据的最佳估计假设并非不合理；在依据推测性假设的情况下，推测性假设与信息的编制目的是相适应的。

(2) 预测性财务信息是在假设的基础上恰当编制的。

(3) 预测性财务信息已恰当列报，所有重大假设已充分披露，包括说明采用的是推测性假设还是最佳估计假设。

(4) 预测性财务信息的编制基础与历史财务报表一致，并选用了恰当的会计政策。

2. 管理层的责任 管理层负责编制预测性财务信息，包括识别和披露预测性财务信息依据的假设。

3. 审计人员审核预测性财务信息的价值 审计人员接受委托对预测性财务信息实施审核并出具报告，可增强该信息的可信赖程度。

4. 审核禁忌 审计人员不应对预测性财务信息的结果能否实现发表意见。

5. 保证程度 当审计人员对管理层采用的假设的合理性发表意见时，仅提供有限保证。

15.3.3 预测性财务信息审核业务的承接

1. 承接前应考虑的因素 在承接预测性财务信息审核业务前，审计人员应当考虑下列因素：① 信息的预定用途；② 信息是广为分发还是有限分发；③ 假设的性质，即假设是最佳估计假设还是推测性假设；④ 信息中包含的要素；⑤ 信息涵盖的期间。

2. 拒绝承接的情形 如果预测性财务信息所依据的假设明显不切实际，或认为预测性财务信息并不适合预定用途，审计人员应当拒绝接受委托，或解除业务约定。

3. 拟定承接 审计人员应当与委托人就业务约定条款达成一致意见，并签订业务约定书。

15.3.4 了解被审核单位情况

1. 理解管理层是否识别出编制预测性财务信息所要求的全部重要假设 审计人员应当充分了解被审核单位情况，以评价管理层是否识别出编制预测性财务信息所要求的全部重要假设。

2. 了解预测性财务信息的编制过程 审计人员应当通过考虑下列事项，熟悉被审核单位编制预测性财务信息的过程：

(1) 与编制预测性财务信息相关的内部控制，以及负责编制预测性财务信息人员的专业技能和经验。

(2) 支持管理层作出假设的文件的性质。

(3) 运用统计、数学方法及计算机辅助技术的程度。

(4) 形成和运用假设时使用的方法。

(5) 以前期间编制预测性财务信息的准确性，及其与实际情况出现重大差异的原因。

3. 了解编制预测性财务信息时对历史财务信息的依赖

(1) 考虑被审核单位编制预测性财务信息时依赖历史财务信息的程度是否合理。

(2) 了解被审核单位的历史财务信息，以评价预测性财务信息与历史财务信息的编制基础是否一致，并为考虑管理层假设提供历史基准。

(3) 确定相关历史财务信息是否已经审计或审阅，是否选用了恰当的会计政策。

如果对上期历史财务信息出具了非标准审计报告或非标准审阅报告，或被审核单位尚处于营业初期，审计人员应当考虑各项相关的事实及其对预测性财务信息审核的影响。

4. 考虑涵盖期间对审核的影响

(1) 审计人员应当考虑预测性财务信息涵盖的期间。随着涵盖期间的延长，假设的主观性将会增加，管理层作出最佳估计假设的能力将会减弱。预测性财务信息涵盖的期间不应超过管理层可作出合理假设的期间。

(2) 考虑涵盖期间是否合理。审计人员可以从下列方面考虑预测性财务信息涵盖的期间是否合理：① 经营周期；② 假设的可靠程度；③ 使用者的需求。

15.3.5 对预测性财务信息的审核程序

1. 确定审核程序应考虑的因素 在确定审核程序的性质、时间和范围时，审计人员应当考虑下列因素：① 重大错报的可能性；② 以前期间执行业务所了解的情况；③ 管理层编制预测性财务信息的能力；④ 预测性财务信息受管理层判断影响的程度；⑤ 基础数据的恰当性和可靠性。

2. 评价预测性财务信息所依据的假设 包括：

(1) 评估预测性财务信息所依据的最佳估计假设。审计人员应当评估支持管理层作出最佳估计假设的证据的来源和可靠性。审计人员可以从内部或外部来源获取支持这些假设的充分、适当的证据，包括根据历史财务信息考虑这些假设，以及评价这些假设是否依据被审核单位有能力实现的计划。这里所说的内部来源包括预算、劳动合同、专利许可协议、债务协议、董事会拟定的公司发展战略计划等；外部来源可能包括政府公报、专业机构的研究报告、相关法律法规等。

(2) 评估预测性财务信息所依据的推测性假设。当使用推测性假设时，审计人员应当确定这些假设的所有重要影响是否已得到考虑。对推测性假设，审计人员不需要获取支持性的证据,但应当确定这些假设与编制预测性财务信息的目的相适应,并且没有理由相信这些假设明显不切合实际。

3. 审核程序 具体如下:

(1) 审计人员应当通过检查数据计算准确性和内在一致性等,确定预测性财务信息是否依据管理层确定的假设恰当编制。内在一致性是指管理层拟采取的各项行动相互之间不存在矛盾,以及根据共同的变量确定的金额之间不存在不一致。

(2) 审计人员应当关注对变化特别敏感的领域,并考虑该领域影响预测性财务信息的程度。

(3) 当接受委托审核预测性财务信息的一项或多项要素时,审计人员应当考虑该要素与财务信息其他要素之间的关联关系。

(4) 当预测性财务信息包括本期部分历史信息时,审计人员应当考虑对历史信息需要实施的程序的范围。

(5) 审计人员应当就下列事项向管理层获取书面声明:① 预测性财务信息的预定用途;② 管理层作出的重大假设的完整性;③ 管理层认可对预测性财务信息的责任。

15.3.6 对预测性财务信息列报的评价

在评价预测性财务信息的列报(包括披露)时,审计人员除考虑相关法律法规的具体要求外,还应当考虑下列事项:① 预测性财务信息的列报是否提供有用信息且不会产生误导;② 预测性财务信息的附注中是否清楚地披露会计政策;③ 预测性财务信息的附注中是否充分披露所依据的假设,是否明确区分最佳估计假设和推测性假设;对于涉及重大且具有高度不确定性的假设,是否已充分披露该不确定性以及由此导致的预测结果的敏感性;④ 预测性财务信息的编制日期是否得以披露,管理层是否确认截至该日期止,编制该预测性财务信息所依据的各项假设仍然适当;⑤ 当预测性财务信息的结果以区间表示时,是否已清楚说明在该区间内选取若干点的基础,该区间的选择是否不带偏见或不产生误导;⑥ 从最近历史财务信息披露以来,会计政策是否发生变更、变更的原因及其对预测性财务信息的影响。

15.3.7 审核报告

1. 预测性财务信息审核报告的要素 对被审单位预测性财务信息审核后,出具的审核报告应当包括下列要素:① 标题:一般统一规范为"审核报告";② 收件人:一般为审核业务约定书中的委托人,审核报告的收件人应载明全称;③ 指出所审核的预测性财务信息：即对预测性财务信息作出的界定与描述，应与后附的管理层签署的预测性财务信息一致；④ 提及审核预测性财务信息时依据的准则；⑤ 说明管理层对预测性财务信息(包括编制该信息所依据的假设)负责；⑥ 适当时，提及预测性财务信息的使用目的和分发限制；⑦ 以消极方式说明假设是否为预测性财务信息提供合理基础；⑧ 对预测性财务信息是否依据假设恰当编制，并按照适用的会计准则和相关会计制度的规定进行列报发表意见；⑨ 对预测性财务信息的可实现程度作出适当警示：典型的措辞如："由于预期事项通常并非如预期那样发生，并且变动可能重大，实际结果可能与预测性财务信息存在差异"。该警示表明审计人员不对该预测性财务信息未来的可实现程度提供保证；⑩ 审计人员的签名及盖章；⑪ 审计机构的名称、地址及盖章；⑫ 报告日期：报告日期应为完成审核工作的日期。

2. 审核报告中的结论　审核报告应当说明：

(1) 根据对支持假设的证据的检查，注册会计师是否注意到任何事项，导致其认为这些假设不能为预测性财务信息提供合理基础。

(2) 对预测性财务信息是否依据这些假设恰当编制，并按照适用的会计准则和相关会计制度的规定进行列报发表意见。

3. 对预测性财务信息使用者的警示

(1) 由于预期事项通常并非如预期那样发生，并且变动可能重大，实际结果可能与预测性财务信息存在差异；同样，当预测性财务信息以区间形式表述时，对实际结果是否处于该区间内不提供任何保证。

(2) 在审核规划的情况下，编制预测性财务信息是为了特定目的(列明具体目的)。在编制过程中运用了一整套假设，包括有关未来事项和管理层行动的推测性假设，而这些事项和行动预期在未来未必发生。因此，提醒信息使用者注意，预测性财务信息不得用于该特定目的以外的其他目的。

4. 预测性财务信息审核中非正常情况的处理

(1) 预测性财务信息的列报不恰当时。如果认为预测性财务信息的列报不恰当，审计人员应当对预测性财务信息出具保留或否定意见的审核报告，或解除业务约定。

(2) 假设不能为预测性财务信息提供合理基础时。如果认为一项或者多项重大假设不能为依据最佳估计假设编制的预测性财务信息提供合理基础，或在给定的推测性假设下，一项或者多项重大假设不能为依据推测性假设编制的预测性财务信息提供合理基础,审计人员应当对预测性财务信息出具否定意见的审核报告，或解除业务约定。

(3) 审核范围受到限制时。如果审核范围受到限制，导致无法实施必要的审核程序，审计人员应当解除业务约定，或出具无法表示意见的审核报告，并在报告中说明审核范围受到限制的情况。

5. 对预测性财务信息出具的审核报告的参考格式 在注册会计师审计中，对预测性财务信息出具的审核报告，一般采用下列参考格式：

(1) 对预测性财务信息出具无保留意见报告(以预测为基础)的参考格式。

审核报告(标题)

ABC 股份有限公司(收件人):

我们审核了后附的 ABC 股份有限公司(以下简称 ABC 公司)编制的预测(列明预测涵盖的期间和预测的名称)。我们的审核依据是《中国注册会计师其他鉴证业务准则第 3111 号——预测性财务信息的审核》。ABC 公司管理层对该预测及其所依据的各项假设负责。这些假设已在附注×中披露。(引言及范围段)

根据我们对支持这些假设的证据的审核，我们没有注意到任何事项使我们认为这些假设没有为预测提供合理基础。而且，我们认为，该预测是在这些假设的基础上恰当编制的，并按照××编制基础的规定进行了列报。(结论段)

由于预期事项通常并非如预期那样发生，并且变动可能重大，实际结果可能与预测性财务信息存在差异。(警示段)

……

(2) 对预测性财务信息出具无保留意见报告(以规划为基础)的参考格式。其中引言及范围段、结论段和警示段的参考格式如下：

……

我们审核了后附的 ABC 股份有限公司(以下简称 ABC 公司)编制的规划(列明规划涵盖的期间和规划的名称)。我们的审核依据是《中国注册会计师其他鉴证业务准则第 3111 号——预测性财务信息的审核》。ABC 公司管理层对该规划及其所依据的各项假设负责。这些假设已在附注×中披露。(引言及范围段)

根据我们对支持这些假设的证据的审核，在推测性假设(列明推测性假设)成立的前提下，我们没有注意到任何事项使我们认为这些假设没有为规划提供合理基础。我们认为，该规划是在这些假设的基础上恰当编制的，并按照××编制基础的规定进行了列报。(结论段)

ABC 公司编制规划是为了××目的。由于 ABC 公司尚处于营业初期，在编制规划时运用了一整套假设，包括有关未来事项和管理层行动的推测性假设，而这些事项和行动预期在未来未必发生。因此，我们提醒信息使用者注意，该规划不得用于××目的以外的其他目的。

即使在推测性假设中所涉及的事项发生，但由于预期事项通常并非如预期那样发生，并且变动可能重大，因此实际结果仍然可能与预测性财务信息存在差异。(警示段)

……

(3) 对预测性财务信息出具保留意见报告(以预测为基础)的参考格式。其中引言及范围段、结论段和警示段的参考格式如下：

……

我们审核了后附的 ABC 股份有限公司(以下简称 ABC 公司)编制的预测(列明预测涵盖的期间和预测的名称)。我们的审核依据是《中国注册会计师其他鉴证业务准则第 3111 号——预测性财务信息的审核》。ABC 公司管理层对该预测及其所依据的各项假设负责。这些假设已在附注×中披露。(引言及范围段)

根据《企业会计准则第 18 号——所得税》的有关规定，ABC 公司应当披露所得税费用(收益)与会计利润关系的说明。但 ABC 公司在该项预测中对此未予披露。

根据我们对支持这些假设的证据的审核，我们没有注意到任何事项使我们认为这些假设没有为预测提供合理基础。另外，除了前段所述的 ABC 公司未在该预测中披露所得税费用(收益)与会计利润关系的说明以外，该预测是在这些假设的基础上恰当编制的，并按照××编制基础的规定进行了列报。**(结论段)**

由于预期事项通常并非如预期那样发生，并且变动可能重大，实际结果可能与预测性财务信息存在差异。**(警示段)**

　……

(4) 对预测性财务信息出具否定意见报告(以预测为基础)的参考格式。对预测性财务信息出具的否定意见报告(以预测为基础)不需警示段，可在引言及范围段和结论段之间增加说明段。其中引言及范围段、说明段和结论段的参考格式如下：

　……

我们审核了后附的 ABC 股份有限公司(以下简称 ABC 公司)编制的预测(列明预测涵盖的期间和预测的名称)。我们的审核依据是《中国注册会计师其他鉴证业务准则第 3111 号——预测性财务信息的审核》。ABC 公司管理层对该预测及其所依据的各项假设负责。这些假设已在附注×中披露。**(引言及范围段)**

如该预测的附注"本预测所依据的重要假设的说明"所示，ABC 公司对该预测期间内的销售收入额的预测所依据的重要假设之一是在该预测期间内，相关政府部门向 ABC 公司的订货量能够维持目前的水平。但是，ABC 公司目前与相关政府部门之间的供货合同将在 20×8 年 5 月份期满，截至目前尚未签订新的供货合同，也未就签订新的合同进行接洽。并且，相关政府部门已就采购目前由 ABC 公司供应飞货物的相关事宜，与另一家公司签订了合同。**(说明段)**

由于前段所述事项的重大影响我们认为这些假设没有为预测提供合理基础。并且，该预测的列表不符合××编制基础的规定。**(结论段)**

　……

(5) 对预测性财务信息出具无法表示意见报告(以预测为基础)的参考格式。

对预测性财务信息出具的无法表示意见报告(以预测为基础)不需警示段，可在引言及范围段和结论段之间增加说明段。其中引言及范围段、说明段和结论段的参考格式如下：

　……

我们审核了后附的 ABC 股份有限公司(以下简称 ABC 公司)编制的预测(列明预测涵盖的期间和预测的名称)。我们的审核依据是《中国注册会计师其他鉴证业务准则第 3111 号——预测性财务信息的审核》。ABC 公司管理层对该预测及其所依据的各项假设负责。这些假设已在附注×中披露。**(引言及范围段)**

如该预测的附注"本预测所依据的重要假设的说明"所示，该预测所示的预测期内预计净利润中包含来自按照权益法核算的被投资单位 XYZ 公司的投资收益，即按照 ABC 公司在 XYZ 公司中所持有的股权比例计算的在 XYZ 公司预测期内的净利润中所享有的份额。该项来自 XYZ 公司的投资收益占该预测所示的预测期内 ABC 公司净利润的比例为 60%。由于 XYZ 公司并未编制和提供该期间内的盈利预测，因此，我们无法获取该项假设的充分、适当的支持性证据。**(说明段)**

由于我们未能对前段所述的假设以及与之相关的其他假设实施审核程序，我们无法对这些假设是否为预测提供合理基础，以及该预测编制和列表是否符合××编制基础的规定发表意见。**(结论段)**

　……

15.4   对内部控制的审核

内部控制分为内部会计控制和内部管理控制。有关内部控制在企业管理中的重要性，在社会各界得到了广泛的共识。在政府部门中，财政部制定的《内部会计控制基本规范(试行)》第 5 条规定：单位负责人对本单位内部会计控制的建立健全及有效实施负责。在审计理论界，莫茨和夏拉夫在其合著《审计理论结构》中提出了审计假设，其中第四项假设就是"完善的内部控制系统可以减少错弊发生的可能性"。在行业监管机构中，中国证监会甚至在 2006 年 5 月出台的《首次公开发行股票并上市管理办法》中规定，注册会计师出具了无保留结论的内部控制鉴证报告是企业公开发行证券的条件之一。随着竞争的加剧和投资人管理要求的提高，审计机构经常会受委托人的委托，对特定单位进行内部控制的审核。

15.4.1   内部控制审核的概念

1. **内部控制审核的含义**   内部控制审核是指审计人员接受委托，就被审核单位管理当局对特定日期与会计报表相关的内部控制有效性的认定进行审核，并发表审核意见。

2. **有关内部控制责任的区分**

(1) 按照国家有关法规的要求，建立健全内部控制并保持其有效性，是被审核单位管理当局的责任。

(2) 了解、测试和评价内部控制，出具审核报告，是审计人员的责任。

3. **内部控制审核的总体要求**   审计人员应当保持应有的职业谨慎，关注内部控制的固有限制，获取充分、适当的证据，将审核风险降低至可接受的水平。

15.4.2   内部控制审核业务的承接

(1) 审计机构应当在了解被审核单位基本情况的基础上，考虑自身能力和能否保持独立性，初步评估审核风险，确定是否接受委托。

(2) 如果接受委托，审计机构应当与委托人就约定事项达成一致意见，并签订业务约定书。

(3) 内部控制审核业务约定书应当包括以下主要内容：① 委托目的；② 委托业务的性质；③ 审核范围；④ 被审核单位管理当局的责任和注册会计师的责任；⑤ 内部控制的固有限制；⑥ 评价内部控制弹性的标准；⑦ 报告分支和使用的限制。

15.4.3　内部控制的审核计划

1. 制定审核计划前的工作　在制定内部控制审核计划前，审计人员应当向被审核单位管理当局获取有关内部控制有效性的书面认定，以及内部矛盾控制手册、流程图、调查问卷和备忘录等文件。

2. 制定内部控制审核计划时的一般考虑　在制定审核计划时，审计人员应当考虑以下主要因素：① 被审核单位所在行业的情况，包括行业景气程度、经营风险、技术进步等；② 被审核单位的内部情况，包括组织结构、经营特征、资本构成、生产和业务流程、员工素质等；③ 被审核单位近期在经营和内部控制方面的变化；④ 管理当局的诚信、能力及发生舞弊的可能性；⑤ 管理当局评价内部控制有效性的方法和证据；⑥ 对重要性水平、固有风险及其他与确定内部控制重大缺陷有关的因素的初步判断；⑦ 特定内部控制的性质及其在内部控制整体中的重要性；⑧ 对内部控制有效性的初步判断；⑨ 从其他专业服务中了解到的有关被审核单位内部控制的情况。

3. 制定内部控制审核计划时的特殊考虑

(1) 被审核单位有多个经营场所时的考虑。如果被审核单位有多个经营场所，审计人员应当选择某些经营场所的内部控制进行了解和测试。

(2) 在选择了解和测试的经营场所时的考虑。在选择了解和测试的经营场所时，审计人员除考虑上述一般考虑列举的有关因素外，还应当考虑以下因素：① 不同场所之间经营活动和内部控制的相对性；② 会计处理的集中程度；③ 控制环境的有效性，尤其是管理当局对各经营场所行使授权的控制和有效监督经营活动的能力；④ 各经营场所发生交易的性质和金额。

4. 对被审核单位内部审计工作的考虑　内部审计的工作结果是管理当局评价内部控制有效性的重要基础，审计人员应当考虑被审核单位内部审计人员的专业能力、独立性及工作范围。

15.4.4　内部控制审核中实施的审核程序

1. 了解内部控制的设计　审计人员应当实施以下程序，以了解内部控制的设计：① 询问被审核单位的有关人员；② 检查内部控制生成的新闻文件和记录；③ 观察被审核单位的经营管理活动。

2. 评价内部控制设计的合理性

(1) 审计人员应当在了解内部控制各要素的基础上，根据内部控制能否防止和发现会计报表有关认定的重大错报，评价内部控制设计的合理性。

(2) 在评价内部控制设计的合理性时，审计人员应当关注内部控制整体能否实现控制目标，而不应孤立地关注特定内部控制。

(3) 在确定评价特定内部控制设计合理性的程序时，审计人员应当考虑以下因素：① 特定内部控制的性质；② 特定内部控制的描述方式；③ 经营活动及其管理系统的复杂性。

3. 测试和评价内部控制执行的有效性　审计人员应当对相关内部控制进行测试，获取充分、适当的证据，以评价内部控制执行的有效性。

(1) 测试内部控制执行的有效性的要求。在测试内部控制执行的有效性时，审计人员应当关注该项内部控制是否得到执行、如何执行、由谁执行以及是否得到一贯执行。

(2) 测试内部控制执行有效性的程序。在测试内部控制执行的有效性时，审计人员通常实施以下程序：① 询问被审核单位的有关人员；② 检查内部控制生成的文件和记录；③ 观察被审核单位的经营管理活动；④ 重新执行有关内部控制。

(3) 评价获取的内部控制执行有效性的证据。在评价获取内部控制执行有效性的证据是否充分、适当时，审计人员应当运用专业判断，并考虑：① 特定内部控制的性质；② 特定内部控制在实现控制目标中的重要性；③ 被审核单位对特定内部控制执行有效性进行测试的性质和范围；④ 特定内部控制未得到遵循的风险。

(4) 评价目标控制执行有效性时可考虑利用的资料。在评价内部控制执行的有效性时，审计人员可考虑利用管理当局对内部控制执行有效性的测试结果，但应获取充分、适当的证据进行外印证。

(5) 在评价特定内部控制未得到遵循的风险时，审计人员应当考虑以下因素：① 交易的数量和性质是否发生变化，以致对特定内部控制的设计和执行产生了不利影响；② 内部控制是否发生变化；③ 特定内部控制对其他内部控制有效性的依赖程度；④ 执行或监控内部控制的关键人员是否发生变动；⑤ 特定内部控制的执行是依赖人工还是电子设备；⑥ 特定内部控制的复杂程度；⑦ 特定控制目标的实现是否依赖于多项内部控制。

(6) 对非连续执行内部控制评价的特殊考虑。某些内部控制是连续执行的，而某些内部控制只在特定时间执行，审计人员应当根据内部控制的性质及其执行的时间和频率，合理确定控制测试的性质、时间和范围。

(7) 对已改进的内部控制有效性的评价。当管理当局在作出内部控制有效性认定之前已对内部控制作了改进时，如果审计人员确定新的内容控制能够实现相关目标，并且已有效执行了适当的时间，可不考虑改进前内部控制设计的合理性和执行的有效性。

(8) 对已发生的内部控制重大缺陷的处理。① 对已发生的内部控制重大缺陷，审计人员应当及时以书面形式与被审核单位进行沟通；② 在判断某项内部控制缺陷单独或连同其他内部控制缺陷是否为重大缺陷时，审计人员应当考虑潜在的错误或舞弊可能导致错报的金额和性质。

(9) 向管理层索取书面声明。审计人员应当就以下重要事项向管理当局获取书面声明：① 管理当局对建立健全内部控制并保持其有效性负责；② 管理当局已对内部控制的有效性进行了评价；③ 管理当局已作出特定日期与会计报表相关的内部控制有效性的认定；④ 管理当局已向注册会计师告知内部控制在设计和执行方面存在的重大缺陷；⑤ 管理当局已向注册会计师告知发生的重大舞弊，以及虽不重大但涉及管理人员或在内部控制过程中起关键作用的员工的其他舞弊；⑥ 期后发生的内部控制变化和可能性影响内部控制的其他因素，包括管理当局针对重大缺陷采取的各项改进措施。

(10) 管理层拒绝提供有关内部控制书面声明时的处理。如果管理当局拒绝提供有关内部控制的书面声明，审计人员应当将其视为审核范围受到限制，并考虑管理当局其他声明的可靠性。

4. 审核程序的记录　审计人员应当将实施的审核程序及其结果，连同取得的有关资料，形成审核工作底稿。

15.4.5　内部控制的审核报告

审计人员应当复核与评价审核证据，形成审核意见，出具审核报告。

1. 内部控制审核报告的基本内容　包括：

(1) 标题：统一规范为"内部控制审核报告"。

(2) 收件人：应当为审核业务的委托人。审核报告应当载明收件人的全称。

(3) 引言段：应当说明以下内容：① 被审核单位管理当局对特定日期与会计报表相关的内部控制有效性的认定；② 被审核单位管理当局的责任；③ 审计人员的责任。

(4) 范围段：应当说明以下内容：① 审核依据，在注册会计师审计中，内部控制审核通常依据中国注册会计师协会指定的《内部控制审核指导意见》；② 审核程序；③ 实施的审核程序为审计人员发表审核意见提供了合理的基础。

(5) 固有限制段：应当说明以下内容：① 内容控制的固有限制；② 根据内部控制评价结果推测未来内部控制有效性的风险。

(6) 意见段：应当说明被审核单位于特定日期在所有重大方面是否保持了与会计报表相关的有效的内部控制。

(7) 签章和审计机构地址。

(8) 报告日期：指审计人员完成外勤审核工作的日期。

2. 内部控制审核中审核意见的类型 审核报告的意见包括四种类型：无保留意见、保留意见、否定意见和无法表示意见。审核意见的具体选择如下：

(1) 被审核单位内部控制存在重大缺陷，管理层已作书面声明时。如果审计人员认为被审核单位内部控制存在重大缺陷，而管理层已在书面声明及认定中恰当地说明了内部控制的重大缺陷及其对实现控制目标的影响，审计人员应当在审核意见段前增设说明段说明重大缺陷，并视其重要程度发表保留意见或否定意见。

(2) 被审核单位内部控制存在重大缺陷，管理层未作书面声明时。如果审计人员认为被审核单位内部控制存在重大缺陷，而管理层未在其书面声明及认定中说明内部控制的重大缺陷及其对实现控制目标的影响，或虽已说明重大缺陷，却认定其内部控制依然有效，审计人员应当发表否定意见。

(3) 审核范围受到限制时。如果审核范围受到限制，审计人员应当视其重要程度，发表保留意见或拒绝表示意见。

(4) 管理层的认定存在片面性时。当存在下列情况时，审计人员应当考虑其对审核报告的影响：① 管理层的认定仅涉及部分内部控制的有效性；② 管理层的认定仅涉及内部控制设计的合理性。

(5) 期后事项对审核意见的影响。如果认为期后事项严重影响内部控制的有效性，审计人员应当视其重要程度，发表保留意见或否定意见；如果不能确定其影响，注册会计师应当发表拒绝表示意见。

15.4.6 内部控制审核报告的参考格式

中国注册会计师协会提供了下列可供参考的格式：

(1) 无保留意见内部控制审核报告的参考格式。

内部控制审核报告(标题)

××股份有限公司(收件人):

我们接受委托，审核了贵公司管理当局对×年×月×日与会计报表相关的内部控制有效性的认定。贵公司管理当局的责任是建立健全内部控制并保持其有效性，我们的责任是对贵公司内部控制的有效性发表意见。(引言段)

我们的审核是依据《内部控制审核指导意见》进行的。在审核过程中，我们实施了包括了解、测试和评价内部控制设计的合理性和执行的有效性，以及我们认为必要的其他程序。我们相信，我们的审核为发表意见提供了合理的基础。(范围段)

内部控制具有固有限制，存在由于错误或舞弊而导致错报发生和未被发现的可能性。此外，由于情况的变化可能导致内部控制变得不恰当，或降低对控制政策、程序遵循的程度，根据内部控制评价结果推测未来内部控制有效性具有一定的风险。(固有限制段)

我们认为，贵公司按照×标准于×年×月×日在所有重大方面保持了与会计报表相关的有效的内容控制。(意见段)

......

(2) 保留意见内部控制审核报告的参考格式。保留意见内部控制审核报告中的固有限制段和意见段的参考格式如下:

......

内部控制具有固有限制,存在由于错误或舞弊而导致错报发生和未被发现的可能性。此外,由于情况的变化可能导致内部控制变得不恰当,或降低对控制政策、程序遵循的程度,根据内部控制评价结果推测未来内部控制有效性具有一定的风险。**(固有限制段)**

(描述内部控制的重大缺陷及其对实现控制目标的影响)有效的内部控制能够为企业及时防止或发现会计报表中的重大错报提供合理保证,而上述重大缺陷使贵公司内部控制失去这一功能。

我们认为,除上述内部控制的重大缺陷及其对实现控制目标的影响外,贵公司按照×标准于×年×月×日在所有重大方面保持了与会计报表相关的有效的内容控制。**(意见段)**

......

(3) 否定意见内部控制审核报告的参考格式。否定意见内部控制审核报告中的固有限制段和意见段的参考格式如下:

......

内部控制具有固有限制,存在由于错误或舞弊而导致错报发生和未被发现的可能性。此外,由于情况的变化可能导致内部控制变得不恰当,或降低对控制政策、程序遵循的程度,根据内部控制评价结果推测未来内部控制有效性具有一定的风险。**(固有限制段)**

(描述内部控制的重大缺陷及其对实现控制目标的影响)有效的内部控制能够为企业及时防止或发现会计报表中的重大错报提供合理保证,而上述重大缺陷使贵公司内部控制失去这一功能。

我们认为,由于上述内部控制的重大缺陷及其对实现控制目标的影响外,贵公司未能按照×标准于×年×月×日保持与会计报表相关的有效的内容控制。**(意见段)**

......

(4) 拒绝表示意见内部控制审核报告的参考格式。意见内部控制审核报告中的固有限制段和意见段的参考格式如下:

内部控制审核报告

××股份有限公司:

我们接受委托,审核了贵公司管理当局对×年×月×日与会计报表相关的内部控制有效性的认定。贵公司管理当局的责任是建立健全内部控制并保持其有效性。

内部控制具有固有限制,存在由于错误或舞弊而导致错报发生和未被发现的可能性。此外,由于情况的变化可能导致内部控制变得不恰当,或降低对控制政策、程序遵循的程度,根据内部控制评价结果推测未来内部控制有效性具有一定的风险。

由于管理当局(描述范围限制),我们未能实施必要的审核程序以获取充分的证据,因此,我们无法对贵公司内部控制的有效性发表意见。

......

15.5　其他相关服务业务

审计机构除了提供具有合理保证的审计鉴证业务和有限保证的审阅业务以外,还会应委托人的要求,提供其他与其职业有一定关联的、不提供任何保证的服务业务。

15.5.1 对财务信息执行商定程序

15.5.1.1 对财务信息执行商定程序的概念

对财务信息执行商定程序，是指审计人员对特定财务数据、单一财务报表或整套财务报表等财务信息执行与特定主体商定的具有审计性质的程序，并就执行的商定程序及其结果出具报告。

这里所称特定主体，是指委托人和对财务信息执行商定程序业务约定书中指明的报告致送对象。

1. 对财务信息执行商定程序的性质　审计人员执行商定程序业务，仅报告执行的商定程序及其结果，并不提出鉴证结论。报告使用者自行对审计人员执行的商定程序及其结果作出评价，并根据审计人员的工作得出自己的结论。

2. 对财务信息执行商定程序出具报告的用途　对财务信息执行商定程序出具的报告仅限于参与协商确定程序的特定主体使用，以避免不了解商定程序的人对报告产生误解。

3. 对审计人员的工作要求　审计人员执行商定程序业务，应当遵守相关职业道德规范，恪守客观、公正的原则，保持专业胜任能力和应有的关注，并对执业过程中获知的信息保密。

在注册会计师行业，注册会计师对财务信息执行商定程序，应当按照《中国注册会计师相关服务准则第 4101 号——对财务信息执行商定程序》的规定和业务约定书的要求执行商定程序业务。

4. 审计人员对财务信息执行商定程序和提供审计鉴证服务、审阅服务的区别　审计人员对财务信息执行商定程序和提供审计鉴证服务、审阅服务，除了工作目标、执业标准、执业规范、所使用的程序(或方法)等不同以往，还存在以下区别：

(1) 对审计人员独立性的要求不同。审计人员执行对财务信息执行商定程序的业务时，不对其提出独立性要求；但如果业务约定书或委托目的对审计人员的独立性提出要求，审计人员应当从其规定；如果审计人员不具有独立性，应当在商定程序业务报告中说明这一事实。而审计人员开展审计和审阅工作时，必须具有形式上和实质上的独立性。

(2) 审计人员提供的保证程度不同。审计人员在提供审计鉴证服务时，以积极的方式提供合理保证；提供审阅服务时，以消极的方式提供有限保证；执行商定程序不提供任何保证。

(3) 审计意见的类型不同。审计人员在开展审计业务时，须提出无保留意见、保留意见、否定意见和无法表示意见之一的审计意见。在开展审阅业务时，提出的意见类似于审计业务的意见。在对财务信息执行商定业务程序时，只要求在报告中说明执行商定程序的结果，包括详细说明发现的错误和例外事项，不要求提出鉴证结论。

15.5.1.2　业务约定书

审计人员应当与特定主体进行沟通，确保其已经清楚理解拟执行的商定程序和业务约定条款。

1. 业务约定书签订前的沟通　在签订业务约定书前，审计人员应当就下列事项与特定主体沟通，并达成一致意见：

(1) 业务性质，包括说明执行的商定程序并不构成审计或审阅，不提出鉴证结论。

(2) 委托目的。

(3) 拟执行商定程序的财务信息。

(4) 拟执行的具体程序的性质、时间和范围。

(5) 预期的报告样本。

(6) 报告分发和使用的限制。

2. 无法与所有报告致送对象沟通时的措施　如果无法与所有的报告致送对象直接讨论拟执行的商定程序，审计人员应当考虑采取下列措施：

(1) 与报告致送对象的代表讨论拟执行的商定程序。

(2) 查阅来自报告致送对象的相关信函和文件。

(3) 向报告致送对象提交报告样本。

3. 业务约定书的签订　如果接受委托，审计人员应当与委托人就双方达成一致的事项签订业务约定书，以避免双方对商定程序业务的理解产生分歧。

15.5.1.3　计划、程序与记录

(1) 审计人员应当合理制定工作计划，以有效执行商定程序业务。

(2) 审计人员应当执行商定的程序，并将获取的证据作为出具报告的基础。

(3) 执行商定程序业务运用的程序通常包括：① 询问和分析；② 重新计算、比较和其他核对方法；③ 观察；④ 检查；⑤ 函证。

(4) 审计人员应当记录支持商定程序业务报告的重大事项，并记录按照相关审计准则的规定和业务约定书的要求执行商定程序的证据。

15.5.1.4 商定程序的业务报告

商定程序业务的报告应当详细说明业务的目的和商定的程序，以便使用者了解所执行工作的性质和范围。

1. 商定程序报告的内容 商定程序业务报告应当包括下列内容：

(1) 标题。

(2) 收件人。

(3) 说明执行商定程序的财务信息。

(4) 说明执行的商定程序是与特定主体协商确定的。

(5) 说明已按照相关审计准则的规定和业务约定书的要求执行了商定程序。

(6) 当审计人员不具有独立性时，说明这一事实。

(7) 说明执行商定程序的目的。

(8) 列出所执行的具体程序。

(9) 说明执行商定程序的结果，包括详细说明发现的错误和例外事项。

(10) 说明所执行的商定程序并不构成审计或审阅，审计人员不提出鉴证结论。

(11) 说明如果执行商定程序以外的程序，或执行审计或审阅，审计人员可能得出其他应报告的结果。

(12) 说明本报告仅限于特定主体使用。

(13) 在适用的情况下，说明本报告仅与执行商定程序的特定财务数据有关，不得扩展到财务报表整体。

(14) 审计人员的签名和盖章。

(15) 审计机构的名称、地址及盖章。

(16) 报告日期。

2. 商定程序业务报告的参考范例 某会计师事务所在实施与债权人要求相关的商定程序时，撰写了以下报告：

注册会计师执行商定程序的报告

XYZ 公司的托管人：

我们接受委托执行了下面所列的程序。这些程序是经 XYZ 公司的托管人同意的，这些程序的充分性和适当性由 XYZ 公司的托管人负责。我们的责任是按照《中国注册会计师相关服务准则第 4101 号——对财务信息执行商定程序》和业务约定书的要求执行商定程序，并报告执行程序的结果。本业务的目的是为了帮助债权人确认 20×8 年 5 月 31 日在 XYZ 公司的债权 [列示在所附的明细表 A 中(略)]。

现将执行的程序及得车的结果报告如下：

1. 取得 XYZ 公司编制的 20×8 年 5 月 31 日的应付账款试算表，验算余额的合计数，与相关的总账余额相比较。

应付账款试算表的余额总计与相关的总账余额相符。

2. 将债权人申报的金额(见**XYZ**公司提供的债权文件)与应付账款试算表的相应金额比较。根据债权申报文件及 **XYZ** 公司应付账款明细记录中的数据，编制应付账款账户余额调节表。

明细表 A 的第 3 栏中列出了所有的差异。除了明细表 A 中第 4 栏所列示的金额，所有差异都已得到适当的调节。

3. 检查债权人用以确认其债权而提交的文件，将其与 **XYZ** 公司的文件(包括发票、收货单位和其他收到货物或服务的证据)相比较。

通过这些比较，我们没有发现异常。

上述已执行的商定程序并不构成审计或审阅，因此我们不发表审计或审阅意见。如果执行商定程序以外的程序、或执行审计或审阅，我们可能得出其他应报告的结果。

本报告仅供 **XYZ** 公司的托管人用于第一段所述目的，不应用于其他目的及分发给其他单位或个人。本报告仅与上述特定财务数据有关，不应将其扩大到 **XYZ** 公司财务报表整体。

……

15.5.2　代编财务信息

15.5.2.1　代编财务信息的概念

代编财务信息，是指审计人员运用会计而非审计的专业知识和技能，代客户编制一套完整或非完整的财务报表，或代为收集、分类和汇总其他财务信息。

代编财务信息业务中的财务信息，从时间的角度，既可能是历史财务信息，也可能是预测性的财务信息，取决于委托人的要求。

(1) 代编财务信息的性质。代编财务信息业务既非审计业务也非审阅业务，不含任何保证成分，因此不属于鉴证业务。

(2) 代编财务信息业务对审计机构独立性的要求。在代编财务信息业务中，不对审计机构或审计人员的独立性提出要求。但如果审计人员不具有独立性，应当在代编财务信息业务的报告中说明这一事实。

(3) 代编财务信息业务报告的要求。在任何情况下，如果审计人员的姓名与代编的财务信息相联系，审计人员应当出具代编业务报告。

(4) 代编财务信息业务与审计业务的互斥性。从审计独立性的角度，如果 A 审计机构应委托人的要求，担当某一财务信息的代编工作，则该财务信息的审计业务就不应由 A 审计机构来实施。即；财务信息的代编业务和审计业务具有互斥性。

15.5.2.2　签订代编财务信息业务约定书

审计人员应当在代编业务开始前，与客户就代编业务约定条款达成一致意见，并签订业务约定书，以避免双方对代编业务的理解产生分歧。代编财务信息业务约定书应当包括下列主要事项：

(1) 业务的性质。包括说明拟执行的业务既非审计也非审阅，审计人员不对代编的财务信息提出任何鉴证结论。

(2) 说明不能依赖代编业务揭露可能存在的错误、舞弊以及违反法规行为。

(3) 客户提供的信息的性质。

(4) 说明客户管理层应当对提供给审计人员的信息的真实性和完整性负责，以保证代编财务信息的真实性和完整性。

(5) 说明代编财务信息的编制基础，并说明将在代编财务信息和出具的代编业务报告中对该编制基础以及任何重大背离予以披露。

(6) 代编财务信息的预期用途和分发范围。

(7) 如果审计人员的姓名与代编的财务信息相联系，说明审计人员出具的代编业务报告的格式。

(8) 业务收费。

(9) 违约责任。

(10) 解决争议的方法。

(11) 签约双方法定代表人或其授权代表的签字盖章，以及签约双方加盖的公章。

15.5.2.3　代编财务信息业务的程序与记录

审计人员应当制定代编业务计划，以有效执行代编业务。

(1) 了解客户的业务和经营情况。审计人员通常利用以前经验、查阅文件记录或询问客户的相关人员等途径，来了解客户的业务和经营情况，熟悉其所处行业的会计政策和惯例，以及与具体情况相适应的财务信息的形式和内容，了解客户业务交易的性质、会计记录的形式和财务信息的编制基础。

(2) 从管理层获取有关财务信息的书面声明。审计人员应当从管理层获取其承担恰当编制财务信息和批准财务信息的责任的书面声明。该声明还应当包括管理层对会计数据的真实性和完整性负责，以及已向审计人员完整提供所有重要且相关的信息。

(3) 如果管理层提供的信息不正确时。如果注意到管理层提供的信息不正确、不完整或在其他方面不令人满意，审计人员应当考虑执行下列程序：① 询问管理层，以评价所提供信息的可靠性和完整性；② 评价内部控制；③ 验证任何事项；④ 验证任何解释。同时，还应要求管理层提供补充信息。如果管理层拒绝提供补充信息，审计人员应当解除该项业务约定，并告知客户解除业务约定的原因。

(4) 阅读分析所代编的财务信息。审计人员应当阅读代编的财务信息，并考虑形式是否恰当，是否不存在明显的下列重大错报：① 错误运用编制基础；② 未披露所采用的编制基础和获知的重大背离；③ 未披露注册会计师注意到的其他重大事项。审计人员应当在代编财务信息中披露采用的编制基础和获知的重大背离，但不必报告背离的定量影响。

(5) 财务信息存在重大错报时的处理。如果注意到存在重大错报，审计人员应当尽可能与客户就如何恰当地更正错报达成一致意见。如果重大错报仍未得到更正，并且认为财务信息存在误导，审计人员应当解除该项业务约定。

(6) 审计人员应当记录重大事项，以证明其已按照本准则的规定和业务约定书的要求执行代编业务。

15.5.2.4 代编财务信息报告的内容

代编业务报告应当包括下列内容：

(1) 标题。

(2) 收件人。

(3) 说明审计人员已按照代编财务信息审计准则的规定执行代编业务。

(4) 当审计人员不具有独立性时，说明这一事实。

(5) 指出财务信息是在管理层提供信息的基础上代编的，并说明代编财务信息的名称、日期或涵盖的期间。

(6) 说明管理层对审计人员代编的财务信息负责。

(7) 说明执行的业务既非审计，也非审阅，因此不对代编的财务信息提出鉴证结论。

(8) 必要时，应当增加一个段落，提醒注意代编财务信息对采用的编制基础的重大背离。

(9) 审计人员的签名及盖章。

(10) 审计机构的名称、地址及盖章。

(11) 报告日期。

(12) 审计人员应当在代编财务信息的每页或一套完整的财务报表的首页明确标示"未经审计或审阅"、"与代编业务报告一并阅读"等字样。

15.5.2.5 代编财务信息业务报告的参考格式

会计师事务所在实施代编财务信息业务时，编制的报告可参考下列格式：

(1) 代编财务报表业务报告。

代编财务报表业务报告

(收件人名称)：

在 ABC 公司管理层提供信息的基础上，我们按照《中国注册会计师相关服务准则第 4111 号——代编财务信息》的规定，代编了 ABC 公司 20×8 年 12 月 31 日的资产负债表，20×× 年度的利润表、股东权益变动表和现金流量表以及财务报表附注。管理层对这些财务报表负责。我们未对这些财务报表进行审计或审阅，因此不对其提出鉴证结论。

......

(2) 代编财务报表业务报告，增加段落以引起对背离编制基础的关注。

代编财务报表业务报告

(收件人名称):

在 ABC 公司管理层提供信息的基础上，我们按照《中国注册会计师相关服务准则第 4111 号——代编财务信息》的规定，代编了 ABC 公司 20×8 年 12 月 31 日的资产负债表，20××年度的利润表、股东权益变动表和现金流量表以及财务报表附注。管理层对这些财务报表负责。我们未对这些财务报表进行审计或审阅，因此不对其提出鉴证结论。

我们提请注意，如财务报表附注×所述，管理层对融资租赁的机器设备未予资本化，该事项不符合企业会计准则和《××会计制度》的规定。

......

本章小结

现代民间审计机构的工作领域早已超出审计鉴证服务的范畴。审计机构从事的其他审计鉴证工作，是指除历史财务信息审计业务以外的鉴证服务工作，其具体范围随经济社会发展的需要而调整，是审计职业适应、服务社会的体现。目前，审计机构从事的其他审计鉴证工作主要有：对特殊目的审计业务出具审计报告；对财务报表实施的审阅业务；对预测性财务信息的审核；对内部控制审核；其他相关服务业务。

附录：中国注册会计师执业准则目录

序号	编号	名　　　称
1		中国注册会计师鉴证业务基本准则
2	1101	财务报表审计的目标和一般原则
3	1111	审计业务约定书
4	1121	历史财务信息审计的质量控制
5	1131	审计工作底稿
6	1141	财务报表审计中对舞弊的考虑
7	1142	财务报表审计中对法律的考虑
8	1151	与治理层的沟通
9	1152	前后任注册会计师的沟通
10	1201	计划审计工作
11	1211	了解被审计单位及其环境并评估重大错报风险
12	1212	对被审计使用服务机构的考虑
13	1221	重要性
14	1231	针对评估的重大错报风险实施的程序
15	1301	审计证据
16	1311	存货监盘
17	1312	函证
18	1313	分析程序
19	1314	审计抽样和其他选取测试项目的方法
20	1321	会计估计的审计
21	1322	公允价值计量和披露的审计
22	1323	关联方
23	1324	持续经营
24	1331	首次接受委托时对期初余额的审计
25	1332	期后事项
26	1341	管理层声明

(续表)

序号	编号	名　　称
27	1401	利用其他注册会计师的工作
28	1411	考虑内部审计工作
29	1421	利用专家的工作
30	1501	审计报告
31	1502	非标准审计报告
32	1511	比较数据
33	1521	含有已审财务报表的文件中的其他信息
34	1601	对特殊项目的审计业务出具审计报告
35	1602	验资
36	1611	商业银行财务报表审计
37	1612	银行间函证程序
38	1613	与银行监管机构的关系
39	1621	对小型被审计单位审计的特殊考虑
40	1631	对环境事项的考虑
41	1632	衍生金融工具的审计
42	1633	电子商务对财务报表审计的影响
43	2101	财务报表审阅
44	3101	历史财务信息审计或审阅业务以外的鉴证业务
45	3111	预测性财务信息的审核
46	4101	对财务信息执行商定程序
47	4111	代编财务信息
48	5101	业务质量控制

参 考 文 献

[1] (美)罗伯特·K·莫茨,(埃及)侯赛因·A·夏拉夫. 审计理论结构[M]. 北京：中国商业出版社，1990.

[2] (美)C·W·尚德尔. 审计理论[M]. 北京：中国财政经济出版社，1992.

[3] (美)道格拉斯·R·卡迈克尔，等. 审计概念与方法——现行理论与实务指南[M]. 大连：东北财经大学出版社，1999.

[4] (美)阿尔文·阿伦斯，詹姆斯·K·洛布贝克. 审计学——整合方法研究[M]. 北京：中国审计出版社，2001.

[5] (英)伊恩·格雷，斯图尔特·曼森. 审计流程——原理、实践与案例[M]. 北京：中信出版社，2003.

[6] (美)O·雷·惠廷顿，库尔特·帕尼. 审计与其他保证服务[M]. 北京：机械工业出版社，2003.

[7] 娄尔行. 审计学概论[M]. 上海：上海人民出版社，1987.

[8] 蔡春. 审计理论结构研究[M]. 大连：东北财经大学出版社，2001.

[9] 余玉苗. 审计学[M]. 北京：清华大学出版社，2008.

[10] 王晓霞. 企业风险审计[M]. 北京：中国时代经济出版社，2007.

[11] 程新生. 公司治理中的审计机制研究[M]. 北京：高等教育出版社，2005.

[12] 李国有. 审计测试[M]. 北京：中国时代经济出版社，2006.

[13] 中国注册会计师协会. 2010 年度注册会计师全国统一考试辅导教材·审计[M]. 北京：经济科学出版社，2010.